教育部职业教育与成人教育司推荐教材
职业技术教育规划教材——高职·财经类
基于学习平台建设的“互联网+”创新型教材

经济学基础

（第2版）

主　编　欧　亚
副主编　缪华昌

学习平台使用说明

用户在PC端访问在线学习平台网址 http://edu.wutp.com.cn（或手机端扫描本书封底二维码）进入登录界面，注册后教师即可进行辅助教学及在线布置作业，学生即可进行自主在线学习及作业练习等。

武汉理工大学出版社
·武　汉·

内 容 简 介

本书分为三个部分:第一部分为导论,讲述经济学基础知识;第二部分为微观经济学内容,讲述价格理论、消费者行为理论、生产者行为理论、市场结构理论、分配理论、市场失灵与政府干预等内容;第三部分为宏观经济学内容,讲述国民收入决定理论、失业与通货膨胀理论、宏观经济政策、经济增长和经济周期等内容。本书中带有"*"的章节为简单了解部分。

本书可作为高等职业技术学院经济管理类专业经济学课程的教材,也可供经济学爱好者自学阅读。

图书在版编目(CIP)数据

经济学基础/欧亚主编. —2 版. —武汉:武汉理工大学出版社,2017.11

职业技术教育规划教材—高职·财经类

ISBN 978-7-5629-5619-8

Ⅰ.①经… Ⅱ.①欧… Ⅲ.①经济学-高等职业教育-教材 Ⅳ.①F0

中国版本图书馆 CIP 数据核字(2017)第 257430 号

项目负责人:崔庆喜(027-87523138)　　**责 任 编 辑:**雷　蕾

责 任 校 对:向玉露　　**封 面 设 计:**芳华时代

出 版 发 行:武汉理工大学出版社

社　　　址:武汉市洪山区珞狮路 122 号

邮　　　编:430070

网　　　址:http://www.wutp.com.cn

经　　　销:各地新华书店

印　　　刷:武汉天星美润设计印务有限公司

开　　　本:787×1092　1/16

印　　　张:15.25

字　　　数:390 千

版　　　次:2017 年 11 月第 2 版

印　　　次:2017 年 11 月第 1 次印刷

印　　　数:2000 册

定　　　价:34.00 元

本社购书热线电话:027-87384729　87664138　87165708(传真)

凡购本书,如有缺页、倒页、脱页等印装质量问题,请向出版社发行部调换。

前　言

《经济学基础》(第2版)是在对初版教材进行全面梳理、补充与完善,大量汲取新经济素材和广泛听取有关高职高专院校教师反馈意见的基础上修订而成的。

高职高专教育为我国培养现代企业生产、技术、管理和服务第一线所需要的,具有较强动手能力的高素质应用型人才。我们的目的是编写一本能满足高等职业院校经济、管理类的教学需要,更符合高等职业教育教学特点的经济学教材。

本书按照"理论够用,体现实用"的原则,旨在经济学基础知识的介绍和应用,力求用通俗的语言说明经济学的基本概念、基本理论,同时又尽量避免教材内容过于肤浅。因而,在介绍微观经济学原理的基础上,力求做到详略得当,突出教材的实用性、系统性和时代性。

本书总体结构分为三个部分:第一部分为导论,包括第1章;第二部分为微观经济学内容,包括第2～7章;第三部分为宏观经济学内容,包括第8～11章。本书中带有"*"的章节为简单了解部分。

本书的编写特点如下:

1.通俗实用。我们从实际出发探讨经济理论,语言深入浅出,在编写过程中尽量避免过分重视理论分析及经济数学模型的分析,增加案例导入和知识链接,结合我国当前经济发展中的实际问题和热点,以通俗的事例、故事、政策分析来介绍深奥的经济学原理。由于编者认为经济学基础主要是偏向于介绍西方经济学的历史沿革和理论传承,因此修订的第2版教材并没有刻意追求所谓的"前沿性"和"多样性"。本书保留基本理论框架和经典经济学历史案例,仅作适当修改,同时适当增加了当前世界经济发展中的实际问题和热点,有利于拓展学生对未来经济发展趋势的思考能力。

2.结构合理。我们在编写教材的过程中始终贯彻"以学生为本"的原则,以学生的需求为中心来设计内容和结构。本书在结构体例上的设置为:每章前设学习目标,明确本章教学重点和难点;以问题导入形式带领学生进入经济学世界;章节中设有案例导入和知识链接,增加教材的生动性、趣味性和适用性;章后附有补充阅读材料,以便学生课后阅读;同时为了促进学生复习与思考,在每章结尾均附有课后练习,以提高学生思考问题、分析问题和解决问题的能力。

本书由福州科技职业技术学院欧亚老师任主编,苏州托普信息职业技术学院缪华昌老师任副主编。另外,衢州职业技术学院江大为、苏州托普信息职业技术学院王海青、无锡技师学院毛丹、东营科技职业学院尹爱花老师也参与了本书的编写。具体编写分工如下:欧亚编写第1、7章;缪华昌编写第5、6章;江大为编写第2、9章;王海青编写第3、4章;毛丹编写第10、11章;尹爱花编写第8章。本书由欧亚老师起草写作大纲、拟定编写体例,对全书统稿、定稿,并完成第2版修订工作。

我们要感谢前辈和同行在经济学研究领域作出的贡献,尽管在书末列出了主要的参考文献，但这些仅仅是其中的一部分。

由于编写时间和水平的限制，本书肯定存在许多欠缺和有待改进的地方，衷心希望广大读者提出宝贵意见，使本书能够得到进一步的完善。我们也会将此视为对我们的鞭策和鼓励！

编　者

2017 年 7 月

目　　录

1 经济学基础知识

学习目标

(1)掌握经济学的含义、经济学研究的对象与方法。

(2)熟悉微观经济学与宏观经济学的内涵。

(3)了解经济学发展的简史。

(4)了解资源配置和利用方式,以及经济制度的基本特征等内容。

经济学家箴言

在我当学生的20年中,最令我兴奋的课程是我在上大学一年级时所选的连续两个学期的经济学原理。可以毫不夸张地说,这门课改变了我的一生。

——哈佛大学教授曼昆

如果我能为一个国家编写经济学教科书,我就不会在乎是谁在为它制定法律,又是谁在为它起草条约。

——萨缪尔森

问题导入

初学者通常会问:“什么是经济学?”对此,经济学家有很多不同的答案。接着你也许还会问:“为什么要学习经济学?”事实上,人们往往会有各种各样的理由。

一些人学经济学是为了赚钱;另一些人学经济学则出于某种担心:如果自己不懂供求规律,将会成为现代的文盲。还有一些人学经济学是出于对某些问题的兴趣,如金融风暴导致经济萧条之后应否多做些“时间密集型”的事情(如是否生孩子或者读MBA);经济适用房的装修是否追求豪华;股票价格指数(沪指)6 000点之后能否继续大量持有一线蓝筹股。显然,这些问题的答案都会因时、因地、因人而异。

当网上出现“你可以跑不过刘翔,但是你一定要跑过CPI”这样一句话时,你有没有深刻地体会到“经济”这个词已经在我们生活中无处不在了?说到生活中的经济学,就像经济学家可以通过大街上女孩子裙子的长短来分辨经济景气程度一样,生活中的不少事情用经济学的眼光来看又是另外一番风景。正因为如此,我们才需要寻找一种一般性的参照答案。认真、系统地学习经济学之后,你将会用一种同以往迥异的目光去审视整个世界。

1.1 稀缺和选择

1.1.1 经济与经济学

经济(Economy)一词在西方来源于希腊语,其意思为“管理一个家庭的人”。唯物主义代表色诺芬在他的《经济论》中将“家庭”及“管理”两词的结合理解为经济。严复曾将经济一词翻译为生计。日本人将其正式翻译为经济,后由孙中山先生从日本将这一说法引入中国。

在我国,公元4世纪初东晋时代已正式使用“经济”一词。“经济”在中华传统文化中的本来意思是“经世济民”“经国济物”,也就是治国平天下之意,内容不仅包括国家如何理财、如何管理其他各种经济活动,而且包括国家如何处理政治、法律、教育、军事等方面的问题。

经济学(Economics)作为一门独立的科学,是在资本主义产生和发展的过程中形成的。在资本主义以前的各个历史时期,有不少思想家对当时的一些经济现象和经济问题发表见解,形成某种经济思想,但是没有形成系统,并常与他们的政治、法律、伦理、宗教等思想混杂在一起。因此,古代经济思想的发展可以称为经济学前史。

到了近代,经济学扩大到治理国家的范围,为了区别于之前的用法也被称为“政治经济学”(Political Economy)。17—19世纪末,政治经济学逐渐被用做研究经济活动和经济关系的理论科学的名称。马克思和恩格斯通常也都沿用这个名称。1980年马歇尔出版了《经济学原理》,从书名上改变了长期使用的“政治经济学”这一学科名称。到20世纪,在西方国家,经济学这一名称就逐渐代替了政治经济学,既被用于理论经济学,也被用于应用经济学。

比较完整的西方经济学在19世纪晚期传入中国,最初,“Economics”被直接译为“富国策”“生计”“理财学”等词。首先用汉字“经济学”翻译“Economics”的是日本人,后来中国人把这个西文日译的词“译”回了中国,成为现代汉语中的“经济”一词的另一来源。20世纪80年代以来,经济学已经逐渐成为各门类经济学科的总称,具有经济科学的含义。

关于经济学的定义,经济学家有着不同的解释,近几十年来,对经济学定义的解释已经涵盖了形形色色的论题。本书引用保罗·萨缪尔森在其所著的《经济学》中的解释:经济学研究的是一个社会如何利用稀缺的资源以生产有价值的物品和劳务,并将它们在不同的人中间进行分配。这个定义的背后隐含着经济学的两大核心思想,即物品和资源是稀缺的,社会必须有效地加以利用。事实上,正是由于存在着稀缺性和人们追求效益的愿望,才使得经济学成为一门重要的学科。

1.1.2 稀缺与选择概述

1.1.2.1 资源

马克思在《资本论》中说："劳动和土地，是财富两个原始的形成要素。"恩格斯的定义是："其实，劳动和自然界在一起它才是一切财富的源泉，自然界为劳动提供材料，劳动把材料转变为财富。"[①]马克思、恩格斯的定义既指出了自然资源的客观存在，又把人(包括劳动力和技术)的因素视为财富的另一不可或缺的来源。可见，资源的来源及组成不仅是自然资源，而且包括人类劳动的社会、经济、技术等因素，以及人力、人才、智力(信息、知识)等资源。

据此，所谓资源指的是一切可被人类开发和利用的物质、能量和信息的总称，它广泛地存在于自然界和人类社会中，是一种自然存在物或能够给人类带来财富的财富。或者说，资源就是指自然界和人类社会中一种可以用以创造物质财富和精神财富的具有一定量的积累的客观存在形态，如土地资源、矿产资源、森林资源、海洋资源、石油资源、人力资源、信息资源等。

《经济学解说》将"资源"定义为：生产过程中所使用的投入。这一定义很好地反映了"资源"一词的经济学内涵，资源从本质上讲就是生产要素的代名词。按照常见的划分方法，资源被划分为自然资源、人力资源和加工资源。[②]

资料链接

我国自然资源状况

我国水资源总量占世界水资源总量的7%，居第6位；但人均占有量仅有2 400立方米，为世界人均水量的25%，居世界第119位。我国是全球13个贫水国之一。我国森林面积为15 894.1万公顷，全国森林覆盖率达到16.55%，森林蓄积量为112.7亿立方米。全国除香港、澳门、台湾地区外，人工林面积为4 666.7万公顷，居世界首位。我国石油资源量约为1 040亿吨，天然气资源量约为47万亿立方米。通过对不同类型盆地油气勘查和各种方式的分析，测算出我国石油可采资源量为150亿～160亿吨，天然气可采资源为10万～14万立方米。按照国际上(油气富集程度)通常的分类标准，我国在世界103个产油国中属于油气资源比较丰富的国家。我国煤的资源总量稳居世界第一，而且如果全世界都只烧煤的话，我国的煤储量可供全世界的人烧大约100年。

资料来源：http://baike.baidu.com/view/8439.htm

1.1.2.2 稀缺

西方经济学认为，自人类社会产生以来，稀缺性一直就是困扰人类的一个难题。人的欲望是无限的，但资源是有限的，相对于无限的欲望，有限的资源就是稀缺。

西方经济学家把满足人类欲望的物品分为自由物品和经济物品两类。所谓自由物

---

① 马克思，恩格斯.马克思恩格斯选集.第四卷.1995年6月第2版，第373页。

② 蒙德尔.经济学解说.经济科学出版社，2000年。

品，就是指人类不需要付出任何代价就能自由取用的物品，其数量无限，如阳光、空气等。由于自由物品在满足人类消费欲望的过程中所占的比例非常低，因此满足人类消费欲望的主要是经济物品。所谓经济物品，是指人类必须付出代价方可得到的物品，即必须借助生产资源通过人类加工出来的物品，其数量有限。

稀缺是经济物品的显著特征之一。因为相对于人类社会的无穷欲望来说，经济物品或者说这些物品的资源总是不足的。简而言之，长时间的"供不应求"即为"稀缺"，而"稀缺"在经济社会中最直接的表现就是商品或人才的"价格不断攀升"。这种经济物品的稀缺并不意味着它是稀少的，而是指它不可以免费得到。要得到这样一种物品，必须自己生产或用其他经济物品来加以交换。

稀缺是经济学问题产生的根源，也是经济学研究的出发点。人类欲望的无限性和资源的稀缺性这一矛盾便产生了社会的基本经济问题，产生了研究经济的经济学。

1.1.2.3　选择

同一物品或资源有多种用途，人类的欲望也是多种多样的，这就导致了经济活动中的选择问题。从经济学的角度出发，所谓选择就是指如何利用现有资源去生产经济物品，以更好地满足人类的欲望。人类进行选择的过程也就是资源配置的过程。社会面临的选择问题也是经济学要回答的一个基本问题，主要包括：

(1)生产什么(What)。生产什么就是决定稀缺的资源如何配置。由于资源有限，社会不可能同时生产出满足人们需要的全部商品和劳务。用于生产某种产品的资源多一些，用于生产另一种产品的资源就会少一些。人们必须做出选择，用多少资源生产某一种产品，用多少资源生产其他产品。

(2)如何生产(How)。一个社会必须决定谁来生产，使用何种资源，以及采用何种生产技术。谁来种田，谁来教书？用风力发电，还是用煤炭发电，或是用太阳能发电？人们必须决定：多种资源如何进行有效组合，才能提高经济效率。

(3)为谁生产(Who)。谁来享用经济成果呢？收入和财富之间的分配是公平合理的吗？为谁生产的问题，就是如何把生产出来的产品分配给社会各成员的问题。产品在社会成员之间如何分配，将影响生产要素的流向和配置。

以上这三个问题被称为资源配置问题。经济学正是为了解决这三个基本问题而产生的。正是从这个意义上，一般认为，经济学就是研究稀缺资源在各种可供选择的用途中进行合理配置的科学。

1.1.3　机会成本与生产可能性边界

资源的稀缺性决定了在一定时期内可供人们选择的生产要素资源是一个定量。人的欲望和生产资源的上述特征就给人们提出了这样一个问题：怎样使用和分配这些可以有多方面用途但数量有限的资源，来满足轻重缓急各不相同的无限的欲望或需要呢？要回答这个问题，就必须处理好这样两个方面的关系：一个是各种需要的轻重缓急；二是为了实现某种既定的需要所需付出的代价。由此，西方经济学家在他们的分析中提出了两个重要的概念和工具，即机会成本和生产可能性边界。

1.1.3.1 机会成本

生活中充满了选择。由于资源是稀缺的，因此，我们就必须不断地决定如何利用我们有限的时间和收入。当你决定是否学经济学，是否买汽车，是否考研究生时，在每一种情况下，你都必须考虑所做出的选择需要放弃多少其他的机会。而那些所放弃的选择就被称为你的该项决策的机会成本。

另外，机会成本还可以用来衡量做出某种选择所必须放弃的次优选择的价值，即你为了从事这件事而放弃的其他事情的价值。既然是价值的体现，所以机会成本往往无法用精确的货币金额计算，它只是告诉我们无论选择什么都要付出代价，选择实际上是权衡目标与代价，并做出判断，确定这种选择是否值得。例如一笔资金，如果你将它投资于某个项目，那么它就失去了投资于其他项目或者存入银行获取利息的机会。

在经济领域，经济资源一般是可以有多种用途的，但一定的资源用来生产某种产品后，就不可能用来生产其他产品。这就意味着，一定数量的资源用来生产某种产品时，就必须放弃别种产品的生产。当把一定的资源用来生产某种产品时所放弃的别种产品的最大产量(产值)，就是这种产品的机会成本。例如，土地可以有多种用途，既可以种稻谷，也可种棉花、蔬菜或其他农作物。假如有一亩土地，用来种粮食可产稻谷 500 千克，价值 800 元；用来种棉花，投入同样多的资本与劳动可产棉花 100 千克，价值 700 元，则这一亩土地用来生产粮食的机会成本是 100 千克棉花或 700 元。同样，这一亩土地用来生产棉花的机会成本就是 500 千克稻谷或 800 元。

由此可见，所谓机会成本，实质上是指选择的代价，即“选择成本”。它可以帮助人们进行可行性研究和最优化决策。当然，运用机会成本概念时要适合以下三个条件：第一，资源本身要有多种用途；第二，资源可以自由流动且不受限制；第三，资源能够充分利用。如果以上条件不具备，机会成本便毫无意义。

1.1.3.2 生产可能性边界

资源的稀缺性决定了在一定社会的一定时期内可以利用的资源是有限的，从而可以生产的产品数量也是有限的。生产可能性是指在一定的资源条件下，利用现有资源可能生产的最大产量组合。

生产可能性曲线主要用来考察一个国家应该怎样分配其相对稀缺的生产资源问题。我们知道，一国可利用的资源，按用途来说，主要用来生产资本品和消费品。由于资源总量是一定的，因此，要多生产消费品就必须减少资本品的产量。那么，一个国家如何兼顾目前利益和长远利益，把有限的资源分配使用于消费品和资本品的生产，是经济学必须回答的一个重要问题。这个问题可以用生产可能性曲线来解释和回答。

现在，假定一国利用现有资源来生产 X(消费品)和 Y(资本品)两种产品。如果全部用来生产 X 产品，可生产 OD 单位；如果全部用来生产 Y 产品，可生产 OA 单位；如果同时用来生产 X 和 Y 两种产品，则可能有各种不同的 X 与 Y 的产量组合。将 X 和 Y 的各种不同的产量组合描绘在坐标图上，便可得出生产可能性曲线，如图 1.1 所示。

图中的 AD 线即生产可能性曲线，或称生产可能性边界(Production Possibility Frontier)，也可称为转换线。

生产可能性曲线是用来说明和描述在一定的资源与技术条件下可能达到的最大的产

量组合曲线，它可以用来进行各种生产组合的选择。如图1.1中F点和C点比较，少生产GB数量的Y产品(资本品)，就可以多生产HE数量的X产品(消费品)，因此，生产HE单位X产品的机会成本就是GB单位的Y产品。那么，一个国家关于消费品和资本品这两大部类的生产，到底是选择F点还是C点？或者是AD线上的任何其他一点？这就是经济学所面临和必须回答的问题。

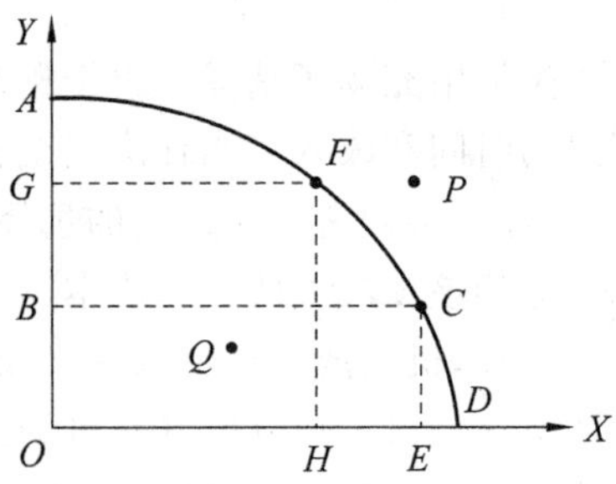

图1.1 生产可能性曲线

生产可能性曲线还可以用来说明潜力与过度的问题。生产可能性曲线以内的任何一点(如Q点)，说明生产还有潜力，即还有资源未得到充分利用，存在资源闲置；而生产可能性曲线之外的任何一点(如P点)，则是现有资源和技术条件所达不到的。只有生产可能性曲线之上的点，才是资源配置最有效率的点。因为它说明了一个社会的全部资源都得到了充分利用，不存在闲置资源和失业，社会经济达到了充分就业的状态。

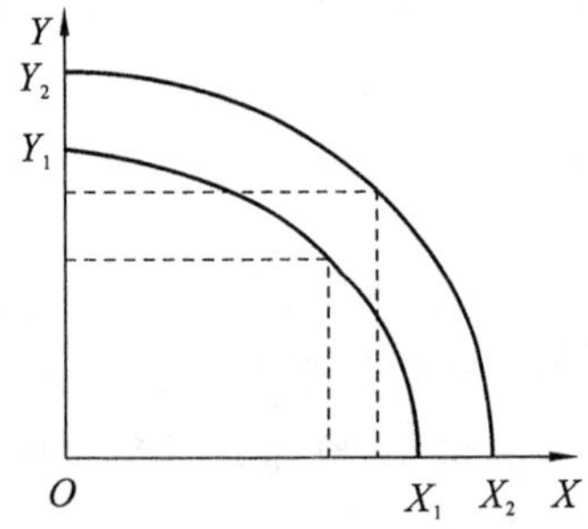

图1.2 生产可能性曲线(资源增加和技术进步情况下)

在资源数量和技术条件不变的条件下，一个社会利用现有资源可能生产的产品产量组合是既定的，但当资源数量变化和技术条件改变时，生产可能性曲线会相应移动。随着资源数量的增加和技术的进步，生产可能性曲线会向外平行移动，如图1.2所示。图中，在原来的技术水平和资源条件下，生产可能性曲线为X_1Y_1。现假定资源数量增加了，或者技术进步，劳动生产率提高了，使生产可能性曲线向外平移至X_2Y_2。在X_2Y_2上，每一点所代表的两种产品的产量组合都比X_1Y_1上相应的一点所代表的产量组合要大。因此，生产可能性曲线向外移动，代表着一个社会生产能力的提高。

1.2 资源配置和经济制度

问题导入

社会的两难：要大炮还是要黄油

希特勒在第二次世界大战期间曾经提出一个口号：“宁要大炮，不要黄油。”后来这一问题被经济学家形象地概括为“大炮与黄油”的问题。要大炮还是要黄油，实际上是军用品和民用品的生产决策问题。

任何一个国家都希望军用品和民用品越多越好，这就是欲望的无限性。但任何一国用于生产军用品和民用品的资源都是有限的，这就是资源的稀缺性。

因此对于任何一个社会而言，多生产军用品就只能少生产民用品，反之亦然。

在市场经济条件下，一般由政府与市场共同决定军用品与民用品产量，以使社会福利最大化。但最为著名也是最极端的办法是希特勒的“宁要大炮，不要黄油”。这是通过将德国的国民经济军事化来实现的。第二次世界大战时，美国把相当多的资源用于军备的生产，军用品增加使民用品不得不减少。在此背景下，美国对许多物资都进行了战时管制。第二次世界大战结束后，为与美国争霸，前苏联用计划经济的手段来配置资源，把资源大量用于军事装备的生产，从而不得不减少民用品的生产，造成人民生活水平下降，长期处于物资短缺中。

资料来源：张彦宁. 经济学(内部培训教材)

1.2.1 经济学与资源配置

如前所述，经济学是研究资源配置的科学，资源配置实质上是一个社会关于生产什么、如何生产、为谁生产三个基本经济问题的选择。资源配置是指资源的稀缺性决定了任何一个社会都必须通过一定的方式把有限的资源合理分配到社会的各个领域中去，以实现资源的最佳利用，即用最少的资源耗费生产出最适用的商品和劳务，获取最佳的效益。

资源配置即在一定的范围内，社会对其所拥有的各种资源在其不同用途之间分配。资源配置的实质就是社会总劳动时间在各个部门之间的分配。资源配置合理与否，对一个国家经济发展的成败有着极其重要的影响。

一般来说，资源如果能够得到相对合理的配置，经济效益就显著提高，经济就能充满活力；否则，经济效益就明显低下，经济发展就会受到阻碍。

1.2.2 经济学与资源利用

在现实中，人类社会往往面临这样一种矛盾：一方面资源是稀缺的，另一方面稀缺的资源还得不到充分利用。

经济资源的稀缺和闲置是现在经济学面临的两大难题。所谓资源利用，就是人类社会如何更好地利用现有的稀缺资源，使之生产出更多的物品。资源利用包括下面三个相关的问题：

(1)充分就业与失业率问题。就是说，在资源既定的情况下，如何使稀缺的资源得到充分利用，从而让经济生活中既不存在资源的闲置，又无资源的浪费，并且使产量达到最大，处在生产可能线上，实现充分就业。

(2)经济波动与经济增长问题。在资源既定的条件下，一国的产量为什么不能始终处于生产可能线上，而是时高时低？与此相关的问题就是：经济为什么会产生周期性波动？如何促进经济增长？

(3)通货膨胀与通货紧缩问题。以货币为交换媒介的现代商品社会，货币购买力的变动对资源配置和资源利用所引起的各种问题的解决影响都很大。解决这些问题必然涉及货币购买力的变动问题。

由此可见，稀缺性不仅引起了资源配置问题，而且还涉及资源利用问题。正因为如此，经济学家认为经济学就是“研究稀缺资源配置和利用的科学”。

1.2.3 资源配置和经济制度

尽管各个社会都存在稀缺性,但解决稀缺性的方法并不相同。人类社会的各种经济活动是在一定的经济体制下进行的。在不同的经济体制下,资源配置与资源利用问题的解决方法是不同的。经济体制就是一个社会做出选择的方式,或者说解决资源配置与资源利用的方式。纵观人类社会发展的历史,可以将经济制度分为四种,即自然经济制度、计划经济制度、市场经济制度和混合经济制度。

1.2.3.1 自然经济制度

自然经济制度是指生产目的不是为了交换,而是为了直接满足生产者或经济单位需要的一种经济制度。原始社会、奴隶社会和封建社会时期,自然经济占据了统治地位,而我国历代的封建王朝长期实行自然经济制度。自然经济制度下没有社会分工和交换,每个家庭利用自身生产条件生产自己所需要的绝大部分物品。资源配置和利用由每个家庭的直接消费决定。在自然经济制度下,生产力水平十分低下,经济效率不高。

1.2.3.2 计划经济制度

计划经济制度或计划经济体制,是对生产、资源分配以及产品消费事先进行计划的经济体制。由于几乎所有计划经济体制都依赖于指令性计划,因此计划经济也被称为指令性经济。解决"生产什么"、"如何生产"和"为谁生产"这三个基本经济问题的是政府,而且其中大部分的资源由政府所拥有,并且按政府的指令进行资源分配,不受市场影响。

计划经济是在生产资料公有制的基础上,根据社会主义基本经济规律和国民经济有计划按比例发展规律的要求,由国家按照经济、社会建设与发展的统一计划来管理国民经济的社会经济制度。计划经济是社会主义经济的一个基本特征。实行计划经济,必须从国民经济实际情况和自然资源特点出发,根据社会主义建设的需要,有计划地安排国民经济各部门之间的发展比例关系,合理地分布生产力,有效地利用人力、物力、财力,搞好生产与需求之间的平衡,促进国民经济协调发展,以满足国家建设及人民日益增长的物质和文化生活的需要。我国从 1990 年开始就逐步从计划经济走向市场经济。

计划经济体制的最大优点:

(1)所有的人都有工作。

(2)不像市场经济那样严重消耗自然资源,是一种环保经济。

(3)贫富差距不像市场经济那样严重,身份等级差别也较小。

虽然计划经济尚未摸索出形成价格的最佳机制,但随着计算机技术(如 MIS、ERP、网络投票)等的发展,计划经济很可能得以成功运行。迄今人类在这方面的实践不仅不足以否定其存在和发展的可能性,相反为其更好的发展留下了宝贵的经验和教训。

1.2.3.3 市场经济制度

关于什么是市场经济(Market Economy),人们的看法不尽相同。有人认为市场经济即是市场对资源发挥基础性配置作用。在市场经济条件下建立起了各种市场,形成了统一开放的市场体系,由市场形成价格,保证各种商品和生产要素的自由流动,各种经济资源由市场来发挥基础性配置作用。这与计划经济体制下由政府来进行资源配置根本不同。从本质上来讲，商品经济就是市场经济，而市场经济则必然导致以雇工经营和机器大生产为主要特征的资本主义经济制度。

市场经济时代最基本的特征是：工业取代了农业，占据了社会经济的主导地位，市场营销成为最普遍的经营形式，由此导致社会经济各个方面发生了一系列深刻的变化。

在市场经济制度下，消费者和生产者的行为要受到价格的支配，“生产什么”、“如何生产”和“为谁生产”都由价格决定。价格这只“看不见的手”调节着整个社会的经济活动，并且使社会资源得到最优配置。同时，由于信息不对称，市场经济可能会出现周期性的经济危机，资源再配置也可能产生社会资源的浪费。

1.2.3.4 混合经济制度

在现实经济生活中，没有哪一个经济是纯粹的市场经济和纯粹的计划经济。大多数国家的经济在不同程度上属于混合经济(Mixed Economy)。

混合经济一词是美国著名经济学家萨缪尔森首先提出的。他认为混合经济就是市场机制和政府调控相结合的一种经济。美国的经济就是一种混合经济。一方面，市场起着配置资源的基础作用；另一方面，政府也在对经济生活中的一些领域进行有意识的干预。在这种经济制度中，决策结构既有分散的方面又有集中的特征。相应的，决策者的动机和激励机制可以是主动的，也可以是被动地接受上级指令。同时，整个经济制度中的信息传递也通过价格和计划来进行。在混合经济中，政府可能会对以下领域进行调控：

(1)通过税收、补贴或直接控制价格来调控商品和投入的相对价格。

(2)通过收入税、福利支出或直接控制工资、利润、房租等来调节相对收入。

(3)通过法律、直接提供产品和服务、税收、补贴或国有化来调控生产和消费的类型。

(4)通过使用税收和政府开支，控制银行借贷和利息，直接控制价格、收入及汇率来调控失业、通货膨胀、经济增长和支出赤字的平衡等宏观经济问题。

总之，在混合经济中，通过市场机制的自发作用，经济社会解决生产什么和生产多少、如何生产和为谁生产的基本问题，而在市场机制出现错误时，则通过政府干预以促进资源使用的效率、增进社会平等，维持经济稳定和增长。

从整个20世纪的发展来看，市场经济是配置资源的一种较好方式。但是市场经济也有它的弊端，也就是说市场存在失灵的时候。不管是市场经济还是计划经济，都是配置资源的一种方式。因此，哪一种经济体制能够更有效地配置资源，就应采用哪一种经济体制。这也是经济学研究的主要目的。

资料链接

看不见的手

“看不见的手”是一个隐喻，在《国富论》中，亚当·斯密在说明为什么对进口或对使用自己的资本进行限制为不必要时，使用了“看不见的手”一词——“因此，当每一个人企图尽可能地使用他的资本去支持本国工业，从而引导那种工业使他的产品可能有最大的价值时，每一个人必然要为使社会的每年收入尽可能大而劳动。的确，他一般既无心去促进公共利益，也不知道他对之正在促进多少。他宁愿支持本国工业而不支持外国工业，只是想要确保他自己的安全;他指导这种工业去使其产品能具有最大的价值,只是为了他自己的利益,也像在许多其他场合一样,他这样做只是被一只看不见的手引导着,去促进一个并不是出自他本心的目的。"(《国富论》,第4卷,第456页)

亚当·斯密最初的意思是,个人在经济生活中只考虑自己利益,受"看不见的手"驱使,即通过分工和市场的作用,可以达到国家富裕的目的。后来,"看不见的手"便成为表示资本主义完全竞争模式的形象用语。这种模式的主要特征是私有制,人人为自己,都有获得市场信息的自由,自由竞争,无须政府干预经济活动。

商务印书馆《英汉证券投资词典》解释"看不见的手(Invisible Hand)":古典经济学家亚当·斯密在《国富论》中提出的理论,认为国家经济的发展不应由政府干预,而应由整个社会需求进行选择。这种社会需求被认为是调节市场的"看不见的手"。

1.3 经济学的分类和研究方法

经济学的内容相当广泛,就经济学的研究对象来划分,现代西方经济学从总体上可分为微观经济学与宏观经济学两部分。前者研究资源配置问题,后者研究资源利用问题。它们既互相区别又互相联系。

1.3.1 微观经济学

1.3.1.1 微观经济学的研究对象

微观经济学(Microeconomics)又称个体经济学、小经济学,是宏观经济学的对称。微观经济学主要以单个经济单位(单个的生产者、单个的消费者、单个市场的经济活动)作为研究对象,分析单个生产者如何将有限的资源分配在各种商品的生产上以取得最大的利润;单个消费者如何将有限的收入分配在各种商品的消费上以获得最大的满足。

微观经济学是研究社会中单个经济单位的经济行为,以及相应的经济变量的单项数值如何决定的经济学说,亦称市场经济学或价格理论。微观经济学的中心理论是价格理论。微观经济学的一个中心思想是,自由交换往往使资源得到最充分的利用,在这种情况下,资源配置被认为是最有效的。

1.3.1.2 微观经济学的基本假设条件

1. 理性人假设

理性人假设又称经济人假设或最大化原则,是西方经济学中最基本的前提假设。在经济学家的眼里,人都是自利的,以自身利益的最大化作为自己的追求。当一个人在经济活动中面临若干不同的选择机会时,他总是倾向于选择能给自己带来更大经济利益的那种机会。理性的经济人是效用的最大化者,理性的行为也就是最优化的行为。

2. 完全信息

市场上每一个经济主体对有关的经济情况具有完全信息。例如,消费者和企业可以免费且迅速地获得各种准确的市场信息,以便及时对价格信号做出反应,实现其行为的最优化。

3. 市场出清

市场出清是指产品市场、劳动市场、金融市场在市场机制的作用下迅速达到供需均衡状态。在这种均衡状态下，社会资源可以得到充分利用，不存在资源浪费或闲置。它与前两个基本前提假设具有明确的因果关系，是前两者的逻辑推论。

因此，微观经济学就是从以上三个基本前提假设出发，在假定资源得到充分利用的条件下，研究资源的优化配置问题。这些假设只是经济学家为了研究方便而假设的理想状态，现实中这几个假设条件未必完全合乎事实。现代经济学的发展则围绕着对这三个基本前提假设的反思而展开。

1.3.1.3　微观经济学的基本内容

微观经济学包括的内容相当广泛，其中主要内容有：

(1)均衡价格理论。研究商品价格如何决定，以及价格如何调节整个经济的运行。

(2)消费者行为理论。研究消费者如何把有限的收入分配到各种物品的消费上，实现效用的最大化。

(3)生产者行为理论。研究生产者如何把有限的资源用于各种物品的生产，以实现利润最大化。该理论包括生产理论、成本理论和市场均衡理论。

(4)分配理论。研究产品按什么原则分配给社会各集团和个人，各生产要素所有者的收入如何决定。

(5)一般均衡理论与福利经济学。一般均衡理论研究各种产品的供求关系的相互作用以及各种生产要素的供求关系的相互作用。福利经济学研究社会福利的实现问题。由于它们都是以单个厂商和单个消费者的行为作为出发点来考察社会经济行为的，因而也被列入微观经济学中进行分析。

总之，微观经济学的内容十分广泛，但在本书中，我们只介绍微观经济学的基本理论，即均衡价格理论、消费者行为理论、生产者行为理论、分配理论等。

1.3.2　宏观经济学

1.3.2.1　宏观经济学的研究对象

宏观经济学以国民经济总过程的活动为研究对象，主要考察就业总水平、国民总收入等经济总量，因此，宏观经济学也被称作就业理论或收入理论。宏观经济学通过研究国民经济中各有关总量的决定及其变化来说明资源如何才能得到充分利用。宏观经济学以总量分析为研究方法。总量是指能反映整个经济运行情况的经济变量。总量分析就是分析这些总量的决定、变动及相互关系，并通过这种分析说明经济的运行状况，制定经济政策。宏观经济学存在着许多流派、分支，甚至分歧(意见、观点不同)。

1.3.2.2　宏观经济学的基本假设条件

宏观经济学作为一门独立的理论经济学分支学科，是在凯恩斯的著作《就业、利息和货币通论》一书于1936年出版后正式形成的。其基本内容基于以下两个假设：

1. 市场机制不完善

市场经济产生以来，市场经济国家的资源都是通过价格进行调节和配置的。但在现实经济生活中，价格对经济的调节作用并不像理论所说的那样完美。若干年一次的经济危机一直困扰着市场经济国家。特别是 1929—1933 年西方资本主义国家爆发的经济危机,使各国普遍出现大萧条,生产幅度下降,失业剧增,经济学家们从中认识到单靠市场机制调节经济运行是远远不够的,解决不了失业与通货膨胀问题。

2. 政府有能力调节经济,纠正市场机制的缺点

人类并不只是简单地、被动地顺从市场机制,可以在遵从经济规律的基础上发挥主观能动性,对经济进行调节。政府可以利用自身的地位,通过对经济运行的认识,采用适当的手段对经济进行调节。宏观经济学就是建立在政府有能力调节经济的基础上的。

1.3.2.3 宏观经济学的基本内容

宏观经济学的内容十分广泛,包括宏观经济理论、宏观经济政策和宏观经济计量模型。

(1)宏观经济理论包括国民收入决定理论、消费函数理论、投资理论、货币理论、失业与通货膨胀理论、经济周期理论、经济增长理论、开发经济理论。

(2)宏观经济政策包括经济政策目标、经济政策工具、经济政策机制(即经济政策工具如何达到既定的目标)、经济政策效应与运用。

(3)宏观经济计量模型包括根据各派理论所建立的不同模型。这些模型可用于理论验证、经济预测、政策制定,以及政策效应检验。

以上三个部分共同构成了现代宏观经济学。现代宏观经济学是为国家干预经济的政策服务的。第二次世界大战后,凯恩斯主义宏观经济政策在西方各国得到广泛的运用,相当大程度上促进了经济的发展。但是,国家对经济的干预也引起了各种问题,主要包括经济增长、经济周期波动、失业、通货膨胀、国家财政、国际贸易等方面,涉及国民收入及全社会消费、储蓄、投资与国民收入的比率,货币流通量和流通速度,物价水平,利息率,人口数量及增长率,就业人数和失业率,国家预算和赤字,出入口贸易和国际收入差额等。因此,宏观经济学的研究是很复杂、很困难的。本书主要研究宏观经济理论与政策部分的内容。

1.3.3 微观经济学与宏观经济学的区别

宏观经济学和微观经济学并不分开,“宏观”就是在“微观”的基本思维基础上发展的。但“宏观”又区别于“微观”。“微观”研究的是某个组织、部门或个人在经济社会上怎么样做出决策,以及这些决策会对经济社会有什么影响;而“宏观”则是研究整个经济社会如何运作,并找出办法,让经济社会运行得更加稳定、发展得更快。

1. 研究对象不同

微观经济学的研究对象是单个经济单位,如家庭、厂商等。正如美国经济学家 J. 亨德逊(J. Henderson)所说:“居民户和厂商这种单个单位的最优化行为奠定了微观经济学的基础。”而宏观经济学的研究对象则是整个经济,研究整个经济的运行方式与规律,从总量上分析经济问题。正如萨缪尔森所说,宏观经济学是“根据产量、收入、价格水平和失业来分析整个经济行为”。美国经济学家 E. 夏皮罗(E. Shapiro)则强调了“宏观经济学考察国民经济作为一个整体的功能”。

2. 解决的问题不同

微观经济学要解决的是资源配置问题,即“生产什么”、“如何生产”和“为谁生产”的问

题,以实现个体效益的最大化。宏观经济学则把资源配置作为既定的前提,研究社会范围内的资源利用问题,以实现社会福利的最大化。

3.研究方法不同

微观经济学的研究方法是个量分析,即研究经济变量的单项数值如何决定;而宏观经济学的研究方法则是总量分析,即对能够反映整个经济运行情况的经济变量的决定、变动及其相互关系进行分析。这些总量包括两类:一类是个量的总和,另一类是平均量。因此,宏观经济学又称为"总量经济学"。

4.基本假设不同

微观经济学的基本假设是市场出清、完全理性、充分信息,认为"看不见的手"能自由调节实现资源配置的最优化。宏观经济学则假定市场机制是不完善的,政府有能力调节经济,通过"看得见的手"纠正市场机制的缺陷。

5.中心理论和基本内容不同

微观经济学的中心理论是价格理论,还包括消费者行为理论、生产理论、分配理论、一般均衡理论、市场理论、产权理论、福利经济学、管理理论等。宏观经济学的中心理论则是国民收入决定理论,还包括失业与通货膨胀理论、经济周期与经济增长理论、开放经济理论等。

1.3.4 经济学的研究方法

每门学科都有自己的研究方法,经济学也不例外,其中最基本的方法就是实证分析法和规范分析法。经济学家根据研究方法的不同,把经济学分为规范经济学和实证经济学。

1.3.4.1 规范经济学

所谓规范经济学(Normative Economics),是首先确立一个伦理价值判断标准,然后据此评价经济活动的结果是否符合标准,研究经济活动怎样才能达到所确立的标准,最后提出相应的政策建议。简言之,也就是回答"应该怎样,不应该怎样"的问题。以经济增长问题为例,若用规范经济学来分析就是:首先确立一些理想的经济增长标准,如经济增长应该"稳定""可持续""促进充分就业""保持物价稳定""提高居民生活水平"等,然后再看现实经济增长是否符合这些标准,如果不符合,再考虑应该怎样进行调整等。

1.3.4.2 实证经济学

所谓实证经济学(Positive Economics),是试图摒弃一切价值判断,只研究经济现象各变量之间客观存在的相互联系和规律,分析、预测各种经济行为可能带来的各种后果,据此提出自己的政策建议。它要回答的是"是什么,不是什么"的问题。如仍以经济增长为例,按实证经济学方法,就是首先收集一些历史统计资料,然后用相关分析、回归分析等统计分析方法探讨经济增长是怎样实现的,哪些因素促进了经济增长,等等。至于这种经济增长是好还是坏,则置之不理。

实证分析和规范分析互相联系、互相补充。规范分析要以实证分析为基础,而实证分析也离不开规范分析的指导。目前,西方经济学家一般倾向于实证经济学方法,但并不完全排除规范经济学方法,一个最基本的事实是,他们拥护资本主义制度。

1.4 经济学简史

古代许多思想家就已经开始研究经济问题，并产生出了不少今天看来仍有影响的思想。在西方，经济学思想的产生最早可以追溯到古希腊时代。但是，经济学作为一门独立的学科是与资本主义生产方式的形成同时产生的。西方经济学作为一种理论形态已有300多年的历史，主要经历了早期重商主义、古典经济学、新古典经济学、当代经济学、新古典综合派等重要发展时期。

1.4.1 早期重商主义

公元16—17世纪是西欧资本原始积累时期。这一时期，商业资本的兴起和发展促使封建自然经济瓦解，国内市场统一，并通过对殖民地的掠夺和对外贸易的扩张积累了大量资金，推动了工场手工业的发展，为资本主义生产方式的勃兴提供了条件。正是在这一时期产生了代表商业资本利益和要求的重商主义思想。

重商主义原指国家为获取货币财富而采取的政策。16世纪末，在英国、法国出现了不少宣扬重商主义思想的著作。重商主义重视金银货币的积累，把金银看做财富的唯一形式，认为对外贸易是财富的真正源泉，只有通过出超才能获取更多的金银财富，因此主张在国家的支持下发展对外贸易。

重商主义者认为，要得到这种财富，最好是由政府管制农业、商业和制造业，发展对外贸易垄断，通过高关税率及其他贸易限制来保护国内市场，并利用殖民地为母国的制造业提供原料和市场。该名称最初是由亚当·斯密在《国民财富的性质和原因的研究》(《国富论》)一书中提出来的。但1776年亚当·斯密在他的著作中抨击了重商主义，他提倡自由贸易和开明的经济政策。但是，直到19世纪中叶英国才废弃以重商主义哲学为基础的经济政策。

1.4.2 古典经济学

17世纪中叶以后，首先在英国，然后在法国，工场手工业逐渐发展成为工业生产的主要形式。重商主义已经不适应日益壮大的产业资本的利益和要求。这时，封建制度还严重阻碍着资本主义的发展，资产阶级面临的任务是与封建势力作斗争。这种斗争要求从理论上说明资本主义生产方式怎样使财富迅速增长，探讨财富生产和分配的规律，论证资本主义生产的优越性。由此，产生了由流通过程进入生产过程研究的古典经济学。

古典经济学的先驱是英国的威廉·配第和法国的布阿吉尔贝尔。配第的主要贡献在于提出了劳动价值论的一些基本观点，并在此基础上初步考察了工资、地租、利息等范畴。布阿吉尔贝尔认为流通过程不创造财富，只有农业和畜牧业才是财富的源泉。

出现于18世纪50—70年代初的以魁奈和杜尔哥为主要代表的法国重农学派理论，是对资本主义生产的第一个系统理解。他们提出自然秩序的概念，用按资本主义方式经营的农业来概括资本主义，用租地农场主的生产经营活动来分析资本的流通和再生产。

正是在这个意义上马克思称重农学派为“现代政治经济学的真正鼻祖”。

亚当·斯密是英国古典经济学的杰出代表和理论体系的创立者。他所著《国民财富的性质和原因的研究》一书，把资产阶级经济学发展成一个完整的体系。他批判了重商主义只把对外贸易作为财富源泉的错误观点，并把经济研究从流通领域转到生产领域。他克服了重农学派认为只有农业才创造财富的片面观点，指出一切物质生产部门都创造财富。他分析了国民财富增长的条件以及促进或阻碍国民财富增长的原因，分析了自由竞争的市场机制，把它看做一只“看不见的手”支配着社会经济活动，他反对国家干预经济生活，提出自由放任原则。他第一个系统地论述了劳动价值论的基本原理，并指出利润和地租都是对劳动所创造的价值的扣除。

D.李嘉图是英国古典经济学的完成者。他在1817年出版的《政治经济学及赋税原理》一书中建立了以劳动价值论为基础、以分配论为中心的严谨的理论体系。他继承斯密理论中的科学因素，并做出了重大发展。他坚持商品的价值是由生产中耗费的劳动决定的原理，批评了斯密在价值论上的二元观点。他强调经济学的主要任务是阐明财富在社会各阶级间分配的规律，认为全部价值都是由劳动生产的，工资由工人的必要生活资料的价值决定，利润是工资以上的余额，地租是工资和利润以上的余额，由此，他阐明了工资和利润的对立，工资、利润和地租的对立。此外，李嘉图还论述了货币流通量的规律、对外贸易的比较成本学说等。李嘉图的理论反映了英国产业革命时期工业资产阶级的利益和要求。但是他的理论也存在许多局限性，如不能解决怎样在价值规律的基础上说明资本和劳动相交换，以及等量资本取得等量利润等问题。但总的说来，古典经济学到李嘉图时期达到了顶峰，对后来的经济学发展有着深远的影响。

资料链接

亚当·斯密生平故事

亚当·斯密(1723—1790)是经济学的主要创立者。1723年亚当·斯密出生在苏格兰法夫郡(County Fife)的寇克卡迪(Kirkcaldy)。亚当·斯密的父亲也叫亚当·斯密，是律师，也是苏格兰的军法官和寇克卡迪的海关监督，在亚当·斯密出生前的几个月去世；母亲玛格丽特(Margaret)是法夫郡斯特拉森德利(Strathendry)大地主约翰·道格拉斯(John Douglas)的女儿，亚当·斯密一生与母亲相依为命，终身未娶。

幼年的斯密聪明好学，14岁就进入格拉斯哥大学(University of Glasgow)，主修拉丁语、希腊语、数学以及道德哲学。在格拉斯哥大学学习期间，著名哲学教授弗兰西斯·哈奇森的自由主义精神给予斯密很大的启发，斯密对这位老师的教导一直念念不忘。1740年，斯密获得了奖学金，进入著名学府牛津大学学习，1746年毕业后回到故乡寇克卡迪。1748年，斯密开始在爱丁堡大学担任讲师，主讲英国文学，几年后又开始讲授经济学课程。1751年，斯密回到母校格拉斯哥大学任教授，主讲逻辑学和道德哲学。在格拉斯哥大学任职期间，斯密公开表达经济自由主义的主张，形成了自己的经济学观点。1759年，斯密的第一部著作《道德情操论》出版，这部著作为他赢得了巨大的声誉，使他跻身于英国一流学者之列。1764年，斯密受布克莱(Buccleuch)公爵之邀离开格拉斯哥大学，到欧洲大陆旅行。旅行的经历以及在旅行过程中同许多著名大陆学者的交往,促使斯密经济理论走向成熟,尤其是重农主义的经济学家魁奈对他的影响很大。三年后,斯密回到伦敦,被选为英国皇家学会会员。为了完成自己的研究工作,斯密回到故乡寇克卡迪,开始潜心撰写经济学著作。1776年,写作历时六年、修改三年的经济学巨著《国民财富的性质和原因的研究》(即《国富论》)终于完成。它的出版标志着古典自由主义经济学的正式诞生。

当时的英国可以说是欧洲的先进资本主义国家,不仅是世界贸易的中心国,而且是领先于其他国家的工业国。18世纪前期,欧陆的法国和德国尚停留在幼稚的、封建的家内工业,或独立手工业的阶段,仍然以这种方式来支配生产。但英国却不然,已经走入资本主义初级阶段,工场手工业已在国内各大都市筑下根基。

中世纪的家内工业或独立手工业,工人是分散在各家各户,个人在全体作业过程中不过是一个孤立的劳动者。工场手工业却是许多工人在一个工厂劳动,在一个资本家的指挥命令下使用简单的工具从事分工的作业。一直到1760年发生了产业革命,使用机械的大工业出现为止,在产业革命前英国各地所实行的仍然是这种资本主义前期的工场手工业。斯密的功绩就是把当时零星片断的经济学学说,经过有体系的整理,使之成为一门分门别类、独立于哲学的大学问。

《国富论》一书是斯密最具影响力的著作,这本书对于经济学领域的创立有极大贡献,使经济学成为一门独立的学科。在西方世界,这本书甚至可以说是经济学所发行过的最具影响力的著作。《国富论》一书成为针对重商主义(认为大量储备贵金属是经济成功所不可或缺的理论)最经典的反驳,这本书于1776年出版后,英国和美国都出现了许多要求自由贸易的声浪。这些声浪还认为当时经济的艰难和贫穷是美国独立战争所造成的。不过,并非所有人都被说服相信了自由贸易的优点:英国政府和议会依然继续维持重商主义多年。

在写作《国富论》的过程中,斯密积劳成疾。自1784年开始,他的健康状况持续恶化。但斯密依然笔耕不辍,继续写作两部关于哲学和经济学的著作。1787年,斯密应邀去伦敦为英国内阁成员讲授经济学,同年11月,又被推荐担任母校格拉斯哥大学的校长。1790年7月,这位终身未娶的伟大学者与世长辞。

斯密一生追求完美,在临终前,他坚持将未完成的十几部手稿付之一炬,实践了他认真负责的一贯理念。当然,对后世的读者来说,这些手稿的焚毁是一大损失。在他逝世后,后人根据他的学生所记的笔记,于1796年整理出版了《正义、警察、岁入和军备讲稿》,其他遗稿也陆续整理出版,包括1793年的《哲学问题论集》、1795年的《天文学史》等。

在经济学界,斯密几乎成为被征引最多的作家。根据伦敦《泰晤士报》报道,英格兰银行决定,从2007年起,亚当·斯密的头像将出现在英国20镑面值的新版钞票上。

1.4.3 新古典经济学

19世纪后期,随着资本主义经济的进一步发展,资本主义的矛盾加剧。工人运动的高涨和马克思经济学说的传播给资产阶级的统治以极大的冲击。在这种形势下,资产阶级经济学抛弃古典经济学的外衣或以古典经济学批判者的姿态建立了新的经济学派。

边际效用学派是19世纪70年代初出现在西欧几个国家的一个经济学派，以倡导边际效用价值论和边际分析为共同特点。在其发展过程中形成两大支派：一是以心理分析为基础的心理学派或称奥地利学派，其主要代表为奥国的C.门格尔、F. von维塞尔和E. von柏姆·巴维克等；另一是以数学为分析工具的数理学派或称洛桑学派，其主要代表有英国的杰文斯、法国的L.瓦尔拉斯和V.帕累托。当代资产阶级经济学家把边际效用价值论的出现称为"边际主义革命"，即对古典经济学的革命。这个学派运用的边际分析方法，后来成为资产阶级经济学发展的重要基础。

英国剑桥大学的马歇尔是新古典经济学的集大成者，他在1890年出版了《经济学原理》一书。该书以折中主义手法把供求论、生产费用论、边际效用论、边际生产力论等融合在一起，建立了一个以完全竞争为前提、以"均衡价格论"为核心的相当完整的经济学体系。马歇尔用均衡价格论代替价值论，并在这个核心的基础上建立各生产要素均衡价格决定其在国民收入中所占份额的分配论。他颂扬自由竞争，主张自由放任，认为资本主义制度可以通过市场机制的自动调节达到充分就业的均衡。该书支配英国、美国经济论坛达40年之久，也对以后的经济学发展产生了深刻的影响。

虽然新古典经济学的政策主张仍然是自由放任，但他们明确地把资源配置作为经济学研究的中心，论述了价格如何使社会资源配置达到最优化，从而在理论上证明了市场机制的完善性。由于该体系是以完全竞争为前提的，因此在20世纪初出现垄断后便与现实发生了冲突。1933年，英国经济学家J.罗宾逊和美国经济学家E.张伯伦分别出版了《不完全竞争经济学》和《垄断竞争理论》，分析了不完全竞争或垄断竞争条件下的资源配置问题，对马歇尔所创立的微观经济学体系作了非常重要的补充，是对微观经济学的重大发展。

1.4.4 当代经济学

当代经济学主要指经过所谓"凯恩斯革命"迄至今日的资产阶级经济学。

1929年爆发空前规模的世界经济危机后，资本主义经济陷入长期萧条状态，失业问题严重。经济学关于资本主义社会可以借助市场自动调节机制达到充分就业的传统说教彻底破产，垄断资产阶级迫切需要一套"医治"失业和危机，以加强垄断资本统治的新理论和政策措施。正是适应这个需要，凯恩斯于1936年发表了《就业、利息和货币通论》(以下简称《通论》)一书。

《通论》的出现引起了西方经济学界的震动，把它说成是经济学经历了一场"凯恩斯革命"。凯恩斯抨击"供给创造自己的需求"的萨伊定律和新古典经济学的一些观点，对资本主义经济进行总量分析，提出了有效需求决定就业量的理论。有效需求包括消费需求和投资需求，它主要由三个基本心理因素即消费倾向、收益预期、流动偏好和货币供应量决定。他认为现代资本主义社会之所以存在失业和萧条，就是由于这些因素交相作用而造成的有效需求不足。据此，他提出加强国家对经济的干预，采取财政金融政策，增加公共开支，降低利率刺激投资和消费，以提高有效需求，实现充分就业。当时，以凯恩斯这一理论为根据而形成的凯恩斯主义，不仅成为当代资产阶级经济学界占统治地位的一个流派，而且对主要资本主义国家的经济政策具有重大的影响。

第二次世界大战后，国家垄断资本主义的发展和20世纪50—60年代相对稳定的经济增长促成了凯恩斯主义的盛行。但是随着垄断资本主义固有矛盾的激化,国家干预经济不断引起一系列的新问题,特别是 20 世纪 70 年代以来出现了经济停滞和通货膨胀同时并存的"滞胀"局面,使凯恩斯主义的理论和政策陷于困境,受到各式新经济自由主义流派的挑战。

各种色彩的新经济自由主义具有各自的论点和论证方法,但是,反对国家干预经济,鼓吹恢复和加强自由市场机制的自动调节作用,是他们的共同立场。随着现代经济的发展,资产阶级经济学家所面临的问题愈来愈复杂,所研究的范围也愈来愈广泛。不同的流派出于维护资本主义制度的存在及其有效运行的共同目的,既有一致性,又有差别性;既相互交叉地研究同一课题,又各有侧重地研究不同的经济领域,因而不仅在理论上彼此有争论,而且出现了门类繁多的"经济学科"。

资料链接

凯恩斯生平故事

英国经济学家约翰·梅纳德·凯恩斯因开创了经济学的"凯恩斯革命"而称著于世,被后人称为"宏观经济学之父"。1883 年 6 月 5 日,凯恩斯生于英格兰的剑桥,14 岁以奖学金进入伊顿公学(Eton College)主修数学,曾获托姆林奖金(Tomline Prize)。

毕业后,凯恩斯以数学及古典文学奖学金入学剑桥大学国王学院;1905 年毕业,获剑桥文学硕士学位;之后又滞留剑桥一年,师从马歇尔和庇古攻读经济学,以准备英国文官考试。1906 年,凯恩斯以第二名的成绩通过文官考试,入选印度事务部。任职期间,他为其第一部经济著作《印度通货与金融》(*Indian Currency and Finance*,1913)作了大量研究准备工作。1908 年,凯恩斯辞去在印度事务部的职务,回剑桥大学任经济学讲师至 1915 年。

其间的 1909 年,凯恩斯以一篇概率论论文入选剑桥大学国王学院院士,另以一篇关于指数的论文获亚当·斯密奖。概率论论文后稍经补充,于 1921 年以《概率论》(*A Treatise on Probability*)为书名出版。第一次世界大战爆发后不久,凯恩斯即应征入英国财政部,主管外汇管制、美国贷款等对外财务工作。1919 年初,凯恩斯作为英国财政部首席代表出席巴黎和会。同年 6 月,因对赔偿委员会有关德国战败赔偿及其疆界方面的建议愤然不平,凯恩斯辞去和会代表职务,复归剑桥大学任教。不久后,表明其对德国赔偿问题所持看法的《和平的经济后果》(*The Economic Consequences*,1919)一书出版,引起欧洲、英国及美国各界人士的大争论,使其一时成为欧洲经济复兴问题的核心人物。在任教的同时,凯恩斯还撰写了大量经济学文章。

凯恩斯在 1921—1938 年任"全国互助人寿保险公司"(National Mutual Life Insurance Company)董事长期间,其对股东的年度报告一直为金融界人士必读而且是抢先收听的新闻。1940 年,凯恩斯出任财政部顾问,参与战时各项财政金融问题的决策。在他的倡仪下,英国政府开始编制国民收入统计,使国家经济政策拟订有了必要的工具。1944 年 7 月,凯恩斯率英国政府代表团出席布雷顿森林会议,并成为国际货币基金组织和国际复兴与开发银行(世界银行)的英国理事,在 1946 年 3 月召开的这两个组织的第一次会议上,当选为世界银行第一任总裁。

凯恩斯原是一个自由贸易论者，直至20世纪20年代末仍信奉传统的自由贸易理论，认为保护主义对于国内的经济繁荣与就业增长一无可取。甚至1929年同瑞典经济学家俄林就德国赔款问题论战时，他还坚持国际收支差额会通过国内外物价水平的变动自动恢复平衡。

1936年其代表作《就业、利息和货币通论》(*The General Theory of Employment, Interest and Money*，简称《通论》)出版时，凯恩斯一反过去的立场，转而强调贸易差额对国民收入的影响，相信保护政策如能带来贸易顺差，必将有利于提高投资水平和扩大就业，最终导致经济繁荣。西方学者对此评论道："凯恩斯是在致命危机威胁资本主义世界时挽救和巩固了这个社会。"有的学者把凯恩斯的理论比做"与哥白尼在天文学上、达尔文在生物学上、爱因斯坦在物理学上一样的革命"。

除《通论》外，凯恩斯另外两部重要的经济理论著作是《论货币改革》(*A Tract on Monetary Reform*，1923)和《货币论》(*A Treatise on Money*，1930)。这两部著作是其研究货币理论的代表作，但均未能脱出古典货币数量论的窠臼。

返回英国不久，凯恩斯因心脏病突发于1946年4月21日在索塞克斯(Sussex)的家中逝世。因其深厚的学术造诣，曾长期担任《经济学杂志》主编和英国皇家经济学会会长，1929年被选为英国科学院院士，1942年晋封为勋爵，1946年剑桥大学授予其科学博士学位。

1.4.5 新古典综合派

第二次世界大战结束后，以美国经济学家萨缪尔森等人为代表，将凯恩斯的宏观经济学与新古典经济学的市场均衡价格理论结合在一起，形成了"新古典综合派"，由微观经济学和宏观经济学这两部分构成的新古典综合派的经济学理论体系是经济学的主流经济体系。其代表性的经济学家是萨缪尔森。

萨缪尔森(1915—2009.12)曾将数学分析引入经济学，并于1970年获得诺贝尔奖；他曾帮助肯尼迪政府制定税收政策；他撰写的教科书为数百万大学生所拜读，被称为美国经济学泰斗。

资料链接

萨缪尔森的故事

保罗·萨缪尔森1915年5月15日生于美国印第安纳州加里(Gary)城的一个波兰犹太移民家庭，其父亲法兰克·萨缪尔森是一名药剂师，1923年其家搬到芝加哥。萨缪尔森出身于经济学世家，其兄弟罗伯特·萨缪尔森、妹妹安妮塔·萨缪尔森均为经济学家，另一个侄子则是大名鼎鼎的美国财政部长劳伦斯·萨默斯。

1932年，萨缪尔森考入芝加哥大学，专修经济学。此时的经济学发展就如萨缪尔森在1985年2月的一次演讲时所说："1932年我开始在芝加哥大学攻读经济学时，经济学还只是文字的经济学。"萨缪尔森于1935年获芝加哥大学文学学士学位，1936年获芝加哥大学文学硕士学位。

1940年10月，萨缪尔森来到麻省理工学院(MIT)这个他度过了所有学术生涯的地方。他很快就得到同行们源源不断的认同，其中包括获得美国艺术与科学学院、国家学术院、美国哲学学会、英国学术院等的会员资格，各种头衔也纷至沓来。但是，三个孩子的出生却让他的经济状况开始捉襟见肘，于是他决定写作一本经济学教科书。他给自己设定的写作标准是：这本书不应该只吸引学生，还应该具有成熟和系统性的品质。他还希望能够通过这本书来集中讲述当时依然乏人问津的凯恩斯革命的观点。他说自己“殚精竭虑”地来写作这本教材。他雇人来增加图表、彩色图示及幽默小段。

我们很难去低估这本名为《经济学》的教材的巨大影响力。《经济学》让一代又一代的学生们了解了约翰·梅纳德·凯恩斯的观念。它以多种语言翻译出版，它“在给予这个世界一种一般性的经济学语言方面取得了巨大的成就”。学生们被它充满活力的散文式风格及与自己日常生活的相关性所吸引。从此之后，大量的教科书作者开始模仿这种写作方式。而《经济学》也使得它的作者跨入了富裕人士的行列。

他的教科书——《经济学》教育了学生们如何去思考经济学。他的经济研究成果——《经济分析的基础》教会了专业的经济学家们如何去研究贸易。在两本书之间，萨缪尔森重新定义了现代经济学。萨缪尔森在MIT的同事Robert M. Solow描述：当经济学家们“坐下来拿出一张纸开始计算或者分析什么东西的时候，你不得不说，在给他们提供所使用的工具及观念方面，没有人比萨缪尔森更加重要的了”。

萨缪尔森于1941年获得哈佛大学理学博士学位。在哈佛大学就读期间，他师从约瑟夫·熊彼特、华西里·列昂惕夫、哥特弗里德·哈伯勒和有“美国的凯恩斯”之称的阿尔文·汉森研究经济学。萨缪尔森毕业后在哈佛大学继续攻读学业，在26岁那年取得博士学位。其博士学位论文《经济理论操作的重要性》获哈佛大学威尔斯奖，以此为基础形成的《经济分析基础》为萨缪尔森赢得了诺贝尔经济学奖。当时评奖委员说：“在提升经济学家理论的科学分析水平上，他(萨缪尔逊)的贡献要超过当代其他任何一位经济学家，他事实上以简单语言重写了经济学理论的相当部分。”人们翻开经济学方面的论著，多会看到各种复杂的数学公式和模型。数学家成为诺贝尔经济学奖的得主也已司空见惯。可以说，今天的经济学早已和数学密不可分。而萨缪尔森正是把数学引入经济学的第一人。

萨缪尔森是第一位获得诺贝尔经济学奖的美国经济学家，他的经典著作《经济学》以四十多种语言在全球销售超过四百万册，是全世界最畅销的教科书，影响了整整一代人。也正是他的这本著作，将西方经济学理论第一次系统地带进中国，并使这种思考方式和视野在中国落地生根。

本章小结

(1)稀缺是经济问题产生的根源，也是经济学研究的出发点。人类欲望的无限性和资源的稀缺性这一矛盾产生了社会的基本经济问题，由此产生了研究经济的经济学。

(2)资源的稀缺性，决定了在一定时期内可供人们选择的生产要素资源是一个定量。由此，西方经济学家在他们的分析中提出了两个重要的概念和工具，即机会成本和生产可能性边界。

(3)经济学是“研究稀缺资源配置和利用的科学”。资源配置实质上是一个社会关于

“生产什么”“如何生产”“为谁生产”三个基本经济问题的选择。资源利用实质上包括充分就业与失业率、经济波动与经济增长、通货膨胀与通货紧缩三个基本问题。

(4)按照经济学的研究对象来划分,现代西方经济学从总体上可分为微观经济学与宏观经济学两部分。前者研究资源配置问题,后者研究资源利用问题。

(5)微观经济学是研究社会中单个经济单位的经济行为,以及相应的经济变量的单项数值如何决定的经济学说。微观经济学的中心理论是价格理论。

(6)宏观经济学以国民经济总过程的活动为研究对象,通过研究国民经济中各有关总量的决定及其变化,来说明资源如何才能得到充分利用。

(7)经济学家根据研究方法的不同,把经济学分为实证经济学和规范经济学。

(8)西方经济学作为一种理论形态已有300多年的历史,主要经历了早期重商主义、古典经济学、新古典经济学、当代经济学、新古典综合派等重要发展时期。

补充读物

从北京地铁的亏损和上海地铁的盈利看效率与公平

北京地铁从1971年开始运营,30多年后仍在亏损,而较之晚了20年的上海地铁从2003年就已开始盈利。

北京地铁实行的是无论乘车距离远近都是3元钱的单一票制;上海人坐地铁显得要复杂一些,实行1元到6元的多级计费票制。实行按里程收费的方式在北京意味着地铁票价要提高。不过地铁总公司并不想改革,因为在北京像地铁这样的公用事业具有特殊性,有时候要照顾一些低收入者,地铁的一票制就是为了照顾那些住在郊区上班较远的人。北京地铁票价改革的建议权在地铁总公司,但最终拍卖权却在更高层次的政府部门。

上海地铁为何讲求效益优先?因为它穿上“凌桥股份”的外衣在沪市亮相了。作为上市公司,它就不会再以垄断者的姿态出现而不顾盈亏了。上海市政府只规定地铁票价的上限,企业可根据市场需求自行调整地铁票价。这样有利于制定最合理的价格,提高经济效益。至于票价应该照顾谁,则不是地铁公司应该考虑的事。

因此可见,是由市场配置资源还是由计划配置资源,不仅取决于资源的配置效率,而且取决于资源配置的公平性。北京地铁的亏损是因为更多地考虑了资源配置的公平,而上海地铁的盈利则是由于更多地考虑了资源配置的效率。

资料来源:http://www.chinametro.net(中国城市轨道交通网)

专家:房地产需要与稀缺资源相结合

目前中国的房产商正在大规模转型,成功者胜,失败者离开市场。有专家提出,房地产需要新引擎,新引擎就是与稀缺资源相结合。与以往的现金流管理和市值管理不同,此次转型是内在基因的根本改变。

复星集团CEO梁信军表示,房地产在未来6到8年内逆转,即使地方政府极力保持土地价格平稳,以偿还高额负债,但未来3到5年土地价格仍然会到达平衡点后开始逆转。梁信军考虑做蜂巢城市,以此与传统的地产开发模式拉开距离。

所谓蜂巢城市,第一个差别就在于项目为城市提供的功能,不是简单的居住功能、办公功能,而是要有城市的核心功能。梁信军直截了当地说,"如果你过去一直碰房地产,为何不去碰碰大健康,从培训教育、研发、医药制造、医药批发到零售,医院下游到养老,再到医疗,整个大健康的产业支付、保险、支付渠道等等整个环节,很多人是可以做。"

单纯让人居住、让人购物的住宅地产、商业地产显现颓势,住宅的刚性需求与改善型需求隐现,对制度的刚性需求超过了城市住宅的吸引力;而大批进城的新居民,需要一个长期的财富积累过程才能形成新的购买力。商业物业则受到电商、同业竞争的巨大冲击,写字楼在到处建新区、企业动辄圈地自建的中小城市,简直是在往脖子上套弹壳。地方政府并不是维持地价的定海神针,土地收入对财政固然十分重要,但在货币紧缩、企业负债率高、居民预期不明确时,地方政府也不能直接掏出居民的钱包稳定地价。

房地产需要新引擎,新引擎就是与稀缺资源相结合。

确实,制造业产能严重过剩,但过剩的背面是很多资源严重稀缺。

一个个小城市不断吸纳人口,花极大的气力与资本填平河湖,建起高楼大道,堵塞交通,以为这才是现代的象征,殊不知在一手摧毁自己的环境竞争力,将自己与其他大城市放到同一平台上竞争,这种不自量力的行为获得了GDP与高额负债,使这些城市在竞争中处于完败地位。中国不需要那些星罗棋布的金融城,需要的是立足于当地的完善的金融服务业,恰恰在这一方面,各地乏善可陈,基本上处于同质竞争的尴尬局面。

所谓旅游地产,就是在日常生活之外在家庭再开一个窗口,这个窗口提供的是平常大都市中难得一见的休闲体验,是笙歌曼舞、小桥流水、绿树成荫,是仰头叩风景,给好友、家庭相聚休息的空间,细致的服务体现在所有的上网、交通等细微之处。国内能够略具规模、像些样子的旅游地产并不多。

无论是现在还是今后几十年,中国最稀缺的是教育、养老等服务业。房屋成交低迷时,城市学区房逆势坚挺:上海市静安区,一套破旧的小户型二手学区房单价可达8万~10万元/平方米。更夸张的北京,一套靠近北京市第二实验小学的学区房报价甚至超过30万元/平方米。房产质量不高,房价却坚挺无比,不是这些老房子本身有什么优势,而是这些房地产享受了稀缺的优质教育资源溢价。对学区房最重大的打击是地方政府改变入学规则。

与学区房同样稀缺的房产是养老地产。享受政府补贴的优质养老院需要排队10年以上,而其他高档养老院则以保险、保证金等方式在没有产权的情况下享受着每平方米1万元以上的高价。社会养老院保持盈亏平衡不易,而大型养老地产回收了滚滚现金流,再过10年养老资源更加稀缺,养老地产将享受高昂的养老服务溢价。

其他稀缺资源包括体验式商业地产,以及拥有丰富产业集群经验的产业园地产等。房地产转型的过程,就是与社会稀缺资源结合,开发商转型为特色服务商的过程。

房产商转型,他们不仅要建房、建城,甚至提供部分政府职能,设置学校、医院、环境等,跨过这一步,房地产开发商将立于不败之地。

资料来源:http://www.chinairn.com/news/20140617/140648291.shtml

复习思考题

1.1 单项选择题

(1) 采用个量分析的主要是( )。

A. 宏观经济学 B. 微观经济学 C. 中观经济学 D. 规范分析

(2)宏观经济学的中心理论是( )。

A. 产权理论 B. 非均衡理论 C. 国民收入决定理论 D. 福利经济学

(3)经济学研究的是( )。

A. 企业如何赚钱的问题 B. 如何实现稀缺资源的有效配置和利用问题

C. 用数学方法建立理论模型 D. 政府如何管理的问题

(4)“世界上没有免费的午餐”说法的前提是( )。

A. 任何事物都有机会成本 B. 人是自私的

C. 政府不总是补贴食品生产 D. 不应出现食品银行

1.2 多项选择题

(1)资源利用包括的问题有( )。

A. 充分就业与失业率问题 B. 经济波动与经济增长问题

C. 通货膨胀与通货紧缩问题 D. 为谁生产问题

(2)资源配置实质上是一个社会关于( )三个基本经济问题的选择。

A. 生产什么 B. 如何生产

C. 通货膨胀与通货紧缩问题 D. 为谁生产

(3)综观人类社会发展的历史,可以将经济制度分为( )。

A. 自然经济制度 B. 混合经济制度 C. 计划经济制度 D. 市场经济制度

(4)西方经济学作为一种理论形态已有 300 多年的历史,主要经历了( )几个重要发展时期。

A. 早期重商主义 B. 古典经济学 C. 新古典经济学 D. 当代经济学

1.3 问答题

(1)如何理解资源是稀缺的?

(2)经济学的研究对象是什么?

(3)微观经济学和宏观经济学的关系如何?

(4)经济学的基本研究方法有哪些?

(5)举例说明经济学在生活中的运用。

(6)从西方经济学简史中我们能够得到什么启示?

2 价格理论

学习目标

（1）掌握需求定理与价格的决定、供给定理与价格的决定，需求价格弹性理论，分析其与经济收益的关系。

（2）理解均衡理论的形成和应用。

（3）了解供求变动对均衡价格的影响。

经济学家箴言

经济学的整个范畴，是以局限下的自由选择来解释人的行为，而所有经济现象皆受到这个范畴的约束。我所知道的经济学只有这个范畴，就是价格理论。这个价格理论，也即选择理论了。选择理论之所以被称为价格理论，因为局限是价。价的变动导致的行为变动要有理论的约束，这理论的重心就是需求定律了。

——张五常

问题导入

7 旬老人借债养鸡，鸡蛋滞销含泪倒悬崖

“鸡蛋存放 20 多天，单从外表是看不出鸡蛋超了保质期。如果继续售卖，不至于血本无归，但我良心上过不去。”5 月 1 日，山西吕梁中阳县金罗镇韩家山村，70 岁的老人张牛生将存放了 20 多天没卖出去的鸡蛋搬到村口悬崖边一股脑全倒了下去。看着崖边一颗颗破裂的鸡蛋，老人不停地抹着眼泪。这些鸡是他借债买来的，本来指着这些鸡把欠下的债还清，没想到滞销的鸡蛋越来越多。老张育有三个儿子，2015 年给小儿子办婚礼欠下了 3 万元的外债。为了尽快还掉外债，他借钱买了 400 多只小乳鸡，每天精心喂养。4 个月后小乳鸡长成了成鸡开始下蛋了，老张倍感欣慰，生活看到了希望。

从第一批鸡蛋销售开始，飘忽不定的市场价令老张头疼不已。老张算过一笔账：400 只鸡一天需喂养一袋 115 元的饲料，一个月仅饲料钱就得 3 450 元。400 只鸡一天下蛋 40 斤左右，一个月 1 200 斤，一斤卖到 2 块 5 都不够饲料钱。

他卖过2块5、2块8，甚至最低卖过2块2，养了一年鸡不仅没挣到钱，反而赔了不少。

为了节省成本，老张用一半饲料加一半玉米搅拌喂养。随着持续的赔钱，被逼无奈的老张把喂养的频率从一天三顿降到了一天一顿。“饿得它们把喂水的水管都咬断过好几次，”老张无奈地说。

老张的两个儿子都在不远的镇上上班，平日里家里的鸡蛋全靠他们下了班去卖。20多天前，老张给两个儿子送去了五百多斤鸡蛋，眼看着保质期过了，鸡蛋还没卖出去。“昧着良心也能低价处理点，那样不至于血本无归，可那缺德事咱不能干啊。”老张又拉了回来，四百多斤的鸡蛋全被他含泪倒向了悬崖。

实验表明，在2～5℃的情况下，鸡蛋的保质期是40天，而冬季室内常温下保质期为15天，夏季室内常温下保质期为10天，鸡蛋超过保质期，其新鲜程度和营养成分都会受到一定的影响。如果存放时间过久，鸡蛋会因细菌侵入而发生变质，出现黏壳、散黄等现象。如今老张的鸡舍里又摆满了滞销的鸡蛋，很多鸡蛋上面已经落满了灰尘，再卖不出去就又得倒掉。“半年前就想把这些鸡全部卖掉了，找了好多人也卖不出去，原本指着还债的这些鸡如今却成了烫手山芋。”老张满面愁容地说道。是什么原因造成这样的悲剧呢？

有资料显示，鸡蛋现货价格创出十年新低，鸡蛋期货走势近日呈现断崖式下跌。

资料来源：http://img.jrjimg.cn/2017/05/20170502140638091.png

2.1 需求理论

2.1.1 需求、需求表与需求曲线

2.1.1.1 需求

需求(Demand)是决定价格的关键因素之一，那么什么是需求呢？经济学中的需求是指在某一特定时期、一定价格水平上，人们期望并能够购买的某种商品的数量。在理解这个概念的时候，应该注意的是，需求是购买欲望和支付能力的统一，这两个条件缺一不可，否则都不可能形成需求。

举一个例子：绝大多数人都想拥有一辆高级轿车，对高级轿车的欲望是普遍而强烈的。但是高级轿车昂贵的价格和其他使用条件使绝大多数人不具备拥有高级轿车的支付能力。在相当一段时期内，高级轿车是少数富人的奢侈品。所以在分析高级轿车的需求时，支付能力是关键的因素。

2.1.1.2 需求表

需求表实际上就是用表格的形式来表述价格与需求量之间关系的表，如表2.1所示。

表 2.1 需求表

价格 P(元)	1	2	3	4	5
需求量 Q_d(千克)	50	40	30	20	10

我们发现,需求量 Q_d 与价格 P 成反比。

2.1.1.3 需求曲线

需求曲线是表明商品价格与需求量之间关系的一条曲线。将表 2.1 中的每一组(P、Q)数值在图中描一个点,将这些点连接起来便得到一条需求曲线,如图 2.1 所示。纵轴表示该商品的价格,横轴表示商品的数量(这里表现为需求量),曲线的任何一点均代表着某种价格与需求量的一种关系。

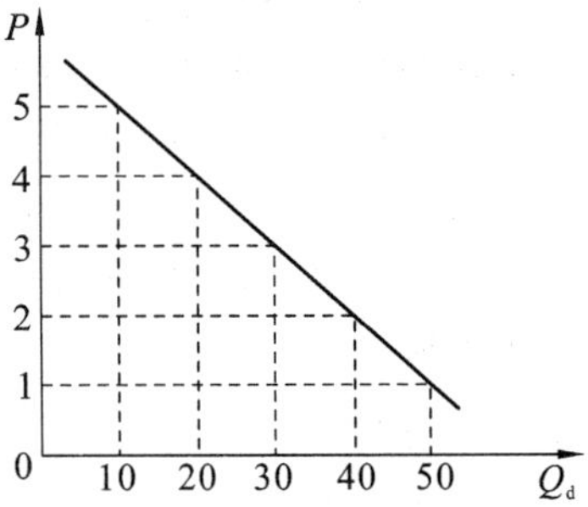

图 2.1 需求曲线

2.1.2 影响需求的因素与需求函数

2.1.2.1 影响需求的因素

影响需求的因素很多,不同因素对商品需求的影响程度和影响方向是不同的。一般而言主要因素有以下几种:

1. 商品本身的价格

就大多数商品而言,在其他条件相同的情况下,一种商品的价格上升,该商品的需求量减少;价格下降,需求量增加。

2. 相关商品的价格

相关商品可细分为替代品和互补品。替代品是指其使用价值与所购买商品相同或相似,可以互相替代的商品,如大米和面粉、猪肉和牛肉等。当猪肉价格上涨,而牛肉价格不变时,人们会增加牛肉的需求量;反之,牛肉价格上涨,而猪肉价格不变时,人们会增加猪肉的需求量。所以,一种商品的需求量与其替代品的价格呈正相关关系。互补品是指那些需要与所购买商品一起搭配使用的商品,如汽车与汽油、录音机与磁带等。汽油价格上涨会使汽车需求量减少;反之,汽油价格下降会使汽车需求量增加。所以,一种商品的需求量与其互补品的价格呈负相关关系。

3. 消费者的收入水平以及社会收入分配平等程度

消费者的收入水平是指消费者的平均收入水平。对于高档商品(如名牌服饰、金银首饰等),随着收入的增加,其需求量也会增加;反之,若收入减少,其需求量也会减少。但对于低档商品(如过时服饰等),随着收入的增加,其需求量反而减少。

4. 消费者偏好

消费者偏好既与消费者的个人爱好和性格有关,也与整个社会风俗与时尚有关。因此,社会消费风尚的变化对需求的影响也很大。消费者偏好要受种种因素的限制,但广告可以在一定程度上影响这种偏好,这就是许多厂商不惜血本大做广告的原因。

5. 消费者对未来的预期

对未来的期望包括对自己的收入水平、商品的价格预期。当预期某商品在近期会涨价时，为了避免未来支付更高的价格，会增加现在的需求；反之，如果预期商品价格下降，则会减少现在的需求。

6. 人口数量与结构的变动

人口数量的增加会使需求增加，人口数量的减少会使需求减少。人口结构的变动主要影响需求的构成，从而影响对某些商品的需求。

7. 政府政策

政府提高利率会减少消费，而实行消费信贷制度则会鼓励消费。

总之，影响需求的因素是多种多样的，除了上述几种因素外，还有潮流、气候等也会对需求产生影响。

2.1.2.2 需求函数

需求函数表示一种商品的需求量和影响该需求量的各种因素之间的相互关系。如果把某种商品的需求量作为因变量，把影响人们对这种商品需求的各种因素作为自变量，就可以得出一个需求函数，即

$$Q_d = f(A, B, C, D, \cdots, N)$$

其中：Q_d 表示需求量；$A, B, C, D, \cdots, N$ 代表影响需求的因素；f 表示函数关系。

由于一种商品的价格是决定需求量的最基本的因素，因此往往假定其他因素保持不变，仅仅分析价格因素对该商品需求量的影响，这样需求函数可以用下式表示：

$$Q_d = f(P)$$

式中，Q_d 表示需求量，P 代表价格，f 表示函数关系。

2.1.3 需求定理

2.1.3.1 需求定理概述

需求定理是说明商品本身价格与其需求量之间关系的理论。其主要内容是：在其他条件不变的情况下，某商品的需求量与价格之间成呈方向变动，即商品价格上升，需求量减少；反之，价格下降，需求量增加。

需求定理所说明的需求量与价格反方向变动的原因可以用替代效应与收入效应来解释。也就是说商品价格下降诱使消费者以相对便宜的商品替代相对昂贵的商品，即替代效应；商品价格下降相当于提高了消费者的收入水平，提高了消费者的购买能力，即收入效应。需求定理所表明的商品价格与需求量反方向变动的关系正是这两种效应共同作用的结果。

2.1.3.2 需求定理的例外

(1)吉芬商品。英国统计学家吉芬(Giffen)在研究爱尔兰土豆销售状况时发现：当土豆价格下降时，消费者购买得更少；当土豆价格上升时，需求量反而上升。这种情形被后人称为“吉芬之谜”(Giffen Paradox)。

(2)炫耀性商品。社会心理因素也会导致某些商品的需求量与价格的变化方向出现“反常”。例如，一些家庭为了显示其地位尊贵，愿意购买价格昂贵的名画、古董等；而当这些商品价格下跌到不足以显示其身份时，就会减少购买。具有这种“炫耀性消费”特征的商品被称为“炫耀性商品”，它是著名经济学家凡勃仑(Veblen)提出的。

2.1.4 需求的变动与需求量的变动

我们首先来说明需求量与需求的区别。需求量是指在某一特定价格水平时，消费者购买某种商品的数量，它在需求曲线上表现为一个点。需求是指在某一特定时期内，在每一价格水平时消费者愿意而且能够购买的商品量，它表现为整条需求曲线。

在现实生活中，影响需求的各种因素既影响需求量，也影响需求。但在经济分析中为了方便起见，我们要区分需求量的变动与需求的变动。

需求量的变动是指其他条件不变，价格变动所引起的变动，在图上表现为点在曲线上的移动，如图 2.2 所示。需求的变动是指价格之外的其他因素的变动所引起的变动，在图上表现为需求曲线的平移，如图 2.3 所示。

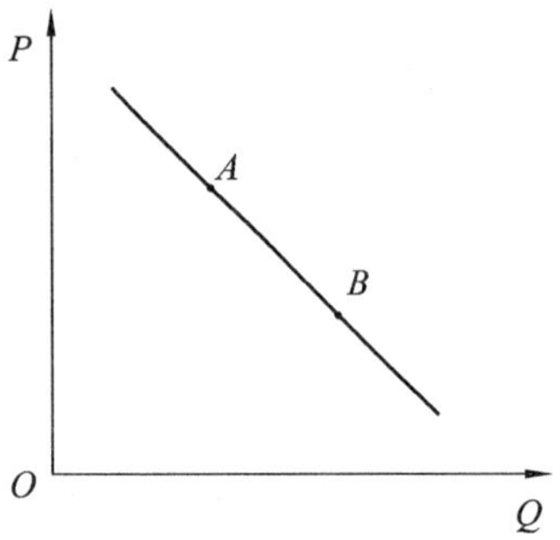

图 2.2 需求量的变动

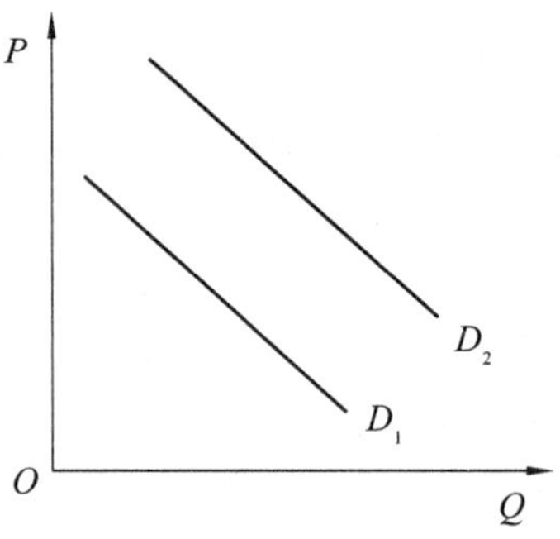

图 2.3 需求的变动

需求曲线是在其他因素不变的情况下，反映不同的价格水平上“需求量的变化”。换言之，需求曲线刻画的是仅有自身价格变动时“需求量的变化”。而其他因素的变化使得在相同价格水平上需求量有所不同，这便是“需求的变化”，它导致需求曲线的平移。

知识链接

怎样区别需求量的变动与需求的变动？

答：需求量的变动表现为其他因素不变，价格变化带来的需求量的变化，在需求曲线图上表现为点在曲线上的移动；需求的变动表现为价格不变，其他因素变化带来的需求量的变化，在需求曲线图上表现为需求曲线的平移。

2.2 供给理论

2.2.1 供给、供给表与供给曲线

2.2.1.1 供给

供给(Supply)是决定价格的另一个关键因素，那么什么是供给呢？经济学中的供给是指厂商在一定时期内，在一定价格条件下愿意生产并能够供应的某种商品的数量。在

理解这个概念的时候，应该注意的是，供给是供给欲望和供给能力的统一，这两个条件缺一不可，否则都不可能形成供给。供给能力中包括新生产的产品与过去的存货。

2.2.1.2 供给表

供给表是关于商品的价格与供给量关系的一种表格形式，如表 2.2 所示。

表 2.2 （市场）供给表

价格 P(元)	2	3	4	5	6
市场供给量 Q_s(千吨)	10	20	30	40	50

从表中可以发现，市场供给量 Q_s 与价格 P 成正比。

2.2.1.3 供给曲线

供给曲线是表示商品供给量与价格关系的一条曲线。将表 2.2 的数据在图中描点并将这些点连接起来，便可得到一条供给曲线，如图 2.4 所示。它一般为一条斜率为正的曲线。

纵轴表示该商品的价格，横轴表示商品的数量（这里表现为供给量），曲线的任何一点均代表着某种价格与供给量的一种关系。

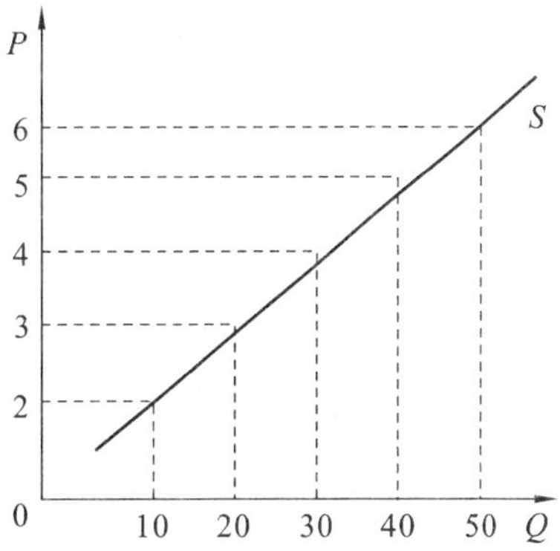

图 2.4 供给曲线

2.2.2 影响供给的因素与供给函数

2.2.2.1 影响供给的因素

影响供给的因素很多，有经济因素，也有非经济因素，概括起来主要有以下几种：

1. 商品本身的价格

一般来说，价格上升，供给增加；价格下降，供给减少。

2. 生产要素的价格

生产要素的价格上升，意味着成本上升，利润减少，企业便会减少供给量；反之，企业会增加供给量。

3. 生产技术水平

生产技术水平的提高，即效率的提高，隐含着生产一定产量所需成本的下降，或者在给定成本时产量会有所增加。这样企业就会在相同价格情况下增加供给量。

4. 相关商品的价格

企业总是选择利润高的商品生产，当相关商品价格发生变动时，就会影响到企业增加或减少现有产品的供给量。

5. 预期价格

当企业预期某种商品的价格上升，就会囤积商品，待高价出售，从而可能减少现期供给量；反之，将增加现期供给量。

6. 厂商的目标

在微观经济学中，一般假设厂商的目标是利润最大化。如果厂商的目标是产量最大或销售收入最大或还有其他政治、社会道义目标，那么供给就会不同。

7. 自然条件

许多产品,特别是农产品的供给量与自然条件关系密切。

8.政府的政策

政府采用鼓励投资与生产的政策(如减税),可以刺激生产、增加供给;反之,则会抑制生产、减少供给。

此外,政治事件、历史传统等也影响到商品的供给量。影响供给的因素要比影响需求的因素复杂得多,在不同时期、不同的市场上,供给要受多种因素的综合影响。

2.2.2.2 供给函数

供给函数表示一种商品的供给量与影响该供给量的各种因素之间的相互关系。如果把对某种商品的供给量作为因变量,把影响供给量的各种因素作为自变量,则可以得到一个供给函数,即

$$Q_s = f(A, B, C, D, \cdots, N)$$

其中:Q_s 表示供给量;$A, B, C, D, \cdots, N$ 代表影响供给的因素;f 表示函数关系。

仍然将价格作为影响供给的内生变量,其他影响供给的因素作为外生变量,则供给函数为:

$$Q_s = f(P)$$

式中,Q_s 为市场供给量,P 为价格,f 为函数关系。

2.2.3 供给定理

2.2.3.1 供给定理概述

供给定理是说明商品本身价格与其供给量之间关系的理论。其主要内容是:在其他条件不变的情况下,某商品的供给量与价格之间呈同方向变动,即商品价格上升,供给量增加;反之,价格下降,供给量减少。

供给定理所说明的供给量与价格同方向变动的原因可以用生产成本来解释。在生产中,作为生产要素的资源总是有限的,因此供给增加,生产要素的价格上升。这一点将在生产理论中进一步说明。

2.2.3.2 供给定理的例外

同需求定理一样,供给定理也会出现某些例外情况。最重要的例外就是劳动力的供给:当工资增加时,一般都会增加劳动力的供给量;但当工资上涨超过一定限度后,劳动力供给反而下降。这种情况在分配理论中还要详细说明。其次,有些商品的供给量是固定的,无论价格怎么上升,其供给也无法增加。例如土地、文物、艺术品的供给就属于这种情况。最后,一些原来以单件手工生产的商品,由于生产技术发展和规模经营,使成本锐减且大批量供给成为现实,这时虽然价格下降,厂商仍然愿意提供更多的商品。

2.2.4 供给的变动与供给量的变动

我们首先来说明供给量与供给的区别。供给量是指在某一特定价格水平时,厂商愿意或计划供给的某种商品的数量,它在供给曲线上表现为一个点。供给是指在某一特定时期内,在每一价格水平时厂商愿意而且能提供的商品量,它表现为整条供给曲线。

在现实生活中,影响供给的各种因素既影响供给量,也影响供给。但在经济分析中为了方便起见,我们要区分供给量的变动与供给的变动。

供给量的变动是指其他条件不变，价格变动所引起的变动，在图上表现为点在曲线上的移动，如图 2.5 所示。供给的变动是指价格之外的其他因素的变动所引起的变动，在图上表现为供给曲线的平移，如图 2.6 所示。

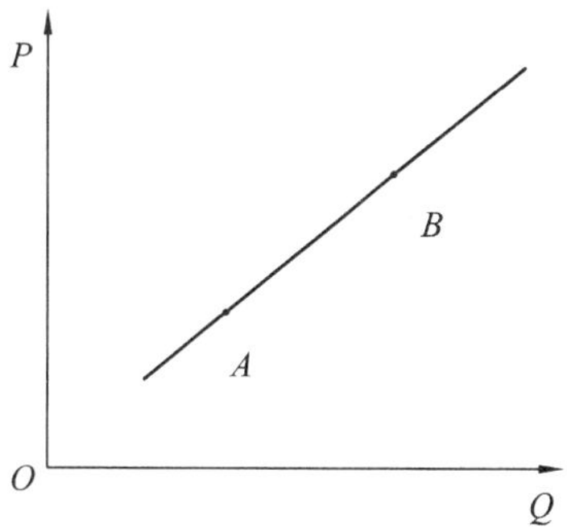

图 2.5 供给量的变动

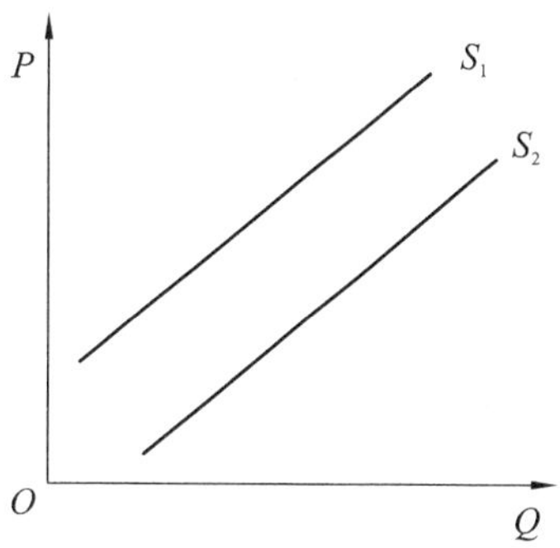

图 2.6 供给的变动

供给曲线是在其他因素不变的情况下，反映不同的价格水平上"供给量的变化"。换言之，供给曲线刻画的是仅有自身价格变动时"供给量的变化"。而其他因素的变化使得在相同价格水平上供给量有所不同，这便是"供给的变化"，它导致供给曲线的平移。

知识链接

劳动的供给是否符合供给定律？

答：劳动的供给不符合供给定律。因为在工资开始上升时，劳动的供给会增加，但当工资增加到一定水平后还在增加，劳动的供给不仅不会增加，反而会减少。

2.3 供给和需求的均衡

2.3.1 均衡价格的决定

西方学者认为，所谓均衡，是指一种相对静止的状态。当市场供给量恰好等于市场需求量时，便实现了市场均衡。当市场需求量不等于供给量时，要么出现过度供给，要么出现过度需求，这便是市场非均衡。

当市场出现过度供给时，价格有下跌的趋势；当市场出现过度需求时，价格有上升趋势；只有当市场供给量等于需求量时，价格没有任何变动的压力，市场实现了均衡。因此，均衡价格(Equilibrium Price)是指一种商品需求量与供给量相等时的价格。这时该商品的需求价格与供给价格相等，称为均衡价格；该商品的需求量与供给量相等，称为均衡数量。可以用图 2.7 来说明均

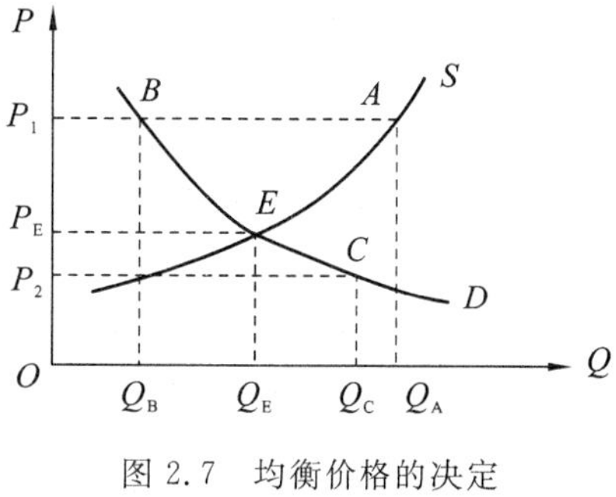

图 2.7 均衡价格的决定

衡价格的决定因素。由图可知,均衡价格是商品的供给曲线与需求曲线相交时的价格;也就是商品的供给量与需求量相等,供给价格与需求价格相等时的价格。

在图 2.7 中,横轴代表数量(需求量与供给量),纵轴代表价格。需求曲线 D 与供给曲线 S 相交于 E。价格为 P_1时,需求量小于供给量,价格下降;价格为 P_2时,需求量大于供给量,价格上升;价格为 P_E时达到均衡,这时的均衡价格为 P_E,均衡数量为 Q_E。

如前所述,均衡价格是在市场上供求双方的竞争过程中自发形成的。需要强调的是,均衡价格的形成完全是自发的,如果有外力的干预(如垄断的存在或国家的干预),那么这种价格就不是均衡价格。

2.3.2 供给或需求的移动对均衡的影响

均衡价格(数量)是由需求与供给决定的。所以需求或供给任何一方的变动都会引起均衡价格(数量)的变动。

2.3.2.1 供给不变,需求变动对均衡价格(数量)的影响

在图 2.8 中,需求增加,需求曲线向右上方移动,即由 D_0 移动到 D_1。D_1 与 S 相交于 E_1,决定了均衡价格为 P_1,均衡数量为 Q_1。这表明由于需求的增加,均衡价格上升,均衡数量增加。同理,需求减少,均衡价格下降,均衡数量减少。

结论:需求的变动引起均衡价格和均衡数量同方向变动。

2.3.2.2 需求不变,供给变动对均衡价格(数量)的影响

在图 2.9 中,供给增加,供给曲线向右下方移动,即由 S_0 移动到 S_1。S_1 与 D 相交于 E_1,决定了均衡价格为 P_1,均衡数量为 Q_1。这表明由于供给的增加,均衡价格下降,均衡数量增加。同理,供给减少,均衡价格上升,均衡数量减少。

结论:供给的变动引起均衡价格反方向变动,均衡数量的同方向变动。

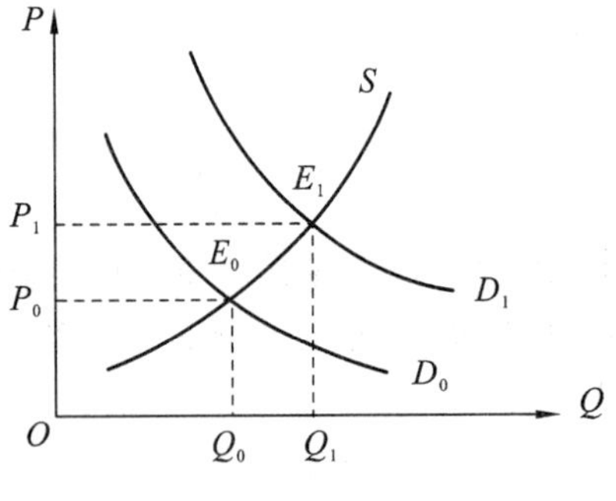

图 2.8 需求变动对均衡的影响

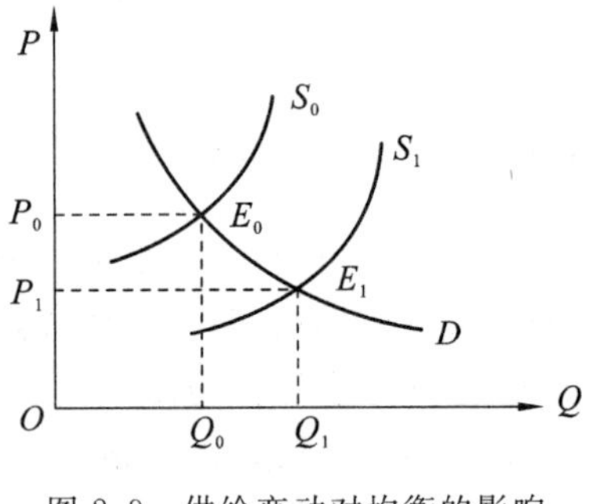

图 2.9 供给变动对均衡的影响

2.3.2.3 供求定理

从以上关于需求与供给变动对均衡的影响的分析可以得出:

第一,需求的增加引起均衡价格上升,均衡数量增加。

第二,需求的减少引起均衡价格下降,均衡数量减少。

第三,供给的增加引起均衡价格下降,均衡数量增加。

第四,供给的减少引起均衡价格上升,均衡数量减少。

这就是微观经济学中的供求定理。

2.3.2.4 需求和供给同时变动对均衡价格(数量)的影响

当需求和供给同方向变化时，均衡数量亦同方向变化，均衡价格的变化则依据两者作用的大小而定；当需求和供给反方向变化时，均衡价格与需求变化同向，与供给变化反向，均衡数量的变化则依据两者的作用大小而定。这里我们不作详细讨论，有兴趣的同学可参考相关资料进行学习。

2.3.3 均衡价格理论的应用

根据价格理论，由市场供求关系所决定的价格调节着生产与消费，使资源得到最优配置。但价格调节是在市场上自发进行的，有其盲目性，所以在现实中，有时由供求所决定的价格对经济并不一定是最有利的。这里有两种情况：一种情况是，从短期来看，这种供求决定的均衡价格也许是合适的，但从长期来看，对生产有不利的影响。例如，当农产品过剩时，农产品价格会大幅下降，这种下降会抑制农业生产。另一种情况是，由供求所决定的价格会产生不利的社会影响。例如，某些生活必需品严重短缺时，价格会很高。在这种价格下，低收入的人无法维持生活，必然产生社会动乱。

价格政策正是要纠正这些问题，这里我们主要介绍两种：支持价格与限制价格。

2.3.3.1 支持价格

支持价格又称为价格下限，是政府为了扶植某一行业的生产而规定的该行业产品的最低价格。有时，政府为了保护某些产品(特别是农产品)的销售者的利益而制定最低限价(Price Floor，又译价格地板)——政府允许的最低售价。出于类似的原因，最低限价往往要高出均衡价格，否则就没有激励生产者的作用。可用图 2.10 来分析支持价格。

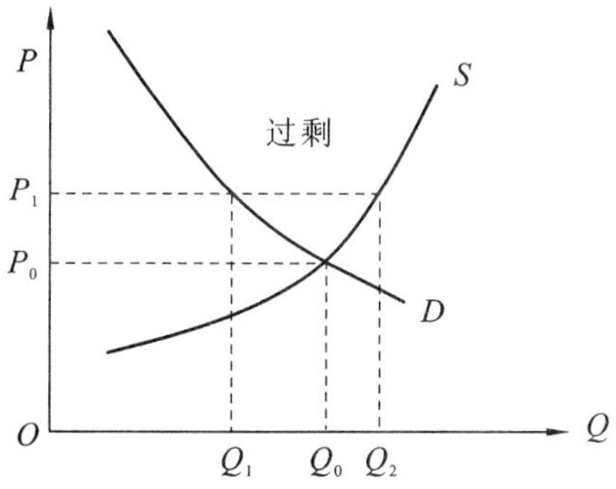

图 2.10 过剩

由图 2.10 可知，该行业产品由供求所决定的均衡价格为 OP_0，均衡数量为 OQ_0。政府为支持该行业生产而规定支持价格为 OP_1，$OP_1 > OP_0$，即支持价格一定高于均衡价格。这时需求量为 OQ_1，而供给量为 OQ_2，$OQ_2 > OQ_1$，即供给量大于需求量，$OQ_2 - OQ_1 = Q_1Q_2$，为供给过剩部分。

支持价格在农业生产中得到广泛运用。许多国家都通过不同的形式对农产品实行支持价格政策以稳定农业。但是，最低限价会导致过度供给，政府可能要承受巨大的财政负担，从而使得这一政策不可能持续长久。如果政府不准备财政支持，只是规定一个最低限价，过度的供给会使得部分生产者愿意低于最低限价销售其产品，这样便产生了黑市。

2.3.3.2 限制价格

限制价格又称为价格上限，是政府为了限制某些生活必需品的物价上涨而规定的这些产品的最高价格。限制价格一定低于均衡价格。可用图 2.11 来分析限制价格。

由图 2.11 可知，该行业产品由供求所决定的均衡价格为 OP_0，均衡数量为 OQ_0。但在这种价格下,穷人无法得到必需的生活品。政府为了制止过高的价格而规定的限制价格为 OP_1,$OP_1 < OP_0$,即限制价格一定低于均衡价格。这时供给量为 OQ_1,而需求量为 OQ_2,$OQ_2 > OQ_1$,即需求量大于供给量,$OQ_2 - OQ_1 = Q_1Q_2$,为供给不足部分。为了维持限制价格,政府要实行配给制。

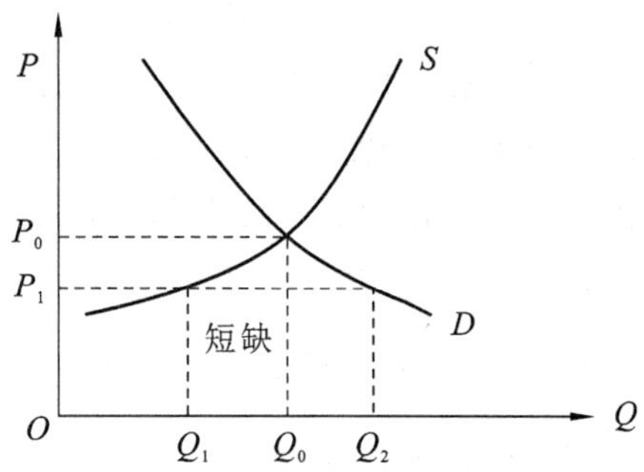

图 2.11　短缺

限制价格政策一般在战争时期或自然灾害等特殊时期使用,平常时期也会对某些生活必需品实行限制价格。限制价格有利于实现社会的平等、安定,但是限制价格政策也会引起严重的不良后果,主要体现在:第一,价格水平低不利于刺激生产,从而使产品长期短缺;第二,价格水平低不利于抑制需求,从而会在资源缺乏的同时造成严重的浪费;第三,限制价格之下所实行的配给制会引起社会风尚败坏,产生黑市交易,出现“走后门”现象。

价格政策除了上面介绍的两种之外,对生产要素的价格也可以实行管制。例如最低工资法就是一种支持价格,而最高利率限制、最高租金限制则是对资本和土地的限制价格。

知识链接

支持价格的干预会产生什么后果?

答:一是价格过高引起需求不足、供给过剩、产品积压;二是高价格保护了经营不善的企业,并使其继续得到过多的资源;三是处置积压产品的负担。

2.4　供给和需求的应用

问题导入

谷贱伤农

“谷贱伤农”原指丰年商人抑低粮价,使农民利益受到损害,后泛指粮价过低,损害农民的利益。《汉书·食货志上》:“籴甚贵伤民,甚贱伤农。民伤则离散,农伤则国贫。”《新五代史·杂传十六·冯道》:“明宗问曰:‘天下虽丰,百姓济否?’道曰:‘穀贵饿农,穀贱伤农。’”宋苏轼《论给田募役状》:“今者穀贱伤农,农民卖田,常苦不售,若官与买,则田穀皆重,农可小纾。”叶圣陶《多收了三五斗》:“‘谷贱伤农’的古语成为都市间报上的时行标题。”

“谷贱伤农”也是经济学的一个经典问题。传统观点认为,农民从出售粮食中获取之利润取决于两个因素,即产量(Q)和粮价(P),利润是二者的乘积;但这两个变量并不是独立的,而是相互关联的,其关联性由一条向下倾斜的对粮食的需求线来决定，二者成负相关关系。另外，粮食需求线缺少弹性，也就是说，需求量对价格的变化不是很敏感。当粮价下跌时，对粮食的需求量会增加，但增加得不是很多。其基本的道理在于，粮食是一种必需品，对粮食的需求最主要的是由对粮食的生理需求所决定的。然而，在经济学界也存在不同的观点。

2.4.1 需求弹性和供给弹性

在上一节中已论述了供求决定价格，但并没有深入分析价格变动与供求之间量的关系，因为需求量或供给量对价格变动的反应程度是不同的。弹性理论正是要说明价格变动与需求量或供给量变动之间的这种量的关系。从某种意义上说，弹性理论是价格理论的一个重要组成部分。

2.4.1.1 需求弹性

1. 弹性的含义

"弹性"是一个物理学概念，是指某物体对外部作用力的反应程度。例如沙发的弹性大，木头的弹性小。经济学的"弹性"是指两个有函数关系的变量之间，其自变量变动引起因变量变动的反应程度。其大小可以用两个变化的百分比之比来表示。

弹性分为需求弹性与供给弹性。需求弹性又分为需求价格弹性、需求收入弹性和需求交叉弹性。这里主要介绍需求价格弹性。

2. 需求价格弹性的含义

需求价格弹性简称为需求弹性，是指价格变动的比率所引起的需求量变动的比率，即需求量变动对价格变动的反应程度。

各种商品的需求弹性是不同的，一般用弹性系数来表示商品弹性的大小。弹性系数是需求量变动的比率与价格变动的比率的比值。如果以 E_d 代表需求弹性的弹性系数，以 $\Delta Q/Q$ 代表需求量变动的比率，以 $\Delta P/P$ 代表价格变动的比率，则需求弹性的弹性系数的公式为：

$$E_d=\frac{\text{需求量变动百分比}}{\text{价格变动百分比}}=\frac{\Delta Q/Q}{\Delta P/P}=\frac{\Delta Q}{\Delta P}\cdot\frac{P}{Q}$$

在理解需求弹性的含义时要注意以下四点：

(1)在需求量和价格这两个经济变量中，价格是自变量(主动因素)，需求量是因变量(被动因素)。

(2)需求弹性系数是相对数之比，不是绝对量之比。

(3)需求弹性系数可正可负，但是通常都取绝对值，即正值。

(4)在同一条需求曲线上，不同点的弹性系数大小并不相同。

【例 2.1】 某种商品原来的价格为 100 元，需求量为 150 件；后价格降到 80 元，需求量上升为 180 件，试计算该商品的需求弹性系数。

解：$\Delta Q=180-150=30$(件)，$Q_1=150$(件)；

$\Delta P=80-100=-20$(元)，$P_1=100$(元)；

$$E_d=\left|\frac{\frac{\Delta Q}{Q_1}}{\frac{\Delta P}{P_1}}\right|=\left|\frac{\frac{30}{150}}{\frac{-20}{100}}\right|=1$$

3. 需求价格弹性的分类

根据需求价格弹性绝对值的大小，一般把需求价格弹性分为以下五种类型：

第一类，$|E_d|>1$，称为弹性需求或富有弹性。在这种情况下，需求量变动的比率大于价格变动的比率。奢侈品如汽车、珠宝、国外旅游等都属于这种情况。这时的需求曲线是一条比较平坦的线，如图 2.12 中的 D_1。

第二类，$|E_d|=1$，称为单元弹性或单位弹性。在这种情况下，需求量变动的比率与价格变动的比率相等。这时的需求曲线是一条正双曲线，如图 2.12 中的 D_2。

第三类，$|E_d|<1$，称为非弹性需求或缺乏弹性。在这种情况下，需求量变动的比率小于价格变动的比率。生活必需品如粮食、蔬菜等都属于这种情况。这时的需求曲线是一条比较陡峭的线，如图 2.12 中的 D_3。

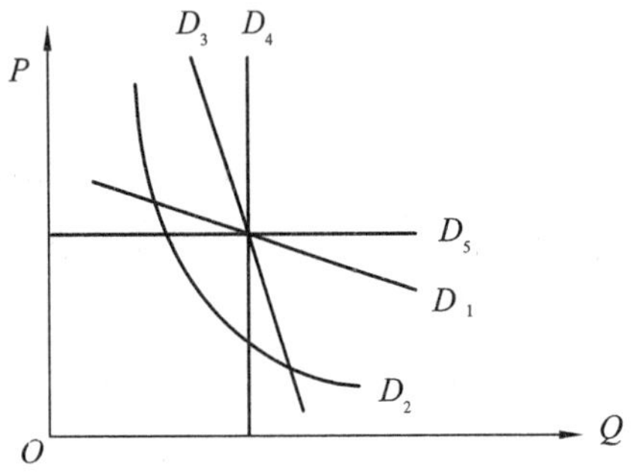

图 2.12　需求弹性

第四类，$E_d=0$，称为需求完全无弹性。在这种情况下，无论价格如何变动，需求量都不会变动。糖尿病人对胰岛素的需求就属于这种情况。这时的需求曲线是一条与横轴垂直的线，如图 2.12中的 D_4。

第五类，$E_d=\infty$，称为完全富有弹性。在这种情况下，当价格为既定时，需求量是无限的。例如，银行以一固定价格收购黄金，无论有多少黄金都可以按这一价格收购，银行对黄金的需求是无限的。这时的需求曲线是一条与横轴平行的线，如图 2.12 中的 D_5。

4. 影响需求价格弹性的因素

为什么各种商品的需求价格弹性不同呢？一般来说，影响需求价格弹性大小的因素有这样几种：

第一，消费者对某种商品的需求程度，即该商品是生活必需品还是奢侈品。一般来说，生活必需品（如粮食、蔬菜）的需求弹性小，而奢侈品（如珠宝、国外旅游）的需求弹性大。根据一些美国经济学家在 20 世纪 70 年代的估算，在美国，土豆的需求弹性系数为 0.31，咖啡的需求弹性系数为 0.25，而国外旅游的需求弹性系数为 4。

第二，商品的可替代程度。如果一种商品有许多替代品，那么，该商品的需求就富有弹性；反之，如果一种商品的替代品很少，则该商品的需求就缺乏弹性。例如，在美国，航空旅行的需求弹性为 2.4，而法律服务的需求弹性为 0.5。

第三，商品本身用途的广泛性。一种商品的用途越广泛，其需求弹性越大；反之，用途越少，需求弹性越小。例如，在美国，电力的需求弹性为 1.2，而小麦的需求弹性仅为 0.08。

第四，商品使用时间的长短。一般来说，使用时间长的耐用消费品需求弹性大，而使用时间短的消费品需求弹性小。例如，在美国，冰箱、汽车的需求弹性在 1.2～1.6 之间，而报纸、杂志的需求弹性仅为 0.1。

第五，商品在家庭支出中所占的比例。在家庭支出中所占的比例小的商品，其需求弹性也小；在家庭支出中所占的比例大的商品，其需求弹性也大。例如，在美国，香烟在家庭支出中所占的比例小，所以其需求弹性为0.3～0.4；而汽车在家庭支出中所占的比例大，所以其需求弹性为1.2～1.5。

某种商品的需求弹性到底有多大，是由上述这些因素综合决定的，不能只考虑其中的一种因素，而且，某种商品的需求弹性也因时期、消费者收入水平和地区的不同而不同。例如，在我国，彩电刚出现时，需求弹性相当大，但随着收入水平的提高，其需求弹性逐渐变小了。

5.需求收入弹性

需求收入弹性是指收入变动的比率所引起的需求量变动的比率，即需求量变动对收入变动的反应程度；或者说，消费者收入水平变动百分之一会使需求量变动百分之几。其计算公式为：

$$E_i=\frac{\text{需求变动百分比}}{\text{收入变动百分比}}=\frac{\Delta Q/Q}{\Delta I/I}=\frac{\Delta Q}{\Delta I}\cdot\frac{I}{Q}$$

式中，E_i为需求的收入弹性，ΔQ为需求量变动的绝对数量，Q为需求量，ΔI为收入变动的绝对数量，I为收入。

$E_i>1$，表示需求量变动的幅度大于收入变动的幅度，如奢侈品。$0<E_i<1$，表示需求量变动的幅度小于收入变动的幅度，如必需品。$E_i<0$，表示这种商品为低档商品，当收入增加时，需求量反而减少。

6.需求交叉弹性

需求交叉弹性说明一种产品的需求量对另一种相关产品价格变化的反应程度。设有两种相关的产品x和y，计算y产品交叉弹性的一般公式为：

$$E_{yx}=\frac{y\text{ 商品需求量变动百分比}}{x\text{ 商品价格变动百分比}}=\frac{\Delta Q_y/Q_y}{\Delta P_x/P_x}=\frac{\Delta Q_y}{\Delta P_x}\cdot\frac{P_x}{Q_y}$$

$E_{yx}>0$，说明商品是替代商品；$E_{yx}<0$，说明商品是互补商品。$|E_{yx}|$越大，说明商品之间替代或互补关系越密切；$|E_{yx}|$越小，说明商品之间的相关性小。

2.4.1.2 供给弹性

供给弹性又分为供给价格弹性、供给收入弹性和供给交叉弹性。这里我们只介绍供给价格弹性。

1.供给价格弹性的含义

供给价格弹性是指一种商品的供给量的变动对于该商品价格的变动的反应程度，它是商品供给量变动率与价格变动率之比。其计算公式如下：

$$E_s=\frac{\text{供给量变动的百分比}}{\text{价格变动的百分比}}=\frac{\Delta Q/Q}{\Delta P/P}=\frac{\Delta Q}{\Delta P}\cdot\frac{P}{Q}$$

供给价格弹性系数一般是正值，因为供给与价格成正比变动关系。例如，某种商品价格变动为10%，供给量变动为20%，则这种商品的供给价格弹性系数为2。

2.供给价格弹性的类型

根据供给价格弹性系数的大小不同，一般把供给价格弹性分为以下五种类型：

第一类，$E_s>1$，称为供给富有弹性。在这种情况下，供给量变动的幅度大于价格变动的幅度。这时的供给曲线是一条穿过价格轴的向右上方倾斜的线,如图 2.13 中的 S_1。

第二类,$E_s=1$,称为供给单位弹性。这种情况下,供给变动的比率等于价格变动的比率。这时的供给曲线是一条通过原点与横轴成 45°,向右上方倾斜的线,如图 2.13 中的 S_2。

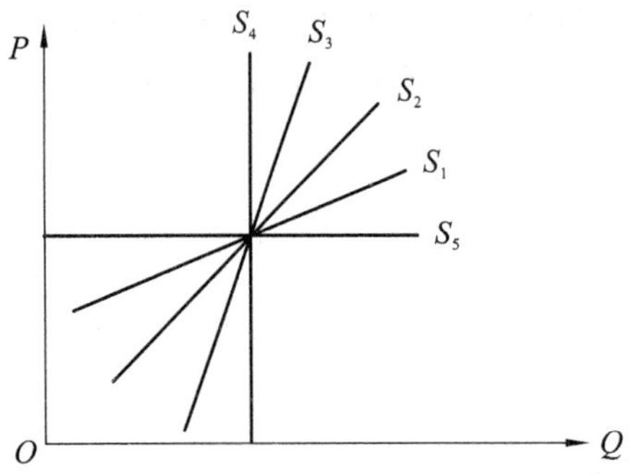

图 2.13 供给价格弹性

第三类,$0<E_s<1$,称为供给缺乏弹性。这种情况下,供给量变动的幅度小于价格变动的幅度。这时的供给曲线是一条穿过数量轴向右上方倾斜的线,如图 2.13 中的 S_3。

第四类,$E_s=0$,称为供给完全无弹性。在这种情况下,无论价格如何变动,供给量都不变,例如土地、文物、某些艺术品的供给,如图 2.13 中的 S_4。

第五类,$E_s=\infty$,称为供给完全弹性。在这种情况下,价格既定而供给量无限,例如劳动力供给过剩非常严重的地区,如图 2.13 中的 S_5。

3.影响供给价格弹性的因素

供给取决于生产。影响供给价格弹性的因素比影响需求价格弹性的因素要复杂,主要有:

第一,生产时期的长短。在短期内,生产设备、劳动力等生产要素无法大幅增加,导致供给无法大量增加,供给弹性也就小;在长期中,生产能力可以提高,供给弹性也就大。这是影响供给价格弹性最重要的因素。

第二,生产的难易程度。一般而言,容易生产且生产周期短的产品对价格变动的反应快,其供给弹性大;反之,不易生产且生产周期长的产品对价格变动的反应慢,其供给弹性小。

第三,生产要素的供给弹性。一般而言,生产要素的供给弹性大,产品的供给弹性也大;反之亦然。

第四,生产所采用的技术类型。一般而言,资本密集型产品的供给弹性较小,因为这些产品的生产规模一旦固定就很难变动;而劳动密集型产品的供给弹性较大,因为这些产品的生产规模变动较易。

某种商品的供给弹性到底有多大,是由上述这些因素综合决定的,不能只考虑其中的一种因素。一般而言,重工业产品供给弹性较小,轻工业产品供给弹性较大,而农产品的供给是缺乏弹性的。

2.4.2 需求价格弹性的应用

需求价格弹性是企业制定价格策略的基础。需求价格弹性能够直接反映价格变动对需求量的影响程度,企业可以根据需求价格弹性对销售收入的影响进行相应的决策。

我们首先要了解总收益(Total Revenue)这个概念。总收益又称总收入,指厂商出售一定量商品所得到的全部收入,也就是销售量与价格的乘积,即

$$TR=P\cdot Q$$

式中，P 代表价格，Q 代表销售量。

在这里要注意的是，总收益不是利润，而是成本与利润之和。下面我们分析需求富有弹性的商品与需求缺乏弹性的商品的需求弹性与总收益之间的关系。

2.4.2.1 富有弹性的商品价格变动与总收益之间的关系

如果某种商品的需求是富有弹性的，那么当商品价格下降时，需求量增加的幅度大于价格下降的幅度，总收益增加；当商品价格上升时，需求量减少的幅度大于价格上升的幅度，总收益减少。可用图 2.14 来说明这一点。

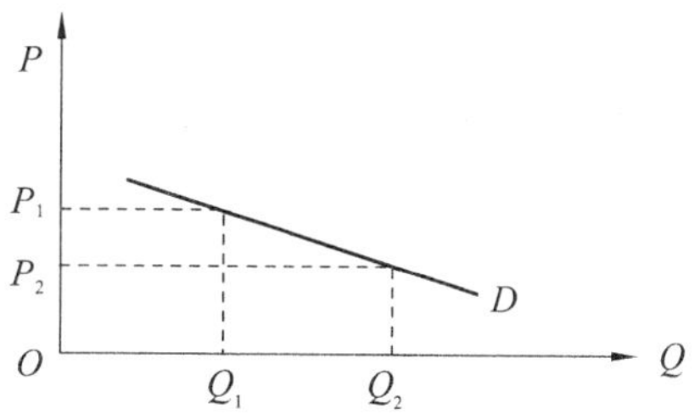

图 2.14 富有弹性的价格变动与总收益的关系

由图可知：$TR_1 = P_1Q_1 < TR_2 = P_2Q_2$。价格下降，总收益增加；价格上升，总收益减少。

可见，在 $|E_d| < 1$ 的情况下，降价不仅增加销售量，而且增加销售收入。

【例 2.2】 某种化妆品的需求弹性系数为 2，当价格为 200 元时，需求量为 2 000 瓶；当价格降到 150 元时，需求量是多少？总收益是增加了还是减少了？为多少元？若价格上升到 240 元时，情况又如何？

解：(1)$E_d = \left|\dfrac{\dfrac{\Delta Q}{Q_1}}{\dfrac{\Delta P}{P_1}}\right| = 2$，价格下降，需求量增加，$\Delta Q > 0$

$$\Delta Q = \left|E_d \cdot \frac{\Delta P}{P_1} \cdot Q_1\right| = \left|2 \times \frac{150-200}{200} \times 2\ 000\right| = 1\ 000(\text{瓶})$$

$$Q_2 = Q_1 + \Delta Q = 3\ 000(\text{瓶})$$

$$\Delta TR = P_2Q_2 - P_1Q_1 = 150 \times 3\ 000 - 200 \times 2\ 000 = 50\ 000(\text{元})$$

(2)价格上升，需求量减少，$\Delta Q < 0$

$$\Delta Q = -\left|E_d \cdot \frac{\Delta P}{P_1} \cdot Q_1\right| = -\left|2 \times \frac{240-200}{200} \times 2\ 000\right| = -800(\text{瓶})$$

$$Q_2 = Q_1 + \Delta Q = 1\ 200(\text{瓶})$$

$$\Delta TR = P_2Q_2 - P_1Q_1 = 240 \times 1\ 200 - 200 \times 2\ 000 = -112\ 000(\text{元})$$

当价格下降时，总收益增加了 50 000 元，需求量为 3 000 瓶；当价格上升时，总收益减少了 112 000 元，需求量为 1 200 瓶。

由此可见，富有弹性的商品可以适当降价，价格下降有助于总收益增加，这就是我们通常所说的“薄利多销”的原因所在。

2.4.2.2 缺乏弹性的商品价格变动与总收益之间的关系

如果某种商品的需求是缺乏弹性的，那么当商品价格下降时，需求量增加的幅度小于价格下降的幅度，总收益减少；当商品价格上升时，需求量减少的幅度小于价格上升的幅度，总收益增加。可用图 2.15 来说明这一点。

由图可知：$TR_1 = P_1Q_1 > TR_2 = P_2Q_2$。价格上升，总收益增加；价格下降，总收益减少。

可见，在 $|E_d|<1$ 的情况下，降价会增加销售量，但同时也导致销售收入下降；提价尽管使销售量有可能减少，但却能增加销售收入。

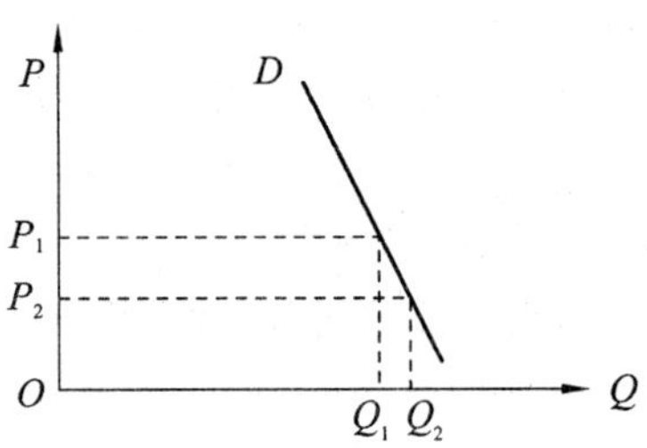

图 2.15 缺乏弹性的价格变动与收益的关系

【例 2.3】 某种面粉的需求弹性系数为 0.5，当价格为 1.8 元时，需求量为 9 000 千克；当价格上涨到 2.0 元时，需求量是多少？总收益是增加了还是减少了？为多少元？若价格下降到 1.5 元时，情况又如何？

解：(1) $E_d=\left|\dfrac{\frac{\Delta Q}{Q_1}}{\frac{\Delta P}{P_1}}\right|=0.5$，价格上升，需求量减少，$\Delta Q<0$

$$\Delta Q=-\left|E_d\cdot\frac{\Delta P}{P_1}\cdot Q_1\right|=-\left|0.5\times\frac{2.0-1.8}{1.8}\times 9\ 000\right|=-500(\text{千克})$$

$$Q_2=Q_1+\Delta Q=8\ 500(\text{千克})$$

$$\Delta TR=P_2Q_2-P_1Q_1=2.0\times 8\ 500-1.8\times 9\ 000=800(\text{元})$$

(2)价格下降，需求量增加，$\Delta Q>0$

$$\Delta Q=\left|E_d\cdot\frac{\Delta P}{P_1}\cdot Q_1\right|=\left|0.5\times\frac{1.5-1.8}{1.8}\times 9\ 000\right|=750(\text{千克})$$

$$Q_2=Q_1+\Delta Q=9\ 750(\text{千克})$$

$$\Delta TR=P_2Q_2-P_1Q_1=1.5\times 9\ 750-1.8\times 9\ 000=-1\ 575(\text{元})$$

当价格上升时，总收益增加了 800 元，需求量为 8 500 千克；当价格下降时，总收益减少了 1 575 元，需求量为 9 750 千克。

由此可见，缺乏弹性的商品不适合于提价。中国有句古语叫“谷贱伤农”，意思是指粮食(农产品)丰收了，其价格就会下跌，农民的收入减少了，农民的利益受到了损害。其原因就在于粮食是生活必需品，需求缺乏弹性。

知识链接

折扣中的水分

某个比较高级的商场打出“买 200，送 100”的打折广告。初看，我们是用 200 元买了原来价值 300 元的东西，折扣应该是 66.67%。但是进去以后，实际的情况是买了 200 元的东西，他会送给你一张面值 100 元的优惠券，而只有你下次再买 200 元以上的东西时才能够用这张优惠券来当做 100 元付账。若买 400 元的东西，实际支付 300 元，实际折扣是 75%。许多商家在打折之前，先把原来的价格提高，然后打折，打折后的价格比原来的价格可能还要高。或者即使比原来的低，但也低不到哪去。比如，某商品的生产成本是 300

元，原来商店卖800元，这时，如果他给你打五折，实际支付400元，商家赚100元。但是，如果商家先把原价格改成2 000元，然后再打个四折，800元照卖。

本章小结

微观经济学要说明价格如何配置资源、调节经济，因此，价格理论是微观经济学的核心。

(1)需求是指在某一特定时期、一定价格水平上，人们期望并能够购买的某种商品的数量。需求可以用需求表、需求曲线和需求函数加以表示。需求定理是说明商品本身价格与其需求量之间关系的理论。

(2)供给是指厂商在一定时期内、在一定价格条件下愿意生产并能够供应的某种商品的数量。供给可以用供给表、供给曲线和供给函数加以表示。供给定理是说明商品本身价格与其供给量之间关系的理论。

(3)均衡价格是指一种商品需求与供给相等时的价格，这时该商品的需求量与供给量相等，称为均衡数量。分析需求和供给的变动对均衡价格和均衡数量的影响并由此得到的结论被称为供求定理。支持价格与限制价格正是均衡价格理论在价格政策上的应用。

(4)弹性分为需求弹性与供给弹性。弹性又分为价格弹性、收入弹性和交叉弹性。我们主要介绍了需求价格弹性。它是指价格变动的比率所引起的需求量变动的比率。企业可以根据需求价格弹性对销售收入的影响进行相应的决策。

补充读物

征税的影响

所有的政府都用税收为公共支出筹资，由于税收是一种非常重要的政策工具，而且由于税收在许多方面影响着我们的生活，因此税收研究是我们经常要做的。比如税收的合理运用有利于社会的稳定，富人们从社会稳定中得到的利益比穷人们要多得多，因此，富人应该交更多的税。在税收中我们常常要面临一个简单而敏感的问题:谁来承担税收负担？是买者，还是卖者，或者是双方分摊？那么，什么因素决定如何分配税收负担？

举个例子来说:政府决定通过一项法律，要求从每一个蛋筒冰激凌的销售中征收0.5元的税。我们首先考虑对买蛋筒冰激凌的人收税。很明显，这项税收最初是影响冰激凌的需求。因为买者不得不交税。假如冰激凌原本是2元一个，现在买者不得不花2.5元才能买到一个冰激凌，于是买的人变少了。假设冰激凌销售的均衡数量大致持平，则卖者不得不降低市场价格，比如降了0.2元，买者支付2.3元。那么是谁支付了税收？我们看到，在一个新的均衡条件下，一般性结论是:①冰激凌的销量减少了。②买者与卖者分摊税收负担。由于是向买者收税，因此在新的均衡时，买者为该物品(冰激凌)支付得多了，而卖者得到的少了。那么，换个角度，如果向卖者收税又将如何呢？在这种情况下，首先影响到冰激凌的供给。由于并不向买者征税，那么卖者原先得到的有效价格由2元降至1.5元，下降了0.5元。卖者因为增加了成本，供给得越多，亏损得也越多。同样假设冰激凌销售的均衡数量大致持平，则卖者必然会抬高市场价格，比如原价2元，现价2.3元。

价格高了，当然又会降低一定的数量。让我们回过头来想一想，谁支付了税收？于是，我们得出一个令人惊讶的结论：对买者征税和对卖者征税是相同的。在这两种情况下，税收在买者支付的价格与卖者得到的价格之间打入了一个楔子。无论税收是向买者征收还是向卖者征收，买者价格与卖者价格之间的楔子是相同的。在新均衡时，买者和卖者分摊税收负担。对买者征税和对卖者征税的唯一差别是谁把钱交给政府。

我国城乡恩格尔系数

联合国粮农组织标准："恩格尔系数"在60%以上为贫困，50%～60%为温饱，40%～50%为小康，30%～40%为富裕，低于30%为最富裕。表2.3是我国1978—2015年城乡恩格尔系数变化情况的说明。

表2.3 我国城乡恩格尔系数表 单位：%

	1978	1985	1990	1995	2000	2001	2002	2003	2004	2005
城镇	57.5	52.3	54.2	49.9	39.2	38.2	37.7	37.1	37.7	36.7
农村	67.7	57.8	58.8	58.6	49.1	47.7	46.2	45.6	47.2	45.5
	2006	2007	2008	2009	2010	2011	2012	2013	2014	2015
城镇	35.8	36.3	37.9	36.5	35.7	36.3	36.2	35.0	34.2	34.8
农村	43.0	43.1	43.7	41.0	41.1	40.4	39.3	37.7	37.8	37.1

☞**小思考**

随着社会的进步和生产力水平的提高，恩格尔系数是否会越来越小？

答：是。随着社会的进步和生产力水平的提高，恩格尔系数会越来越小，即食物开支在全部支出中所占的比例会越来越小，表明人们的生活质量越来越高。

复习思考题

2.1 单项选择题

(1)其他因素保持不变，只是某种商品的价格下降，将产生(　　)的结果。

A. 需求增加　　B. 需求减少　　C. 需求量增加　　D. 需求量减少

(2)下列体现了需求规律的是(　　)。

A. 药品的价格上涨，使药品质量得到了提高　　B. 汽油的价格提高，小汽车的销售量减少

C. 丝绸价格提高，游览公园的人数增加　　D. 照相机价格下降，导致销售量增加

(3)当某商品的价格从5元降至4元时，该商品需求量增加了100单位，则需求(　　)。

A. 缺乏弹性　　B. 富有弹性　　C. 单位弹性　　D. 不能确定

(4)假定某商品的需求价格为 $P=100-4Q$，供给价格为 $P=40+2Q$，则均衡价格和均衡产量为(　　)。

A. $P=60, Q=10$　　B. $P=10, Q=6$　　C. $P=40, Q=6$　　D. $P=20, Q=20$

2.2 多项选择题

(1)在其他条件不变的情况下，某种商品的需求量(　　)。

A. 随着本身商品价格的提高而减少　　B. 随着替代商品价格的提高而减少

C. 随着替代商品价格的提高而增加　　D. 随着偏好的增加而减少

E. 随着偏好的增加而增加

(2)在1966年以前,天主教徒在星期五不许吃肉,他们便吃鱼。之后,教皇允许教徒们在星期五吃肉,则(　　)。

A. 一周内平均鱼价将上涨　　B. 鱼的消费量将增加

C. 鱼的消费量将下降　　D. 肉的消费量将下降

E. 肉的价格将上涨

(3)某种商品的供给曲线的移动是由于(　　)。

A. 商品价格的变化　　B. 互补品价格的变化

C. 生产技术条件的变化　　D. 生产成本的变化

E. 政府向生产企业提供补贴

(4)需求的变动引起(　　)。

A. 均衡价格同方向变动　　B. 均衡价格反方向变动

C. 均衡数量同方向变动　　D. 均衡数量反方向变动

E. 供给同方向变动

2.3 问答题

(1)什么是需求、需求量、需求定理?如何区分需求的变动和需求量的变动?

(2)什么是供给、供给量、供给定理?如何区分供给的变动和供给量的变动?

(3)"均衡价格是供给等于需求时的价格"是否正确?说明理由。

(4)什么是需求价格弹性?需求弹性的分类是怎样的?

(5)是否所有的商品都适合"薄利多销"?为何会"谷贱伤农"?

(6)某商品的需求弹性为0.5,当该商品的价格为0.5元/千克时,日销售量为400千克。现在价格上升20%,问:该商品的销售收入如何变化?为什么?

3 消费者行为理论

学习目标

(1)掌握边际效用分析法和无差异曲线分析法。

(2)熟悉消费者剩余的含义,注重边际效用递减规律的应用。

(3)了解消费者均衡的内容。

经济学家箴言

大部分的消费选择行为彼此并非独立,而是互相关联的。他将过去经验与社会影响纳入两个基本的资本存量——个人资本与社会资本中,并以此架构探讨习惯、上瘾、同侪团体、社会规范、广告的影响力以及家庭的爱与婚姻等多层面的行为。这使得经济学家得以用经济学的分析工具探究许多传统被视为经济学无法跨越的领域,而大大地拓展了现代经济学的研究范畴。

——盖瑞·贝克

问题导入

目前,我国的白酒年产量是800万吨,而牛奶的产量却不足700万吨,如果拿牛奶产量与我们喝掉的啤酒相比则更加惊人。在全球180个国家中,我国牛奶年人均占有量仅位居第148位,按全国人口平均消费量计算,我国每个人每天喝进的牛奶仅相当于世界平均水平的1/16、发达国家的1.5%~2%。

为什么我国的牛奶消费比白酒还要低?

3.1 选择与效用

3.1.1 欲望、选择与效用

在消费者行为理论中,效用理论是它的基础。消费者又称居民户,是指经济中独立作出消费决策的经济主体,它可以是个人,也可以是家庭。消费者作为理性的经济人,其消费的目的是最大限度地满足欲望。怎么样选择来满足他的欲望从而来实现其效用的最大化？弄清什么是欲望，什么是选择，什么是效用及效用评价方法就成为消费者行为理论的出发点。

3.1.1.1 欲望

什么是欲望？欲望是人类与生俱来的，是本能的一种释放形式，构成了人类行为最内在与最基本的要素。在欲望的推动下，人不断占有客观的对象，从而同自然环境和社会形成了一定的关系。通过欲望或多或少的满足，人作为主体把握着客体与环境，和客体及环境取得统一。在这个意义上，欲望是人改造世界也改造自己的根本动力，从而也是人类进化、社会发展与历史进步的动力。

欲望就是人们的需要（不是需求），是指缺乏的感觉与求得满足的愿望。从定义中可以看出，欲望是一种心理感受，不足之感与求足之感缺一不可。

欲望具有无限性和层次性两个特点：

欲望的无限性是指人们的欲望永远不可能完全满足，一种欲望满足之后又会产生其他欲望，即成语所说的"欲壑难填"。欲望的无限性是推动社会前进的动力，人类正是为了满足不断产生、永无止境的欲望而不断奋斗的。需要强调的是，欲望的无限性是欲望总体不能得到完全满足，而不是指每一种欲望都永远不能满足。

欲望的层次性是指人类的欲望总体尽管是无限的，但不同的欲望又有轻重缓急之分，可以划分为不同的层次。人们总是在满足了或部分满足了较低层次的欲望之后，才会接踵而至地产生较高层次的欲望。

关于人的欲望是无限性的问题，西方经济学家认为它不属于经济学研究的范围，因而只假定存在这一事实，并把这一问题留给心理学家研究。美国心理学家马斯洛提出了五个"需要层次论"，用以解释人的需要无限性问题。

资料链接

马斯洛的五个需要层次理论

马斯洛认为，人类的需要是分层次的，由低到高。它们是：生理需要—安全需要—社会交往（社交）需要—尊重需要—自我实现的需要，如图3.1所示。

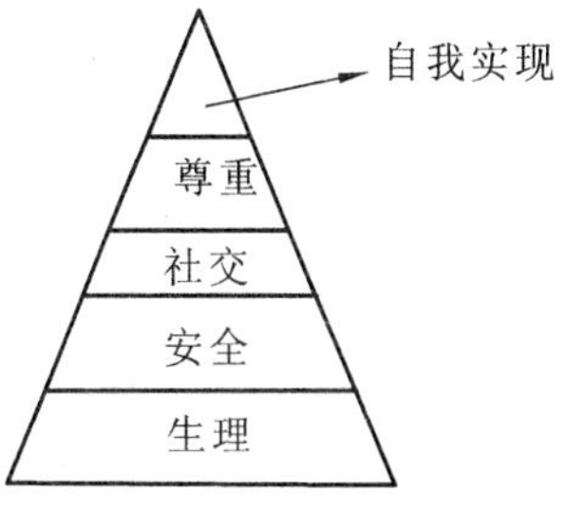

图3.1 马斯洛需要层次

生理上的需要是人们最原始、最基本的需要，如吃饭、穿衣、住宅、医疗等等。若不满足，则有生命危险。这就是说，它是最强烈的不可避免的最底层需要，也是推动人们行动的强大动力。

安全的需要要求劳动安全、职业安全、生活稳定、免于灾难、未来有保障等，具体表现在：①物质上的：如操作安全、劳动保护和保健待遇等；②经济上的：如失业、意外事故、养老等；③心理上的：希望解除严酷监督的威胁，希望免受不公正待遇，工作有应付能力和信心。安全需要比生理需要高一级，当生理需要得到满足以后就要保障这种需要。每一个在现实中生活的人都会产生安全感的欲望、自由的欲望、防御实力的欲望。

社交的需要也叫归属与爱的需要,是指个人渴望得到家庭、团体、朋友、同事的关怀、爱护、理解,是对友情、信任、温暖、爱情的需要。社交的需要比生理和安全需要更细微、更难捉摸。它包括社交欲和归属感。

尊重的需要可分为自尊、他尊和权力欲三类,包括自我尊重、自我评价以及尊重别人。与自尊有关的,如自尊心、自信心,对独立、知识、成就、能力的需要等。尊重的需要也可以如此划分:①渴望实力、成就、适应性和面向世界的自信心,以及渴望独立与自由;②渴望名誉与声望。声望为来自别人的尊重,受人赏识、注意或欣赏。

自我实现的需要是最高等级的需要。满足这种需要就要求完成与自己能力相称的工作,最充分地发挥自己的潜在能力,成为所期望的人物。这是一种创造的需要。有自我实现需要的人似乎在竭尽所能使自己趋于完美。自我实现意味着充分地、活跃地、忘我地、集中全力全神贯注地体验生活。

在马斯洛看来,人类价值体系存在两类不同的需要:一类是沿生物谱系上升方向逐渐变弱的本能或冲动,称为低级需要和生理需要;另一类是随生物进化而逐渐显现的潜能或需要,称为高级需要。

人都潜藏着这五种不同层次的需要,但在不同的时期表现出来的各种需要的迫切程度是不同的。在高层次的需要充分出现之前,低层次的需要必须得到适当的满足。

低层次的需要基本得到满足以后,它的激励作用就会降低,其优势地位将不再保持下去,高层次的需要会取代它成为推动行为的主要原因。

这五种需要不可能完全满足,愈到上层,满足的百分比愈少。

任何一种需要并不因为下一个高层次需要的发展而告消失,各层次的需要相互依赖与重叠,高层次的需要发展后,低层次的需要仍然存在,只是对行为影响的比重减轻而已。

欲望虽然是无限的,但却可以有不同的满足程度。欲望的满足程度可以用效用大小来进行比较和计量。因而,研究消费者行为也就要研究效用问题。

3.1.1.2　选择

第一章已经讲到资源具有稀缺性,那么在资源稀缺的前提下,有限的资源仅仅能够生产有限数量的产品和服务,因而社会面临着权衡取舍:更多地生产一种产品或服务,意味着较少地生产另一种产品或服务,选择就变得十分必要。选择是指资源的配置,即如何利用既定的资源去生产量多质优的经济物品,以便更好地满足人类的需要。学生大学毕业要权衡一下是找工作还是考研;劳动者领到工资、奖金要筹划一下多少用于日常开销,多少用于储蓄;企业经常要决定是否应该生产一种新产品,开辟一个新市场……这些都是选择的问题。人的欲望是无限的,但是资源却是有限的,因此人必然要在有限的资源中针对自己最急于满足的欲望进行选择。

3.1.1.3　效用

效用是消费者在消费活动中欲望满足的程度。消费者在消费活动中获得的满足程度高就是效用大,反之就是效用小。如果在消费活动中感受到痛苦,就是负效用。在理解效用概念时要强调以下几点:

1.效用的主观性

效用是对欲望的满足,因而它和欲望一样是一种主观心理感觉。同一数量的同一物品的效用大小没有客观标准,完全取决于消费者当时的主观感觉。一个人从某种产品中获得的效用不能与另一个人从同一件产品中获得的效用进行科学、客观的比较。例如,香烟对于吸烟者能满足其吸烟的欲望,因而有效用,而对于不吸烟的人则无效用;一桶水在干旱地区有很大效用,而在水资源丰富地区则效用很小。

效用的主观性使它和马克思主义政治经济学中的使用价值相区别。使用价值是物品本身所具有的功能,是客观存在的,不以人们的感觉为转移。例如,粉笔能在黑板上写字是其使用价值,是粉笔的客观属性。不论消费者是否需要在黑板上写字,粉笔的使用价值都是客观存在的。但是从效用的角度来理解,粉笔对于需要在黑板上写字的老师具有效用,而对于不在黑板上写字的学生则基本上没有效用。虽然效用来源于使用价值,但在研究消费者行为时,我们强调的是效用的主观性。

知识小链接

最好吃的东西

兔子和猫争论世界上什么东西最好吃。

兔子说:"世界上萝卜最好吃。萝卜又甜又脆又解渴,我一想起萝卜就要流口水。"

猫不同意,说:"世界上最好吃的东西是老鼠。老鼠的肉非常嫩,嚼起来又酥又松,味道美极了!"

兔子和猫争论不休、相持不下,跑去请猴子评理。

猴子听了,不由得大笑起来:"瞧你们这两个傻瓜蛋,连这点儿常识都不懂!世界上最好吃的东西是什么?是桃子!桃子不但美味可口,而且长得漂亮。我每天做梦都梦见吃桃子。"

兔子和猫听了全都直摇头。那么,世界上到底什么东西最好吃?

启示:说明效用完全是个人的心理感觉。

不同的偏好决定了对同一种商品效用大小的不同评价。

2.效用因人、因时、因地而异

对不同的人而言,同种物品所带来的效用不同,甚至对同一个人而言,同一物品在不同的时间与地点的效用也不同。例如,羽绒服在热带对人没有什么效用,而对于在南极探险的人却具有很大的效用。必须强调的是,效用高低是一种因人、因时、因地的相对比较,没有绝对的衡量标准。

知识小链接

傻 子 地 主

从前,某地闹起了水灾,洪水吞没了土地和房屋。人们纷纷爬上了山顶和大树,想要逃脱这场灾难。

在一棵大树上,地主和长工聚集到一起。地主紧紧地抱着一盒金子,警惕地注视着长工的一举一动,害怕长工会趁机把金子抢走。长工则提着一篮玉米面饼,呆呆地看着滔滔大水。除了这篮面饼,长工已一无所有了。

几天过去了,四处仍旧是白茫茫一片。长工饿了就吃几口饼,地主饿了却只有看着金子发呆。地主舍不得用金子去换饼,长工也不愿白白地把饼送给地主。

又几天过去了,大水悄悄退了。长工高兴地爬到树下,地主却静静地躺着,永远留在大树上了。

启示:说明效用因时因地而异。

3.效用本身并不具有伦理学上的意义

只要能满足人们某种欲望的物品就有效用,而这种欲望本身是否符合社会道德规范则不在效用评价范围之内。例如,毒品能满足吸毒者的欲望,它就有效用,而毒品对吸毒者身体的损害、对社会的危害不能否定其效用的存在。

4.效用计量可大、可小,可正、可负

人们的消费活动若使人们获得了欲望满足,则获得了正效用;若感觉到痛苦或不适,则是负效用。

3.1.2 消费者偏好

消费者偏好是消费者根据自己的需要对可能消费的商品进行的排列。不同的人在相同收入、相同价格条件下会购买不同的商品组合,这是因为他们的偏好各不相同。消费者行为理论对消费者偏好有三个基本内容假定:

第一,假定消费者的偏好是完全的,即消费者总有能力判断、比较任何一对商品组合。例如,有A和B两个商品组合,A由3个鸡蛋和5个苹果组成,B由4个鸡蛋和4个苹果组成。消费者应该能够判断:或者A组合比B组合好,或者B组合比A组合好,或者A组合与B组合相同。不同的消费者有不同的选择,但无论选择的结果如何,每个人都能作出判断。

第二,假定消费者的偏好是可传递的。可传递性是指如果消费者认为A组合比B组合好,B组合又比C组合好,则他一定认为A组合比C组合好。

第三,假定所有的商品都是"好的"(值得拥有的)。这是所谓的"越多越好"原则,即在其他状况都一样的条件下,某商品越多,消费者就越满意。当然,还有一些商品是"坏的",如空气污染,并不值得拥有。由于经济学研究的主要是稀缺商品,即"好的"东西,因此"越多越好"的假定便是合理的,这一假定在经济学分析中常常采用。

3.1.3 基数效用论与序数效用论

既然效用有大、有小,有正、有负,那么比较效用大小的标准是什么?在效用的度量问题上,有基数效用和序数效用两种方法。

3.1.3.1 基数效用

基数效用方法是假定消费者消费商品或劳务所获得的满足程度,即效用可以用1、2、

3 等基数加以表示。正如长度可以用米作单位，质量可以用千克作单位一样，消费者消费不同商品或者不同商品的数量获得的效用也有一个共同的单位，测量效用大小的单位叫做效用单位。比如，一个人吃一块巧克力的效用是 2 效用单位，而听一场音乐会的效用是 30 效用单位。因此，消费者消费一定商品或劳务获得的效用具有共同的计量单位，不同消费者的效用可以进行加总计算。此外，基数效用方法还假定随着消费者消费商品或劳务数量的增加，消费者每增加一单位商品或劳务的消费所获得的满足程度逐渐下降。这样，当收入既定时，消费者会权衡这些收入的不同用途可以产生的效用，不断地调整各种商品和劳务的消费组合。如果花费同样的费用，多消费一种商品比多消费另一种商品获得的效用更多，则增加第一种商品的消费，直到获得最大效用为止。

知识小链接

"雪中送炭"还是"锦上添花"

我们中国有两个成语"雪中送炭"和"锦上添花"，那么究竟哪一个效用更大一些呢？这不难理解，对于处于困境中的人来说，他能否得到别人的支持，其"效用"也许可以足以改变他的一生；而对于一个青云直上、风头正劲的人来说，他人同样程度的"支持"也许就不值得一提。极端的例子是，假设你有 100 元钱，如果给了一个街头饥肠辘辘的流浪者，也许就救活了一条生命；而如果给了一个亿万富翁，他也许不屑一顾。如果可以用一个数量衡量 100 元的作用，这 100 元钱给了流浪者，其效用假设是 1 000；给了亿万富翁，其效用也许就只有 1。从社会总效用来看，将这 100 元钱给了前者，社会总效用（即社会整体满足程度）就会增加 1 000 个单位；而给了后者，社会总效用仅增加了 1 个单位。显然，为求得社会福利最大限度的改进，这 100 元自然应该给前者。因此，"雪中送炭"的价值远超过"锦上添花"。

3.1.3.2 序数效用

序数效用方法认为商品的效用是消费者对消费商品满足其欲望的一种心理评价，因而很难加以衡量，更难以对不同消费者的效用进行比较、加总。于是，它假定消费者对消费商品获得的满足程度尽管不能准确地计量其数值，但可以按第一、第二、第三等顺序进行排序。消费者只要能对消费商品带来满足程度的大小进行排序，就可以选择效用最大的商品组合。比如，同样是花费 1 元钱，如果消费一块巧克力带来的满足超过消费一个包子的效用，消费者自然会选择购买巧克力而不是包子。

知识小链接

猪肉价格翻番

以下是某肉类市场上消费者与卖主的一段对话。

"小伙子，你卖的猪肉多少钱一斤？"

"五花肉是 9.5 元一斤，纯瘦肉是 10 元一斤，您买哪一种？"

"我不买了，今年的猪肉比去年贵了一倍多，我不吃猪肉了。我去那边看看牛、羊肉吧,牛、羊肉的价涨得少些。"

面对猪肉价格大幅度的上涨,很多家庭都感觉如果在肉类消费上和以前一样,就要花费更多的钱,所以很多家庭都选择了减少猪肉的消费量,而增加了其他肉类的购买量。也就是说,消费者调整消费猪肉和其他肉类产品的数量,例如减少猪肉的购买量,增加牛肉、羊肉、鸡、鱼的购买量,这样就可以保持餐桌上肉类菜肴的合理搭配,在此重新组合下才能维持家庭原有的效用水平。

3.2 基数效用论:边际效用分析法

3.2.1 总效用与边际效用

总效用是指消费者在一定时间内从一定数量的商品的消费中所得到的效用量的总和。如果以 TU 表示总效用,X 表示消费者消费商品的数量,则总效用函数可表示为

$$TU=U(X)$$

对应的边际效用函数为:

$$MU=\frac{\Delta TU}{\Delta Q}$$

$\Delta Q \to 0$ 时

$$MU=\frac{\mathrm{d}(TU)}{\mathrm{d}Q}$$

在正常情况下,所消费的商品数量愈多,其总效用也就愈大。但是这种随着消费数量而增加的总效用是有限度的。

例如,人饿了连续吃面包,吃第一个感觉最好,第二个其次,以此类推,即边际效用在减少,吃饱后如果再让他吃则会感到难受,边际效用就为负的效用了,如表 3.1 所示。

表 3.1 面包带来的总效用与边际效用

面包数(个)	总效用(TU)	边际效用(MU)
0	0	—
1	30	30
2	50	20
3	60	10
4	60	0
5	50	−10

根据表 3.1 可以给出图 3.2 中的总效用曲线和边际效用曲线。

在图 3.2 中,横轴代表面包的消费量,纵轴代表总效用或边际效用,TU 为总效用曲线,MU 为边际效用曲线。MU 曲线是向右下方倾斜的,它反映了边际效用递减规律,相应的,TU 曲线是以递减的速率先上升、后下降的。

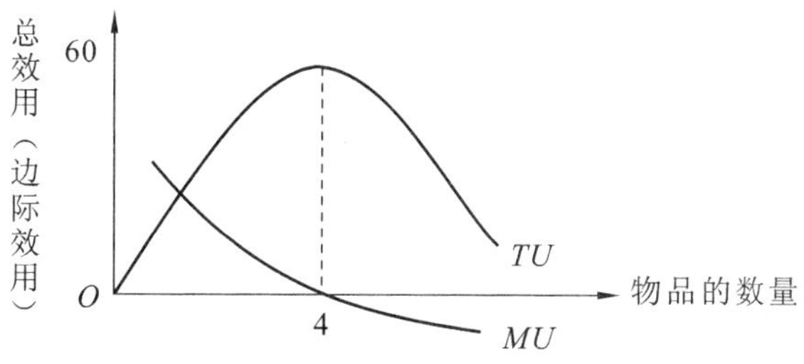

图 3.2 总效用曲线和边际效用曲线

从表 3.1 和图 3.2 可以看出，总效用与边际效用具有如下关系：

(1)边际效用是总效用随消费量增加的变化量。

(2)总效用以递减的速度增加，边际效用以递减的速度减少。

(3)当边际效用为正数时，总效用递增；当边际效用为零时，总效用最大；当边际效用为负数时，总效用递减。

知识小链接

呆子吃大饼

一个呆子吃大饼，吃了 5 个就饱了。呆子感慨道："早知道吃第五个饼才饱，又何必吃前四个呢?"呆子之所以可笑，就是因为他没有分清边际效用和总效用。吃每一个大饼都给他带来一份边际效用，而最后饱了是五个大饼给他的总的感觉，是总效用。这个总效用是前面每增加一个大饼所带来的边际效用的总和。

3.2.2 边际效用递减规律

在一定时间内，在其他商品的消费量保持不变的条件下，随着消费者对某种商品消费量的增加，消费者从该商品连续增加的每一消费单位中所得到的效用增量即边际效用是递减的。

随着物品消费量的增加，边际效用的变动是正的，但在递减。边际效用之所以是正的，是因为消费者进行消费是为了获得某种满足，即获得效用。在一般情况下，消费者如果感到增加的效用已不能给他带来满足，就会停止消费。换言之，只有消费的增加使他的满足程度增加，他才会增加消费。但边际效用又是递减的，对这种现象经济学家从心理学的角度作了解释。效用是消费者的一种心理感受，消费某种物品实际上就是提供一种刺激，使人有一种满足的感受，或心理上有某种反应。消费某种物品时，开始的刺激一定大，从而人的满足程度就高，但不断消费同一种物品，即同一种刺激不断反复时，人在心理上的兴奋程度或满足程度必然减少。人们日常生活中都有这种感受。19 世纪的心理学家韦伯和费克纳曾做了这样一个实验：把一个孩子的眼睛蒙住，让他把臂膀平伸，手掌向上，然后把一定的重量置于他的手掌上，他肯定会感到这一重量，当增加重量时，他也会感到重量的增加。然而，在他手掌支托的重量达到一定程度时，再加一定的重量，他并感不到重量的增加。这就是说，他支托的重量越大，增加的或边际的单位重量对他的影响越小。

这种现象被称为韦伯-费克纳边际影响递减规律。当用声音、光线和其他刺激进行类似的实验时，都有这种边际影响递减现象。因此，这一规律也可以用来解释边际效用递减规律。当然还可以提出其他解释。但无论如何解释，边际效用递减规律的确是客观存在的。因此，也就可以作为解释消费者行为的基本规律。

知识小链接

水与钻石的价值悖论

亚当·斯密在《国富论》中提出了一个有关“水与钻石”的著名的悖论。按常理来说，水对于生命来说是最重要的，所以它应该具有很高的价值。另一方面，钻石对生命来说是不重要的，所以人们应该认为它的价值比水低。但是，现实中即使水能够提供更多的效用，它还是比钻石便宜。这是为什么呢？斯密的这个困惑被称为钻石与水的悖论。

现在，我们学了有关效用的概念后就可以来解释钻石和水这一难题的关键所在，这是因为他们不能区分边际效用和总效用。边际效用理论直到19世纪晚期才得到发展。水是生命的源泉，它的确能够创造出比钻石更高的总效用。然而，决定价格的是边际效用，而不是总效用。水在世界上的多数地方都是丰富的，依据边际效用递减规律，它的边际效用很低，因而其价格也应该很低。

但是，另一方面，属于珠宝性质的钻石却是稀缺的。相对而言，我们几乎没有钻石，钻石的消费量不大，所以钻石的边际效用和购买者愿意支付的价格相当高。因此，稀缺提高了边际效用和价格，而不论商品的大小和总效用。

3.2.3 消费者均衡

消费者均衡是研究单个消费者在货币收入一定的情况下，在购买两种或多种产品时，怎样才能实现效用最大化。这里的均衡是指消费者通过购买各种商品和劳务实现最大效用时，既不想再增加也不想再减少任何商品购买数量的这么一种相对静止的状态。效用论认为，消费者的目的是在既定的收入下通过购买各种商品和劳务的选择来实现效用最大化。消费者均衡就是表示消费者达到这一目的时的心理满足状态。我们知道“均衡”具有不变的意思，由于消费者已经达到最满意状况，他不会改变他所购买的各种商品和劳务的数量；如果消费者的消费未能使他的效用最大化，他就会改变消费决策，重新调整购买各种商品和劳务的数量，直到增加的总效用达到最大化为止。

什么情况下才会达到最大满足即消费者均衡状况呢？

研究消费者均衡时有四个假设条件：

(1)消费者的偏好在一定时期内是不变的，也就是说，假设消费者对各种商品的效用和边际效用是已知的和既定的。

(2)消费者所购买的商品(比如 X 和 Y 两种)的价格是已知和既定的，这意味着消费者在完全竞争的市场上进行自己的消费行为。

(3)消费者的货币收入既定，且会把其全部收入用来购买这两种商品。

(4)货币的边际效用是不变的。用货币购买商品，就相当于用一种商品的效用去交换另一种商品的效用。商品的边际效用是递减的，货币的边际效用也应该是递减的。也就是说，对于一个消费者而言，随着他所获得的货币收入不断增加，每一个单位货币带给他的满足程度是递减的。但在一般情况下，消费者的货币收入是既定的，且每单位商品的价格只占消费者总货币收入量的极小部分，所以，当消费者对某商品的购买量发生微小变化时，所支出的货币的边际效用的变化是很小的，可以忽略不计。

如假定某消费者用既定的收入 I 购买 n 种商品，P_1、P_2、…、P_n 分别为 n 种商品的既定价格，λ 为不变的货币的边际效用，X_1、X_2、…、X_n 分别为 n 种商品的数量，MU_1、MU_2、…、MU_n 分别表示 n 种商品的边际效用，则该消费者效用最大化的均衡条件可以用式(3.1)和式(3.2)来表示：

$$P_1X_1+P_2X_2+\cdots+P_nX_n=I \quad \text{（限制条件）} \tag{3.1}$$

$$\frac{MU_1}{P_1}=\frac{MU_2}{P_2}=\cdots=\frac{MU_n}{P_n}=\lambda \quad \text{（均衡条件）} \tag{3.2}$$

为什么只有当消费者实现了 $\frac{MU_1}{P_1}=\frac{MU_2}{P_2}=\lambda$ 的均衡条件时才能获得最大效用呢？

当 $\frac{MU_1}{P_1}<\frac{MU_2}{P_2}$ 时，对于消费者来说，用同样的 1 元钱购买商品 1 得到的边际效用小于购买商品 2 所得到的边际效用。这样，理性的消费者要增加总的效用就会调整这两种商品的购买数量，即减少对商品 1 的购买量，增加对商品 2 的购买量。在这样的调整过程中，一方面，消费者减少商品 1 的购买时，商品 1 带来的效用减少；增加商品 2 的购买时，商品 2 带来的效用增加。但是，因为商品 1 减少的效用量小于商品 2 增加的效用量，所以消费者采取这项调整的净结果是总效用增加。另一方面，根据边际效用递减规律可知，当商品 1 的购买量减少时，它的边际效用不断增加；当商品 2 的购买量增加时，它的边际效用逐渐递减。当消费者调整到这样一种状态时，即用于购买商品 1 所带来的边际效用和用于购买商品 2 所带来的边际效用相等时，即 $\frac{MU_1}{P_1}=\frac{MU_2}{P_2}$，消费者就不再调整他的购买组合。此时，消费者获得的效用达到最大。

相反，当 $\frac{MU_1}{P_1}>\frac{MU_2}{P_2}$ 时，对于消费者来说，用同样的 1 元钱购买商品 1 得到的边际效用大于购买商品 2 所得到的边际效用。这样，理性的消费者会调整这两种商品的购买数量，即增加对商品 1 的购买量，减少对商品 2 的购买量，直至 $\frac{MU_1}{P_1}=\frac{MU_2}{P_2}$ 时，消费者获得最大效用。

上述分析说明了消费者均衡的条件，也就是说，理性的消费者应该让花费在任何一种物品上的最后 1 元钱能够提供的效用都相等。否则，最后 1 元钱就会转移到能够给消费者带来更多效用的物品上。

【例 3.1】 假定某人在消费商品 X、Y 时的边际效用如表 3.2 所示，且 $P_X=P_Y=2$ 美元，货币收入为 20 美元。

表 3.2　商品 X 与 Y 的不同消费量所对应的边际效用

Q	1	2	3	4	5	6	7	8	9	10	11
MU_X	16	14	11	10	9	8	7	6	5	3	1
MU_Y	15	13	12	8	6	5	4	3	2	1	0

要求:(1)说明此人的均衡条件。

(2)消费者将如何安排他的消费以使其达到效用最大化?

解:(1)将表 3.2 中的边际效用除以每种商品的价格,得到表 3.3。

表 3.3　商品 X 与 Y 所对应的边际效用与价格之比

Q	1	2	3	4	5	6	7	8	9	10	11
$\frac{MU_X}{P_X}$	8	7	5.5	5	4.5	4	3.5	3	2.5	1.5	0.5
$\frac{MU_Y}{P_Y}$	7.5	6.5	6	4	3	2.5	2	1.5	1	0.5	0

(2)消费者均衡的条件是

$$\frac{MU_X}{P_X}=\frac{MU_Y}{P_Y}=MU_m$$

从表中可知共有五组商品组合满足此条件,它们是:

①$X=6,Y=4$;②$X=8,Y=5$;③$X=9,Y=6$;④$X=10,Y=8$;⑤$X=11,Y=10$。

但是只有其中第①组同时满足消费者均衡的条件和消费者购买能力的约束条件:

$$M=P_X\times X+P_Y\times Y$$

即

$$20\text{ 美元}=6\text{ 单位}\times \$2+4\text{ 单位}\times \$2$$

因此,消费者在消费 6 单位商品 X、4 单位商品 Y 时达到效用最大。

3.3　序数效用论:无差异曲线分析法

3.3.1　无差异曲线

3.3.1.1　无差异曲线的含义

无差异曲线是用来表示两种商品或两组商品的不同数量的组合对消费者所提供的效用是相同的。无差异曲线符合这样一个要求:如果听任消费者对曲线上的点作选择,那么,所有的点对他都是同样可取的,因为任一点所代表的组合给他所带来的满足都是无差异的。

如果两种商品不仅可以相互替代,而且能够无限可分,则消费者可以通过两种商品的此消彼长的不同组合来达到同等的满足程度。假定某个消费者按既定的价格购买两种商品,即 X 和 Y,他购买 3 个单位的商品 X 和 2 个单位的商品 Y 或者 2 个单位的商品 X 和 3 个单位的商品 Y 所带来的满足是相同的,那么,这两种组合中任一种对这个消费者来说都是无差异的。事实上,这个消费者在购买 X 和 Y 两种商品的过程中,会产生一系列无差异配合,从而形成无差异表。X 和 Y 两种商品的各种组合如表 3.4 所示。

表 3.4 两种商品的无差异组合

组合方式	X	Y	组合方式	X	Y
A	1	6	C	3	2
B	2	3	D	4	$1\frac{1}{2}$

将表 3.4 中的各种不同组合在平面坐标上用对应的各点表示，然后连接起来，就得到一条无差异曲线，如图 3.3所示。

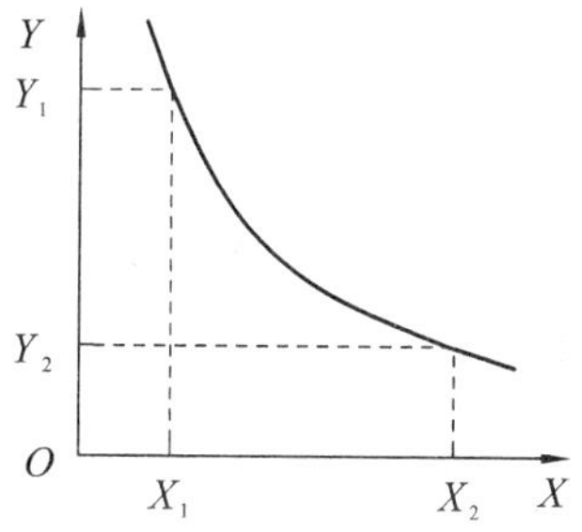

图 3.3 无差异曲线

无差异曲线表明，曲线上的任何一点所代表的两种物品的不同组合所提供的总效用或总满足水平都是相等的，因此消费者愿意选择其中任何一种组合。

3.3.1.2 无差异曲线的特点

第一，由于消费者的偏好是无限的，因此在同一平面上就可以有无数条无差异曲线，形成无差异曲线群，曲线的全部称为消费者的偏好系统。如图 3.4 所示，同一条无差异曲线代表同样的满足程度，不同的无差异曲线代表不同的满足程度。离原点越远的无差异曲线代表的满足程度越高，离原点越近的无差异曲线代表的满足程度越低。在图 3.4 中，I_1、I_2、I_3代表三条不同的无差异曲线，且 $I_1<I_2<I_3$。

第二，在同一平面图上，任意两条无差异曲线绝不能相交。如图 3.5 所示，M、E 在同一条无差异曲线 I_1上，M、E 代表相同的效用水平；M、N 在同一条无差异曲线 I_2上，M、N 代表相同的效用水平，因此 N、E 两点的效用水平也应该是相同的。但是在 N 点，X、Y 两种商品的数量都要多于 E 点，所以，N 点 X 和 Y 的组合提供的效用水平大于E 点 X 和 Y 的组合提供的效用水平，即 N、E 两点的效用水平不能相等。所以在同一平面图上任意两条无差异曲线不能相交。

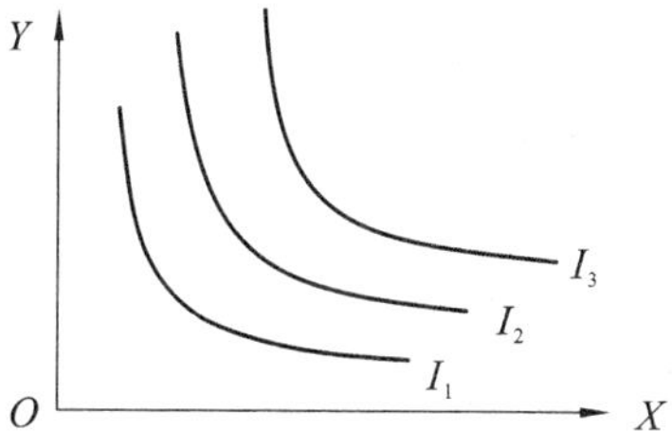

图 3.4 多条无差异曲线

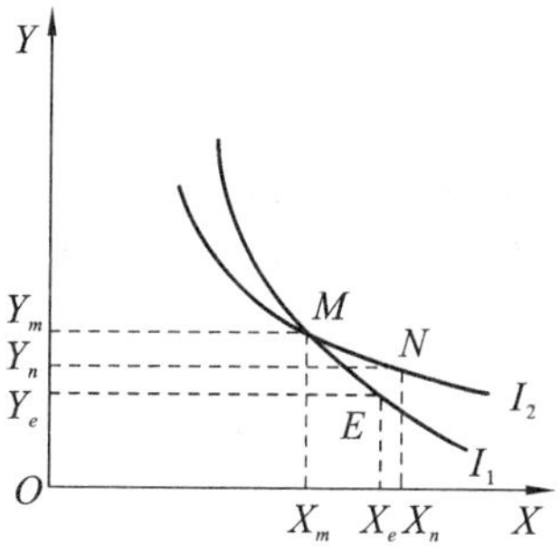

图 3.5 两条无差异曲线

第三，无差异曲线是一条从左上方向右下方倾斜的曲线，其斜率为负值。这就表明消费者为了获得同样的满足程度，增加一种商品的数量就必须减少另一种商品的数量，两种商品不可能同时增加或减少。

第四，一般情况下无差异曲线是凸向原点的，这一点可以用商品的边际替代率来说明。

3.3.1.3 边际替代率及递减规律

边际替代率(Marginal Rate of Substitution)是指消费者为了保持相同的满足水平时增加一种商品的数量与必须放弃的另一种商品的数量之比。假如某个消费者购买 X、Y 两种商品,增加 1 个单位的商品 X 和放弃 2 个单位的商品 Y 给消费者带来的满足是相同的,那么 X 对 Y 的边际替代率就等于 2,写作:

$$MRS_{XY}=-\Delta Y/\Delta X$$

ΔY 是一种商品的减少量,ΔX 是另一种商品的增加量。

在研究商品替代关系时,我们注重的是它的绝对值,因此通常省去负号。从数学上看,MRS 是沿无差异曲线作微量移动时的变化率,所以它实际上是无差异曲线的斜率,这可从图 3.6 中得到说明。

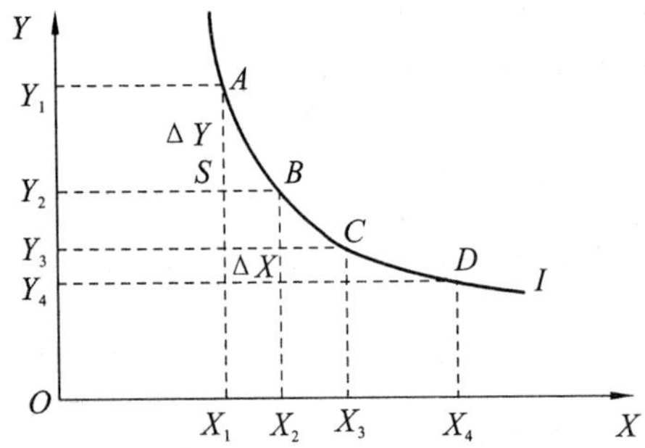

图 3.6 商品的边际替代率

用图 3.6 表示商品的边际替代率,横轴为商品 X 的数量,纵轴为商品 Y 的数量,I 为无差异曲线。X 对 Y 的边际替代率为 X 的增加数与 Y 的减少数之比。

$$MRS_{XY}=\frac{Y_2-Y_1}{X_2-X_1}=-\frac{AS}{SB}=-\frac{\Delta Y}{\Delta X} \tag{3.3}$$

当点 A 沿着无差异曲线 I 越接近点 B 时,$\frac{\Delta Y}{\Delta X}$越接近点 B 切线的斜率。因此,就点 B 附近的微小变动来说,X 对 Y 的边际替代率就是无差异曲线 I 在点 B 切线的斜率。

由于消费者愿意以 X_2 与 X_1 的 ΔX 换取 Y_2 与 Y_1 的 ΔY,说明它们的边际效用相等。

$$\Delta X \cdot MU_X=-\Delta Y \cdot MU_Y$$

$$-\frac{\Delta Y}{\Delta X}=\frac{MU_X}{MU_Y} \tag{3.4}$$

所以,X 对 Y 的边际替代率实际上是其边际效用之比,即

$$MRS_{XY}=\frac{MU_X}{MU_Y} \tag{3.5}$$

商品 X 对商品 Y 的边际替代率也可以用微分法求得:就任何一条无差异曲线来说,由于曲线上任何一点都代表同样的偏好,因此总效用函数可以表示为:

$$TU=f(X,Y)=k \tag{3.6}$$

这就是说,X、Y 商品组合的任何变动都不会引起总效用的变动。对式(3.6)微分,可得

$$\mathrm{d}TU=\frac{\partial TU}{\partial X}\mathrm{d}X+\frac{\partial TU}{\partial Y}\mathrm{d}Y=0 \tag{3.7}$$

其中,$\frac{\partial TU}{\partial X}$、$\frac{\partial TU}{\partial Y}$分别为商品 X、Y 的边际效用,即 MU_X、MU_Y;$\frac{\partial TU}{\partial X}\mathrm{d}X$、$\frac{\partial TU}{\partial Y}\mathrm{d}Y$ 分别表示商品 X、Y 的微小变动所引起 TU 的变动。

由式(3.7)可得:

$$-\frac{\partial TU}{\partial Y}\mathrm{d}Y=\frac{\partial TU}{\partial X}\mathrm{d}X$$

$$-\frac{dY}{dX}=\frac{\frac{\partial TU}{\partial X}}{\frac{\partial TU}{\partial Y}}=\frac{MU_X}{MU_Y} \tag{3.8}$$

序数效用论者在分析消费者行为时提出了商品的边际替代率递减规律的假定。

商品的边际替代率递减规律是指：在保持效用水平不变的前提下，随着一种商品消费数量的连续增加，消费者为得到每一单位的这种商品所需要放弃的另一种商品的消费数量是递减的。例如在图 3.6 中，在消费者由 A 经 B、C 运行到 D 的过程中，随着消费者对商品 X 的消费量连续的等量的增加，消费者为得到每一单位的商品 X 所需放弃的商品 Y 的消费量是越来越少的。也就是说，对于连续的等量的商品 X 的变化量 ΔX 而言，商品 Y 的变化量 ΔY 是递减的。

商品的边际替代率递减的原因在于：当消费者处于商品 X 的数量较少和商品 Y 的数量较多的 A 点时，消费者会由于拥有较少数量的商品 X 而对每一单位的商品 X 较为偏好，同时，会由于拥有较多数量的商品 Y 而对每一单位的商品 Y 的偏爱程度较低。于是，每一单位的商品 X 所能替代的商品 Y 的数量是比较多的，即商品的边际替代率比较大。但是，随着消费者由 A 点逐步运动到 D 点，消费者拥有的商品 X 的数量会越来越多，相应的，对每一单位商品 X 的偏爱程度会越来越低；与此同时，消费者拥有的商品 Y 的数量会越来越少，相应的，对每一单位商品 Y 的偏爱程度会越来越高。于是，每一单位的商品 X 所能替代的商品 Y 的数量便越来越少。也就是说，商品的边际替代率是递减的。

从几何意义上讲，商品的边际替代率递减表示无差异曲线的斜率的绝对值是递减的。商品的边际替代率递减规律决定了无差异曲线的形状凸向原点。但在某些情况下则不然。如果对于消费者来说两种商品是完全替代品，那么相应的无差异曲线为一条斜率不变的直线，商品的边际替代率 MRS_{XY} 为一常数。例如，若两斤玉米粉总是可以完全替代一斤面粉，则无差异曲线如图 3.7(a)所示。如果对于消费者来说两种商品是完全互补品，那么相应的无差异曲线呈现直角形状，与横轴平行的无差异曲线部分的商品的边际替代率 $MRS_{XY}=0$，与纵轴平行的无差异曲线部分的商品的边际替代率 $MRS_{XY}=\infty$。例如，总是要按一副眼镜架和两片眼镜片的比例配合在一起，眼镜才能够使用。这种情况下的无差异曲线如图 3.7(b)所示。

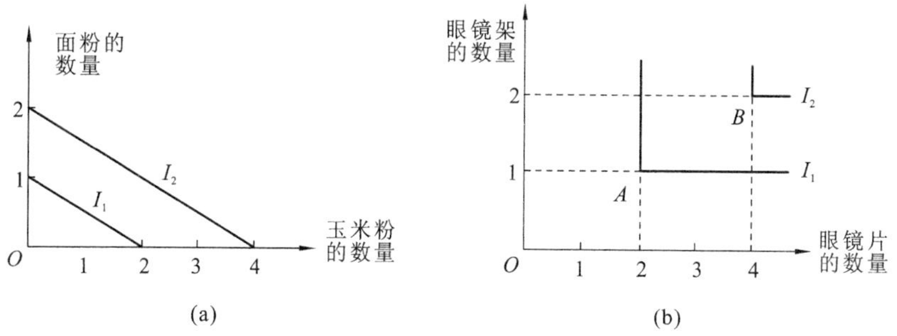

图 3.7　完全替代品和完全互补品的无差异曲线的形状

3.3.2 消费可能线

3.3.2.1 消费可能线的含义

无差异曲线表明了消费者对不同商品组合的偏好，消费者在实现这样的偏好时需要受到收入水平和商品市场价格的限制，这就是预算约束。

消费可能线又称预算约束线或预算线，它表示在消费者收入和商品价格既定的条件下，消费者的全部收入所能购买到的两种商品的不同数量组合。

假设消费者的既定收入为 I，商品 X 和商品 Y 的价格分别为 P_1 和 P_2，购买量分别为 Q_1 和 Q_2。假定全部收入都用来购买商品 X 和商品 Y，则有：

$$P_1 \times Q_1 + P_2 \times Q_2 = I$$

或

$$Q_2 = -\frac{P_1}{P_2}Q_1 + \frac{I}{P_2}$$

由上式可知，预算线的斜率为 $-\frac{P_1}{P_2}$，纵截距为 $\frac{I}{P_2}$。

下面以具体例子加以说明。假定某消费者的既定收入为50元，要面临衣服和食物两种商品的选择，衣服的价格为每件10元，食物的价格为每千克2元。如果他将全部收入用于购买衣服，可买5件，如图3.8中的 A 点；如果全部用于购买食物，可买25千克，如图3.8中的 B 点；购买这两种商品的各种组合，消费者的所有可能选择都会表现在 AB 上，如图3.8所示。

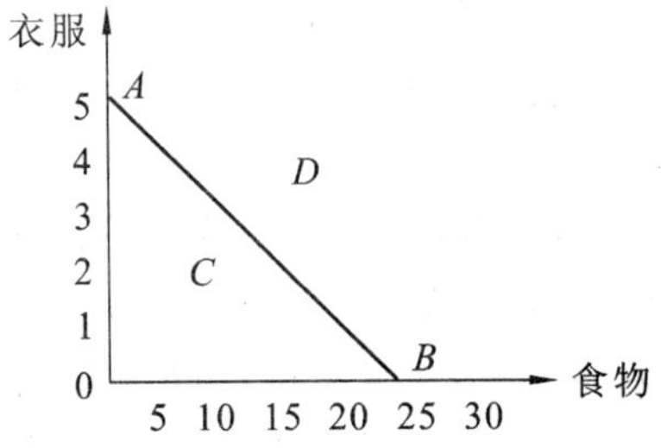

图3.8 预算线

如图3.8所示，预算线 AB 把平面坐标图划分为三个区域：AB 线以外的区域中的任何一点，如 D 点，是消费者的有限收入不可能实现的商品购买的组合点；AB 线之内的任何一点，如 C 点，表示消费者的全部收入没有用完，尚有储蓄；只有 AB 线上的任何一点，才是消费者在收入和价格既定的条件下可能购买的这两种商品的最大组合。

3.3.2.2 消费可能线的变化

消费可能线即预算线上的点表示消费者的既定收入全部用来购买价格已知的商品的数量组合。当消费者的收入变化或者商品价格发生变化时，预算线也会发生变化。

第一种情况，当商品价格不变，消费者收入发生变化时，预算线会发生水平移动。收入增加，预算线向右上方平行移动；收入减少，预算线向左下方平行移动，如图3.9(a)所示。

如图3.9(a)所示，原预算线为 AB，商品价格不变，当消费者收入 I 增加时，在预算线中，$Q_2 = -\frac{P_1}{P_2}Q_1 + \frac{I}{P_2}$，$P_1$、$P_2$ 不变，I 增加，也就是斜率不变，横轴、纵轴截距增加，预算线由 AB 向右上方平行移动到 A_1B_1；当消费者收入减少时，预算线由 AB 向左下方平行移动到 A_2B_2。

第二种情况，当消费者收入不变，而商品价格发生变化时，预算线也会发生变化。例如，当消费者收入不变，商品2的价格 P_2 降低时，在预算线中，$Q_2 = -\frac{P_1}{P_2}Q_1 + \frac{I}{P_2}$，$P_1$、$I$ 不变，P_2 减小，即预算线斜率减小，纵轴截距减小，横轴截距不变，如图3.9(b)所示，预算线由 AB 变化为 AB_1。用同样的道理可以得出商品2价格升高的情况，以及商品1价格升高和降低时预算线的变化。请读者自己推导其变化情况。

如果收入不变，而两种商品价格同比例上升或下降，则其结果与收入变化相同。

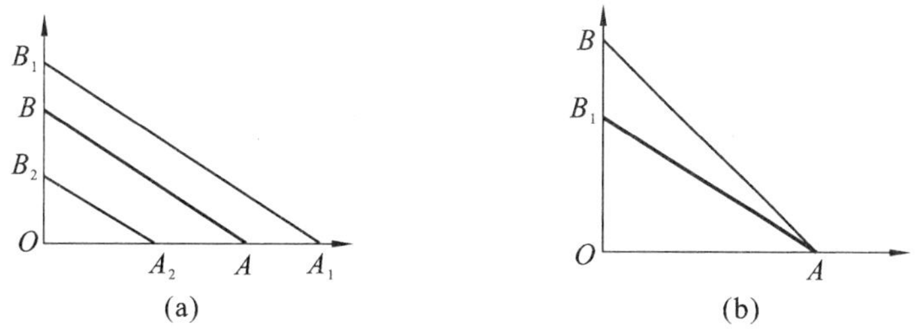

图 3.9　预算线的变化

(a)收入的变化与预算线的移动；(b)价格的变化与预算线的移动

3.3.3　消费者均衡的实现

序数效用论将无差异曲线和预算线相结合来说明消费者均衡。消费者的偏好决定了消费者的无差异曲线，一个消费者关于任何两种商品的无差异曲线有无数条；消费者的收入和商品价格决定了消费者的预算线，在收入和商品价格既定的条件下，一个消费者关于两种商品的预算线只有一条。只有既定的预算线与其中一条无差异曲线的相切点，才是消费者均衡点。在切点，无差异曲线和预算线的斜率相等。无差异曲线斜率的绝对值即商品的边际替代率，预算线斜率的绝对值即两种商品价格之比，则消费者效用最大化的均衡条件是：

$$RCS_{12}=\frac{P_1}{P_2} \tag{3.9}$$

如图 3.10 所示，既定的预算线 I 与无差异曲线 U 相切于 E 点，E 点是消费者均衡点。在均衡点 E 上，消费者关于商品 1 和商品 2 的最优购买量的组合为($\overline{X_1}$、$\overline{X_2}$)。

注意：虽然序数效用论和基数效用论各自运用不同的方法分析消费者行为，但二者所得出的消费者均衡条件在本质上是相同的。

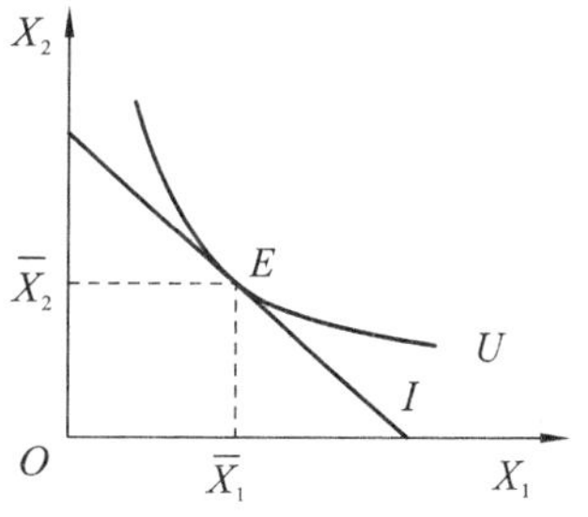

图 3.10　消费者均衡

【例 3.2】　设计新的汽车。

一辆汽车的两大特性是其款式设计(例如设计和内部特点)和其性能(例如汽油里程数和驾驶性能)。款式设计和性能都是受到人们关注的特性，一辆汽车的款式设计越好，性能越佳，其需求量就越大。然而，重新设计款式、提高性能是要花钱的。在一辆汽车里，应该怎样增加其特性呢？问题的答案部分地取决于生产成本，也取决于消费者对于汽车特性的偏好，汽车消费者组别的不同偏好可以影响其购买决定。有关美国汽车需求的一项研究表明，在以往 20 来年里，绝大多数消费者偏好的是款式而不是性能。

考虑两个消费者组别，每个组别想花 10 000 美元用于汽车的款式和性能(其余的钱用于此处不予讨论的其他汽车特性上)，但对于款式和性能，每个组别有不同的偏好。

图 3.11 显示了每个组别中的个人所面临的购车预算。第一组别，在款式和性能中偏好性能。通过在一条典型个人的无差异曲线和预算线之间寻找切点，可以发现，这一组别的消费者偏好性能值 7 000 美元、款式值 3 000 美元的汽车。而第二组别的消费者偏好性能值 2 500 美元、款式值 7 500 美元的汽车，即更看重汽车的款式。统计研究已表明，大多

数消费者属于第二组别。

在获悉组别偏好的情况下，一家汽车公司就可以设计产品、制订销售计划了。一个具有潜在盈利的选择是，制造一种略低于图 3.11(b)中个人对款式偏好的程度，但远高于图3.11(a)中个人对款式偏好的程度的车型，以吸引这两组人。第二个选择是，生产较多的、注重款式的汽车，生产少量的、注重性能的汽车。这两种选择都是上述对购车偏好了解的结果。

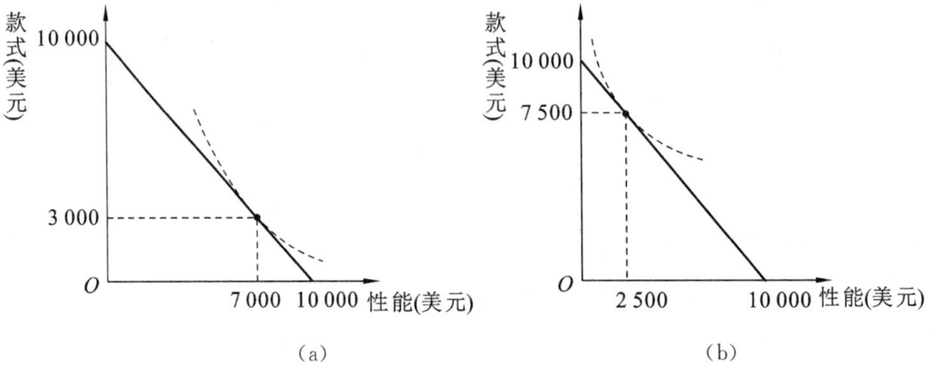

图 3.11　一定预算下的组别偏好

3.4　消费者行为理论的运用

3.4.1　消费者剩余

消费者之所以愿意购买某种商品，就是因为这种商品能够满足他的欲望。由于边际效用递减规律的作用，消费者对不同单位的商品的效用评价是不同的，他愿意为不同单位的商品所支出的最高货币金额也会不同。消费者剩余(Consumer’s Surplus)就是指某消费者为购买某种商品而愿意付出的总价格与其实际购买该商品时所花费的总支出的差额。它是边际效用递减规律起作用的直接结果。

由需求的性质知，对于产品最初的消费单位，消费者愿意出高价购买，是因为其边际效用较高。其后随消费量的增加其边际效用逐渐降低，消费者所愿付的价格亦随之降低。市场价格是由供求来决定的，价格决定了以后，消费者按同一市场价格购买其愿意购买的全部数量，而不是按照其愿意支付的价格逐个购买其愿意购买的全部数量。这样消费者愿意支付的总价款大于其实际支付的总价款，其差额即为所谓的“消费者剩余”。

【例 3.3】 有一辆轿车要卖出，采取拍卖的形式进行出售，现在有四个可能的买主 A、B、C、D，他们均想购买该辆轿车，但他们每人愿意支付的价格都有限，且不同，如表 3.5 所示。

表 3.5　买者愿意支付的价格

买者	最高支付价(万元)
A	100
B	80
C	70
D	60

开始叫价(从低向高叫价)，当 A 买主叫出 80 万元(或略高一点)时叫价停止，于是 A 买主支付 80 万元(或略高一点)得到该辆轿车。而 A 买主愿意为此支付 100 万元，

实际上支付了 80 万元，于是 A 买主得到了 20 万元的消费者剩余。

从以上的例子可知，相应的买者需求表如表 3.6 所示。

表 3.6 买者需求表

价格(万元)	买者	需求量
100 以上	无	0
80 以上	A	1
70 以上	A、B	2
60 以上	A、B、C	3
60	A、B、C、D	4

相应的需求曲线如图 3.12 所示。

从图 3.12 中可知，需求曲线以下和价格以上的面积为消费者剩余。对于一般商品，消费者剩余如图 3.13、图 3.14 所示。

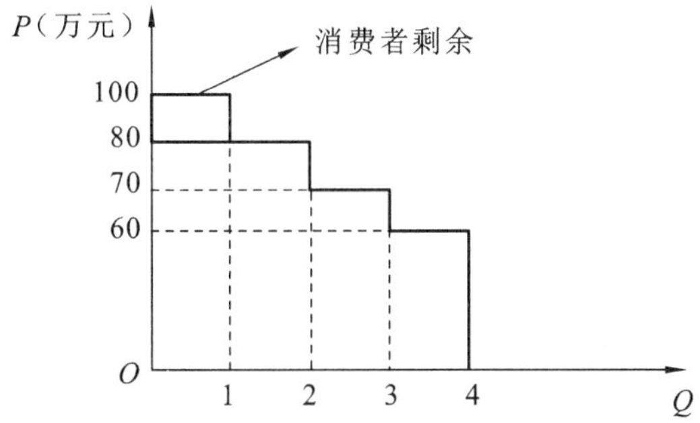

图 3.12 买者的需求曲线

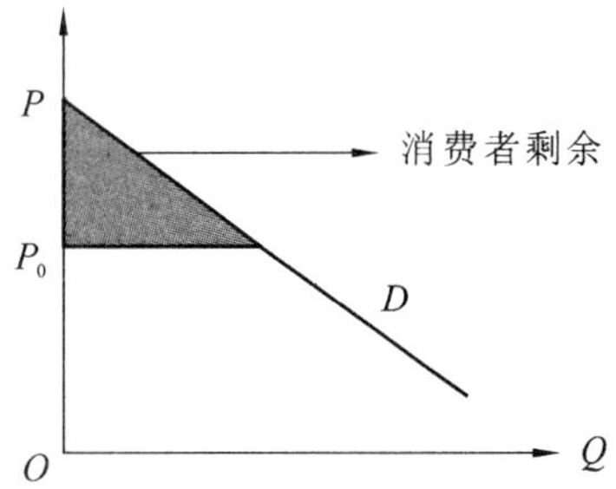

图 3.13 消费者剩余

我们通过两个例题来说明价格对消费者剩余的影响。

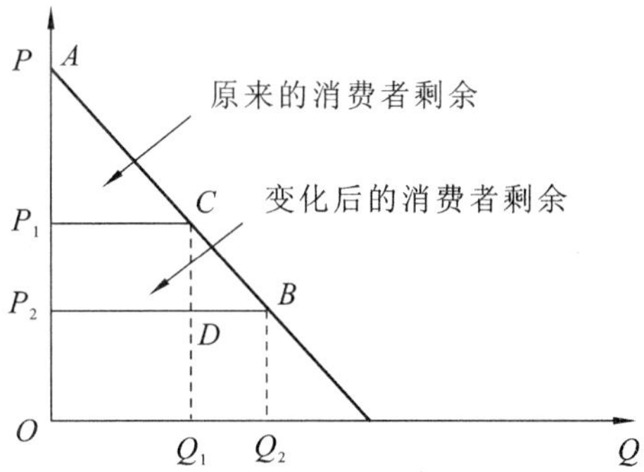

图 3.14 价格对消费者剩余的影响

【例 3.4】 某消费者的需求价格如表 3.7 所示。

表 3.7 需求价格表

Q	1	2	3	4	5	6
P(元)	20	18	16	14	12	10

若市场价格 $P=14$,则此消费者会购买多少数量商品,及其消费者剩余为多少?

解:由表 3.7 可知,当 $P=14$(元)时消费者会购买 4 单位商品。

其所愿的支出=20+18+16+14=68(元)

其实际的支出=14×4=56(元)

故消费者剩余=68-56=12(元)

【例 3.5】 如图 3.15 所示,设市场供求函数 $D:P=180-2Q$,$S:P=30+Q$,求均衡价格及消费者剩余。

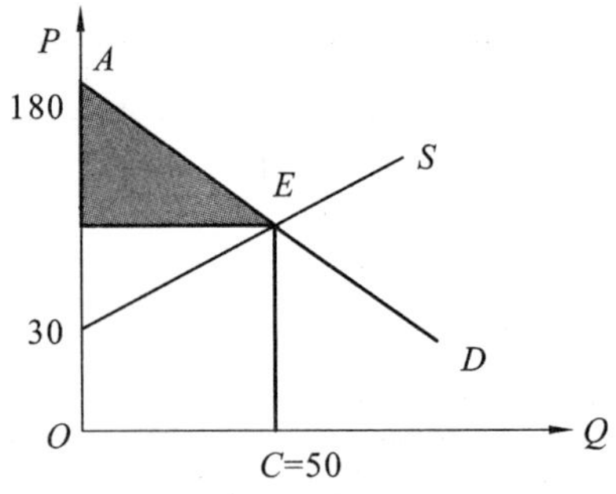

图 3.15 需求价格图

解:联立需求函数和供给函数可得均衡价格和均衡数量为:

$$P=80,Q=50$$

在均衡点实现的消费者剩余为:

$$CS=\int_0^{50}(180-2Q)\mathrm{d}Q-(80\times 50)=2\ 500$$

需求曲线所围成的面积 $AOCE$ 可视为消费者所愿意支出的金额。

在理解这一概念时要注意两点:第一,消费者剩余并不是实际收入的增加,只是一种心理感觉。这一概念是分析某些问题时的一种重要工具。例如,在分析垄断存在所引起的社会福利损失时就运用了这个概念。消费者剩余是衡量消费者福利的指标。消费者从购买某种物品中得到的消费者剩余越大,说明生产与交易这种物品的活动给消费者带来的福利越大。在垄断的情况下,垄断者提高物价,这就减少了消费者剩余,即减少了消费者的福利。消费者剩余的增加就是消费者福利的增加。在国际贸易中,各国的消费者可从廉价的进口商品中获得消费者剩余。第二,生活必需品的消费者剩余大。因为消费者对这类物品的效用评价高,愿意支付的价格也高,但这类物品的市场价格一般并不高。

知识小链接

消费者之声:我为什么不买某种报?

有一份经济学方面的报纸办得不错,内容还是颇有可读性的,但满满四开一张纸,居然索价 1.5 元,我从来不买。说真的,不是花不起这 1.5 元,而是觉得不值。对我这样的消费者来说什么是值与不值呢?这就涉及消费者剩余这样一个概念。

作为一名消费者,我在买东西时对所购买的物品有一种主观评价。这种主观评价表现为我愿为这种物品所支付的最高价格,经济学上称为需求价格。决定这种需求价格的主要因素有两个:一是我感到它能给我带来的满足程度的高低,即效用的大小。二是与其他同类物品所带来的效用和价格的比较。我愿意出的最高价格并不一定等于供求双方决定的市场价格。如果我愿意出的最高价格低于市场价格,这两种价格之间的差额就称为消费者剩余。消费者剩余衡量消费者购买并消费某种物品所得到的经济福利的大小。消费者购买并消费物品是为了得到经济福利，所以，一种物品给消费者带来的消费者剩余越大，即市场价格越低于消费者愿意出的最高价格，消费者越愿意购买。反之，如果市场价格高于消费者愿意出的最高价格，消费者就会认为购买该物品不值得。或者说，如果消费者剩余为负数，消费者就不会购买了。

我不买某种报就因为它给我带来的消费者剩余是负值。这种报可以看，但不是不看不行。与其他同类报纸相比，我觉得它只值0.5元，即我愿意出的最高价格是0.5元。如果它定价为0.4元(即市场价格为0.4元)，两者相比，我有0.1元钱的消费者剩余(我愿意出的最高价格0.5元减去市场价格0.4元)，我会购买。或者，它的定价为0.5元，没有消费者剩余，我也可以勉强买。但现在它的价格为1.5元，与我愿意支付的最高价格0.5元相比，我的消费者剩余为−1元，我当然不会买了。除非它的内容好到让我不读就吃不香睡不着，或者其他同类报纸办得极糟或价格上升到与它相近的水平，我愿意支付的最高价格也上升到1.5元以上，否则打死我也不买。理由很简单，不值，买了就有一种挨宰的感觉。

这里要注意的是，消费者对一种物品的评价完全是主观的，所以，愿意支付的最高价格也是主观的。消费者剩余并不是实际货币收入的增加，仅仅是一种心理上满足的感觉。即使购买了消费者剩余为负的物品也不是金钱的实际损失，无非是心理上挨宰的感觉而已。我们购物时说的“值”与“不值”也是这种含义。

而且，对同样一种物品，不同的消费者完全有不同的主观评价，所愿意支付的最高价格也不同，但在购买时支付的市场价格是相同的，因此，不同的消费者从购买同一种物品中得到的消费者剩余也不同。尽管我不买这份报纸，但仍然会有人买的。这些人的评价高，愿意支付的最高价格高于1.5元，他们购买就得到了消费者剩余。正因为如此，这份价格如此之高的报纸也还是在顽强地生存着。

据说这份报定价高的原因之一是销售量太少。其实用高定价来弥补销售量少的亏损是陷入了一种恶性循环。价格越高，卖得越少；卖得越少，越想卖高价，这岂不走上一条灭亡之路了吗？换一条思路，这类报纸的替代品相当多，从而需求弹性高，如果降价，可以大幅度增加销售量，反而能走出困境，也扩大了自己的影响。

定价是企业的自由，也是这家报社的自由，我无意指责。但消费者剩余的概念不仅指导消费者理性消费，也告诉企业定价要合理。那种“头戴三尺帽”(价格定得高高的)、“准备砍一刀”(让消费者讨价还价)的做法往往会吓倒许多像我这样胆小的消费者。我主编的一本书的内容还是有市场的，但16开精装，2册共1 000多页，纸张印刷都很平常，居然被出版者定价为495元。这样的天价谁敢问津呢？果然销路极差，出版一年多了还堆在仓库里享受精品的荣耀呢！

3.4.2 收入效应与替代效应

知识小链接

保姆赚“小费”

一对夫妻虽事业蒸蒸日上，但为特别爱哭泣的小孩伤透了脑筋。为此两口子想了不少办法，但收效甚微，经过一段时间的摸索，最后总算找到了偏方：小孩特别爱吃一种小颗粒糖，也爱玩一种欢乐球，所以每当小宝贝快要哭的时候，破一两个欢乐球或吃几粒糖，小孩很快就会安静下来，若多些球或糖，小孩甚至还会高兴得手舞足蹈。要是不让宝贝哭，每周至少得破费 50 多元(大致 54 元)，包括购买 100 来个(大致为 105 个)价格为 0.25 元的欢乐球和约 280 粒价格为 0.1 元的糖。有一天，他们从保姆市场雇了一个保姆专门照顾小孩，基本要求是不能让宝贝哭，当然每周的预算仍然是 54 元左右。在主人的帮助下，保姆很快学会了如何买球和糖以及对付小孩哭泣的招数。然而，一个多月以后，欢乐球降价了，由原来的 0.25 元降到 0.15 元。保姆当然很高兴，因为现在虽然买 280 粒糖仍需 28 元，但买 105 个欢乐球不需要 26 元了，而只需要 16 元，每周就可以省出 10 元。但保姆没有把省出的钱交还给主人，而是进了自己的腰包，算是赚点“小费”。就这样，降价后保姆每次花约 44 元买 105 个球和 280 粒糖，并赚 10 元小费，主人全然不知。日复一日，循环往复，但保姆总琢磨着，既然球降价了，为什么不多买点球，而少买点糖。经过不断尝试，她觉得花上 44 元买 145 个球和 220 粒糖效果最好，不仅能制止小孩哭泣，有时还会看到小孩的笑脸。

一次周末，保姆利用每周给的一天假到正在上经济系研究生的哥哥处串门，并洋洋得意地把在主人家的故事一五一十讲给哥哥听。哥哥听后觉得挺有意思，夸妹妹有心计，但仔细想想，心计还不够，因为让小孩高兴当然好，但这并不是妹妹的本职工作，她完全可以在不让小孩哭泣的前提下更好地组合球与糖，省出更多的钱，赚更多的“小费”。经此点拨，妹妹觉得言之有理。回去之后，又经过不断尝试，她每次买大约 140 个球和 210 粒糖，花费约 42 元，就能保证小孩不哭。结果每次可赚约 12 元“小费”，比哥哥点拨前多赚 2 元。转眼间已是春节临近，保姆打算回家过年，期间只能由主人替代去买东西和照顾小孩。她知道如果主人去买东西，必使其赚“小费”之事暴露无遗。为此，她以退为进，开始将每次能省出的 12 元分文不要，即把主人所给的 54 元全部购买球和糖。至于购买的数量，经尝试，最后觉得每周买 180 个球和 270 粒糖能使小孩最高兴。见此情景，主人当然非常高兴，夸保姆很能干，而保姆就将球降价的事告诉主人，还得了个“诚实”的美名。

这虽然只是一个保姆赚“小费”的故事，却揭示了消费中包括的替代效应和收入效应原理，有趣的是还体现了 Slutsky 和 Hicks 两种分解方法。在此不妨假设小孩不哭为低的无差异曲线 1，小孩高兴为较高的无差异曲线 2，而小孩最高兴为无差异曲线 3。起初在糖和球的价格分别是 0.25 元和 0.1 元的条件下，总预算为 54 元就达到了无差异曲线 1，糖和球的均衡量分别为 105 个和 280 粒。当球的价格降至 0.15 元后，理性的保姆经过调整商品组合，不仅赚了 10 元“小费”，还使小孩的效用提高到无差异曲线 2。事实上，在这里体现了 Slutsky 分解方法，这 10 元“小费”是 Slutsky 补偿预算线下形成的成本差额，球由 105 增至 145，这增加的 40 就是球的替代效应。后来在哥哥的指点下，她又调整了商品组合，体现了 Hicks 分解方法。所赚 12 元“小费”就是 Hicks 补偿预算线下形成的补偿变量，而球的均衡数量由降价的 105 增至 140 个，这增加的 35 就是替代效果。最后，由于怕暴露目标保姆放弃所能得到的“小费”，达到了最高的无差异曲线 3 的效用水平，球的均衡数量达到了 180 个，比降价前增加了 75 个，这就是欢乐球的全部降价效应。很显然采用不同的分解方法，收入效应也是不一样的，Slutsky 和 Hicks 分解的结果分别是 35 和 40。

由此可以看出，Slutsky 和 Hicks 两种分解方法的总效应是一样的，但由于补偿预算线的不同，导致了两者的替代效应和收入效应各异，前者替代效应大于后者，而收入效应则相反，但两者差异很小，所以结果大同小异。

3.4.2.1 收入效应和替代效应的含义

当消费者货币收入不变，一种产品的价格发生变化时，会对消费者产生两种影响：一是使消费者的实际收入水平发生变化，二是使产品的相对价格发生变化。这两种变化都会改变消费者对该种产品的需求量。

1. 收入效应

在名义收入水平不变的情况下，一种商品的价格变动会使消费者的实际收入发生变动，从而引起该种商品需求量发生相应变动，这种效应称为收入效应。

若产品价格下降，则消费者的实际收入水平提高，从而使得消费者对产品的需求量增加，则收入效应为正；反之，若消费者对产品的需求量减少了，则收入效应为负。

收入效应表示消费者效用水平发生了变化，反映了从一条无差异曲线向另一条无差异曲线的移动，度量了消费者购买力方面的变化。

2. 替代效应

在满足程度不变的情况下，一种商品的价格变动会引起其他商品的相对价格发生变动，导致商品之间的相互替代，从而引起该种商品需求量发生相应变动，这种效应称为替代效应。

若产品相对价格变动后，消费者对该种产品的需求量增加了，则替代效应为正；若减少了，则替代效应为负。

替代效应不改变消费者的效用水平，可以通过无差异曲线上的一次移动来表明。

3. 总效应

产品的价格变动带来的需求量的变动称为总效应。总效应等于收入效应与替代效应之和。

3.4.2.2 不同产品的替代效应和收入效应

1. 正常商品的替代效应与收入效应

下面以图 3.16 为例来分析正常商品的替代效应和收入效应。

在图 3.16 中，横轴和纵轴分别表示正常商品 1 和商品 2 的数量。在商品价格变化前，消费者预算线为 AB，与无差异曲线 U_1 相切于 E 点，E 点为此时消费者的效用最大化的均衡点，此时商品 1 的消费量为 X_1。现在假定商品 1 的价格下降，使消费者的预算线

由 AB 移至 AH，则预算线 AH 与更高效用水平的效用曲线 U_2 相切于均衡点 G，此时商品 1 的消费量达到 X_3。商品 1 价格下降使商品 1 的需求量增加，这就是商品 1 的价格下降所引起的总效应。这个总效应可以被分解为替代效应和收入效应两个部分。

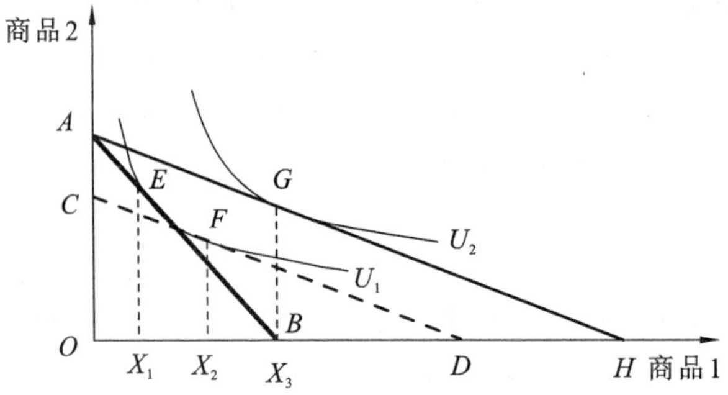

图 3.16　正常商品的替代效应与收入效应

先分析替代效应。由于商品 1 的价格下降，消费者的效用水平提高，则消费者的均衡点由无差异曲线 U_1 上的 E 点变化到代表更高的效用水平 U_1 的无差异曲线上的 F 点，即消费者效用水平提高。替代效应并没有使消费者的效用水平发生变化，因此将效用水平还原到商品价格变化前的水平即无差异曲线 U_1 上。作 AH 的平行线 CD 相切 U_1 于 F 点，这表明在消费者收入不变的情况下，当商品 1 的价格下降时，消费者的预算线由 AB 变为 CD，商品 1 的需求量由 X_1 增加为 X_2。这里商品 1 的需求量的增加(X_2-X_1)为正，这就是商品 1 的价格下降引起的替代效应。正常商品的替代效应与价格呈反方向变化。

再分析收入效应。将现在得到的预算线 CD 复原到最终的预算线 AH 上，则相当于消费者实际收入增加，消费者效用最大化的均衡点由 F 点上升到更高效用水平的 G 点，使消费者对商品 1 的购买量由 X_2 增加到 X_3。商品 1 的需求量的变化量(X_3-X_2)为正，这就是商品 1 的价格下降引起的收入效应。正常商品的收入效应与价格呈反方向变化。

可以看出，由商品 1 价格下降所引起的总效应由替代效应和收入效应共同组成，即

$$总效应(X_3-X_1)=替代效应(X_2-X_1)+收入效应(X_3-X_2)$$

2. 低档商品的替代效应和收入效应

当有些商品的价格下降时并不能增加消费者对它的需求量。例如，对劣等商品或低档商品而言，当其价格下降导致实际收入增加后，对该商品的需求可能反而减少。这是因为劣等商品价格下降所引起的收入效应为负，替代效应为正，即劣等商品的替代效应与价格呈反方向变化，收入效应与价格呈同方向变化。由劣等商品价格下降引起的收入效应的减少小于由价格下降引起的替代效应的增加，则总效应为正，即劣等商品价格下降引起该商品需求量上升。因此，劣等商品的需求曲线的形状为向右下方倾斜，即价格与需求量呈反方向变化。

3. 吉芬商品的替代效应和收入效应

1845 年爱尔兰发生灾荒时，英国经济学家吉芬发现虽然土豆的价格上升，但是对它的需求量反而增加了。这一现象在当时被称为“吉芬难题”。这类需求量与价格呈同方向变动的特殊产品也因此被称做吉芬商品，吉芬商品是一类特殊的低档商品。吉芬商品的需求曲线向右上方倾斜。

吉芬商品的替代效应与价格呈反方向变化，收入效应与价格呈同方向变化，但是吉芬商品的收入效应作用很大以至超过了替代效应的作用，从而使得总效应与价格呈同方向变化。这也是吉芬商品的需求曲线向右上方倾斜的原因。

综上所述，正常商品、低档商品和吉芬商品在价格下降时的替代效应、收入效应以及需求曲线的形状总结如表 3.8 所示。

表 3.8　商品价格变化所引起的替代效应和收入效应

商品类型	替代效应	收入效应	总效应	需求曲线的形状
正常产品	增加	增加	增加	向右下方倾斜
低档产品	增加	减少	增加	向右下方倾斜
吉芬产品	增加	减少	减少	向右上方倾斜

3.4.3　收入-消费曲线与恩格尔曲线

在消费者收入和商品价格不变的假定下，消费者均衡点将保持不变。如果其中的一个条件发生变化，消费者均衡点也将会随之移动。下面考察在收入变化的情况下，消费者均衡将发生哪些变化。在分析收入变化的情况时，将通过收入-消费曲线得出恩格尔曲线。

3.4.3.1　收入-消费曲线

假定消费者的偏好和商品的相对价格不变，消费者的货币收入发生了变化，这将导致消费者预算线的平行移动，从而改变消费者的均衡状况。分析因消费者收入的变化而引起的消费者均衡点的变化可以得到收入-消费曲线。收入-消费曲线是指在两种商品的价格水平之比为常数的情况下，每一收入水平所对应的两种商品最佳购买组合点组成的轨迹。

两种商品的价格水平之比为常数意味着消费可能线的斜率一定。随着人们收入水平的变动，消费可能线会发生平行移动。每一条消费可能线均会与一条无差异曲线相切，其切点就是消费者的最佳消费点，也就是两种商品的最佳购买组合点，把这些点连接起来就形成商品的收入-消费曲线。图 3.17 为正常商品的 *I-C* 曲线（收入-消费曲线），图 3.18 为劣等商品的 *I-C* 曲线（收入-消费曲线）。

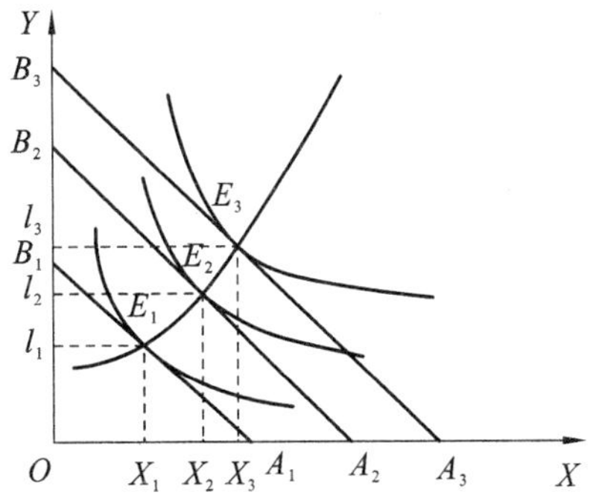

图 3.17　正常商品的收入-消费曲线

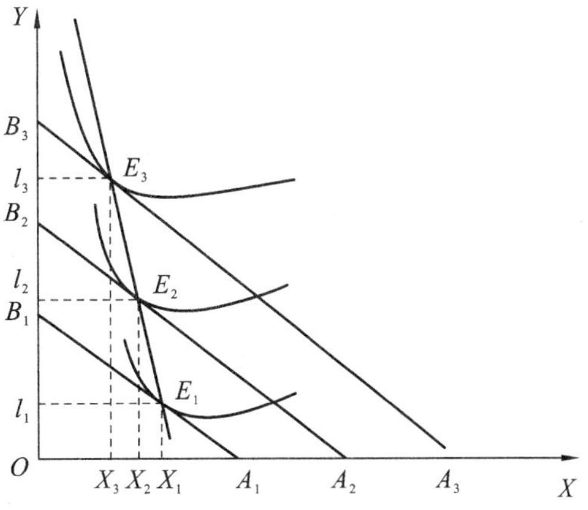

图 3.18　劣等商品的收入-消费曲线

3.4.3.2　从收入-消费曲线推导恩格尔曲线

在收入-消费曲线的分析中可以清楚地看到,随着消费者收入的变化,都会有一个与消费者均衡点对应的均衡购买量。通过描述这种消费者收入与均衡购买量之间的一一对应的关系就可以得到恩格尔曲线。

恩格尔曲线是指在其他条件不变的情况下,消费者的收入水平与某一商品的最优消费量之间关系的曲线。

由此可以得到分别对应图 3.17 正常商品和图 3.18 劣等商品的恩格尔曲线图,如图 3.19、图 3.20 所示。

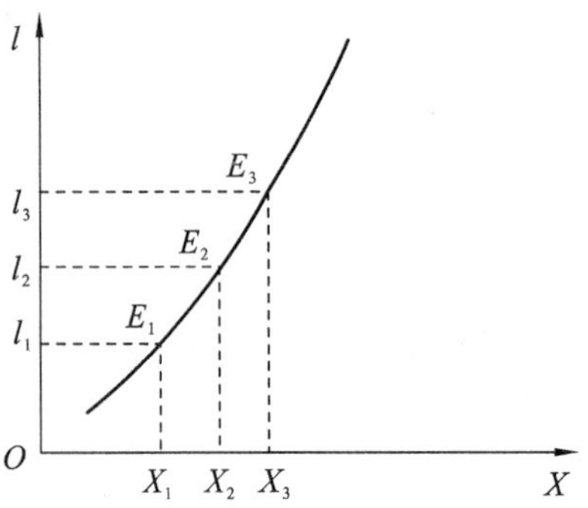

图 3.19　正常商品对应的恩格尔曲线

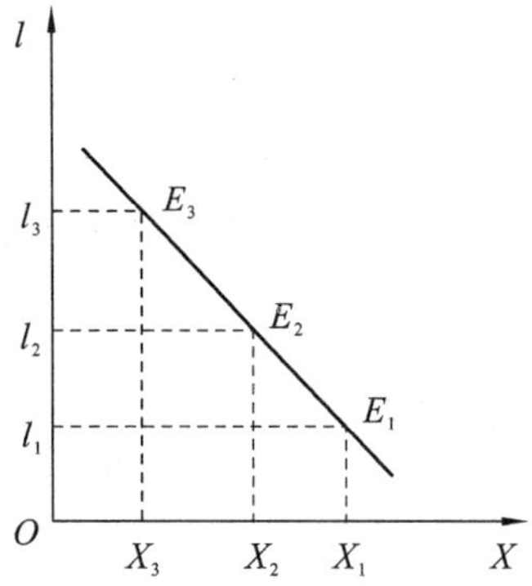

图 3.20　劣等商品对应的恩格尔曲线

本章小结

(1)效用是消费者在消费活动中所得到的欲望满足程度。消费者在消费活动中获得的满足程度高就是效用大,反之就是效用小。如果在消费活动中感受到痛苦,就是负效用。

(2)消费者偏好是消费者根据自己的需要,对可能消费的商品进行的排列。不同的人在相同收入、相同价格条件下会购买不同的商品组合,这是因为他们的偏好各不相同。

(3)基数效用方法是假定消费者消费商品或劳务所获得的满足程度(即效用)可以用1、2、3 等基数加以表示。序数效用方法认为,商品的效用是消费者对消费商品满足其欲望的一种心理评价,因而很难加以衡量,更难以对不同消费者的效用进行比较、加总。于是,它假定消费者对消费商品获得的满足程度尽管不能准确地计量其数值,但可以按第一、第二、第三等顺序进行排序。消费者只要能对消费商品带来满足程度的大小进行排序,就可以选择效用最大的商品组合。

(4)总效用是指消费者在某一时期内消费一定数量的某种商品所获取的总的满足程度。

(5)边际效用递减规律:随着消费者对某种物品消费量的增加,他从该物品连续增加的消费单位中所得到的边际效用是递减的,这种现象普遍存在。

(6)消费者均衡是研究单个消费者在货币收入一定的情况下,在购买两种或多种产品时,怎样才能实现效用最大化。这里的均衡是指消费者既不想再增加也不想再减少任何产品购买数量的一种相对静止的状态。

(7)无差异曲线是用来表示两种商品或两组商品的不同数量的组合对消费者所提供的效用是相同的。无差异曲线符合这样一个要求:如果听任消费者对曲线上的点做选择,那么,所有的点对他都是同样可取的,因为任一点所代表的组合给他所带来的满足都是无差异的。

(8)边际替代率(Marginal Rate of Substitution)是指消费者为了保持相同的满足水平时增加一种商品的数量与必须放弃的另一种商品的数量之比。

(9)商品的边际替代率递减规律是指在维持效用水平不变的前提下,随着一种商品消费数量的连续增加,消费者为得到每一单位的这种商品所需要放弃的另一种商品的消费数量是递减的。

(10)消费可能线又称预算约束线或预算线,它表示在消费者收入和商品价格既定的条件下,消费者的全部收入所能购买到的两种商品的不同数量组合。

(11)消费者剩余(Consumer's Surplus)就是指某消费者为购买某种商品而愿意付出的总价格与其实际购买该商品时所花费的总支出的差额。它是边际效用递减规律起作用的直接结果。

(12)产品的价格变动引起实际收入水平发生变动,进而引起消费者对该种产品的需求量发生变动,我们把这种现象称之为收入效应。产品的价格变动引起产品的相对价格发生变动,进而引起消费者对该种产品的需求量发生变动,我们把这种现象称之为替代效应。

(13)假定消费者的偏好和商品的相对价格不变,消费者的货币收入发生了变化,这将导致消费者的预算线的平行移动,从而改变消费者的均衡状况,分析因消费者收入的变化而引起的消费者均衡点的变化可以得到收入-消费曲线。

(14)恩格尔曲线是指在其他条件不变的情况下,消费者的收入水平与某一商品的最优消费量之间关系的曲线。

补充读物

朱元璋与"珍珠翡翠白玉汤"——边际递减规律

明太祖朱元璋在做皇帝之前有过这样一段凄凉的经历。很小的时候,朱元璋就因家里贫穷而不得不给人家放牛,过着食不果腹、衣不蔽体的悲惨生活。到了十几岁的时候,朱元璋的家乡又发生了可怕的瘟疫,瘟疫夺走了亲人,让他无家可归,这下使得他的生活更加窘迫。万般无奈之下,朱元璋选择了当和尚,以图能够吃口饭,不至于饿死。

他跑到皇觉寺受戒当了小和尚,尽管日子过得很苦,但毕竟还是能吃上一口饭。可惜好景不长,这和尚还没当上一会儿,就遇到了荒年,庙中的香火渐渐稀少,直接导致寺庙难以为继。为此寺庙的住持不得不打发一些和尚出去化斋,以减轻寺庙的压力。可怜的朱元璋也被列在其中,就这样朱元璋又开始了他的化缘生活。遇到这样的荒年,普通百姓自己吃饭都成了问题,哪里还顾得上这些化缘的和尚啊!饥肠辘辘已经是朱元璋的家常便饭了,有一次连续好几天都没有吃上一口饭,这下把他饿晕了。幸好被一位路过的好心老婆婆看见了,不然他可能早就被饿死了。老婆婆可怜朱元璋,但是自己又没有啥好吃的,只能将仅有的一小块豆腐和一些有点不太好的菠菜，稍微加点米粒和些许盐巴，煮好了让朱元璋吃下去。

朱元璋吃完后，自然也就清醒了，但心里一想：刚才吃的这个是什么东西啊，这么好吃！于是除了感谢婆婆之外，还顺便问了一下吃的是什么东西。婆婆随口答了一下："珍珠翡翠白玉汤。"朱元璋再三拜谢之后便走了。

后来朱元璋参加了反元起义，投奔了红巾军，由于他的英勇作战，受到郭子兴的赏识，此后他一路升迁。在郭子兴死后，他不仅广罗天下人才，还采取了"高筑墙、广积粮、缓称王"的策略，先后击败了陈友谅、张士诚等，最后当上了明朝的开国皇帝。

这皇帝当然是天天山珍海味，美酒佳肴了。开始的时候感觉还可以，可惜时间长了，朱元璋就感觉无味了，甚至是腻烦了，于是便想起当年老婆婆给他做的"珍珠翡翠白玉汤"。他下令御厨给他做此汤，可是无论御厨们怎么去做这道菜，尽管味道再好，也不会使朱元璋满意。

就算你没有读过"珍珠翡翠白玉汤"这个故事，但从我们的日常生活经验中也能够感觉到这种情况的存在。比如说，我们在很饿的时候吃包子，吃第一个包子一定会感觉到这个包子是美味佳肴，等到吃第二个包子的时候，味道就不像前面的那么好了，接着吃第三个、第四个……直到你吃饱的时候，如果再叫你多吃一个包子，你就会味同嚼蜡，不会再有胃口了。

正如故事中的朱元璋，他在饿晕的时候肯定会饥不择食，再说平时也很难吃到豆腐啊，这碗"珍珠翡翠白玉汤"对他来说当然是极品的美味了。倘若在朱元璋吃饱之后，还继续让他吃，估计也不会认为"珍珠翡翠白玉汤"是美味了。当然在他当皇帝之后，天天锦衣玉食，山珍海味，就出现了像我们吃包子一样的情况，吃到最后肯定会烦的，也难怪会让他想起落难时候吃的"珍珠翡翠白玉汤"。这个现象在经济学中有个专业的名词——边际递减。

资料来源：https://wenku. baidu. com/view/a1798a3c0b4c2e3f57276375. html?from=search

复习思考题

3.1 单项选择题

(1)对于一种商品，消费者想要有的数量都已有了，这时(　　)。

A. 总效用为零　　B. 边际效用为零　　C. 边际效用最大　　D. 边际效用小于零

(2)已知商品 X 的价格为 2 元，商品 Y 的价格为 1 元，如果消费者想从这两种商品中得到最大效用，当商品 Y 的边际效用是 26 时，那么商品 X 的边际效用应该是(　　)。

A. 52　　B. 13　　C. 26/3　　D. 26

(3)消费者剩余是消费者的(　　)。

A. 实际所得　　B. 主观感受　　C. 没有购买的部分　　D. 消费剩余部分

(4)某些人在收入比较低时购买黑白电视机，而在收入提高时则去购买彩色电视机，黑白电视机对这些人来说是(　　)。

A. 生活必需品　　B. 奢侈品　　C. 劣质商品　　D. 正常商品

3.2 多项选择题

(1)以下选项中不是劳动供给决策的决定因素的是(　　)。

A. 劳动者的偏好　　B. 劳动者的身体素质

C. 工资　　D. 劳动市场需求

(2)如果消费者取得的货币效用大于所购入的商品效用,则它不会(　　)。

A. 继续购买　　B. 停止购买

C. 退掉已购入的商品　　D. 观望

(3)工资的变动通过替代效应和收入效应来影响劳动供给,当工资增加导致劳动供给也增加时,下列叙述不正确的是(　　)。

A. 替代效应大于收入效应　　B. 替代效应等于收入效应

C. 替代效应小于收入效应　　D. 替代效应和收入效应起相同的作用

(4)随着收入和价格的变化,消费者的均衡也发生变化。假如在新的均衡状态下,各种商品的边际效用均低于原均衡状态的边际效用,则下列表述错误的是(　　)。

A. 消费者生活状况有了改善　　B. 消费者生活状况恶化了

C. 消费者生活状况没有改善　　D. 无法确定消费者生活状况是否发生变化

3.3　问答题

(1)请把表 3.9 中的空格补充完整,然后回答问题。

表 3.9　总效用与边际效用

消费的单位数	总效用	边际效用
0	0	—
1	10	10
2		8
3	25	
4	30	
5		3
6	34	

①从上表可以看出总效用是按照(　　)递增的。

A. 固定速率　　B. 递减速率　　C. 递增速率　　D. 无法确定

②"一个理性的消费者只会购买一个单位的由以上这些数据所代表的产品,因为这一数量的边际效用最大。"你同意这个说法吗?请加以解释。

(2)如何运用边际效用理论解释钻石与水的价值之谜?

(3)什么是无差异曲线与消费可能线?无差异曲线的特征是什么?

(4)小王准备花 9 000 元买一把 Ibanez RG3120F 电吉他,到了琴行发现只有 Ibanez RG2620 电吉他,于是花了 6 000 元买下。请问中间差价剩余的 3 000 元是消费者剩余吗?如果是,请说出理由;如果不是,请指出怎么样才算是消费者剩余。

(5)简述边际效用递减规律的内容。

4 生产者行为理论

学习目标

(1)掌握边际收益递减规律与规模经济的内容。

(2)理解总产量、边际产量和平均产量的关系。

(3)熟悉两种生产要素的最优组合,注重边际收益递减规律、规模经济的应用。

经济学家箴言

一般地说,他并不企图增进公共福利,也不知道他所增进的公共福利是什么。在他使用他的资本来使其产出得到最大的价值的时候,他所追求的仅仅是个人的利益。在这样做时,有一只看不见的手引导他去促进一种目标,而这种目标绝对不是他个人所追求的东西。

——亚当·斯密

问题导入

"一个和尚挑水喝,两个和尚抬水喝,三个和尚没水喝。"从一开始的一个和尚到两个和尚再到后来的三个和尚,人力的投入在增加,而产出又是怎样的呢?结果是越来越少。产出与投入的比例在减少,为什么?

4.1 生产理论和边际产量

4.1.1 生产函数

4.1.1.1 生产与生产要素

生产是对各种生产要素进行组合以制成产品的行为。在生产中要投入各种生产要素并生产出产品,所以,生产也就是把投入变为产出的过程。

西方经济学中所谓的"生产",是指一切能够创造或增加效用的人类活动。生产活动不仅包括物质资料的生产，也包括劳务如理发、看病、音乐演奏等。而生产过程就是各种生产要素进行组合、共同协作、生产出产品的过程。从物质技术的角度来分析，生产过程可以分解为两个方面：一是投入(Input)，即生产过程所使用的各种生产要素如劳动、土地、资本和企业家才能等；二是产出(Output)，即生产出来的各种物质产品的数量。

生产要素是指生产中所使用的各种资源。这些资源可以分为劳动、资本、土地与企业家才能。劳动是指生产中劳动力所提供的服务。资本是指生产中所使用的厂房、设备、原料等等。土地指生产中所使用的各种自然资源，包括土地、水源、自然中的矿藏等。企业家才能指企业家对整个生产过程的组织与管理工作。西方经济学家特别强调企业家才能，认为把劳动、土地、资本组织起来，使之演出有声有色的生产戏剧的关键正是企业家才能。

4.1.1.2 生产函数的一般形式

生产要素的数量与组合和它所能生产出来的产量之间存在着一定的依存关系。生产函数正是表明一定技术水平之下，生产要素的数量和某种组合与它所能生产出来的最大产量之间依存关系的函数。

生产函数(Production Function)是指在一定时期内，在生产技术水平不变的情况下，投入某种组合的生产要素同最大可能的产出之间关系的函数。它是反映生产过程中投入和产出之间的技术数量关系的一个概念。

设某厂为生产某种产品使用 n 种投入要素。现用 Q 表示其产出的数量，用 x_i 表示第 i 种生产要素的投入数量，那么，生产函数一般可表述为：

$$Q=f(x_1, x_2, \cdots x_n) \tag{4.1}$$

该生产函数告诉我们：①对于任一给定的生产要素投入量，现有的生产技术给出了一个最大的产出量；②对于任一给定的产出量 Q，每一投入组合的使用量为最小。因此，生产函数代表了技术上的最高效率。另外值得注意的是，任何一个生产函数总是以一定的技术条件为前提的，如果技术条件变化了，生产函数(即要素投入量与产出量之间的数量关系)就会随之而变化。例如，由于技术进步，生产同样多的产品，原材料、人力等的投入量或许就会减少，以致各个生产要素投入的组合比例也会发生变化。这样，随着技术和管理能力的提高，厂商将能达到更高的产出水平。因此，这些在生产能力上的进步将被新的生产函数所反映。

如果生产要素只考虑劳动(L)、资本(K)、土地(N)、企业家才能(E)四种生产要素，则生产函数为：

$$Q=f(L, K, N, E)$$

生产函数表示投入一定的生产要素与所能生产的最大产量之间的关系。这里需要强调的是，要素投入量和产品的产出量都是物质的数量，而不是用货币形式表现的价值量。

在经济学的分析中，为了分析的方便，对于投入我们一般只考虑劳动(L)和资本(K)两个要素，因此，简化后的生产函数可表示为：

$$Q=f(L, K)$$

4.1.1.3 短期与长期生产函数

1. 短期和长期的概念

微观经济学的生产理论可以分为短期生产理论和长期生产理论。

(1)短期指生产者来不及调整全部生产要素的数量,至少有一种生产要素的数量是固定不变的时间周期。

(2)长期指生产者可以调整全部生产要素的数量的时间周期。

相应的,在短期内,生产要素投入可以分为不变要素投入和可变要素投入。生产者在短期内无法进行数量调整的那部分要素投入是不变要素投入。由于在长期内所有的要素投入量都是可变的,因而也就没有可变要素投入和不变要素投入的区分。

在这里,短期和长期的划分是以生产者能否变动全部要素投入的数量为标准的。对于不同的产品生产,短期和长期的具体时间的规定是不相同的。譬如,变动一个大型炼油厂的规模可能需要5年的时间,而变动一个豆腐作坊的规模可能仅需要1个月的时间。即前者的短期和长期的划分界线为5年,而后者的划分界线仅为1个月。

2.短期和长期生产函数

短期生产函数指至少有一个生产要素(一般为资本 K)无法随产量的变化而进行调整(或变动)的生产函数,其表达形式为:

$$Q=f(L,\overline{K})=f(L)$$

式中,$\overline{K}$表示资本固定。

长期生产函数指所有生产要素皆会随着产出量的变动而进行调整的生产函数,其表达式为:

$$Q=f(L,K)$$

一般来说,这里的长期和短期只是一个相对的时间概念。由于要研究的企业的性质不同,长期的含义会有所不同。对于一个外科医生来说,获得新的激光手术设备,或找到买主卖掉自己的旧设备,或者找一个合适的办公场所,都需要花费他几个月的时间。此时,对这个外科医生来说,长期的概念是指几个月的时间。而对于一个洗车店来说,购买和安装新的洗车生产线或出售旧的洗车生产线可能需要一年的时间。因此,对洗车店来讲,长期是指超过一年的时间。

4.1.1.4 常见的生产函数

1.固定投入比例的生产函数

固定投入比例生产函数也称里昂惕夫生产函数,是指在每一个产量水平上,任何两种生产要素投入量之间的比例都是固定的生产函数。其一般形式为:

$$Q=\min\{L/a,K/b\}$$

其中,a/b 给出了生产过程中劳动和资本之间的固定不变的比例。任何生产过程中的生产要素投入数量之间都存在一定的比例关系。对于一个固定投入比例的生产函数来说,当产量发生变化时,各要素的投入量以相同的比例发生变化,所以,各要素的投入量之间的比例依然保持不变。

2.柯布-道格拉斯生产函数

柯布-道格拉斯生产函数的一般形式为:

$$Q=f(L,K)=AL^aK^b$$

式中,Q 代表产量,L 和 K 分别代表劳动和资本投入量,A、a、b 为三个正的参数,并且 $0<a$、$b<1$。

这是一种很有用的生产函数:第一,该生产函数是一个指数函数形式,这类函数在数学上较易处理。第二,函数中的参数 A、a、b 具有明显的经济含义,A 可以看成一个技术系数,A 的数值越大,既定投入数量所能生产的产量也越大;a、b 分别代表增加 1%的劳动和资本时产量增加的百分比,它反映在生产过程中劳动和资本的重要性。如柯布和道格拉斯对美国 1899—1922 年有关经济资料的分析得到 $a \approx 0.75$,$b \approx 0.25$,这表明在该时期,劳动每增加 1%,产量增加 0.75%;而资本增加 1%,产量增加 0.25%。

4.1.2 总产量、平均产量和边际产量

西方经济学家根据边际收益递减规律来分析某一种生产要素的合理投入问题。为了说明产量变动情况,把产量分为总产量、平均产量与边际产量。

总产量(Total Product,TP)是生产要素既定的情况下所生产出来的全部产量。其定义公式为:

$$TP_L = f(L, \overline{K}) \tag{4.2}$$

平均产量(Average Product,AP)是平均每单位生产要素投入的产出量。其定义公式为:

$$AP_L = \frac{TP_L(L, \overline{K})}{L} \tag{4.3}$$

边际产量(Marginal Product,MP)是每增加一单位某种生产要素所增加的总产量,即所增加的最后一单位某种生产要素所带来的产量的增量。其定义公式为:

$$MP_L = \frac{\Delta TP_L(L, \overline{K})}{\Delta L} \tag{4.4}$$

或者

$$MP_L = \lim_{\Delta L \to 0} \frac{\Delta TP_L(L, \overline{K})}{\Delta L} = \frac{\mathrm{d}TP_L(L, \overline{K})}{\mathrm{d}L} \tag{4.5}$$

假定生产某种产品所用的生产要素是资本与劳动,其中资本是固定的,劳动是可变的,则总产量、平均产量与边际产量的变动规律如表 4.1 所示。

表 4.1 总产量、平均产量与边际产量

资本量(K)	劳动量(L)	劳动增量(ΔL)	总产量(TP_L)	边际产量(MP_L)	平均产量(AP_L)
10	0	0	0	0	0
10	1	1	8	8	8
10	2	1	20	12	10
10	3	1	36	16	12
10	4	1	48	12	12
10	5	1	55	7	11
10	6	1	60	5	10
10	7	1	60	0	8.6
10	8	1	56	−4	7

根据表 4.1 可以作出图 4.1。

在图 4.1 中,横轴代表劳动量,纵轴代表总产量、平均产量和边际产量,TP_L 为总产量

曲线，AP_L 为平均产量曲线，MP_L 为边际产量曲线。MP_L 曲线表现出先升后降的特点，这是由边际收益递减规模的作用所决定的。在劳动投入量小于 OA 的阶段，是边际收益的递增阶段，MP_L 曲线呈上升趋势；在劳动投入量大于 OA 的阶段，是边际收益的递减阶段，MP_L 曲线呈下降趋势。在点 E，MP_L 曲线升到最高点。

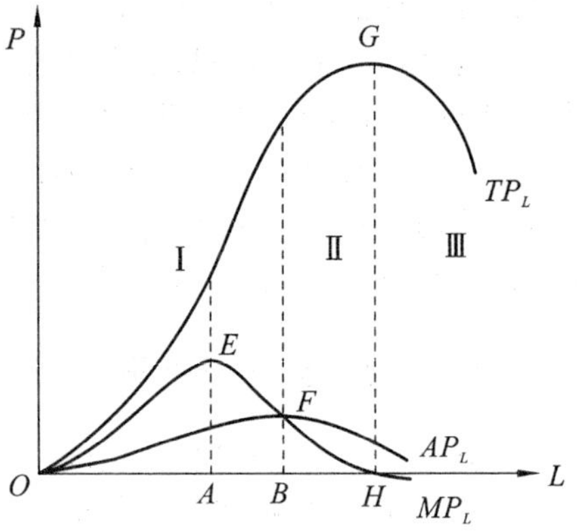

图 4.1　总产量、平均产量和边际产量

用边际收益递减规律可以解释总产量曲线、平均产量曲线和边际产量曲线相互之间以下三个方面的关系：

第一，关于总产量曲线与边际产量曲线之间的关系。

只要边际产量为正值，总产量总是增加的；只要边际产量为负值，总产量总是减少的。相应地在图 4.1 中，当边际产量为正值时，TP_L 曲线是上升的。必然地有，当边际产量为零时，TP_L 曲线在 G 点达到最大值。因为 $MP_L = \mathrm{d}TP_L/\mathrm{d}L$，所以在每一产量上的边际产量值就是 TP_L 曲线的斜率，因而在边际收益的递增阶段，TP_L 曲线的斜率随着 MP_L 曲线的上升而递增；在边际收益的递减阶段，TP_L 曲线的斜率随着 MP_L 曲线的下降而递减。当 MP_L 曲线在 E 点达到最大值时，TP_L 曲线相应地存在一个拐点。

第二，关于平均产量曲线与边际产量曲线之间的关系。

边际产量曲线与平均产量曲线一定要在平均产量曲线的最高点相交。在相交之前，平均产量是递增的，这时边际产量大于平均产量；在相交后，平均产量是递减的，这时边际产量小于平均产量；在相交时，平均产量达到最大，这时边际产量等于平均产量。此时，边际产量的变动快于平均产量的变动。

第三，关于平均产量曲线与总产量曲线之间的关系。

由于 $AP_L = TP_L/L$，所以平均产量曲线是总产量曲线上的点与原点连线的斜率值的轨迹。由此可以说明：当 AP_L 曲线在 F 点达到最高点时，在 TP_L 曲线上必然存在相应的一点，该点与原点的连线在 TP_L 曲线上所有的点与原点连线中最陡。

4.1.3　边际收益递减规律

在技术水平保持不变的情况下，连续等量地增加某一种可变要素的投入量，而其他要素的投入量保持不变。在这一过程中，当可变要素的投入量小于某一特定值时，增加一单位的可变要素所带来的边际产量是递增的；当可变要素的投入量超过某一特定值时，增加一单位的可变要素所带来的边际产量是递减的。

下面解释边际收益递减规律出现的原因。在厂商的生产中，不变要素和可变要素有一个最佳组合(两者的效率都得到最大发挥)。起初，相对于固定要素其可变要素太少，随着可变要素投入的不断增加，不变要素和可变要素的组合比例不断接近合理化，因此，增加可变要素时其效率不断提高，带来的产量的增加量不断增加，边际产量曲线上升。当可变要素的投入量不断增加以致超过两者的最佳组合时，可变要素的投入显得太多，其效率降低，因而增加一单位可变要素带来的产量的增加量即边际产量就出现递减的现象。

例如，一块农田不施肥，产量较低，施适量的肥料时产量增加，但是肥料施得太多，产量又会减少，这就是边际收益递减规律。在工业生产中也如此，劳动力的投入也要适度，劳动力投入适量时，生产效率最高，投入人力太少或者太多，生产效率均会下降。

再例如三季稻不如两季稻。1958 年“大跃进”时期时髦的口号是“人有多大胆，地有多高产”。于是一些地方把传统的两季稻改为三季稻，结果总产量反而减少了。从经济学的角度看，这是因为违背了一个最基本的经济规律：边际产量递减规律。

两季稻是农民长期生产经验的总结，它行之有效，说明在传统农业技术下，固定生产要素已经得到了充分利用。改为三季稻之后，土地过度利用引起肥力下降，设备、肥料、水利资源等由两次使用改为三次使用，每次使用的数量不足。这样，三季稻的总产量就低于两季稻了。群众总结的经验是“三三见九，不如二五一十”。

边际收益递减规律是我们研究一种生产要素合理投入的出发点。

这里需要注意的是，边际收益递减规律的前提条件是生产技术水平不变。如果技术水平改变了，很显然会推迟边际收益递减的时间。另外，边际收益递减规律是当可变要素投入量超过一定数量以后才出现的递减趋势。

资料链接

人类历史为什么没有按照马尔萨斯的预言发展？

经济学家马尔萨斯(1766—1834)的人口论的一个主要依据便是边际报酬递减定律。他认为，随着人口的膨胀，越来越多的劳力耕种土地，地球上有限的土地将无法提供足够的食物，最终劳动的边际产出与平均产出下降，但又有更多的人需要食物，因而会产生大的饥荒。幸运的是，人类的历史并没有按马尔萨斯的预言发展(尽管他正确地指出了“劳动边际报酬”递减)。

在 20 世纪，技术发展突飞猛进，改变了许多国家(包括发展中国家，如印度)食物的生产方式，劳动的平均产出因而上升。这些进步包括高产抗病的良种、更高效的化肥、更先进的收割机械。在“二战”结束后，世界上总的食物生产的增幅总是或多或少地高于同期人口的增长幅度。

4.1.4 规模报酬

规模报酬研究所有的投入等比例增加时，由生产规模变动所引起的产量的变动情况。例如，如果土地、劳动、水和其他投入都增加相同的比例，小麦产量会发生何种变化？如果劳动、计算机、橡胶、钢和厂房的空间都增加一倍，汽车产量会有何种变化？等等。这些问题都涉及规模报酬，即投入的规模扩大对报酬或产量的影响。当所有投入同比例增加时，总产量变动情况可能有以下三种情形：

(1)规模报酬递增，是指当企业的生产规模扩大时，企业产量或者收益的增加速度快于生产要素投入的增加速度，如图 4.2 所示。例如，当企业投入增加一倍时(100%)，即规模扩大一倍，企业的收益增加量大于一倍(超过 100%)。这就是常说的出现了规模经济。这种现象的出现或许是因为更大规模的生产使得劳动的分工更专业化，能充分利用大规模的厂房和先进的设备。汽车装配业是规模报酬递增的一个典型的例子。

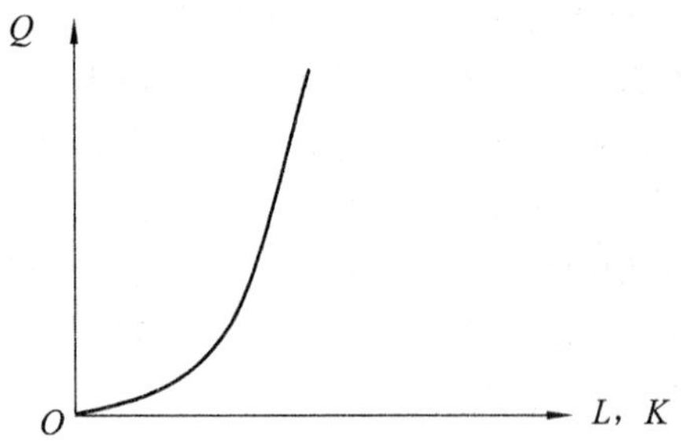

图 4.2　规模报酬递增

规模报酬递增是公共政策中的一个重要议题,如果某个产业存在规模报酬递增,那么一个大企业生产(以相对低的成本)比许许多多小企业(以相对高的成本)生产来得经济,但因为大企业可能会控制价格,因而需要考虑管制。譬如电力供应上就存在着规模报酬递增效应,这也是我们有大型的、受管制的电力公司的原因。如图 4.2 所示。

规模经济可以用内在经济和内在不经济来解释。

①内在经济是指一个企业在生产规模扩大时由自身内部所引起的产量增加。引起内在经济的原因主要有:第一,可以使用更加先进的机器设备;第二,可以实行专业化生产;第三,可以提高管理效率;第四,可以对副产品进行综合利用;第五,在生产要素的购买与产品的销售方面也会更加有利;第六,技术创新能力的提高。

②内在不经济是指一个企业由于本身生产规模过大而引起产量或收益减少。引起内在不经济的原因主要是:第一,管理效率的降低;第二,生产要素价格与销售费用增加。

(2)规模报酬不变,是指当企业的生产规模扩大时,企业产量或者收益的增加速度等于生产要素投入的增加速度,如图 4.3 所示。此时,企业的经营规模不影响它的要素生产率,不管企业是大还是小,企业投入品的平均生产率和边际生产率都保持不变。此时,进行一种特定生产的企业很容易被"复制",两个相同的企业得出的产量是原来的两倍。例如,旅行社不管大小,它们为每个旅客提供的服务都相同,使用的资本(办公场所)和劳动(旅行代理人)的比率也都相同。

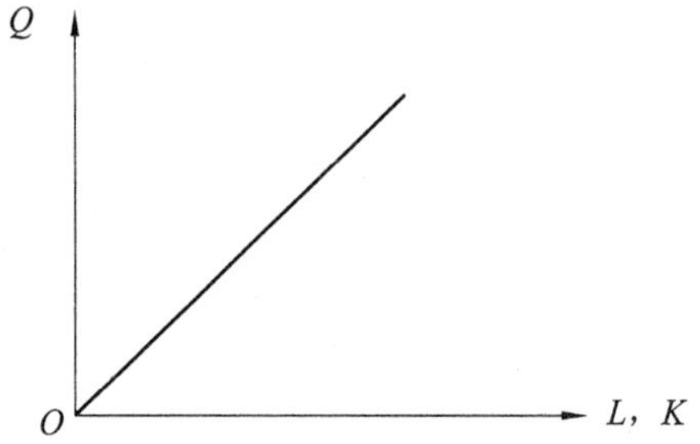

图 4.3　规模报酬不变

(3)规模报酬递减,是指当企业的生产规模扩大时,企业产量或者收益的增加速度慢于生产要素投入的增加速度,如图 4.4 所示。这就是我们常说的出现了规模不经济。

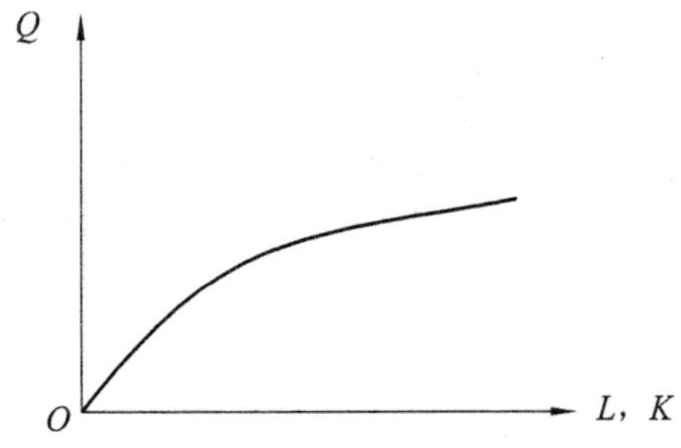

图 4.4　规模报酬递减

这种情形适用于一些大型的企业。组织的复杂性和规模的过于庞大带来了管理上的困难,这就降低了劳动资本的生产率,工人与经理人员之间的交流变得困难,工作场所会变得更混乱无序。因此,规模报酬递减往往与任务协调的困难和维持管理者与工人之间有效交流的困难相关。或者是因为在一个大规模的企业中,人们难以施展他们的创业才能。

一般来说,在长期生产过程中,企业规模从小逐渐扩大,呈现出下述规律:当企业规模很小逐渐开始扩大时,企业面临的是规模报酬递增阶段。此时,扩大生产规模会克服小规模企业的设备不足、缺乏系统管理等缺点,带来更有效率的生产。继续扩大生产规模直到规模报酬不变的阶段,生产可以保持在这一阶段。如果继续扩大生产规模,则达到规模报酬递减阶段。

规模报酬在不同的企业和行业间有很大的差异。在其他条件相同的情况下,规模报酬越显著,该行业中企业的规模一般来说则越大。制造行业与服务行业相比规模报酬递增的可能性较大,因为生产制造需要较大的资本设备的投资,而服务行业更偏向劳动密集型,小型企业也能像大型企业那样有效地提高服务。

资料链接

王永庆的成功之路

台塑集团老板王永庆被称为"主宰台湾的第一大企业家""华人经营之神"。王永庆的事业是从台塑生产塑胶粉粒 PVC 开始的。当时台塑每月仅产 PVC 100 吨,是世界上规模最小的企业。王永庆知道,要降低 PVC 的成本只有扩大产量,所以扩大产量、降低成本、打入世界市场是成功的关键。于是,他冒着产品积压的风险,把产量扩大到 1200 吨,并以低价格迅速占领了世界市场。王永庆扩大产量、降低成本的做法正是经济学中的规模经济原理。

王永庆的成功正在于他敢于扩大产量,实现规模收益递增。当时台湾产量低是受台湾地区需求有限的制约。王永庆敏锐地发现,这实际陷入了一种恶性循环:产量越低,成本越高,越打不开市场;越打不开市场,产量越低,成本越高。打破这个循环的关键就是提高产量,降低成本。当产量扩大到月产 1200 吨时,可以用当时最先进的设备与技术,成本大幅度下降,就有进入世界市场,以低价格与其他企业竞争的能力。

当一个企业的产量达到平均成本最低时,就充分利用了规模收益递增的优势,或者说实现了最适规模。应该说,不同行业中最适规模的大小是不同的。一般而言,重工业、石化、电力、汽车等行业的最适规模都很大。这是因为在这些行业中所用设备先进、复杂,最初投资大,技术创新和市场垄断程度都特别重要。王永庆经营的化工行业正属于这种最适规模大的行业,所以,规模的扩大带来了收益递增。近年来,全世界掀起一股企业合并之风。企业合并无非是为了扩大规模,实现最适规模。合并之风最强劲的是汽车、化工、电子、电讯这些产量越多,收益增加越多的行业。世界 500 强企业也以这些行业居多。

4.2 成本理论

问题导入

经济学家与会计师计算的成本与利润为什么不同?

某私营业主小王用自己的 30 万元资金办了一个食品厂,年终到了,会计拿来会计报表,如表 4.2 中"会计报表"栏所示。他的经济学家朋友看了报表后也列出了一张报表,如表 4.2 中的"经济学家的报表"栏所示。

表 4.2 某食品厂经济报表 单位:万元

会计报表		经济学家的报表	
销售收益	126	销售收益	126
设备折旧	10	设备折旧	10
厂房租金	15	厂房租金	15
原材料	45	原材料	45
电力等	6	电力等	6
工人工资	35	工人工资	35
贷款利息	5	贷款利息	5
		业主应得的工资	10
		自有资金利息	2
总成本	116	总成本	128
利润	10	利润	−2

根据案例,可以看出经济学家与会计师计算的成本与利润不同,会计师算的是赚了10万元,而经济学家算的是亏了2万元,为什么?由于二者对成本含义的理解不同,导致对利润计算的结果也不同。

4.2.1 成本概述

成本是生产者对所购买的生产要素的货币支出。在经济学的分析中,仅从这个角度理解成本的概念是不够的,因此,西方经济学家提出了机会成本、会计成本、沉没成本等概念。

4.2.1.1 会计成本与机会成本

日常企业财务会计活动中所说的成本与经济学中所讨论的成本是不同的。会计成本是指厂商在生产过程中按市场价格直接支付的一切费用,这些费用一般均可以通过会计账目反映出来。而经济分析中使用的成本,即经济成本,则比财务分析中所使用的会计成本的内涵要丰富得多,它通常是指厂商为从事生产所投入的全部要素的机会成本。

机会成本是指生产者利用一定的资源获得某种收入时所放弃的在其他可能的用途中所能够获得的最大收入。机会成本是人们进行选择时一种非常有用的工具,现举例说明。

例如一个企业拥有50万元资金,企业用于投资某产品生产获利4万元,如果该项资金用于别的一项投资,企业可以获利5万元,但现在只获利4万元,可见,获利4万元的投资的机会成本是5万元,净损失为1万元。因此,机会成本不是指实际的货币开支,而是指本来可以得到但实际没有得到的损失。机会成本也可以说是由于资源用于某种用途而放弃了除此用途之外的最好的用途的损失。

4.2.1.2 总成本、固定成本、可变成本、平均成本、边际成本、平均固定成本、平均可变成本

总成本(TC)指生产一定量的产品所需要开支的最低总费用。总成本包括生产一定量产品所投入的厂房、设备、原料、燃料,支付的工资、利息等一切费用。

固定成本(FC)又称不变成本，是指不随产量的变动而变动的成本。固定成本是一个常量，即使企业停产，也必须支付。如土地、机器、厂房和设备所占用的资本应得的利息，机器保险、折旧费、高级管理人员工资以及企业管理费用等都是固定成本。这些费用在短期内都不能改变。

可变成本(VC)是指随着产出(产量)水平变动的开支，包括原材料、工资和燃料，也包括不属于固定成本的所有成本。

平均成本(AC)指平均每单位产品所需的成本，其计算公式为：

$$AC=\frac{TC(Q)}{Q}$$

边际成本(MC)指生产增加一单位产出所增加的总成本，其计算公式为：

$$MC=\frac{\Delta TC(Q)}{\Delta Q}$$

平均固定成本(AFC)是厂商在短期内平均每生产一单位的产品所消耗的固定成本，其计算公式为：

$$AFC=\frac{FC}{Q}$$

平均可变成本(AVC)是厂商在短期内平均每生产一单位产品所消耗的可变成本，用公式表示为：

$$AVC=\frac{SVC}{Q}$$

在经济学和商业决策制定过程中会用到"沉没成本"(Sunk Cost)的概念，代指已经付出且不可收回的成本。沉没成本常用来和可变成本作比较，可变成本可以被改变，而沉没成本不能被改变。

4.2.1.3 显性成本和隐性成本

从企业所使用的要素的本身属性上看，企业的生产成本可以分为隐性成本和显性成本两部分，且这两部分成本都可以从机会成本的角度来理解。

企业的显性成本是指厂商在生产要素市场上购买或租用所需要的生产要素的实际支出。例如，某厂商雇佣了一定数量的工人，从银行取得了一定数量的贷款，并租用了一定数量的土地，为此，这个厂商就需要向工人支付工资，向银行支付利息，向土地出租者支付地租，这些支出便构成了该厂商生产的显性成本。从机会成本的角度讲，这些支出的价格必须等于这些相同的生产要素使用在其他最好用途时所能得到的收入。否则，这个厂商就不能购买或租用到这些生产要素，并保持对它们的使用权。

而隐性成本则是指应支付给厂商的自有的且被用于生产过程中的那些生产要素，但实际上没有支付报酬。隐性成本与厂商所使用的自有生产要素相联系，反映着这些要素在别处同样能被使用的事实。例如，某人有 10 万元资金，可供选择的用途及各种用途可能获得的收入是：开商店获利 2 万元，开饭店获利 3 万元，炒股票获利 3.5 万元，进行期货投机获利 4 万元。如果某人选择把 10 万元用于期货投机，则放弃的其他可供选择的用途是开商店、开饭店和炒股票。在所放弃的用途中，最好的是炒股票(可获利 3.5 万元)。所以，在选择进行期货投机时，机会成本就是炒股票的获利。或者说，选择进行期货投机获利 4 万元的机会成本就是所放弃的炒股票可能获得的 3.5 万元。

4.2.2 短期成本分析

4.2.2.1 成本函数

成本函数表示的是成本与产量之间的关系,其一般形式可写为:

$$C=f(Q)$$

如果生产中只使用资本(K)和劳动(L)两种生产要素,资本的价格为 r,劳动的价格为 w,则可以把成本方程写为:

$$C=rK+wL$$

在短期中,当资本为固定投入,劳动为可变投入时,成本方程可以写为:

$$C=f(Q)+K$$

上式表示成本随产量的变动而变动,资本为固定的。我们正是由这个方程式来研究短期成本的。

所谓短期成本,是指在这样短的一个时期内,即短到厂商无法变动某些生产要素(一般是厂房设备和企业规模),只得让它们保持不变的时期内的成本。为了满足增长了的需求,在短期中只能增雇工人、增添原材料,或者让原有工人加班加点以扩大产量。因此,所谓短期,不是单指时间的长短,而是指现存生产技术条件尚未改变前的时间,它可以是几周,也可能是几年。

4.2.2.2 短期成本及其分类

1.短期总成本、短期固定成本和短期可变成本

(1)短期总成本(Short-run Total Cost,STC)是指在短期中投入的所有生产要素的成本,分为短期固定成本与短期可变成本。

(2)短期固定成本(Short-run Total Fixed Cost,STFC)是指短期中与产量无关的成本。固定成本是指厂商在短期内必须支付的不能调整的生产要素的费用。这种成本不随产量的变动而变动,是固定不变的,其中主要包括厂房和设备的折旧,以及管理人员的工资。

(3)短期可变成本(Short-run Total of Variable Cost,STVC)是指短期中随产量变化而变化的成本。可变成本是指厂商在短期内必须支付的可以调整的生产要素的费用。这种成本随产量的变动而变动,是可变的,其中主要包括原材料、燃料的支出以及生产工人的工资。

$$总成本(TC)=总不变成本(TFC)+总可变成本(TVC)$$

$$短期总成本(STC)=STFC+STVC$$

2.短期总成本、固定成本和可变成本之间的关系

从图 4.5 中可以看出,固定成本是一条直线,而短期总成本不是从原点出发的,它是从 $STFC$ 点出发的。可用图 4.5 来说明这三种成本的变动规律与关系:固定成本在短期中是固定不变的,不随产量的变动而变动,即使产量为 0,也仍然存在固定成本。可变成本要随产量的变动而变动。它变动的规律是:最初在产量开始增加时由于固定生产要素与可变生产要素的效率未得到充分发挥,因此,可变成本的增加率要大于产量的增加率。

以后随着产量的增加，固定生产要素与可变生产要素的效率得到充分发挥，可变成本的增加率小于产量的增加率。最后由于边际收益递减规律，可变成本的增加率又大于产量的增加率。

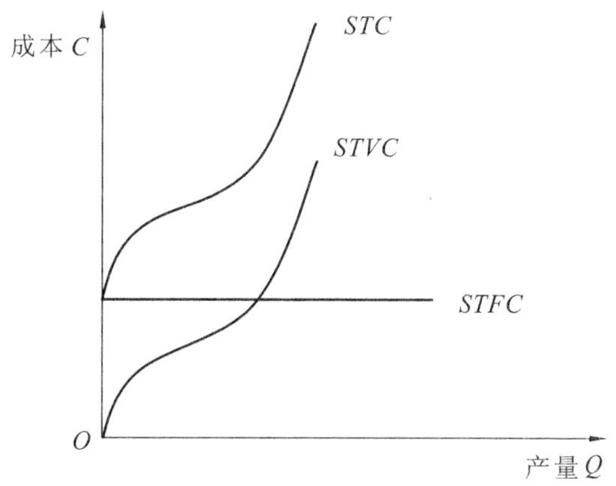

图 4.5　短期总成本、固定成本及可变成本的关系

在图 4.5 中，横轴 OQ 代表产量，纵轴 OC 代表成本，$STFC$ 为固定成本曲线，它与横轴平行，表示不随产量的变动而变动，是一固定数。$STVC$ 为可变成本曲线，它从原点出发，表示没有产量时就没有可变成本。该曲线向右上方倾斜，表示随产量的变动而同方向变动。特别应该注意的是，它最初比较陡峭，表示这时可变成本的增加率大于产量的增加率；然后较为平坦，表示可变成本的增加率小于产量的增加率；最后又比较陡峭，表示可变成本的增加率又大于产量的增加率。STC 为短期总成本曲线，它不从原点出发，而从固定成本出发，表示没有产量时也不为零，总成本最小也等于固定成本。STC 曲线向右上方倾斜也表示了总成本随产量的增加而增加，其形状与 $STVC$ 曲线相同，说明总成本与可变成本的变动规律相同。STC 曲线与 $STVC$ 曲线之间的距离也可以表示短期总成本、固定成本与可变成本。

4.2.2.3　平均成本(Short Average Cost，SAC)

1. 平均固定成本、平均可变成本、平均总成本

(1)平均固定成本(Average Fixed Cost，AFC)是每单位产量的固定成本，其计算公式为：

$$AFC=FC/Q$$

(2)平均可变成本(Average Variable Cost，AVC)是平均每单位产量的可变成本，其计算公式为：

$$AVC=VC/Q$$

(3)平均总成本(Average Total Cost，ATC)是每单位产量的总成本，其计算公式为：

$$ATC=AFC+AVC$$

2. 短期平均成本、平均固定成本与平均可变成本的变动规律和关系

平均固定成本随着产量的增加而减少，这是因为固定成本总量不变，产量增加，分摊到每一单位上的固定成本也就减少了。它变动的规律是：起初减少的幅度很大，以后减少

的幅度越来越小。

平均可变成本变动的规律是:起初随着产量的增加,生产要素的效率逐渐得到发挥,因此平均可变成本减少;但产量增加到一定程度后,平均可变成本由于边际收益递减规律而增加。

短期平均成本的变动规律是由平均固定成本与平均可变成本决定的。当产量增加时,平均固定成本迅速下降,加之平均可变成本也在下降,因此短期平均成本迅速下降。以后,随着平均固定成本越来越小,它在平均成本中也越来越不重要,这时平均成本随平均可变成本的变动而变动,即随产量的增加而下降,产量增加到一定程度之后,又随着产量的增加而增加。

平均固定成本、平均可变成本与短期平均成本的变动规律和关系可以用图 4.6 来说明。

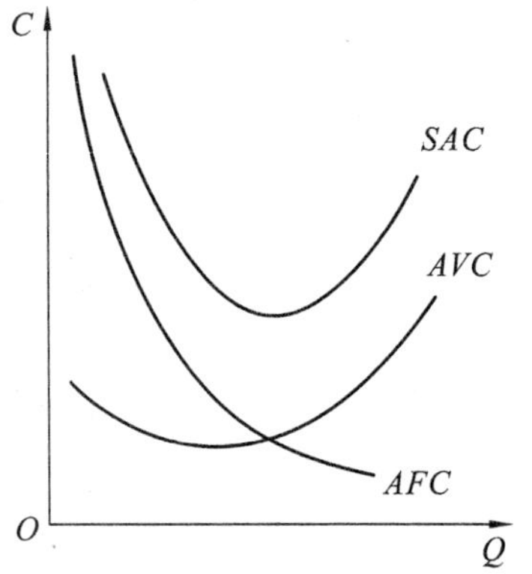

图 4.6　平均固定成本、平均可变成本与短期平均成本的关系

在图 4.6 中,*AFC* 为平均固定成本曲线,它起先比较陡峭,说明在产量开始增加时,它下降的幅度很大;以后越来越平坦,说明随着产量的增加,它下降的幅度越来越小。*AVC* 为平均可变成本曲线,它起先下降而后上升,呈"U"形,表明随着产量的增加先下降而后上升的变动规律。*SAC* 为短期平均曲线,它也是先下降而后上升的"U"形曲线,表明随着产量的增加先下降而后上升的变动规律;但它开始时比平均可变成本曲线陡峭,说明下降的幅度比平均可变成本大,以后的形状与平均可变成本曲线基本相同,说明变动规律类似平均可变成本。

4.2.2.4　边际成本(Marginal Cost,MC)

1.边际成本的定义

边际成本是指增加一单位产量所增加的总成本量,其计算公式为:

$$MC=\Delta TC/\Delta Q$$

2.边际成本的变动规律

由于 *MC* 随产量的变化而变化,因此,它的变动主要取决于 *VC*,而与 *FC* 无关。其变动规律是:最初随产量的增加而减少,但很快就变为随产量的增加而迅速上升。*MC* 曲线的"U"形特征表现了 *MC* 随产量的增加先递减后递增的性质。

3.短期边际成本、短期平均成本与短期平均可变成本的关系

短期边际成本即增加一单位产品所增加的成本。短期边际成本的变动取决于可变成本,因为所增加的成本只是可变成本。它的变动规律是:开始时,边际成本随产量的增加而减少,当产量增加到一定程度时,就随产量的增加而增加,因此,如图 4.7 所示,短期边际成本曲线 *SMC* 是一条先下降而后上升的"U"形曲线。

可以用图 4.7 来说明短期边际成本、短期平均成本与短期平均可变成本之间的关系。

先来看短期边际成本与平均成本的关系。从图 4.7 中可以看出,短期边际成本曲线

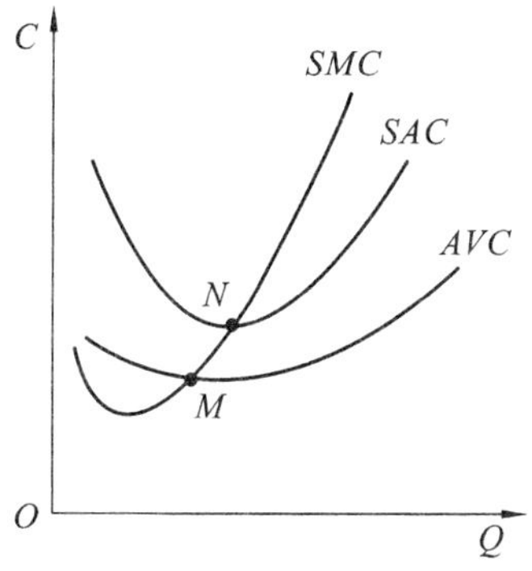

图 4.7 短期边际成本、短期平均成本与短期平均可变成本之间的关系

SMC 与短期平均成本曲线 SAC 相交于 SAC 的最低点 N。在 N 点上，SMC＝SAC，即短期边际成本等于平均成本。在 N 点之左，SAC 在 SMC 之上，SAC 一直递减，SAC＞SMC，即短期边际成本小于短期平均成本。在 N 点之右，SAC 在 SMC 之下，SAC 一直递增，SAC＜SMC，即短期边际成本大于短期平均成本。

SMC 与 SAC 相交的 N 点称为收支相抵点。这时价格为平均成本，平均成本等于边际成本，即：SMC＝SAC，生产者的成本（包括正常利润在内）与收益相等。

短期边际成本与短期平均可变成本的关系与上述相同。这就是说，SMC 与 AVC 相交于 AVC 的最低点 M。在 M 点上，SMC＝AVC，即短期边际成本等于短期平均可变成本。在 M 点之左，AVC 在 SMC 之上，AVC 一直递减，AVC＞SMC，即短期边际成本小于短期平均可变成本。在 M 点之右，AVC 在 SMC 之下，AVC 一直递增，AVC＜SMC，即短期边际成本大于短期平均可变成本。M 点被称为停止营业点，即在这一点上，价格只能弥补平均可变成本，这时所损失的是不生产也要支付的平均固定成本。如价格低于这一点，不能弥补可变成本，则生产者无论如何也不会生产了。

4. 边际收益递减规律的作用

边际收益递减规律的作用可以通过以下形式表示出来：

在其他条件不变时，尤其是不变要素投入量和要素价格不变时，当产量从零开始不断增加时，起初由于可变要素投入量相对不变要素投入量是较少的，因此，增加可变要素投入量会提高生产效率，边际成本是递减的。当可变要素投入量增加到最佳比例以后，再继续增加可变要素投入量，就会降低生产效率，边际成本是递增的。

5. 各类短期成本的相互关系

各类短期成本的相互关系如表 4.3 所示。

表 4.3 各类短期成本相互关系表

项　目	符号	方 程 式	定　义
固定成本	FC		固定投入的成本
可变成本	VC		可变投入的成本
总成本	TC	TC＝FC＋VC	全部投入的成本
边际成本	MC	MC＝ΔTC/ΔQ	总产量增加一单位所增加的成本
平均固定成本	AFC	AFC＝FC/Q	每单位产量的固定成本
平均可变成本	AVC	AVC＝VC/Q	每单位产量的可变成本
平均总成本	ATC	ATC＝AFC＋AVC	每单位产量的总成本

4.2.3 长期成本分析

在长期,厂商可以调整全部生产要素,厂商可以根据它所要生产的数量来调整生产规模。这里将讨论对于任何产量,如果厂商能够选择最佳生产规模,厂商成本将具有怎样的特征。

4.2.3.1 长期总成本

前面已经讲过,所谓长期是指厂商能够根据所要达到的产量来调整其全部生产要素的时期。因此,在长期中没有固定成本与可变成本之分,一切成本都是可变的。长期总成本(LTC)是指厂商在长期中,在各种产量水平上,通过改变生产规模所能达到的最低总成本。

例如,在长期中要生产同样的产量,厂商的成本可大可小,为了得到100千克水,可雇一个人挑,或找两个人抬,或找三个人运,这不同的生产规模(投入及组合)的总成本是不一样的;每天销售5万个汉堡,可以开1个店,也可以开3个或10个分店,而厂商选择的生产规模和生产方式必须是所有选择中生产成本最低的。

4.2.3.2 长期平均成本

1. 长期平均成本曲线的构成

长期平均成本是长期中平均每生产一单位产品的成本。它等于长期总成本 LTC 与产量 Q 之商,即 $LAC=LTC/Q$。长期由无数个短期构成,长期平均成本曲线是各个短期平均成本曲线最低点的包络线。长期平均成本曲线的构成和特点可以通过图4.8加以说明。

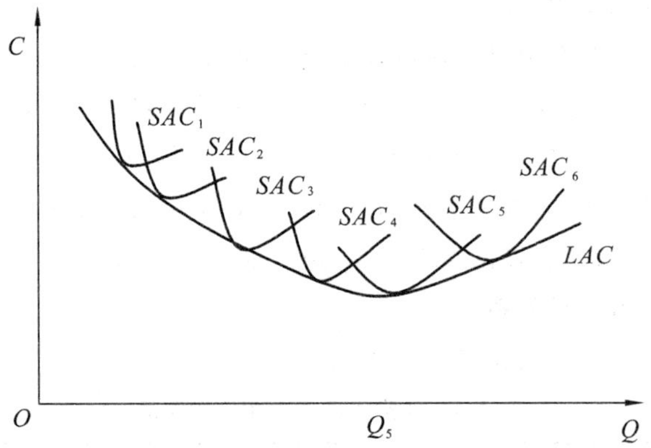

图4.8 长期平均成本与短期平均成本关系图

在图4.8中,在被长期平均成本曲线所包络的无数条短期平均成本曲线中任选6条,分别为 SAC_1、SAC_2、SAC_3、SAC_4、SAC_5 和 SAC_6。用其中的 SAC_5 与 LAC 的关系来说明短期平均成本曲线与长期平均成本曲线的关系。SAC_5 所对应的产量水平是 Q_5,与这一产量水平相对应的短期总成本是 $SAC_5 \times Q_5$,这是当 $Q=Q_5$ 时 SAC 与 Q 的乘积。在这一产量水平时的长期总成本是 LAC 与 Q_5 的乘积。可以看到,在 $Q=Q_5$ 时,STC 曲线在这一点上切线的斜率为 SAC_5,LAC 曲线在这一点上切线的斜率也是 SAC_5,二者相等,表示在同一产量水平时,长期平均成本与短期平均成本相同,其原因是 $AC=TC/Q$。这一结论也同样适用于 SAC_1、SAC_2、SAC_3、SAC_4 和 SAC_6 等其他各条短期平均成本曲线与长期平均成本曲线的关系。

这 6 条短期平均成本曲线分别表示不同生产规模上平均成本的变化情况，越是往右，代表生产规模越大，每条 *SAC* 与 *LAC* 不相交但相切，并且只有一个切点，从而形成一条包络曲线。之所以这样，是因为在长期中一切生产要素都是可以调整的，厂商为了降低成本可以进行生产规模优化。生产者要根据产量的大小来决定生产规模，其目标是使平均成本达到最低。在长期中，厂商按这条曲线确定生产规模和生产计划，因此，长期平均成本曲线又称为厂商的生产计划曲线。

2.长期平均成本曲线的特征

从图 4.8 中可以看出，长期平均成本曲线 *LAC* 也是一条先下降而后上升的"U"形曲线。这就说明长期成本变动的规律也是随着产量的增加先减少而后增加，这是由于生产开始阶段，随着产量的增加，规模收益递增，平均成本减少；以后，随着产量的增加，出现规模收益递减，平均成本增加。这种变动规律与短期平均成本变动的规律相同。

但长期平均成本曲线与短期平均成本曲线也有区别。长期平均成本曲线无论在下降时还是上升时变化都比较平坦，也就是无论是减少还是增加都变动比较缓慢。这是由于在长期中全部生产要素可以随时调整，从规模收益递增到规模收益递减有一个较长的规模收益不变阶段，而在短期中，规模收益不变的阶段很短，甚至没有。

3.不同行业的长期平均成本

以上对长期平均成本的讨论都假设生产要素的价格是不变的。如果考虑到生产要素价格的变动，则各行业长期平均成本变动的特点又有所不同。一般可以根据长期平均成本变动的情况把生产行业分为三种情况，即成本不变、成本递增、成本递减的行业。

(1)成本不变的行业

这种行业中，各厂商的长期平均成本不受整个行业产量变化的影响，无论产量如何变化，长期平均成本是基本不变的。这种行业就是"成本不变行业"。形成这些行业成本不变的原因主要有两个：第一，这类行业在国民经济中所占的比例很小，也就是说，与其他行业相比，它是非常微小的。这样，它所需要的生产要素在全部生产要素中所占的比例也很小，从而它的产量的变化不会对生产要素的价格产生影响。因此，这一行业中各厂商的长期平均成本也就不会由于这一行业产量的变动而变动了。第二，这类行业所使用的生产要素的种类与数量与其他行业呈反方向变动。这样，它的产量的变动也就不会引起生产要素价格的变动，从而保持长期平均成本不变。成本不变的行业并不多见，一般是一些小商品生产或特殊行业。

(2)成本递增的行业

这种行业中，各个厂商的长期平均成本要随整个行业产量的增加而增加。这种行业在经济中属于普遍的情况。形成这些行业成本递增的原因是：生产要素是有限的，整个行业中产量的增加会使生产要素价格上升，从而引起各厂商的长期平均成本增加。这也就是以前所说的由于外部因素，一个行业扩大给一个厂商所带来的"外在不经济"。这种情况在以自然资源为主要生产要素的行业中表现得比较突出。

(3)成本递减的行业

这种行业中，各个厂商的长期平均成本随整个行业产量的增加而减少，这也就是以前所说的规模经济中的"外在经济"现象。例如,在同一地区建立若干汽车制造厂,各厂商就会由于在交通、辅助服务等方面的节约而产生成本递减。但特别应该指出的是,这种成本递减的现象只是在一定时期内存在。在长期中,外在经济必然会由于行业生产规模的过大转化变为外在不经济。因此,一个行业内的成本递减无法长期维持下去。

4.2.3.3 长期边际成本

长期边际成本是指在长期中增加一单位产品所增加的成本。

长期边际成本也是先下降、后上升的。它与长期平均成本曲线相交于长期平均成本曲线的最低点,如图 4.9 所示。

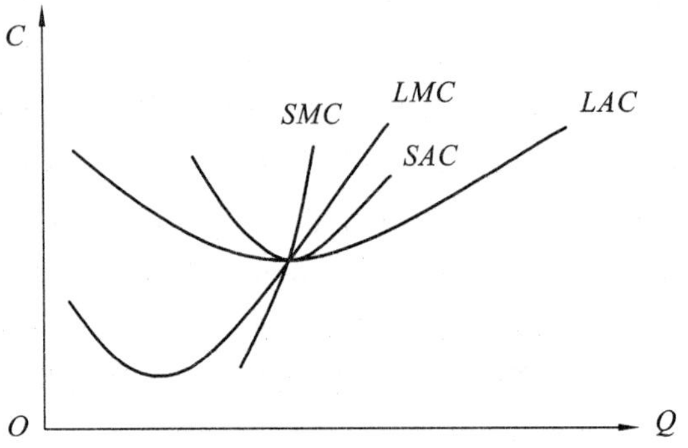

图 4.9 长期边际成本

在 *LAC* 的最低点,*SAC*、*SMC*、*LAC*、*LMC* 相交于一点。

在长期平均成本曲线与长期边际成本曲线的构成中,有几个重要的特性需注意:

第一,长期平均成本曲线是短期平均成本曲线的包络线,因为长期成本是所有短期成本中针对每一个产量都能达到的最低成本的组合。长期边际成本曲线虽然是由短期边际成本曲线所组成,但不是短期边际成本曲线的包络线。

第二,长期平均成本曲线是某一产量下,所有短期平均成本中生产成本最低的,但该点不一定是该短期平均成本的最低点。

第三,长期平均成本曲线下降时,会与短期成本曲线的下降部分相切;长期平均成本曲线上升时,会与短期成本曲线的上升部分相切。

第四,长期平均成本曲线唯有在长期平均成本最低的一点才会与短期成本曲线的最低点相切。此时由于长期边际成本曲线也正好与长期平均成本曲线相交于该点,因此长期边际成本曲线也会通过该点。

4.2.4 利润最大化原则

4.2.4.1 总收益、平均收益和边际收益

厂商收益是指厂商出卖产品得到的全部货币收入,即价格与销售量的乘积。收益中既包括了成本,又包括了利润。这里要注意:收益并不等于利润,不是出售产品所赚的钱,而是出售产品所得到的钱。所得到的钱中,既有用于购买各种生产要素而支出的成本费用,也有除去成本费用后所余下的利润。

收益可以分为总收益、平均收益和边际收益。

总收益(Total Revenue,TR)是厂商销售一定量产品所得到的全部收入,它等于产品单价(P)乘以销售数量(Q),可用公式表示为:

$$TR=P\cdot Q$$

平均收益(Average Revenue,AR)指厂商销售每单位产品所得到的平均收入,它等于总收益除以总产销量,就是单位产品的市场价格。平均收益可用公式表示为:

$$AR=TR/Q=P\cdot Q/Q=P$$

注:$AR=P$ 在任何市场条件下都成立。

边际收益(Marginal Revenue,MR)是指厂商每增加或减少销售一单位产品所增加或减少的收入。边际收益可用公式表示为:

$$MR=\Delta TR/\Delta Q$$

或

$$MR=\mathrm{d}TR/\mathrm{d}Q$$

收益是产量与价格的乘积,所以,如果不考虑价格的因素,收益就是产量。

以 P 代表价格,则总收益(TR)与总产量(TP)、平均收益(AR)与平均产量(AP)、边际收益(MR)与边际产量(MP)之间的关系应该是:

$$TP\cdot P=TR,\quad AP\cdot P=AR,\quad MP\cdot P=MR$$

假设价格 P 不变,不考虑价格的因素,则有:

$$TP=TR,\quad AP=AR,\quad MP=MR$$

由以上可以得出,总收益、平均收益和边际收益的变动规律与曲线形状和前面所介绍的总产量、平均产量和边际产量的变动规律与曲线形状是相同的。

4.2.4.2　利润最大化原则

只有当生产者的产量使 $MC=MR$ 时,生产者才实现了利润最大化。

当企业生产一定量产品时,如果 $MR>MC$,说明企业最后一单位产品赚取了超额利润,那么企业如果增加产出,会进一步增加超额利润,因此在 $MR>MC$ 时,企业为了增加利润应当增加产出。

当企业生产一定量产品时,如果 $MR<MC$,说明企业最后一单位产品带来了亏损,通俗一点讲,企业生产最后一单位产品是亏本的。企业如果减少产出,亏损将下降,利润将增加,因此在 $MR<MC$ 时,企业为了增加利润会减少产出。

当企业生产一定量产品时,如果 $MC=MR$,说明生产者在最后一单位产品上无超额利润,也没有亏损。在这时,企业既没有出现亏损,又把该赚取的超额利润均赚到了,这时实现了利润最大化。

最后需要指出的是,虽然上述 $MR=MC$ 的利润最大化的均衡条件是以完全竞争厂商短期内的产量调整为例进行分析而得到的,但是,这一利润最大化的均衡条件对于完全竞争市场及不完全竞争市场的厂商的短期生产和长期生产的分析都是适用的。

本章小结

(1)生产函数(Production Function)是指在一定时期内,在生产技术水平不变的情况下,投入某种组合的生产要素同最大可能的产出之间关系的函数。它是反映生产过程中投入和产出之间的技术数量关系的一个概念。

(2)短期生产者来不及调整全部生产要素的数量,至少有一种生产要素的数量是固定不变的时间周期。长期指生产者可以调整全部生产要素的数量的时间周期。

(3)短期生产函数指至少有一个生产要素(一般为资本 K)无法随产量的变化而进行调整(或变动)的生产函数。长期生产函数指所有生产要素皆会随着产量的变动而可以进行调整的生产函数。

(4)固定投入比例生产函数也称里昂惕夫生产函数,是指在每一个产量水平上,任何两种生产要素投入量之间的比例。

(5)总产量(Total Product,TP)是指生产要素既定的情况下所生产出来的全部产量。平均产量(Average Product,AP)是指平均每单位生产要素投入的产出量。边际产量(Marginal Product,MP)是指每增加一单位某种生产要素所增加的总产量,即所增加的最后一单位某种生产要素所带来的产量的增量。

(6)边际收益递减规律:在技术水平保持不变的情况下,连续等量地增加某一种可变要素的投入量,而其他要素的投入量保持不变。

(7)规模报酬研究所有的投入等比例增加时,由生产规模变动所引起的产量的变动情况。当所有投入同比例增加时,总产量变动情况可能有三种情形,即规模报酬递增、规模报酬不变、规模报酬递减。

(8)成本是生产者对所购买的生产要素的货币支出。

(9)会计成本是指厂商在生产过程中按市场价格直接支付的一切费用,这些费用一般均可以通过会计账目反映出来。机会成本是指生产者利用一定的资源获得某种收入时所放弃的在其他可能的用途中所能够获得的最大收入。机会成本是人们进行选择时一种非常有用的工具。

(10)总成本(TC)指生产一定量的产品所需要开支的最低总费用。固定成本(FC)又称不变成本,是指不随产量的变动而变动的成本。可变成本(VC)指随着产出(产量)水平变动的开支,包括原材料、工资和燃料,也包括不属于固定成本的所有成本。平均成本(AC)指平均每单位产品所需的成本。边际成本(MC)指生产增加一单位产出所增加的总成本。

(11)平均固定成本(AFC)是厂商在短期内平均每生产一单位产品所消耗的固定成本。平均可变成本(AVC)是厂商在短期内平均每生产一单位产品所消耗的可变成本。

(12)在经济学和商业决策制定过程中会用到“沉没成本”(Sunk Cost)的概念,代指已经付出且不可收回的成本。沉没成本常用来和可变成本作比较,可变成本可以被改变,而沉没成本不能被改变。

(13)企业的显性成本是指厂商在生产要素市场上购买或租用所需要的生产要素的实际支出。隐性成本则是指应支付给厂商的自有的且被用于生产过程中的那些生产要素,但实际上没有支付报酬。

(14)所谓短期成本,是指在这样短的一个时期内,即短到厂商无法变动某些生产要素(一般是厂房设备和企业规模),只得让它们保持不变的时期内的成本。

(15)短期总成本(Short-run Total Cost,STC)是指在短期中投入的所有生产要素的成本。短期总成本分为短期固定成本与短期可变成本。短期固定成本(Short-run Total Fixed Cost,STFC)是指短期中与产量无关的成本。短期可变成本(Short-run Total of Variable Cost,STVC)是指短期中随产量变化而变化的成本。

(16)平均固定成本(Average Fixed Cost,AFC)是每单位产量的固定成本。平均可变成本(Average Variable Cost,AVC)是平均每单位产量的可变成本。平均总成本(Average Total Cost,ATC)是每单位产量的总成本。

(17)边际成本是指增加一单位产量所增加的总成本量。

(18)总收益(Total Revenue,TR)是厂商销售一定量产品所得到的全部收入。平均收益(Average Revenue,AR)是指厂商销售每单位产品所得到的平均收入。边际收益(Marginal Revenue,MR)是指厂商每增加或减少销售一单位产品所增加或减少的收入。

补充读物

大商场平时为什么不延长营业时间

节假日期间许多大型商场都延长营业时间,为什么平时不延长?现在我们用这一章学习到的边际分析理论来解释这个问题。从理论上说延长一小时营业时间,就要支付一小时所耗费的成本,这种成本既包括直接的物耗,如水、电等,又包括由于延时而需要的售货员的加班费,这种增加的成本就是我们这一章所学习的边际成本。假如延长一小时增加的成本是1万元(注意这里讲的成本是西方成本概念,包括成本和正常利润),那么在延时的一小时里,如果卖出商品而增加的收益大于1万元,作为一个精明的企业家,他应该将营业时间在此基础上再延长,因为他有一部分该赚的钱还没赚到手。相反,如果在延长的一小时里增加的成本是1万元,增加的收益是不足1万元,他在不考虑其他因素的情况下就应该取消延时的经营决定,因为成本大于收益。节假日期间,人们有更多的时间去旅游、购物,使商场的收益增加,而平时人们没有更多时间和精力去购物,就是延时服务也不会有更多的人光顾,增加的销售额不足以抵偿延时所增加的成本。这就能够解释在节假日期间延长营业时间而在平时不延长营业时间。

无论是边际收益大于边际成本还是小于边际成本,厂商都要进行营业时间调整,说明这两种情况下都没有实现利润的最大化。只有在边际收益等于边际成本时,厂商才不调整营业时间,这表明已把该赚的利润都赚到了,即实现了利润的最大化。

引进自动分拣机是好事还是坏事

近年来我国邮政行业实行信件分拣自动化,引进自动分拣机代替工人分拣信件,也就是多用资本而少用劳动。从纯经济学的角度,即从技术效率和经济效率的同时实现来看,这是一件好事还是坏事呢?假设某邮局引进一台自动分拣机,只需一人管理,每日可以处理10万封信件。如果用人工分拣,处理10万封信件需要50个工人。在这两种情况下都实现了技术效率。但是否实现了经济效率还涉及价格。处理10万封信件,无论用什么方法,收益是相同的,但成本如何则取决于机器与人工的价格。假设一台分拣机为400万元,使用寿命为10年,每年折旧为40万元,再假设利率为每年10%,每年利息为40万元,再加上分拣机每年的维修费与人工费用5万元,这样使用分拣机的成本为85万元。假设每个工人的工资为1.4万元,50个工人共70万元,则使用人工分拣的成本为70万元。在这种情况下,使用自动分拣机实现了技术效率,但没有实现经济效率;而使用人工分拣既实现了技术效率,又实现了经济效率。

从上面的例子中可以看出,在实现了技术效率时,是否实现了经济效率就取决于生产要素的价格。如果仅仅从企业利润最大化的角度看,可以只考虑技术效率和经济效率。这两种效率的同时实现也就是实现了资源配置效率。当然,如果从社会角度看问题,使用哪种方法还要考虑每种方法对技术进步或就业等问题的影响。

复习思考题

4.1 单项选择题

(1)经济学中短期和长期的划分取决于(　　)。

A. 时间长短　　B. 可否调整产量

C. 可否调整产品价格　　D. 可否调整生产规模

(2)生产函数衡量了(　　)。

A. 投入品价格对厂商产出水平的影响　　B. 给定一定量的投入所得到的产出水平

C. 在每一价格水平上厂商的最优产出水平　　D. 以上都是

(3)边际报酬递减规律成立的前提条件是(　　)。

A. 生产技术既定　　B. 按比例同时增加各种生产要素

C. 连续增加某种生产要素的同时保持其他生产要素不变

D. A和C

(4)某企业每年从企业的总收入中取出一部分作为自己所提供的生产要素的报酬,这部分资金被视为(　　)。

A. 显性成本　　B. 隐性成本　　C. 经济利润　　D. 会计成本

4.2 多项选择题

(1)下列说法中正确的是:(　　)。

A. 只要总产量减少,边际产量一定是负数

B. 只要边际产量减少,总产量也一定减少

C. 随着某种生产要素投入的增加,边际产量和平均产量增加到一定程度后将趋于下降,其中边际产量的下降一定先于平均产量的下降

D. 边际产量一定在平均产量曲线的最高点与之相交

(2)下列说法中错误的是:(　　)。

A. 规模报酬递减是边际收益递减规律造成的

B. 边际收益递减是规模报酬递减造成的

C. 生产要素的边际技术替代率递减是规模报酬递减造成的

D. 生产要素的边际技术替代率递减是边际收益递减规律造成的

(3)对于生产函数$Q=f(L,K)$、成本方程$C=P_LL+P_KK$来说,在最优生产组合点上,下列说法错误的是:(　　)。

A. 等产量线和等成本线相切　　B. $MRTS_{LK}=P_L/P_K$

C. $MP_L/P_L=MP_K/P_K$　　D. 以上说法都错误

(4)下列项目中可称为固定成本的是:(　　)。

A. 管理人员的工资　　　　B. 生产工人的工资

C. 厂房的折旧　　　　D. 机器设备的折旧

4.3　问答题

(1)简述总产量、平均产量和边际产量之间的关系。

(2)什么是边际报酬递减规律？这一规律发生作用的条件是什么？

(3)厂商利润公式是什么？厂商利润最大化的条件是什么？

(4)某企业以变动要素 L 生产产品，短期生产函数为 $Q=12L+6L^2-0.1L^3$，求：

①AP_L 最大时需雇用多少工人？

②MP_L 最大时需雇用多少工人？

(5)某企业使用劳动 L 和资本 K 进行生产，长期生产函数 $Q=20L+65K-0.5L^2-0.5K^2$，每期总成本 $TC=2\ 200$ 元，要素价格 $w=20$ 元，$r=50$ 元。求企业最大产量以及 L 和 K 的投入量。

5 市场结构理论

学习目标

(1)了解厂商面临的市场类型,垄断市场上的价格歧视,垄断竞争市场上的产品差别竞争,寡头市场的价格和产量决定。

(2)理解四种市场结构的含义、特征及区别。

(3)掌握完全竞争厂商的短期均衡和长期均衡的条件和特征。

经济学家箴言

尽管有些人认为自己能够不受知识分子的影响,但是他们却往往被某些经济学家的观点所左右。

——宏观经济学奠基人约翰·梅纳德·凯恩斯

在当今社会,谁不学习经济学,谁就不懂得怎样生活。

——保罗·安·萨缪尔森

问题导入

你在电视里经常看到的是什么广告?为什么轻工业品市场最需要做广告宣传?打开电视经常看到的是化妆品、家用电器、洗涤用品等轻工业品的广告,而从来也没有看到过石油、煤炭、钢铁的广告,更没有看到过大米、白面、水、电的广告(不包括公益广告)。这是为什么?现在我们用市场结构理论来分析这个问题。

5.1 市场结构概述

一个私人经营的小型汽车修理部和德国大众汽车公司所面临的市场是截然不同的。在汽车修理行业,这种小型的汽车修理部面临着与其他无数同类型小汽车修理部的激烈竞争,而德国大众汽车公司则面临着和它相似的几个汽车制造厂的竞争。每个企业都面临着不同的市场,同时限于企业的规模,每一个企业个体的行为对整个行业市场的影响也是完全不同的。因此,不同的市场上的企业都要决定应该如何确定自己的产量和价格,以便实现利润最大化。

市场是指对某种产品有现实需求和潜在需求的消费者群，是企业生存和发展的基础。不同的企业处于不同的市场，其竞争目标与手段不同，因此，市场结构对企业竞争战略的影响重大。

市场结构是指某一个行业中竞争与垄断的程度，也可以说是一个行业内部买方和卖方的数量及其规模分布、产品差别的程度和新企业进入该行业的难易程度的综合状态。决定这种市场结构的关键是行业集中程度。集中程度高的行业垄断程度自然高，集中程度低的行业垄断程度自然低。在分析市场结构时，市场就是指行业，不同的行业具有不同的结构。

5.1.1 划分市场结构的标准

我们在市场上购买产品时，通常会面临众多可供选择的厂商，它们都能提供同种产品。如果某种或某类产品有众多的生产厂家，厂商之间的产量或价格的竞争非常激烈，则生产该产品的产业是竞争的或垄断竞争的；反之，如果生产某种或某类产品有唯一的或数目很少的生产厂家，厂商之间竞争较弱，则生产该产品的产业是垄断的或寡头垄断的。因此，根据各个市场的竞争与垄断程度的不同，可将市场划分为不同的类型。划分市场结构的标准主要有以下几个方面：

1. 行业的市场集中程度

市场集中程度衡量一个行业中的几家最大厂商在市场上所占有的份额。在一些行业中，只有大规模生产，平均成本才会达到最低，这就决定了这些行业集中程度必然高。因为每个厂商产量都很大，只要有几家厂商就可以满足对该行业产品的市场需求，市场的垄断程度就很高。在这种情况下，集中程度自然就很高。反之，一些厂商行业规模小，厂商数量多，市场占有份额也不大，对市场控制程度低，则市场集中程度低，市场的竞争程度就高。

2. 行业的厂商数量的多少

一个行业中厂商数量越多，其竞争程度就越激烈；反之，一个行业内厂商数量越少，其垄断程度就越高。厂商数量的多少与集中程度密切相关。集中程度高，厂商数量就少，则竞争程度低。垄断性强的行业的厂商数量少。

3. 行业的进入限制

所谓进入限制，是指一个新厂商要进入某一行业所遇到的阻力，也可以说是资源流动的难易程度。一个行业的进入限制越低，则厂商越容易进入，从而厂商数量越多，竞争程度就越高；反之，一个行业的进入限制越高，则厂商进入困难，从而厂商数量越少，垄断程度就越高。

进入限制取决于法律的限制与自然条件。在一些非垄断性行业也有法律限制的进入（如律师、医生的许可证制度），只要有这种限制就减少了竞争的程度。自然条件的限制主要是由于规模经济和资源控制引起的。

4. 产品差别

产品差别是同一种产品在质量、商标、包装或销售条件等方面的差别。有差别的产品可以在一定的消费者中形成垄断地位,从而生产有差别产品的企业就可以通过控制供给而影响价格。产品差别会引起垄断,有产品差别就有垄断,产品差别越大,则垄断程度越高。

5.1.2 市场结构的类型

根据市场中厂商的集中程度、相互竞争企业的数量、产品差别、厂商进入和退出行业的难易程度这四个标准的影响强度的不同,微观经济学将市场结构划分为四种类型,即完全竞争市场、完全垄断市场、垄断竞争市场和寡头垄断市场。完全竞争和完全垄断处于两个极端状态,而垄断竞争和寡头垄断是介于这两个极端之间的普遍存在的市场结构,是竞争和垄断不同程度的结合,又称为不完全竞争或不完全垄断。不同的市场结构决定着企业的不同竞争目标,需使用不同的竞争手段才能成功。

5.2 完全竞争市场

5.2.1 完全竞争市场的含义

完全竞争市场又称纯粹竞争市场,是指一种不受任何阻碍、干扰和控制的市场结构。在这种市场上企业很多,每家规模都很小,无法通过调整产量来影响市场价格,即购买者和销售者的购买和销售决策对市场价格没有任何影响。美国经济学家张伯伦认为完全竞争就是没有任何"垄断因素"的竞争。一种行业要实现完全竞争,必须满足以下四个条件:

第一,市场上有许多的生产者和消费者。每一个生产者与消费者的购买份额或销售份额相对于整个市场的总购买量或总销售量来说是极小的部分,无法通过自身的买卖行为影响市场价格。市场价格完全由整个市场的供求关系决定,每一个生产者或消费者都只是市场既定价格的被动接受者,而不是市场价格的制定者,对市场价格没有任何控制力量。

第二,市场上的产品是同质的,不存在产品差别。这种产品差别不是指不同产品之间的差别,而是指同种产品在质量、包装、牌号或销售条件等方面的差别,比如同期、同级、同质的小麦或铝、钢等原材料。产品差别会形成垄断,不存在产品差别,厂商之间的产品完全可以互相替代,厂商就无法以自己产品的特点来形成垄断,在不存在垄断的情况下就能实现完全竞争。

第三,资源完全自由流动,即厂商进入或退出一个行业是完全自由的。厂商进出一个行业不存在任何障碍,所有的资源都可以在各行业之间自由流动。只要有利润,其他企业就会迅速进入,导致供给增加,利润消失。而一旦有亏损,原有企业会迅速退出,直至供给减少和亏损消失为止,这就导致产品价格在竞争中降到最低。

第四,市场信息是畅通的。生产者、消费者和资源的所有者都可以获得与自己的经济决策有关的商品和市场情况的完整而充分的信息,他们可以据此做出正确的决策,确定自己的最优购买量或最优生产量,从而获得最大的经济利益。而且,这样也排除了由于市场信息不畅通而引起的信息不对称以及由此可能产生的一个市场同时存在几种价格的情况。

在形成完全竞争市场的条件中，前两个条件是最基本的。在现实的经济生活中，完全竞争的市场实际上是不存在的，通常只是将某些农产品市场看成是比较接近的市场类型。因此，一般把农产品市场作为完全竞争的市场。

知识小链接

鸡蛋市场

没有一个鸡蛋购买者可以影响鸡蛋价格，因为相对于市场规模，每个买者购买的量很少。同样，每个鸡蛋卖者对价格的控制是有限的，因为许多其他卖者也提供基本相同的鸡蛋。由于每个卖者可以在现行的价格时卖出他想卖的所有量，因此他没有什么理由收取较低价格，而且，如果他收取高价格，购买者就会到其他地方买。在竞争市场上买者和卖者必须接受市场决定的价格，因而被称为价格接受者。

如果任何一个人都可以决定开一个养鸡场，而且，如果任何一个现有养鸡场可以决定离开家畜养殖行业，那么，家畜养殖行业就是完全竞争的市场。

5.2.2 完全竞争市场上的供求、价格及收益

5.2.2.1 价格与需求曲线

在完全竞争市场上，首先必须区分整个行业与个别厂商，整个行业和个别厂商面临着不同的需求曲线。

对整个行业来说，需求曲线是一条向右下方倾斜的曲线，供给曲线是一条向右上方倾斜的曲线，整个行业产品的价格就由这种需求与供给决定。但对个别厂商来说，情况就不同了。当市场价格确定之后，对个别厂商来说，这一价格就是既定的，无论它如何增加产量都不能影响市场价格。也就是说，在既定的价格之下，市场对个别厂商产品的需求是无限的。因此，市场对个别厂商产品的需求曲线是一条由既定市场价格出发的平行线。可用图 5.1 来说明市场价格的决定与个别厂商的需求曲线。

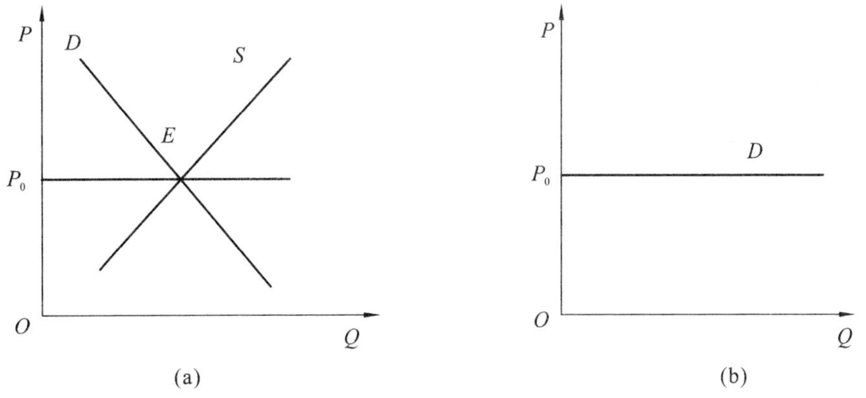

图 5.1 完全竞争市场上个别厂商面临的需求曲线

(a)完全竞争市场的需求曲线；(b)完全竞争厂商的需求曲线

图 5.1(a)说明了整个行业的供求如何决定价格，这时的价格水平为 P_0。图 5.1(b)

为个别厂商的情况，这时价格为市场的既定价格 P_0，在这种价格下，市场对个别厂商的需求是无限的，因此，需求曲线为 D。

5.2.2.2 收益

收益是指企业出售产品的收入，企业出售一定数量的产品获得全部收入叫做总收益。厂商按照既定的市场价格出售产品，每个单位产品的售价也就是每单位产品的平均收益，即价格等于收益。

在完全竞争的条件下，个别厂商销售量的变动不会影响市场价格，也就是说，厂商每增加一单位产品的销售量，市场价格仍然不变，从而每增加一单位产品销售的边际收益也不会变，因此，平均收益与边际收益相等。

总收益 TR 是价格 P 与销售量 Q 的乘积，即

$$TR=P\cdot Q$$

平均收益 AR 等于总收益除以销售量，即

$$AR=TR/Q=PQ/Q=P$$

由上式可见，平均收益一定等于价格。

边际收益是增加一单位销售量所得到的收益。对于一个厂商而言，无论销售量增加多少，市场价格是不变的。因此，

$$MR=\frac{\mathrm{d}(TR)}{\mathrm{d}Q}=\frac{\mathrm{d}(PQ)}{\mathrm{d}Q}=P$$

由于 $AR=P$、$MR=P$，可得 $MR=AR=P$。

由此可见，在完全竞争市场上，对于个别厂商来说，平均收益、边际收益与价格是相等的，所以，平均收益曲线、边际收益曲线与需求曲线都是同一条线，即图 5.1(b)中的曲线 D。

知识小链接

收益曲线的应用

假设牛奶的价格是每加仑 4 美元，可用表 5.1 来说明价格、总收益、平均收益、边际收益之间的关系。

表 5.1 某家庭奶牛场的牛奶价格与收益

产量	价格(美元/加仑)	总收益(美元)	平均收益(美元)	边际收益(美元)
1	4	4	4	0
2	4	8	4	4
3	4	12	4	4
4	4	16	4	4
5	4	20	4	4
6	4	24	4	4

☞考虑

(1)牛奶场从普通1加仑牛奶中得到了多少收益?

(2)如果牛奶场增加生产1加仑牛奶,它能得到多少额外收益?

正因为价格、平均收益和边际收益都是相等的,所以,平均收益曲线、边际收益曲线与需求曲线都是同一条线,即 $AR=MR=P$。

5.2.3 完全竞争市场的短期均衡

在短期内,厂商不能根据市场需求来调整全部生产要素,因此,从整个行业看,有可能出现供不应求或供大于求的状况。从整个行业市场来看,如果供给小于需求,则价格水平高;如果供给大于需求,则价格水平低。短期均衡就是要分析这两种情况下厂商产量的决定与盈利状况。

5.2.3.1 供求平衡状况下的短期均衡——厂商获得正常利润

当供求平衡时,MC 与 MR 的交点也正好是 AR 与 AC 的交点,即 $MR=MC=AR=AC$,此时总收益 $TR=P_0\cdot\overline{Q}$,总成本 $TC=AC\cdot\overline{Q}$,而 $P_0=AR=AC$,所以 $AR\cdot\overline{Q}=AC\cdot\overline{Q}$,即总收益($TR$)=总成本($TC$)。此时,厂商获得正常利润,正常利润是总成本的一部分。此时现有厂商不愿意离开这个行业,没有新的厂商愿意加入这个行业。这种厂商均衡情况如图5.2所示。

5.2.3.2 供不应求状况下的短期均衡——厂商获得超额利润

当一种商品供给小于需求时,价格水平高。对应于市场价格 P_0,厂商的平均收益(AR)和边际收益(MR)均等于这一价格。根据厂商利润最大化的原则:$MR=MC$,厂商选择的产出数量 $\overline{Q}$ 由 E 点决定。在 E 点的左边,价格 P_0 总高于边际成本 MC,这时厂商增加产量获得的收益大于增加的成本,因而增加产量会增加厂商利润总额;相反,在 E 点的右边,减少产量会使得利润增加。所以,在 E 点厂商获得最大利润,从而形成均衡状态。这种均衡情况如图5.3所示。

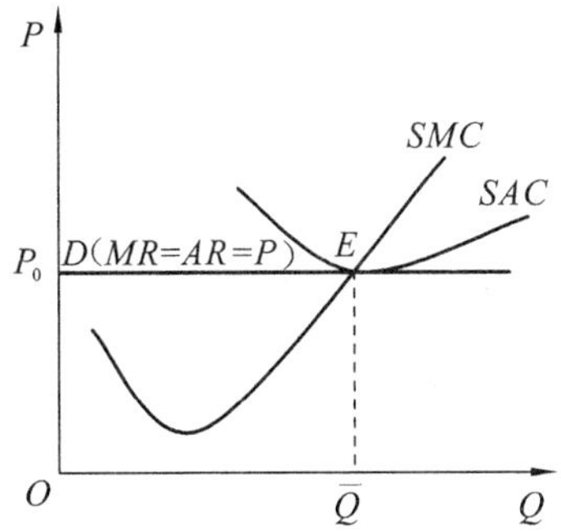

图5.2 完全竞争市场厂商盈亏平衡的短期均衡

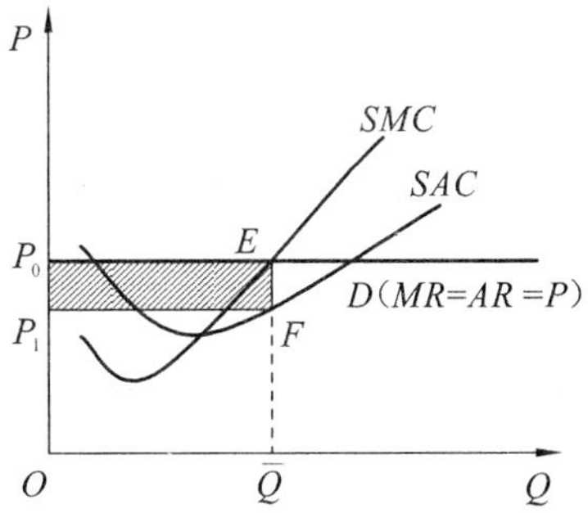

图5.3 完全竞争厂商取得超额利润的短期均衡

在处于均衡状态时,厂商收益为 $P_0\cdot\overline{Q}$,即 $OP_0E\overline{Q}$ 所围成的长方形的面积;厂商成本为此时的平均成本与产量之间的乘积,即 $OP_1F\overline{Q}$ 所围成的长方形的面积。从图上看,总收益大于总成本，因此存在超额利润，即 P_0EFP_1 所围成的长方形的面积(阴影部分)。

5.2.3.3 供过于求状况下的短期均衡——厂商遭受亏损

处于均衡状态下，MC 与 MR($MR=AR$)的交点在 MC 与 AC 的交点下方，从而 $AR<AC$，此时总收益 $TR=AR\cdot\overline{Q}$，即 $OP_0E\overline{Q}$所组成的长方形的面积；总成本 $TC=AC\cdot\overline{Q}$，即 $OP_1F\overline{Q}$所围成的长方形的面积。由于价格低于平均成本，因而厂商处于亏损状态。这种均衡情况如图 5.4 所示。

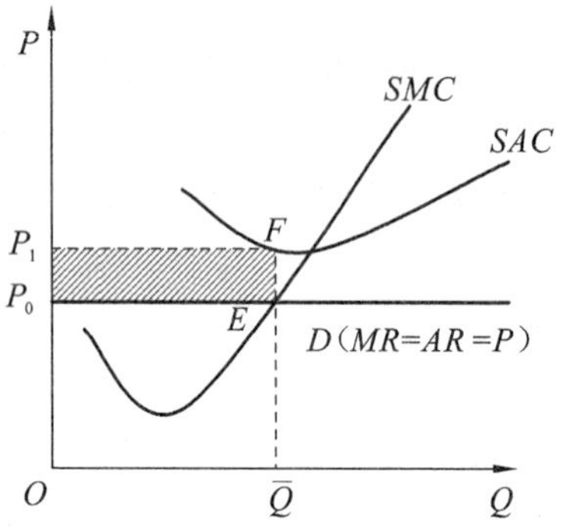

图 5.4 完全竞争亏损厂商的短期均衡

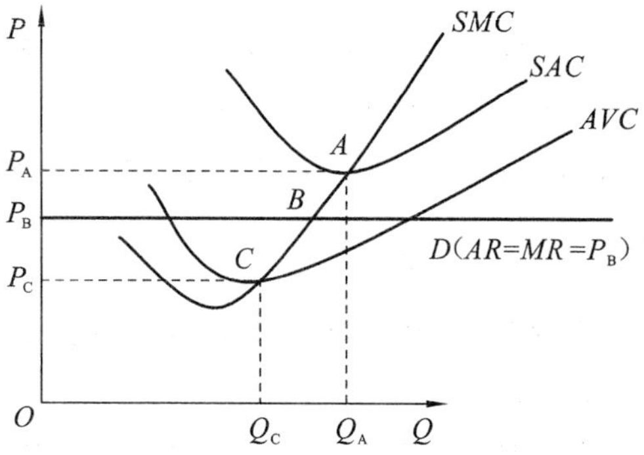

图 5.5 亏损企业停止营业点的确定

在这种状态下，厂商还是会继续生产。因为短期中固定成本是不变的，无论生产与否都要支出，所以，只要收益可以弥补可变成本，厂商就要生产。但如果价格低于 P_0，厂商连可变成本都无法弥补，它就无论如何也不能生产了。停止营业点是由平均可变成本与价格水平决定的，在这一点上的平均成本等于价格水平。在停止营业点上，厂商可以选择生产或停止生产，这种停止营业点的确定如图 5.5 所示，即图中 C 点。在停止营业点以下，厂商停止生产；在停止营业点以上，厂商随价格上升而增加产量，因而停止营业点以上的短期边际成本曲线，即 C 点以上的 SMC 部分，就是完全竞争市场上一个厂商的供给曲线。

知识小链接

狡猾的农场主

一个生产小麦的农场主向他的工人发布了以下坏消息：今年的小麦价格很低，而且我从今年的粮食中最多只能获得 3.5 万美元。如果我付给你们与去年相同的工资(3 万美元)，我就会亏本，因为我不得不考虑 3 个月以前已经为种子和化肥花了 2 万美元。如果为了那些仅值 3.5 万美元的粮食而让我花上 5 万美元，那么我一定是疯了。如果你们愿意只拿去年一半的工资(1.5 万美元)，我的总成本将为 3.5 万美元，至少可以收支相抵。如果你们不同意降低工资，那么我也就不打算收割这些小麦了。

于是，工人们围坐在一起以投票的方式来决定是否同意降低工资。这时，农场工人尚列特很快进行了一番计算，然后说：

“农场主在吓唬我们，即使我们不同意降低工资，他也会收割小麦的。他的总收益(3.5万美元)超过了可变成本(支付给工人的 3 万美元)。数月前用来支付种子和化肥的

2万美元固定成本已经是沉没成本了,在决定是否收割小麦时是可以忽略不计的。"

因此农场主的总收益超过了可变成本,即使工人们不接受降低工资的建议,他仍将收割小麦。

5.3 垄断市场

问题导入

是是非非话微软

21世纪初世界计算机行业的最大新闻莫过于微软老板比尔·盖茨辞去首席执行官的职务,而由其好友巴尔默接任了。在这一事件的背后是美国联邦司法部对微软垄断问题长达10年的调查与诉讼。1998年11月5日美国联邦地区法院法官汤姆斯·杰克逊公布了长达207页的事实认定书,认为微软在个人电脑操作系统中独占了巨大的市场份额,打击、威胁竞争对手,使其他企业难以进入该市场,而且没有可替代Windows的商业操作系统。2000年6月,美地方法院作出对微软拆分的判决。2001年6月,上诉法庭推翻地方法官对浏览器案件的裁决,微软躲过被拆分的命运,但其违反反垄断法罪名成立。2001年11月,微软和美国司法部达成妥协。2002年美国联邦法院批准了和解协议,微软面对至少为期5年的惩罚性措施。

在微软的这个案子中,美国司法部长说得很明白,他们的目的并不是要扶持Netscape或其他任一与微软在浏览器软件上竞争的厂商,也不是要扶持Sun或任一与微软在操作系统上竞争的厂商,只是为了维护一个公平竞争的环境。公平竞争是美国商业的精神。对于公平竞争的保护,也是微软反垄断案给我们带来的最大的启示。

而为什么民用飞机全球市场占有率超过70%的波音公司能够顺利地兼并麦道公司,兼并后的公司在美国民用飞机市场的占有率远远超出了反垄断的底线呢?道理很简单,波音面对的是欧洲空中客车公司,而IT业反垄断涉及的都是美国国内的企业,一切都要以国家利益为出发点。难怪人们要担心:高技术业过去在没有美国政府的指导下日新月异地快速成长,政府的干预行动最终会不会伤害美国在世界经济中的领导地位?

5.3.1 垄断市场的含义

5.3.1.1 什么是完全垄断

完全垄断市场又称为垄断市场,是指整个行业的市场完全处于一家厂商所控制的状态,即一家厂商控制某种产品的市场。

在完全垄断的市场类型中,一个厂商就是整个行业,产品没有任何替代品。在这种情况下，完全垄断企业就与完全竞争市场中的企业是一个价格接受者不同，而是价格的制定者，它可以根据市场需求自行决定产品产量和销售价格，并因此实现利润最大化。垄断企业还可以根据获取利润的需要在不同销售条件下实行不同的价格，即实行差别价格策略。

5.3.1.2　形成完全垄断的条件

第一，政府借助于政权力量对某一行业进行完全垄断。例如，许多国家政府对高速公路、自来水、电力供应等公用事业实行完全的垄断。

第二，政府授权的特许专营。例如，英国历史上的东印度公司就由于英国政府的特许而垄断了对东方的贸易。此外，政府根据法律赋予某些产品生产的专利权，也会在一定时期内形成完全垄断。例如，当玻璃纸刚发明出来时，美国的杜邦公司就是凭借专利权垄断了全部玻璃纸的生产。

第三，某些产品市场需求很小，只需一家厂商生产即可满足全部需求。这样，某家厂商就很容易实行对这些产品的完全垄断。

第四，对资源、矿藏或技术的控制。某些厂商控制了某些特殊的自然资源或矿藏，从而就能对用这些资源和矿藏生产的产品实行完全垄断。例如，直到第二次世界大战以前，"Alcoa公司"(美国铝土公司)控制了几乎全美国的所有铝矾土生产。

第五，厂商对生产某些产品的特殊技术的控制，例如对某种药品生产的配方控制会形成对该种药品生产进行独家经营的状态。

完全垄断也是经济中的另一种极端的市场类型。严格意义上讲，在市场经济中除个别行业外，符合上述完全垄断条件的情况并不多，但在计划经济中，完全垄断则是普遍存在的。

5.3.2　垄断市场的需求曲线、收益曲线

5.3.2.1　需求曲线

在完全垄断市场上，一家厂商就是整个行业。所以，整个行业的需求曲线也就是一家厂商的需求曲线。此时需求曲线就是一条表明需求量与价格呈反方向变动的向右下方倾斜的曲线。

5.3.2.2　平均收益曲线与边际收益曲线

在完全垄断市场上，每单位产品的卖价就是它的平均收益，因此，价格仍等于平均收益，即平均收益曲线 AR 仍然与需求曲线 D 重合。

但是，在完全垄断市场上，当销售量增加时，产品的价格会下降，从而边际收益减少，这样，平均收益就不会等于边际收益，即边际收益曲线 MR 就再也不与需求曲线重合了，而是位于需求曲线下方，而且，随着销售量的增加，边际收益曲线与需求曲线的距离越来越大，表示边际收益比价格下降得更快，这样，平均收益大于边际收益，如表5.2和图5.6所示。

从表5.2可以看出，价格随销售量的增加而下降，价格与平均收益相等，但平均收益并不等于边际收益。平均收益是在下降的，边际收益小于平均收益。由图5.6还可以看出，需求曲线与平均收益曲线是重合的，是一条向右下方倾斜的线，而边际收益曲线则是平均收益曲线之下一条向右下方倾斜的线，这说明边际收益的下降速度要快于平均收益。

表 5.2 完全垄断市场上价格与收益

销售量(Q)	价格(P)	总收益(TR)	平均收益(AR)	边际收益(MR)
0	—	0	—	—
1	6	6	6	6
2	5	10	5	4
3	4	12	4	2
4	3	12	3	0
5	2	10	2	−2
6	1	6	1	−4

5.3.3 垄断市场上的短期均衡及长期均衡

5.3.3.1 完全垄断市场上的短期均衡

在完全垄断市场上，厂商可以通过对产量和价格的控制来实现利润最大化，但也要受到市场需求状况的限制。如果价格太高，消费者会减少其需求，或购买其他替代商品。

在短期内，厂商对产量的调整同样要受到固定生产要素无法调整的限制。在完全垄断市场上，厂商仍然根据边际收益与边际成本相等的原则来决定产量，这种产量决定后，短期中难以完全适应市场需求进行调整。这样，就可能出现产品供给大于需求或者供给小于需求的情况，当然也可能是供求相等。在供大于求的情况下，会有亏损；在供小于求的情况下，会有超额利润；供求相等时，则只有正常利润。

依照市场需求的大小，在完全垄断市场上厂商可以处于实现盈亏平衡、取得超额利润、亏损三种状态之下的短期均衡。

1. 实现盈亏平衡厂商的短期均衡

在图 5.6 中给出了某个垄断企业的需求曲线 $D(D=AR)$ 和短期平均成本曲线 SAC。在完全垄断市场上，厂商实现均衡的条件也是 $MR=MC$，这时的产品销售量为 Q_0。根据边际收益等于边际成本的基本原则，厂商向市场提供的产品销售量为 Q_0，与市场需求相切于 M 点，消费者可以接受的成交价格为 $P_0(P_0=SAC)$。由于该厂商的 SAC 等于产品市场销售价格 P_0，因此在产品销售量为 Q_0 时，产品销售总收入等于总成本，厂商实现了盈亏平衡，由此决定的均衡价格为 P_0，均衡数量为 Q_0。

2. 获得超额利润厂商的短期均衡

在图 5.7 中，某垄断企业的边际收益曲线 MR 和短期边际成本曲线 SMC 在产品销售量为 Q_0 时相交，Q_0 与市场需求曲线 $D(D=AR)$ 垂直相交于 M 点，消费者可以接受的成交价格为 $P_0(P_0>SAC)$。由于该厂商的 SAC 小于产品市场销售价格 P_0，因此在产品销售量为 Q_0 时，产品销售总收入大于总成本（因为 $TR=P_0 \cdot Q_0$，$TC=SAC \cdot Q_0$，$TR>TC$），厂商可以获得超额利润。由此决定的厂商获得最大利润时的销售价格为 P_0，销售数量为 Q_0。厂商获得的超额利润为图 5.7 中 P_0MNP_1 所围成的面积。

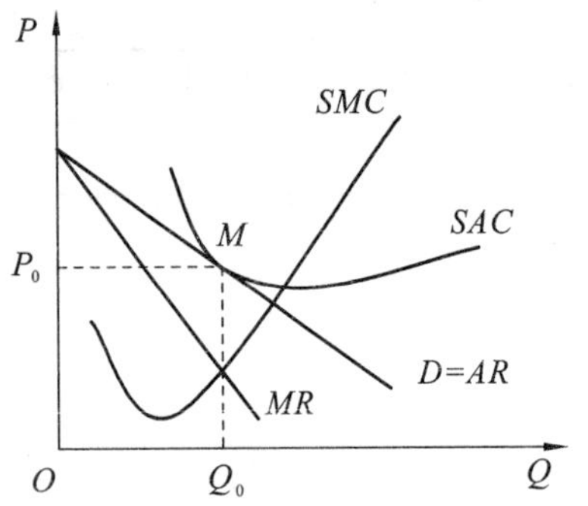

图 5.6　实现盈亏平衡的厂商均衡

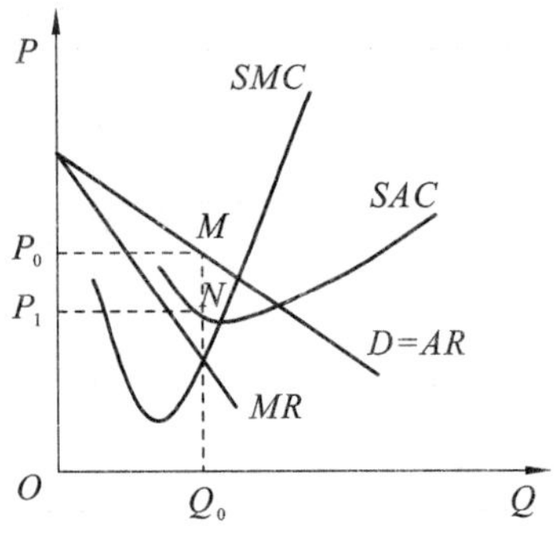

图 5.7　获得超额利润的厂商均衡

3. 亏损厂商的短期均衡

在图 5.8 中给出的是某个垄断厂商产品销售价格小于平均成本时的市场均衡状态。由于在完全垄断市场上，厂商实现均衡的条件也是 $MR=MC$，这时的产品销售量为 Q_0。厂商的短期平均成本曲线 SAC 在需求曲线 $D(D=AR)$ 上方。根据边际收益等于边际成本的基本原则，厂商向市场提供的产品销售量为 Q_0，与市场需求相交于 M 点，消费者可以接受的成交价格为 P_0。由于该厂商的 SAC 大于产品市场销售价格 P_0，因此在产品销售量为 Q_0 时，产品销售总收入小于总成本，厂商经营出现了亏损，由此决定的均衡价格为 P_0，均衡数量为 Q_0。厂商在销售量为 Q_0 时的亏损额为图 5.8 中 P_0MNP_1 所围成的面积。

根据图 5.9 可以看出，在市场均衡数量为 Q_0 时，厂商处于亏损状态。在这一产量水平上，厂商是否停止营业，不仅取决于 SMC 和 SAC 之间的对比，而且要看 SMC 和 AVC 之间的对比。在实际经营过程中，由于在完全垄断市场上厂商是价格的制定者，对于 Q_0 这一产量水平，只要产品价格高于 AVC 就可以继续生产，因为在这时厂商在补偿可变成本后，还能减少一部分固定成本的损失。如果产品价格低于 AVC，就要停止营业了，因为这时厂商的销售收入不仅不能补偿固定成本，连可变成本也无法全部收回了。所以在图 5.9 中的 Q_0 就是垄断厂商的停止营业点。

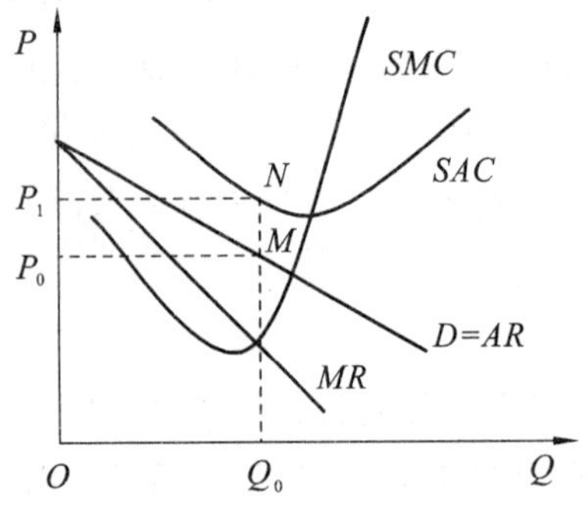

图 5.8　亏损企业的厂商均衡

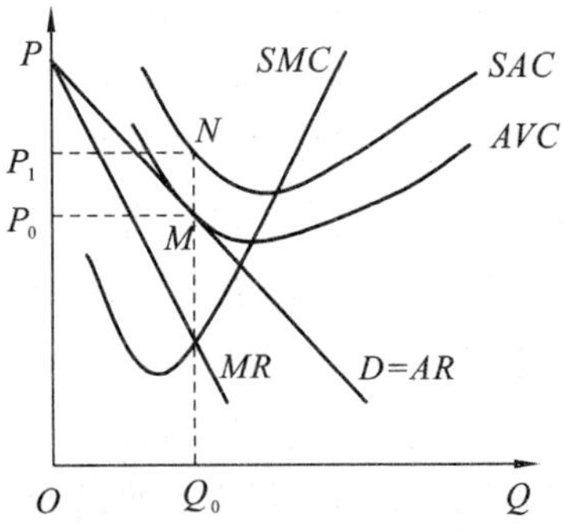

图 5.9　亏损厂商的经营规模调整

5.3.3.2　完全垄断市场上的长期均衡

在长期中，垄断厂商可以通过调节产量与价格来实现利润最大化。此时厂商均衡的条件是边际收益与长期边际成本和短期边际成本都相等，即 $MR=LMC=SMC$，如图

5.10所示。

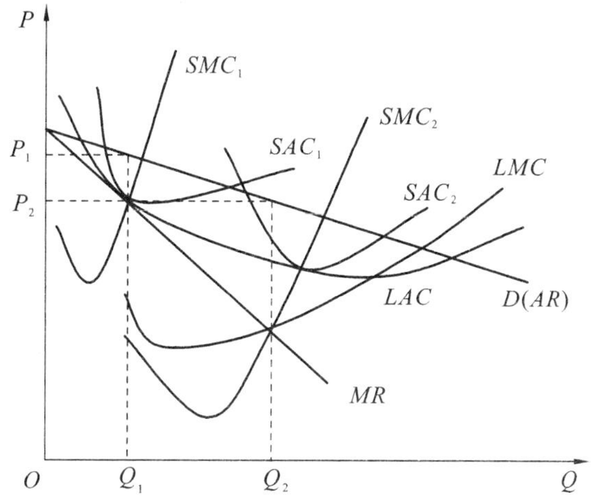

图 5.10 完全垄断市场上厂商长期均衡示意图

在图 5.10 中，假设垄断厂商短期平均成本曲线为 SAC_1，为了赚得最大利润，产量是 MR 与 SMC_1 相交的点 Q_1，销售价格为 P_1。因为 $SMC_1 \neq LMC$，所以这样的均衡是短期均衡，而不是长期均衡。在长期内，厂商要通过调整厂房设备增加产品产量，当产量增加到 Q_2 时，其短期平均成本曲线为 SAC_2，短期边际成本曲线 SMC_2 与 MR 相交，销售价格为 P_2，这时 $MR=LMC=SMC_2$，实现了长期均衡。长期均衡与短期均衡的区别是，后者不要求长期边际成本 LMC 与边际收益 MR 相等，而前者则要求它们相等。

短期内垄断厂商无法调整全部生产要素，因此不一定能实现利润最大化。但在长期，厂商可以调整全部生产要素，因此可以实现利润最大化，这时就存在垄断利润。

5.3.4 价格歧视

在完全垄断市场上，垄断企业实现利润最大化的关键是确定一个合理的价格。垄断企业以利润为目标时，可以通过控制产量而控制价格，即通过歧视定价的方式来增加其总收益。所谓价格歧视，是指垄断者在同一时间对同一商品向不同的购买者收取不同的价格。实行价格歧视是为了获得垄断利润。要使价格歧视得以实行，一般要具备三个条件：

第一，市场存在不完善性。当市场不存在竞争，信息流动不畅，或者因为各种原因被分割时，垄断者就可以利用这一点进行价格歧视。

第二，各个市场对同种产品的价格弹性不同。垄断者可以对需求弹性小的市场实行较高的价格，以获得垄断利润。

第三，市场必须能有效地分离。同一产品不能在不同市场之间流动，即不能使购买者在低价市场上买到产品再卖到高价市场上去。

根据价格差别的程度可以把价格歧视分为以下三类：

第一，一级价格歧视，又称完全歧视。这是指完全垄断厂商了解每一消费者为购进每单位产品所愿意付出的最高价格，并据此制定单位产品的价格。例如，一个牙科医生根据不同求医人的能力和愿意支付的最高价格，对于相同的治疗收取不同的医疗费用。此时，消费者剩余就全部转化为垄断者的超额利润。

第二，二级价格歧视。这是指垄断厂商了解消费者的需求曲线，把这种需求曲线分为不同段，根据不同购买量确定不同的价格。例如，电信公司根据每天 24 小时中不同时间段，按不同标准收取电话费用。此时，垄断厂商可以把部分消费者剩余转变为自身的超额利润。

第三，三级价格歧视。这是指垄断厂商对不同市场的不同消费者实行不同的价格。例如，电力公司对普通家庭用电和工业用电这两个不同的市场分别采取不同的收费标准。作为垄断者来说，为了追求利润最大化，会对较低需求价格弹性的消费者收取较高的价格，而对较高需求价格弹性的消费者收取比较低的价格。此时，厂商可以在实行高价格的市场上获得超额利润，即把这个市场上的消费者剩余变为超额利润。

在现实中，一级价格歧视比较少见，二级价格歧视和三级价格歧视是比较常见的。

5.4 垄断竞争市场

5.4.1 垄断竞争市场的含义

垄断竞争市场是现实中存在最广泛的一种市场结构。它是指一种既有垄断又有竞争，既不是完全竞争又不是完全垄断的市场结构。

引起这种垄断竞争的基本条件是产品之间存在着差别性。如前所说，产品差别是指同种产品之间在质量、包装、牌号、销售条件甚至服务质量上的差别。每一种差别都会使厂商享有一部分顾客的偏爱和信任，从而对产品价格起一定的影响作用，如果提高价格，不会失掉所有顾客。这与完全竞争不同，完全竞争厂商只要提高价格，就会失掉所有顾客。所以，垄断竞争厂商是自己产品的垄断者。但有差别的产品往往是由不同的厂商生产的，这些厂商的产品具有一定程度的替代性。这样，厂商之间为争夺更大利润而相互竞争。这与完全垄断不同，完全垄断厂商自己本身就是一个行业，因而行业内不存在竞争。

这些厂商努力创造自己的特色以形成垄断，而这些产品之间又存在竞争，这就使得厂商处于垄断竞争的市场中。从这个意义上说，垄断竞争厂商既是垄断者又是竞争者。经济社会中许多产品都是有差别的，因此，垄断竞争是一种普遍现象。

5.4.2 垄断竞争市场上的均衡

5.4.2.1 垄断竞争市场上厂商的短期均衡

在短期，每一个垄断竞争企业都是一个垄断者，它以自己的产品差别在一部分消费者中形成垄断地位。而且短期内其他企业生产不出与其竞争的有差别的产品。这样垄断竞争市场上的短期均衡就与完全垄断市场上的短期均衡完全相同，也就是 $MR=MC$，厂商在垄断竞争市场上实现了短期均衡时，也可能出现获得超额利润、取得盈亏平衡或亏损三种状态。

图 5.11 可以描述一个垄断行业有代表性的厂商短期均衡情况。两条需求曲线 D_1 和

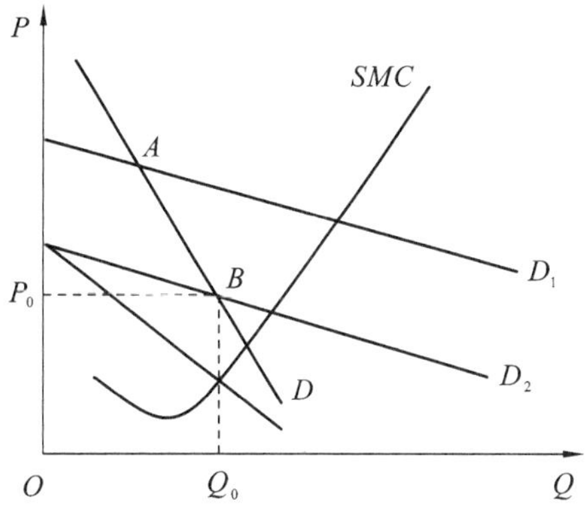

图 5.11 垄断竞争厂商的短期均衡

D_2：D_1是其他厂商价格不变时一家厂商的需求曲线；D_2是其他厂商价格变动时该厂商的需求曲线。在垄断竞争市场上每一家厂商都认为，由于厂商数目比较多，如果自己降价，其他厂商并不会随之降价，主观上认为自己的需求曲线应该为 D_1，实际上每一家厂商都按着这种想法从事，这样市场上的每一家厂商的需求曲线都是 D_2。在短期中，厂商所面临的需求曲线 D 是不变的。和完全垄断市场上的厂商一样，垄断竞争厂商也是按利润最大化原则来确定产品产量。结果价格水平从较高的需求曲线 D_1 上的 A 点开始，不断降低价格，增加销售量，当降到较低的需求曲线 D_2上的 B 点时，边际收益等于边际成本，由此所决定的销售量为 Q_0，价格为 P_0。在这一过程中，该厂商的需求曲线由 D_1 移动到了 D_2，这时就实现了短期均衡。

与完全垄断市场上的厂商均衡相比，在垄断竞争市场上除了有两条需求曲线外，厂商的短期均衡与完全垄断市场相同。

5.4.2.2 垄断竞争市场上厂商的长期均衡

在长期中，垄断竞争的市场上也存在着激烈的竞争。各厂商可以仿照别人有特色的产品，可以创造自己有特色的产品，也可以通过广告来创造自己的需求，形成自己产品的垄断地位。所以垄断竞争市场上长期均衡的条件是：$MR=MC$，$AR=AC$。这种均衡状态如图 5.12 所示。

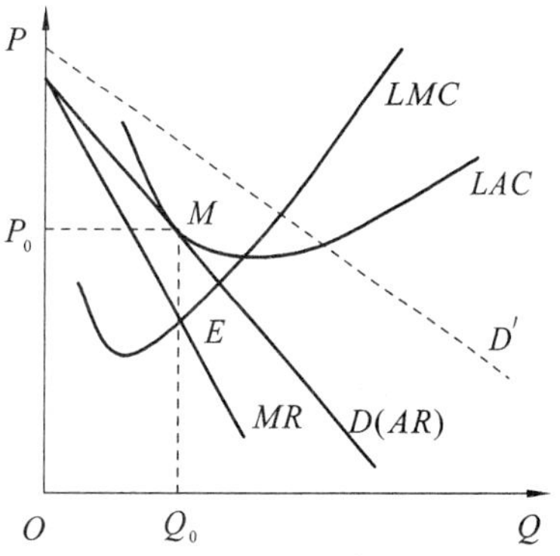

图 5.12 垄断竞争市场厂商的长期均衡

长期边际成本与边际收益相等所决定的产量是 Q_0，价格水平为 P_0。这时的总收益是平均收益（价格）和产量的乘积，即图中 P_0MQ_0O 所围成的面积。总成本等于平均成本与产量的乘积，实际也是图中的 P_0MQ_0O 所围成的面积，总收益等于总成本，实现了厂商的长期均衡。

由此可见，垄断竞争市场的均衡在短期内与垄断市场相同，但在长期不同于完全竞争市场。

5.4.3 垄断竞争市场上的非价格竞争

在完全竞争市场上，同行业厂商提供的是完全相同的产品，所以，要实现利润最大化只有一个办法，就是使其产量调整到边际成本与产品价格相等。而垄断竞争企业为实现利润最大化，除了可以调整产品价格以改变其销售量外，还可以通过改变产品特征以及销售费用来调整销售量，这些手段就是非价格竞争。非价格竞争的主要手段有产品差别、产品变异和广告。

5.4.3.1 产品差别

完全竞争市场上的产品是完全同质的,因此,每个厂商生产的产品与行业中的其他厂商生产的产品完全相同,这是厂商对市场价格缺乏控制能力的主要原因。但在垄断竞争市场上,厂商在一定程度上能够控制价格,可以根据购买量来调整产品价格,因而具有向右下方倾斜的需求曲线。这种控制能力或者说是市场支配能力,主要是通过产品差别来实现的。这些差别可能是产品本身的差别,如产品的品质、性能、设计、颜色、商标不同,也可能与销售条件有关,如销售地点、经营方式等。这种产品的差别导致了生产差别产品的厂商在一定程度上的垄断力量。这种垄断力量的大小取决于产品差别的程度。产品差别越大,垄断力量越强;产品差别越小,垄断力量越弱。因此,垄断竞争厂商为了在竞争中取胜,增强产品差别就成了增强垄断能力的重要手段。差别就是特色,努力增强并保持自己产品的特色,这有助于提高竞争能力。有了产品特色且难以模仿,厂商有可能在不降低价格的情况下吸引更多的消费者,以获取更高的利润。

5.4.3.2 产品变异

由于产品之间存在可替代性,垄断竞争市场上的厂商之间仍存在竞争,这种竞争的存在又成为厂商强化产品差别的动力。产品差别可以获得一定程度的垄断力量,但它不可能实现完全垄断。为了使这种垄断地位能够长久保持,厂商必须创新。厂商可以像变动价格一样改变其产品特征,来增加销售量、增加利润。这就是产品变异。产品变异实际上是厂商之间产品差别的进一步强化。这种变异包括两个方面:一是产品本身的改变,可能是一些质的改进,如原料、设计、技术性能、式样、型号、颜色等的改变,也可能是一些非质性的改变,如包装、品牌、商标等方面的改变。二是销售条件的改变。既然本身完全相同的产品会由于销售条件不同而被消费者看成不同的产品,那么,厂商完全可以通过销售条件的改变来扩大这种差异,比如采取改变经营方式、提高服务质量等措施来强化顾客对本企业产品的认同感。

5.4.3.3 广告

对于已经生产出来的、具有差别的产品要增加其销售量,厂商还能采取的措施就是增加销售费用影响消费者的需求,从而达到扩大销售量、增加利润的目的。厂商的销售费用主要包括各种推销活动的成本,比如推销人员的工资、对零售商店陈列商品样品所给予的补贴等。然而这其中所占比例最大应该是广告费用的支出。

产生广告这种推销形式的直接原因在于产品存在差别。我们不能想象在完全竞争市场上能够用广告扩大产品的销售量。因为在完全竞争市场上各个同行业厂商提供的是完全同质的产品,它们之间没有丝毫的不同之处,而垄断竞争则不然,企业处心积虑生产出有差别的产品,同时又希望有着不同偏好的消费者了解并购买这些产品,沟通双方的媒介之一就是广告。厂商做广告必须支付费用,但是,它们一般认为因为广告而增加的收益一定会大于为此而投入的成本。它们希望通过广告增加消费者对其产品的认同与需求,使消费者在每一价格水平下都能购买更多的商品,或者通过消费者的认同而使之支付更高一些的价格。

作为消费者,面对众多的产品,识别它们是很困难的,广告则在某种程度减少了消费者的这种困惑,可以帮助他们做出比较理性的选择。从消费者效用增加的角度以及由此而引致的生产者利润的增加角度看,在垄断竞争市场,广告是不可缺少的,尤其是信息性的广告，对于广大消费者来说，是了解市场、增强购买过程理性化处理能力的重要工具。

5.5 寡头垄断市场

5.5.1 寡头垄断市场的含义

寡头垄断又称寡头，原意是为数不多的消费者。寡头垄断市场是指少数几家厂商垄断了某一行业的市场，控制了这一行业的供给。在这种市场上，几家大厂商生产和销售了整个行业的极大部分产品，其中每个厂商在该行业中都有举足轻重的地位。由于寡头市场只有几家厂商，所以，每家厂商的产量和价格的变动都会严重地影响到本行业竞争对手的销售量和销售收入。这样，每家厂商必然会对其他厂商的产量和价格变动做出直接反应，在做出决策时必须考虑其他厂商的决策，同时，也要考虑自己的决策对别的厂商的影响。因此，寡头垄断市场是一个相互依存的市场结构。

寡头垄断市场在经济中占有十分重要的地位。在发达国家，许多重要行业如钢铁、汽车、烟草等行业都是寡头垄断行业，这些行业中大都是四五家公司的产量占全行业产量的一半以上。为什么在钢铁、汽车、烟草这类行业中寡头垄断是最普遍的呢？我们知道，这些行业有一个基本特点，就是这类产品只有大规模生产时才能获得好的经济效益。此外，在开始建厂时所需投资巨大，也使其他厂商很难进入这一行业来与这一行业已有的几家大厂商进行竞争。因此，寡头垄断的形成首先是某些产品的生产与技术要求决定的，即必须是相当大的生产规模才能达到最好的经济效益；其次，这些寡头本身所采取的种种排他性措施对生产资源的供给进行控制；最后还有政府的扶植和支持等因素。

5.5.2 寡头垄断市场上的产量与价格决定

寡头市场在价格与产量决策上有以下三方面特点：一是它很难对产量与价格问题做出像前三种市场类型那样确切而肯定的答案。因为各个寡头在做出自己的价格和产量决策时，都要考虑到竞争对手的反应，而竞争对手的反应又是多种多样并难以捉摸的。二是价格和产量一旦确定就有其相对稳定性。这也就是说，各个寡头由于难以捉摸对手的行为，一般不会轻易变动已确定的价格与产量水平。三是各寡头之间的相互依存性，使它们之间更容易形成某种形式的勾结。但各寡头之间的利益又是矛盾的，这就决定了勾结不能代替或取消竞争，寡头之间的竞争往往会更加激烈。这种竞争既有价格竞争，也有非价格竞争。

5.5.2.1 寡头垄断市场上产量的决定

各寡头之间有可能存在相互之间的勾结，也可能不存在勾结。在这两种情况下，产量的决定方式是有差别的。

1. 寡头之间存在勾结时产量的决定

当各寡头之间存在勾结时，产量由各寡头之间协商确定，而协商确定的结果有利于谁，则取决于实力的大小。这种协商可能是对产量的限定(例如石油输出国组织对各产油国规定的限产数额),也可能是对销售市场的瓜分,即不规定具体产量的限制,而是规定各寡头的具体范围。当然,这种勾结往往是暂时的,当各寡头的实力发生变化之后,就会要求重新确定产量或瓜分市场,从而引起激烈的竞争。

2. 寡头之间不存在勾结时产量的决定

在不存在勾结的情况下,各寡头根据其他寡头的产量决策来调整自己的产量,以达到利润最大化,对这一点要根据不同的假设条件进行分析。经济学家曾作了许多不同的假设,并得出了不同的答案,例如伯兰特解、埃奇沃思解、对策论解等。

通过假设推论可以得出,在寡头垄断市场上,寡头之间的勾结可能成功,也可能不成功,相互勾结和相互竞争对市场价格的影响各不相同。

5.5.2.2　寡头垄断市场上价格的决定

寡头垄断市场上的价格的决定也要区分存在或不存在勾结。在不存在勾结的情况下,价格决定的方法是价格领先制和成本加成法;在存在勾结的情况下则是卡特尔。

1. 价格领先制

价格领先制又称价格领袖制,是指一个行业的价格通常由某一寡头率先制定,其余寡头追随其后确定各自价格。如果产品是无差别的,价格变动可能相同,即价格变动幅度相同;如果产品是有差别的,价格变动可能相同,也可能有差别。领先定价者往往既不是自封的,也不是共同推选的,而是自然形成的。这种自然形成的领先定价者可以看做是价格领袖,一般有三种类型:

第一,支配型价格领袖。领先确定价格的厂商是本行业中实力最大的、具有支配地位的厂商。它在市场上占有的份额最大,因此对价格的决定举足轻重。它根据自己利润最大化的原则确定产品价格及其变动,其余规模较小的寡头则根据这种价格来确定自己的价格以及产量。

第二,效率型价格领袖。在这种情况下领先确定价格的厂商是本行业中成本最低、效率最高的厂商。它对价格的确定也使其他厂商不得不随之变动。

第三,晴雨表型价格领袖。这种厂商并不一定在本行业中规模最大,也不一定效率最高,但它在掌握市场行情变化或其他信息方面明显优于其他厂商。这家厂商价格的变动实际上是首先传递了某种信息,因此,它的价格在该行业中具有晴雨表的作用,其他厂商会参照这家厂商的价格变动而变动自己的价格。

2. 成本加成法

这是寡头垄断市场上一种最常用的方法,即在估算的平均成本的基础上加上一个固定百分率的利润。例如,某产品的平均成本为100美元,利润率确定为10%,这样该产品的价格就可以定为110美元。平均成本可以根据长期中成本变动的情况确定,而所加的利润率则要参照全行业的利润率情况确定。这种定价方法可以避免全行业利润降低。从长期来看,这种方法接近于实现最大利润,是有利的。

3. 卡特尔

卡特尔是生产同类产品的厂商,在划分销售市场、规定商品产量、确定商品价格等方面签订协定而成立的同盟。通过建立卡特尔,几家寡头企业协调行动,共同确定价格,就有可能像垄断企业一样,使整个行业的利润达到最大。例如,石油输出国组织就是这样一个国际卡特尔。但由于卡特尔各成员之间的矛盾，有时达成的协议也很难兑现，或引起卡特尔解体。在不存在公开勾结的卡特尔的情况下，各寡头还能通过暗中的串通来确定价格。

知识小链接

卡特尔实例：OPEC

世界生产大部分石油的国家形成了一个卡特尔，称为世界石油输出国组织欧佩克(OPEC)。在1960年最初成立时，欧佩克包括伊朗、伊拉克、科威特、沙特阿拉伯和委内瑞拉。到1973年，又有其他八个国家加入，即卡塔尔、印度尼西亚、利比亚、阿联酋、阿尔及利亚、尼日利亚、厄瓜多尔和加蓬。这些国家控制了世界石油储藏量的四分之三。正如任何一个卡特尔一样，欧佩克力图通过协调减少产量来提高其产品的价格。欧佩克努力确定每个成员国的生产水平。

欧佩克想维持石油的高价格，但是，卡特尔的每个成员都受到增加生产以得到更大总利润份额的诱惑。欧佩克成员常常就减少产量达成协议，然后又私下违背协议。

1973—1985年，欧佩克成功地维持了合作和高价格，原油价格从1972年的每桶2.64美元上升到1974年的11.17美元，然后在1981年又上升到35.10美元。但在20世纪80年代初，各成员国开始扩大生产水平，欧佩克在维持合作方面变得无效率了。到了1986年，原油价格回落到每桶12.52美元。

现在，欧佩克成员继续每两年开一次会，但卡特尔在达成或实施协议上不再成功了，欧佩克成员主要是相互独立地做出生产决策，世界石油市场是相当有竞争性的。

5.5.3 博弈论的运用

在寡头垄断市场上，寡头厂商处于相互依赖且又利益冲突的对抗状态，因此可以运用博弈论加以研究。1944年出版的冯·纽曼与奥根斯顿编著的《博弈论与经济行为》一书，大大推动了寡头垄断理论的发展。

博弈论又称对策论、游戏论，所研究的是存在利益冲突情况下的决策行为。博弈就是指两个或两个以上的主体在同一个客体中追求各自的利益，他们都以对方的行动为自己的决策依据，无法同时达到自己所追求的目标，必有胜负之分的一种竞争活动。博弈论可以分为纯粹以概率决定胜负的概率博弈和以策略定胜负的策略博弈。策略博弈又可以按寡头垄断厂商的多少分为两人博弈(双头垄断)或多人博弈(多人垄断)，也可以按照博弈各方的收益总和固定与否分为常数和博弈与非常数和博弈。这里仅介绍两人常数和与零博弈即零和博弈，如表5.3所示。

表5.3是两人零和博弈的结局矩阵。假设一个市场上只存在A、B两家厂商。A厂商有a_1、a_2两种策略，B厂商则存在b_1、b_2、b_3三种策略。市场为双头垄断，各自的收益是对方的损失，因此，不管它们采取什么样的价格竞争策略，其收益总和恒为零。表5.3中数据表示A、B厂商分别采取不同的策略时各自的盈利与亏损情况。例如，当A采用策略a_1，而B采用策略b_1时，A能获得10万元的利润，B则损失10万元；如果A选择策略a_2，B选择策略b_2，这时A获得利润7万元，则B损失7万元。假设A和B都完全了解各

种策略所产生的后果:A很清楚不管自己采取哪一种策略,B所采取的策略都将使B的损失最小。因而,A特别注意行最小,如表5.3中,A最终将采取策略a_1,因为这样它的利润起码不会小于9万元。B也很清楚对于自己所采取的每一项策略,A都将采取相应的策略,使A能够得到最大的利润。因而,B对列最大尤为关注,如表5.3中,B将选择策略b_2,这样它的损失最多不会超过9万元。由上面可以看出,A采取的是小中求大的策略,选择行最小中的最大值;B采取的是大中求小的策略,从列最大中挑选出最小值。结果A选择了a_1,B选择了b_2,A获得了9万元的利润,B则损失了9万元。

表5.3 A与B厂商零和博弈的矩阵 单位:万元

		B可选择的策略			
		b_1	b_2	b_3	行最小
A可选择的策略	a_1	10	9	20	9
	a_2	15	7	13	7
	列最大	15	9	20	

知识小链接

博弈论应用之"囚徒困境"

有A和B两个嫌疑犯纵火之后逃跑,被警察抓住了,因证据不足而很难定罪。办案的法官分别找他们谈话,单独对他们其中的每一个人说,如果你招了,他不招,那么你会作为证人无罪释放,他将被判十五年徒刑;如果你招了,他也招了,你们都将被判十年徒刑;如果他招了,你不招,他无罪释放,你被判十五年徒刑;如果你们都不招,各判一年。往往结果两个人都招供了,各被判十年。

为什么两个人都选择了"招供"呢?其"思想搏斗过程"大致如下:假如他招了,我不招,我就要坐十五年监狱,招了最坏坐十年,还是招了合算;假如他不招,我也不招,只坐一年(因无法串供,风险太大);如果我招,他不招,马上被释放,也是招了合算。综合上述情况考虑,还是招了合算,于是两个人都招供了。

这个故事说明,在一个集体里,有可能每个人的选择都是理性的,但对于整个集体来说其结果却不是理性的。寡头垄断市场上的经营决策是少数几个人之间的博弈过程,在这个"博弈场"中,参与赌博的人虽然事先规定了行为规则,但每个赌徒都想使自己在其中处于有利的地位,就像A和B两人一样。大家都想将别人陷于"倒霉"的境地,而使自己从困境中逃脱出来,大家都这样做的结果,使大家都享受了风险共担的结果。

5.5.4 四种市场结构的比较

在完全竞争市场上,价格可以充分发挥"看不见的手"的作用,调节经济的运作,使社会的供给与需求相等,使资源得到最优配置,生产者的成本不会有不足或过剩,消费者的需求也得到了满足。在完全竞争市场上,长期均衡时所达到的平均成本处于最低点,说明通过完全竞争与资源的自由流动，使生产要素的效率得到了最为有效的发挥。同时平均成本最低决定了产品的价格也是最低的，这对消费者是有利的。但是，完全竞争市场也有一定的缺点，如产品无差别，无法满足消费者的多种需求，生产规模小等。

完全垄断对经济是不利的，可能会导致资源的浪费和社会福利的损失。与完全竞争相比，完全垄断下的平均成本与价格高，产量低。完全垄断市场中消费者所付出的价格高，使消费者剩余减少，这种减少是社会福利的损失。当然，完全垄断市场也存在一些有利的因素，具体表现在可实现规模经济，有利于实现重大技术突破和提升企业的国际竞争力。

垄断竞争条件下厂商所生产的产品是多样化、有差别的，因而能更好地满足不同消费者的不同偏好。在垄断竞争市场上，由于存在竞争压力，迫使垄断竞争企业进行技术创新，由此获得超额利润。垄断竞争也有其缺陷，表现为垄断竞争市场中消费者不得不接受较高的价格，没有实现资源的最优配置，而且垄断厂商没有充分利用现在的生产要素，垄断竞争厂商存在多余的生产能力，这意味着垄断竞争对消费者来说成本更高。

在寡头垄断市场上，厂商在该行业的总产量中都占有相当大的份额，以至于其中任何一家厂商的产量或价格的变动都会对市场的价格和供给量产生重大影响。

不同的市场结构决定着企业的不同竞争目标。以上对完全竞争、完全垄断、垄断竞争和寡头垄断的均衡状态已经全部作过介绍，现将它们放在一起作个简要比较，如表 5.4 所示。

表 5.4　四种市场结构的厂商均衡状态的比较

市场类型	厂商数量及其规模	对价格的影响	均衡条件($MR=MC$)		评价
			短期均衡	长期均衡	
完全竞争	很多小厂商 产品同质	由市场决定，个别厂商无法决定	$P=MR=AR$ $MR=MC$ 超额利润$=(AR-AC)Q$ (可>0，$=0$ 或<0)	$MR=AR=MC=AC$ 只是正常利润，因 $AR=MC$，成本最小化，从而经济效率最高	供求平衡，成本低，价格低
完全垄断	一家	有很高的控制力	$AR>MR$ $MR=MC(SMC)$ 超额利润$=(AR-AC)Q$ (可>0，$=0$ 或<0)	$MR=LMC=SMC$ 有超额利润(但公营的公用事业可能没有)	成本与价格高，产量低
垄断竞争	较多 产品差别性	由市场决定，但个别厂商略有影响	$MR=MC$ 超额利润$=(AR-AC)Q$ (可>0，$=0$ 或<0)	$MR=MC$，$P(AR)=AC$ 只能获得正常利润 $AC>MC$，$P(AR)>MR$	介于完全竞争与完全垄断之间
寡头垄断	少数几家	有控制能力	按利润最大化原则通过卡特尔、价格领先制、成本加成法等形式决定 短期超额利润$=(AR-AC)Q$(同样可>0，$=0$ 或<0)。长期通常有超额利润		抬高价格，但有利于规模扩大和科技创新

本章小结

(1)在完全竞争市场的条件下,厂商所面临的需求曲线、平均收益曲线以及边际曲线是重合的。完全竞争厂商的短期均衡存在不同情况:当市场价格高于平均可变成本最低点时,厂商按边际收益等于边际成本的原则选择产出数量;当市场价格高于平均成本时,厂商处于获取超额利润的均衡状态;当市场价格处于平均成本曲线的最低点时,厂商处于零利润的均衡状态;当市场价格低于平均成本但高于平均可变成本最低点时,厂商处于亏损的均衡状态;当市场价格低于平均可变成本时,厂商会停止生产。完全竞争厂商的短期均衡条件可以表示为:$AR=MR=P=MC$。

(2)在完全垄断市场的条件下,厂商的平均收益曲线与需求 D 曲线重合,是一条向右下方倾斜的曲线,厂商的边际收益 MR 曲线也向右下方倾斜,并且低于 AR 曲线。厂商的短期均衡遵循 $MR=MC$ 原则,只要厂商面临的市场需求高于平均可变成本,厂商按边际收益等于边际成本的条件选择产量,此时厂商处于短期均衡。由于垄断厂商排斥其他厂商的进入,因而垄断厂商在长期内获得最大利润。

(3)垄断竞争厂商的长期均衡条件为:$MR=LMC$,$AR=LAC$,即厂商的产量由边际收益等于长期边际成本所决定,而对应于平均收益上的价格恰好等于长期平均成本。

(4)在寡头市场条件下,每家厂商在该行业的总产量中都占有相当大的份额,以至于其中任何一家厂商的产量或价格的变动,都会对市场的价格和供给量产生重大影响。

(5)不同市场类型的经济效率是不一样的。完全竞争市场的经济效率最高,垄断竞争市场的经济效率较高,寡头垄断市场的经济效率较低,垄断市场的经济效率最低。市场竞争的程度越高,经济效率就越高;市场垄断的程度越高,经济效率就越低。

补充读物

铁路部门的垄断定价能绑架市场需求多久?

2007 年 4 月 18 日的我国铁路第六次提速本应是我国铁路史上的一件大事,但人们关注的焦点并不是提速本身,而是提速后车票的价格。虽然从技术层面上说,火车提速几个小时需要大量的资金技术,但乘客为了这几个小时的时间付出的却是高于原先 T 字或 K 字头列车近一倍的票价。凭什么要定那么高的价格?这样的高票价又是如何制定的呢?铁道部也只是拿出了一个“提速不提价”的原则,并列举一系列的专业成果来包装 D 字头新车,并没有说清楚票价定价机制,也没有提及是否要召开听证会一事。

又是一次因价格引发的争论,又是一次社会对于垄断行业的不满。ATM 跨行收取查询费被强停后,人们对于垄断行业的价格问题越发不满。根据中青报的网络调查显示,有 96.8%的受访者认为垄断行业乱收费现象严重。89.5%的受访者称,“某些企业具有垄断地位,缺乏约束”;81.5%的受访者认为“政府相关部门监管不力”。有受访者表示,不是说上述费用一定不该交,而是它开收的方式、收取的金额“太霸道”,完全不经过任何听证,让人无法接受。“垄断意味着企业有定价权,但是有定价权并不意味着有随意定价的权力。”

同样的道理,提速后的列车当然有重新定价的权力,然而乘客也应该有了解新价格是如何制定的权利，并且按照我国新制定的有关法律，铁道部门价格的变化都应该召开听证会，听取公众对此的表态。特别是作为一个垄断部门，铁道部的价格也必须遵循市场规律，在飞机票价的折扣越打越低的时候，我们却看见火车票价只涨不降。特别是从新型D字头列车的票无人问津的状况来看，高票价是不符合基本市场供需关系的。

因为存在垄断性市场，才会出现垄断性的价格，我们很难相信在短期内铁路部门能打破垄断，我们只是希望在市场化的今天，垄断性的企业也能更市场一些。

资料来源：www.huaxia.com

美国西南航空公司的崛起

1992年，美国航空业亏损达20亿美元，这也使得美国航空公司进入20世纪90年代以来赤字总额累计达到80亿美元。三家航空公司——TWA、大陆、美国西方已经破产。

然而，就在美国航空业一片萧条中，一家名叫西南航空公司的小企业却异军突起。在1992年，西南航空公司令人难以置信地取得了营业收入猛涨25%的佳绩。率领西南航空公司创造神话的传奇人物是赫伯特·克莱尔，是他找到了云缝（管理学家称之为"市场的战略性窗口"），使得名不见经传的西南航空公司一飞冲天。

对西南航空公司的最初构想诞生在餐桌上。在1967年的一次聚餐会上，克莱尔律师的一位客户罗林·金在餐桌上随手画了一个三角形，3个顶点分别代表达拉斯、休斯敦和圣安东尼奥。金的想法是：目前大型航空公司都热衷于长途飞行，对短途飞行不屑一顾，如果我们能够组建一家航空公司，专门在餐桌上所标明的这类大城市间经营短途空运业务，这个市场应当是有利可图的。克莱尔当即表示赞同。

当西南航空公司从金发现的战略性机会窗口挤进美国航空市场后，它立即遭到了其他大型航空公司的激烈反击。直到1975年，已成立8年之久的西南航空公司仍只拥有4架飞机，只飞达拉斯、休斯敦和圣安东尼奥3个城市，在巨人如林的美国航空界应是一位小矮人。但西南航空公司的经营成本远远低于其他大型航空公司，因而它的票价也大大低于市场平均价格，吸引了大批乘客。面对西南航空公司发动的价格战，大型航空公司不肯示弱，它们与这个闯入市场的不速之客展开了降价大战。

对于绝大多数小企业而言，如果试图与实力雄厚的大企业进行价格竞争，那无异于自取灭亡。大企业可以凭借充足的财力为后盾，把价格压到比小企业还低的水平，与小企业拼消耗。小企业有限的资源很快会被耗干，从而自然出局。

没有退路的克莱尔绞尽脑汁压缩公司的成本，最后，西南航空公司不仅打赢了这场由它挑起的价格战，而且做到了任何一家大型航空公司都无法做到的低成本运营。大型航空公司之所以在这场价格战中落败，根本原因在于它们的优势无法在这个狭小的战略机会窗口中发挥出来。

在20世纪70年代，西南航空公司只将精力集中于得克萨斯州之内的短途航班上。它提供的航班不仅票价低廉，而且班次频率高，乘客几乎每个小时都可以搭上一架西南航空公司的班机。这使得西南航空公司在得克萨斯航空市场上占据了主导地位。

进入20世纪80年代，西南航空公司开始以得克萨斯州为基地向外扩张，它先是开通了与得州毗邻的4个州的短途航班，继而又在这4个州的基础上开通进一步向外辐射的新航班。无论如何扩展业务范围，西南航空公司都坚守两条标准：短航线、低价格。1987年，西南航空公司在休斯敦—达拉斯航线上的单程票价为57美元，而其他航空公司的票价为79美元。20世纪80年代是西南航空公司大发展的时期，其客运量每年增长300%，但它的每英里运营成本却持续下降。到1989年12月，西南航空公司的每英里运营成本不足10美分，比美国航空业的平均水平低了近5美分。

到1993年，西南航空公司的航线已涉及15个州的34座城市。它已拥有141架客机，这些客机全部是节油的波音737，每架飞机每天要飞11个起落。由于飞机起落频率高、精心选择的航线客流量大，因此西南航空公司的经营成本和票价依然是美国最低的，其航班的平均票价仅为58美元。低价位的西南航空公司航班成为美国乘客心目中的"黄金航班"。1992年2月，西南航空公司开通了前往俄亥俄州克利夫兰市的航线。到年底，克利夫兰霍普金斯机场的客流量比1991年上升了9.74%。该机场的一位经理说："今年机场客流量突破了历史最高纪录，这些新增的乘客几乎全是西南航空公司送来或接走的。"

面对咄咄逼人的西南航空公司的扩张势头，许多竞争对手不得不调整航线，有的甚至望风而逃。例如，当西南航空公司的航班扩展到亚利桑那州凤凰城时，面临破产危险的美国西方航空公司索性放弃了这一市场；而当西南航空公司进入加利福尼亚州后，几家大型航空公司不约而同地退出了洛杉矶—旧金山航线，因为它们无法与西南航空公司59美元的单程机票价格展开竞争。在西南航空公司到来之前，这条航线的票价高达186美元。

一些西南航空公司尚未开通航线的城市主动找上门来，请求克莱尔尽快在自己的城市开设新线。例如，斯卡拉蒙托市就派遣了两名代表前来西南航空公司总部游说，这两人一位是该市商会主席，另一位是该市机场经理。克莱尔答应了他们的请求，在几个月后开通了这条新航线。在1991年，西南航空公司一共收到了51个类似的申请。

西南航空公司的低价格战略战无不胜，到1991年，克莱尔发现已找不到什么竞争对手了。克莱尔说："我们已经不再与航空公司竞争，我们的新对手是公路交通，我们要与行驶在公路上的福特、克莱斯勒、丰田、尼桑等汽车展开价格战。我们要把高速公路上的客流搬到天上来。"

资料来源：经理世界网

肯德基连锁店的促销策略

肯德基连锁店一直采取向消费者发放折扣券或网站打印折扣券的促销策略。他们对来肯德基就餐的顾客发放肯德基产品的宣传品，并在宣传品上印制折扣券。

为什么肯德基不直接将产品的价格降低？回答是：折扣券使肯德基公司实行了三级差别价格。肯德基公司知道并不是所有的顾客都愿意花时间将折扣券剪下来保存，并在下次就餐时带来。此外，剪折扣券意愿与顾客对物品支付意愿和他们对价格的敏感相关。富裕而繁忙的高收入阶层到肯德基用餐弹性低，对折扣券的价格优惠不敏感，不可能花时间剪下折扣券保存并随时带在身上，以备下次就餐时用，而且折扣券所省下的钱他们也不在乎。但低收入的家庭到肯德基用餐弹性高，他们更可能剪下折扣券，因为他们的支付意愿低，对折扣券的价格优惠比较敏感。

肯德基连锁店通过只对这些剪下折扣券的顾客收取较低价格，吸引了一部分低收入家庭到肯德基用餐，成功地实行了价格歧视，采取了三级差别价格，并从中多赚了钱。如果直接将产品价格降低，不带折扣券的高收入阶层的高意愿消费而多得的收入就会流失。

资料来源：21世纪商业评论

复习思考题

5.1 单项选择题

(1)在完全竞争市场中，企业的主要竞争策略是(　　)。

A. 广告促销　B. 降价促销　C. 涨价盈利　D. 降低成本

(2)(　　)最接近完全竞争行业。

A. 飞行行业　B. 服装行业　C. 香烟行业　D. 大豆行业

(3)一般的，若厂商的价格低于(　　)时，它将停止营业。

A. 平均成本　B. 平均可变成本　C. 平均固定成本　D. 边际成本

(4)一个垄断厂商要想取得最大利润，其(　　)。

A. 可以自由定价　B. 可以在缺乏弹性的部分自由定价

C. 可以在富有弹性的部分自由定价　D. 必须使 $MR=MC$

5.2 多项选择题

(1)在完全竞争市场上，厂商短期均衡的条件是(　　)。

A. $MR=MC$　B. $P=MC$　C. $AR=MC$

D. $AR=AC$　E. $TR=TC$

(2)(　　)情况发生时，企业的利润最大。

A. $MR=MC$　B. TR 与 TC 的差额最大　C. 正常利润最大

D. $TR=TC$　E. $MR=AR$

(3)价格歧视分为(　　)。

A. 一级价格歧视　B. 二级价格歧视　C. 三级价格歧视

D. 四级价格歧视　E. 五级价格歧视

(4)一般来说，垄断存在的缺点是(　　)。

A. 缺乏效率　B. 缺乏公平

C. 与完全竞争或垄断竞争相比，产品价格高、产量低

D. 与完全竞争或垄断竞争相比，产品价格低、产量高

E. 利润低

5.3 问答题

(1)为什么完全竞争厂商不愿意花费任何金钱为产品做广告？

(2)完全垄断与寡头垄断有何区别？

(3)垄断厂商处于短期均衡时能否取得经济利润？

(4)形成寡头垄断市场的原因主要是什么？

(5)“成为垄断者的厂商可以任意定价”这种说法对吗？

(6)完全竞争厂商的长期均衡过程是如何实现的？

(7)完全竞争在现实经济生活中存在吗？

6 分配理论

学习目标

（1）了解生产要素需求的特点、引起收入分配不平等的原因、收入分配的一般原则。

（2）理解洛伦茨曲线与基尼系数的内容。

（3）掌握工资、利率、地租、利润的决定。

经济学家箴言

经济学是一门按照模式进行思维的科学，而模式本身又夹杂着艺术，这种艺术就是能选出适合当前世界的模型。

——宏观经济学奠基人约翰·梅纳德·凯恩斯

直觉与判断力的获得：灵感只光顾那些有准备的头脑。

——彭加勒

问题导入

有一家生产出口服装的私营企业，每件服装的出口价为 150 美元，而小老板付给工人的工资每月仅 150 元人民币。大家看到这里，会产生对小老板的恨和对工人的同情。但判断小老板付的工资合理不合理，我们不能用感情代理理性。经济学中分配理论的相关知识是分析这个问题的出发点，我们将通过分配理论来分析。

分配理论要解决为谁生产的问题，即生产出来的产品按什么原则分配给要素的所有者。分配问题之所以重要，还在于它涉及效率与公平问题。

市场经济中，分配的原则是按贡献分配，即每种生产要素在生产中作出的贡献。各种生产要素的报酬取决于生产要素的数量与价格。所以，分配理论就是要解决生产要素的价格决定问题。生产要素的价格与产品价格一样，是由供求关系决定的。这就是说，生产要素的需求与供给决定了生产要素的价格。因此，分配理论是价格理论在分配问题上的应用，分配是由价格决定的。

6.1 生产要素的需求与供给原理

在现实生活中，人们以不同方式获取收入。工人以工资的形式获取收入，土地、资本所有者和企业家以地租、利息和利润的形式获取他们的报酬。要确定是哪种因素决定了总收入的分配，就必须了解生产要素的价格及决定。

6.1.1 生产要素市场供求的基本原理

生产要素是指为社会总产品的创造作出了贡献的资源。在生产要素市场上，作为买卖对象的是四大要素，分别为劳动、资本、土地和企业家的才能。就如同消费者购买产品必须要支付一定的费用一样，企业使用这些生产要素也应支付一定的报酬，土地所有者获得地租，劳动者获得工资，资本所有者获得利息，企业家获得利润。从生产者角度看，工资、地租、利息和利润是生产要素的价格，而从要素所有者角度看，则分别是各所有者的收入，因此要素价格的决定问题也是收入分配的问题。收入分配理论就是分析工资、地租、利息和利润是如何被决定的理论。

生产要素市场是市场经济中市场体系的一部分。要素市场与产品市场非常相似，但二者也存在较大的差异。

第一，生产要素的需求不同于消费者对产品的需求。对生产要素的需求来自于厂商，厂商对要素的需求不同于产品需求。在产品市场上，消费者对产品的需求属于直接需求，是为了直接满足自己的某种欲望。厂商购买生产要素是为了用来生产产品以供应市场，获取利润。因此，消费者对产品的需求引发了厂商对生产要素的需求，经济学中称之为派生需求。

第二，产品市场价格是指购买产品本身的价格。产品被消费者购买后即为购买者所有。生产要素市场价格是指使用要素的价格，购买者仅在一定期限内有使用权。

第三，生产要素市场上的供求主体有别于产品市场上的供求主体。在产品市场上，需求来自消费者，供给来自厂商；在生产要素市场上，情况正好相反，需求来自厂商，供给来自消费者，即需要并购买生产要素的是作为生产者的厂商，提供生产要素的是个人。

要素市场与产品市场虽然有所不同，但两者是相互依存的。一方面，生产要素的价格取决于其供求，而要素的供求又取决于产品市场。若产品市场不景气，产品积压，必然导致生产下降，降低对生产要素的需求，从而影响生产要素的价格。另一方面，生产要素的价格也会影响到产品的价格。生产要素价格上涨，意味着企业产品成本的提高，从而导致产品价格的上涨。

6.1.2 生产要素的需求

生产要素需求是一种派生的需求，企业之所以需要生产要素，是为了用其生产出各种产品，实现厂商利润的最大化。同时，生产要素的需求是一种联合需求。这就是说，任何生产行为所需要的都不是一种生产要素，而是多种生产要素，各种生产要素之间在生产过程中是功能互补的。如果只增加一种生产要素而不增加另一种生产要素,就会出现边际收益递减现象。而且,在一定的范围内,各种生产要素也可以互相替代。生产要素之间是相互依存的,也就是说厂商必须同时购买多种生产要素才能满足生产需要。

由以上生产要素需求的性质可以看出,影响生产要素需求的主要因素包括:

1. 市场对产品的需求以及产品的价格

这两个因素影响产品的生产与厂商的利润,从而也就会影响生产要素的需求。一般而言,如果市场上对某种产品的需求量越大,产品的价格越高,那么市场上对生产该产品所需的各种生产要素的需求就越大。反之,则需求减少。

2. 生产技术状况

生产技术的状况决定着生产的方式与手段,也就决定了生产要素需求的多少。如果技术是劳动密集型的,则对劳动的需求大;如果技术是资本密集型的,则对资金的需求大。

3. 生产要素的价格

各种生产要素之间有一定程度的替代性,是否替代和如何替代在一定范围内取决于各种生产要素本身的价格。厂商为了降低成本,一般要用价格低的生产要素替代价格高的生产要素,从而生产要素的价格本身对其需求就有重要的影响。

生产要素需求的派生性与联合性决定了生产要素的需求比产品的需求要复杂得多,因此在分析生产要素需求时应注意以下一些问题:

第一,产品市场结构的类型是完全竞争还是不完全竞争;

第二,一家厂商对生产要素的需求与整个行业对生产要素需求的联系与区别;

第三,只有一种生产要素变动与多种生产要素变动的情况;

第四,生产要素本身的市场结构是完全竞争的还是不完全竞争的。

6.1.3 生产要素的供给

生产要素各种各样,不同种类的生产要素各有自己的特点。一般来说,可以把生产要素分为三类:

第一类是自然资源,其市场价格高低只与需求大小有关,和供给相对无关,在经济分析中假定这类自然资源是固定的,如土地这类生产要素。

第二类是资本品,它是利用其他生产资源生产出来的,也和其他产品一样,这一行业的产品可能是另一行业的生产要素,比如汽车轴承是轴承厂的产品,但它是制造汽车的部件。这种要素的供给与一般产品一样,供给量与其价格之间同方向变动,供给曲线向右上方倾斜。

第三类是劳动,劳动的供给取决于工资变动所引起的替代效应和收入效益。这类生产要素的供给有其特殊性,供给曲线是向后弯曲的曲线,我们将在工资理论中再详细介绍。

6.1.4 生产要素价格的决定

在完全竞争市场,生产要素的价格与产品的价格一样,是由要素的供求所决定的。一般说来,生产要素的需求曲线向右下方倾斜,供给曲线向右上方倾斜,因此决定了生产要素的价格。

在图6.1中，生产要素的需求曲线 D 与供给曲线 S 相交，决定了生产要素的价格为 P_0，数量为 Q_0。这与产品价格与数量的决定是完全一样的。

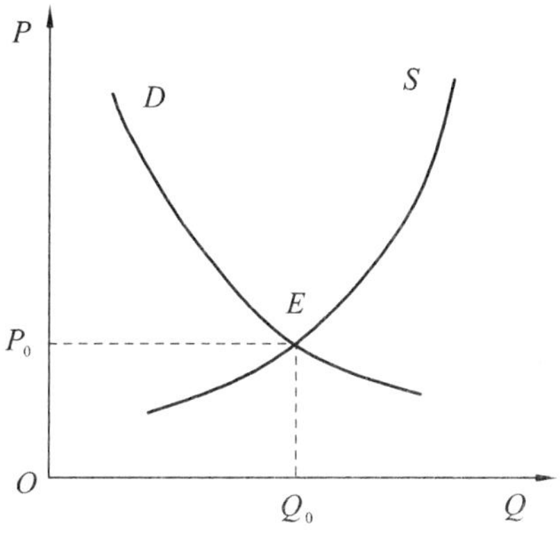

图6.1 生产要素价格的决定

但各种要素有不同的需求与供给特征，也有不同的市场结构，因此，各种要素价格与收入的决定也有所不同。

6.2 工资、利率、地租和利润理论

问题导入

“春节过后，洗车工70元一天都招不到人，”据一家汽车美容店的胡经理介绍，洗车行一般开出的待遇是包吃包住，1 100元/月底薪加提成，一个洗车工人一般一个月能拿到1 700元。

胡经理说，顾客过年用车多，初六开门以后门口大量车辆排队等候洗车。由于人手紧缺，他们不得已提高了洗车价格，从平时的30元提高到60～80元。“就算涨了工资，还是没人愿意来。”

火星镇一位洗车行老板王军说，洗车是没有多少技术含量的活儿，在这一行做的多是年龄偏大的男工人，而且本地人少，所以人员临时性和流动性较大。洗车属于劳动密集型行业，劳动强度很大，不是每个人都能干的。

在一家洗车行，记者遇到一位洗车工小熊。来自邵阳的他今年22岁。“问了很多人都说洗车工人工资偏低，普遍每个月在1 700元左右，但管吃管住，所以先做下了。”小熊说，他有几个老乡就是因为嫌洗车辛苦、工资低便回乡就业了。

“洗车这一行工资太低了，我希望尽快学一些经验练成熟手，多赚些钱。”小熊的话代表了很多人的心声。记者随后与一位回老家的洗车工吴雪峰取得联系，他之前在长沙洗了两年车，小吴表示洗车既辛苦又赚不到钱。“我现在在家里帮着爸妈做点小生意，一个月同样可以赚2 000多元，何必来长沙洗车呢！”小

吴说。

春节过后,洗车店老板为什么增加了洗车工的工资?增加了工资为什么还是招不到洗车工?洗车工的工资是由什么决定的?

6.2.1 工资理论

6.2.1.1 工资的含义与种类

工资是劳动力所提供劳务的报酬,也是劳动这种生产要素的价格,劳动者提供劳动获得了作为工作收入的工资。

工资水平是由劳动的需求和供给两种因素共同决定的。根据划分角度的不同,工资可分为不同的种类:根据计算方式来分,可分为计时工资和计件工资,前者是按劳动时间计算的,后者是按劳动成果计算的;根据支付手段来分,可分为货币工资和实物工资,前者是以货币形式支付的,后者是以实物形式支付的;根据购买力来分,可分为名义工资和实际工资,前者是按货币单位衡量的,后者是按货币的实际购买力来衡量的。在工资理论中主要分析货币工资的决定和变动。

6.2.1.2 完全竞争市场上工资水平的决定

完全竞争市场上的工资水平是由所有的劳动供给者和需求者共同决定的,也就是说,决定劳动工资的主要因素是劳动的需求和供给。

1.劳动的需求

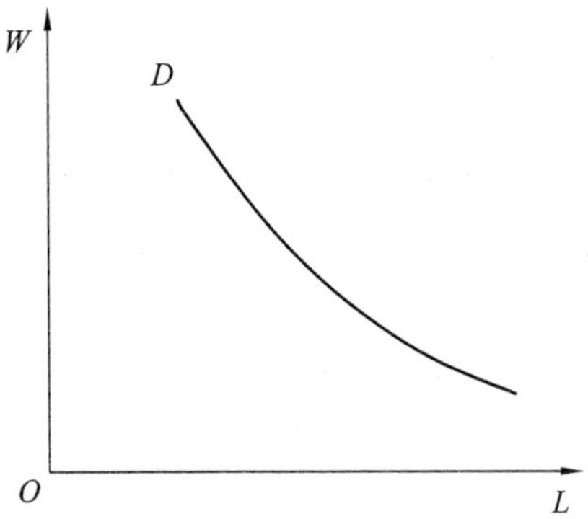

图 6.2 劳动需求曲线

厂商对劳动的需求取决于多种因素,主要有市场对产品的需求、劳动的价格、劳动在生产中的重要性等。在实际经济活动中,对劳动的需求主要还是取决于劳动的边际生产力。劳动的边际生产力是指在其他条件不变的情况下,增加一单位劳动时间所增加的产量。劳动的边际生产力是递减的。厂商在购买劳动时要使劳动的边际成本(即工资)等于劳动的边际产品。如果劳动的边际产品大于工资,劳动的需求就会增加;如果劳动的边际产品小于工资,劳动的需求就会减少。因此,劳动的需求曲线是一条向右下方倾斜的曲线,表明劳动的需求量与工资呈反方向变动。

在图 6.2 中,横轴 OL 代表劳动的需求量,纵轴 OW 代表工资水平,D 为劳动需求曲线。

2.劳动的供给

劳动的供给主要取决于劳动的生产成本,这种劳动的成本包括两类:一是实际成本,即维持劳动者和家庭生活必需的支出费用,以及培养和教育劳动者的费用;另一类是心理成本,劳动是以牺牲闲暇的享受为代价的,劳动会给劳动者心理上带来负效用,补偿劳动者这种心理上负效用的费用就是劳动的心理成本。

就一个国家或一个地区而言,劳动的供给曲线是一条向后弯曲的曲线。劳动的供给有自己的特殊规律。一般来讲，当工资水平较低时，工资增加，劳动的供给也会增加；但当工资增加到一定程度后，如果再继续增加，劳动供给不但不会增加，反而会减少。这是因为，工资收入增加到一定程度后，货币的边际效用递减，不足以抵消劳动的负效用，从而劳动就会减少。因此，劳动的供给曲线被称为向后弯曲的供给曲线。

如图 6.3 所示，横轴 *OL* 代表劳动供给量，纵轴 *OW* 代表工资水平，*S* 为劳动供给曲线。在 *C* 点之前，劳动的供给量随工资的增加而增加。在 *C* 点到 *D* 点之间，工资增加而劳动供给量不变，这是一个短暂的过渡。*D* 点之后，工资增加而劳动供给量减少，这时的供给曲线称为“向后弯曲的供给曲线”。此外，劳动的供给还取决于人口增长率、劳动力的流动性、移民的规模等因素。

3. 工资的决定

劳动的需求与供给共同决定了完全竞争市场上的工资水平，可通过图 6.4 说明这一点。在图中劳动的需求曲线 *D* 与劳动的供给曲线 *S* 相交于 E_0，这就决定了工资水平为 W_0。这一工资水平等于劳动边际生产力。

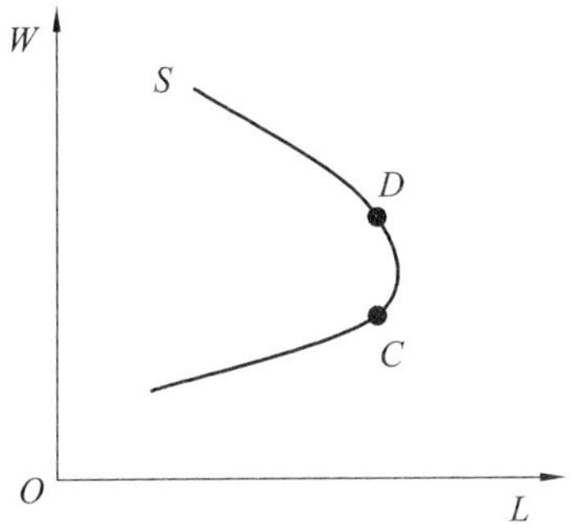

图 6.3 劳动供给的特殊规律

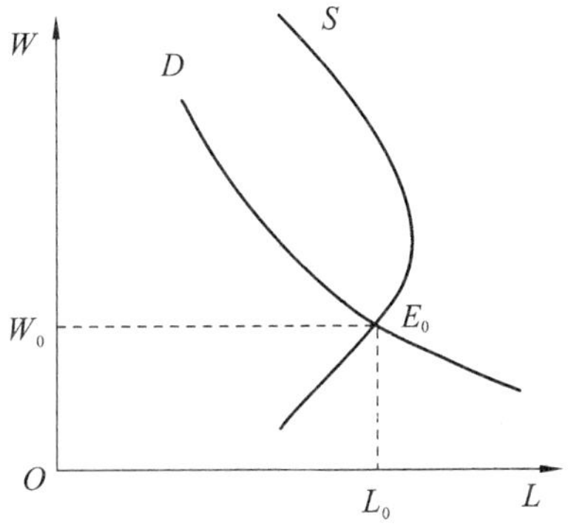

图 6.4 劳动供求与市场工资关系

6.2.1.3 不完全竞争市场上工资的决定

劳动市场上的不完全竞争是指劳动市场上存在着不同程度的垄断。劳动市场上的垄断有两种情况：一种是劳动者对劳动的垄断，即劳动者组成工会，垄断了劳动的供给；另一种是厂商对劳动购买的垄断。当然，这两种情况的结合就是双边垄断，即卖方与买方都有一定的垄断。在现代市场经济中，劳务市场上的双边垄断现象是大量存在的，主要表现就是工会的存在和雇主之间的勾结。在不完全竞争的市场上，工资可能高于或低于劳动的边际生产力。这里我们主要分析工会的存在（即劳动市场上卖方垄断）对工资决定的影响。

1. 工会对工资的影响

工会作为劳动者的组织，目的在于维持较高的工资。工会凭借对劳动力的垄断可以通过以下三种主要方式达到增加工资的目的。

(1)增加对劳动的需求

在劳动供给不变的条件下，通过增加对劳动的需求的方法来提高工资，不但会使工资增加，而且可以增加就业。这种方法对工资与就业的影响可用图 6.5 来说明。在图中，劳动的需求曲线原来是 D_0，这时，D_0 与 S 相交于 E_0，决定了工资水平为 W_0，就业水平为 L_0。劳动的需求增加后，劳动的需求曲线由 D_0 移动到 D_1，这时 D_1 与 S 相交于 E_1，决定了工资水平为 W_1，就业水平为 L_1。当 $W_1>W_0$ 时，说明工资上升；当 $L_1>L_0$ 时，说明就业水平高。

工会增加厂商对劳动需求的方法主要是增加市场对产品的需求，基本措施有增加出口和限制进口，实行保护贸易政策等。在这一点上工会与企业的目标是共同的，很容易达成协议。

(2)减少劳动的供给

在劳动需求不变的条件下，通过减少劳动供给同样也可以提高工资，但这种情况会使就业减少，这种方法对工资与就业的影响可以用图 6.6 来说明。当劳动的供给曲线原来为 S_0 时，S_0 与 D 相交于 E_0，决定了工资水平为 W_0，就业水平为 L_0。当劳动的供给减少后，劳动的供给曲线 S_0 移动到 S_1 时，S_1 与 D 相交于 E_1，决定了工资水平为 W_1，就业水平为 L_1。当 $W_1>W_0$ 时，说明工资上升；当 $L_1<L_0$ 时，说明就业水平下降。

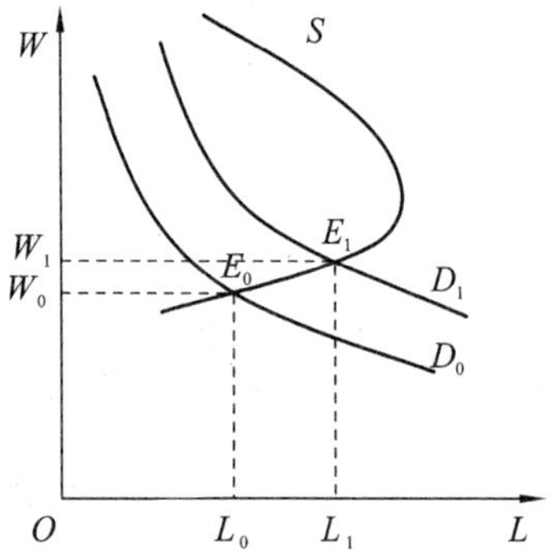

图 6.5 增加劳动需求对工资的影响

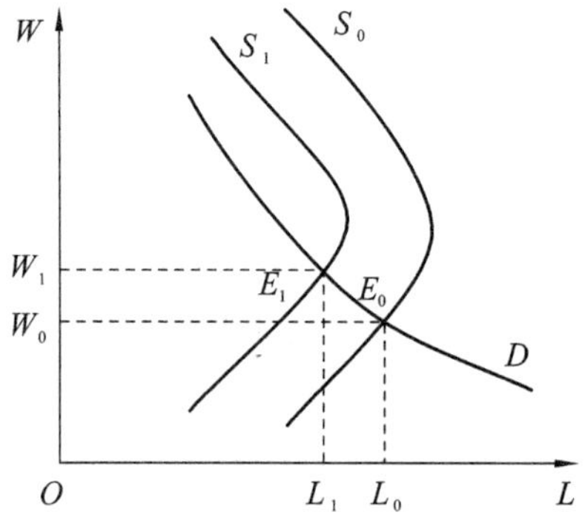

图 6.6 减少劳动供给对工资的影响

工会减少劳动供给的方法主要有：限制非工会会员受雇，迫使政府通过强制退休、禁止使用童工、限制移民、实行减少工作时间的法律等。

(3)实行最低工资法

工会迫使政府通过立法规定最低工资，这样，在劳动的供给大于需求时，也可使工资维持在一定的水平上。这种方法对工资与就业的影响可以用图 6.7 来说明。

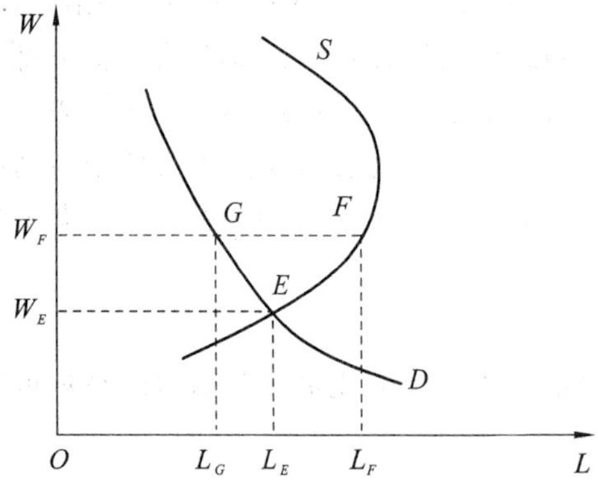

图 6.7 实行最低工资法对工资的影响

在图 6.7 中，劳动供给曲线 S 与劳动需求曲线 D 相交于 E 点，这时的工资水平为 W_E，劳动均衡数量为 L_E。工会强制政府通过相关法律，维持该行业比较高的一个工资水平为 W_F，这时的劳动供给量为 L_F，但在这一工资水平上的劳动需求量却只有 L_G，可能形成失业，将会成为政府非常棘手的社会难题。最低工资也可以说是政府对劳动这种生产要素实行的一种支持价格，实行价格管制必然采取数量管制，否则就会影响社会稳定。

2.工会影响工资决定的限制条件

工会对工资决定的影响在一般情况下也要受到一定的限制。从劳动的需求来看，这种限制因素主要有产品的需求弹性、劳动在总成本中所占的比例和劳动的可替代性这三个因素。

第一，产品的需求弹性。劳动的需求也是一种派生需求，取决于对产品的需求。如果产品的需求弹性大，则工资增加引起产品价格上升，会使产品需求量大幅度减少，从而工资无法增加；如果产品的需求弹性小，则工资增加较为容易。

第二，劳动在总成本中所占的比例。如果劳动成本在总成本中占的比例大，则工资增加引起总成本增加很多，工资的增加就有限；如果劳动成本在总成本中所占的比例小，工资增加对总成本影响不大，则工资增加比较容易。

第三，劳动的可替代性。如果劳动不易被其他生产要素代替，则提高工资容易；如果劳动可以较容易地被其他生产要素代替，则工资提高就有限制。

从劳动的供给来看，也要受到三个因素的限制：

第一，工会所控制的工人的多少。如果控制的工人多，工会力量强大，则易于增加工资。也就是说，工会的垄断程度越高，要求增加工资的力量越大。

第二，工人流动性大小。如果工人流动性大，某一行业或地区可以从其他来源得到工人，则工会难以增加工资；反之，则工会容易增加工资。

第三，工会基金的多少。如果工会保证罢工期间工人生活基金多，提高工资就较容易一些；反之，则较难提高工资。

这些因素中，产品的需求弹性是工会能否发挥作用的重要条件，产品需求弹性比较大，增加工资会引起成本上升，产品价格稍有上升就会引起销售量大量下跌，实行最低工资法的难度就比较大。政府对农产品实行支持价格政策，也可以看做是对农民的一种变相的工资补贴，类似于实行最低工资法，因为农产品是居民生活必需品，价格发生变化，对需求量变动一般影响不大。

工会提高工资的斗争能否成功在很大程度上还要取决于整个经济形势的好坏、劳资双方的力量对比、政府干预程度与倾向性、工会的斗争方式与艺术、社会对工会的同情和支持程度等。工会只有善于利用各方面的有利条件，才能在争取提高工资的斗争中取得胜利。

3.厂商对工资的垄断

当然，对工资水平的影响，除了工会形成的劳务市场卖方垄断这一影响因素外，在劳动市场上还存在厂商买方的垄断因素。当厂商的垄断程度高时，就会竭力把工资压低到劳动的边际生产力之下。厂商对工资的垄断主要包括就业准入制度、各种就业歧视性措施和雇主之间的勾结三种情况。

第一，就业准入制度。就业准入制度的核心内容是厂商在招聘某些技术工种的从业人员时，从取得相应职业资格证书的人员中录用。对于这些行业或工种，厂商坚持要求员工只有经过专业技术培训，取得了职业资格证书才能被聘用，对于用人实施严格的就业准入控制。实行就业准入制度的厂商和国家相关劳动法律制度要求相结合，往往具有比较强的社会控制力，比如我国实行的高等学校教师法，对于高等学校的教师选聘就规定了比较严格的用人标准,必须取得高校教师资格证才能就职。

第二,各种就业歧视性措施。在这方面,劳动市场上的买方垄断往往带有很强烈的主观色彩,其表现主要有提出员工受教育程度的限定标准、各种歧视性用人选择等。受教育程度的限定标准在各国劳务市场上都不同程度地存在,比如在某些工种用人方面明确规定只招收录用具有本科或研究生学历以上的人员等。各种歧视性用人选择常见的有种族歧视、性别歧视、年龄歧视、地域性歧视等。

第三,雇主之间的暗中串通或单独行动。当厂商的垄断程度高时,就会竭力把工资压低到劳动的边际生产力之下。

应该说,尽管劳动市场上的垄断因素对工资的决定有相当大的影响,但从长期来看,还是劳动供求状况在起决定性作用。劳动的供求是决定工资的关键因素,决定工资水平高低的主要还是劳动力的边际生产能力。

知识小链接

工资管制难管人才外流

在我国从计划经济向市场经济转型的过程中,非国有企业的分配制度与市场接轨了,而国有企业的工资仍然是管制的,于是就出现了一系列下面的事件:一位冶金专业研究生被分配到一家国有钢铁企业已经好几年,算得上业务骨干,两万多元的年收入据说在效益并不理想的厂子里已属令人羡慕的档次了。但是,当一家私营钢厂的老板给他开出了"住宅一套、一次性支付20万元的跳槽费、年薪6万元"的条件时,那位研究生左思右想后婉拒了国有大厂厂长的挽留。

说那家私营企业挖墙脚也好,说那位跳槽者见利忘义也罢,市场经济条件下的人们在扮演"社会的人"的角色的同时,他也是一个"自然的人"、一个"经济的人",对更高收入的追求是合乎情理的选择。

问题是在政府对国企职工分配仍然管制较多的情况下,非国有企业的分配制度却迅速与市场接轨,真正体现了"凭本事吃饭"的公平原则,有真才实学的佼佼者在那儿可以获得成倍于普通职工的收入。于是,国企的优秀人才纷纷外流,其结果是,国企因失去大批优秀人才而最终失去竞争能力。

因此,分配的杠杆作用永远是吸引人的磁场。政府和企业固然可以用"看得见的手"来决定国企职工的分配,但市场经济下的劳动力资源本身就是特殊的商品,而商品的价格是很难由政府的"指导政策"来决定的。最终左右人力资源流动的还是那只"看不见的手"。所谓"重赏之下,必有勇夫",虽然不免有点太"经济",少了点"公而忘私"的觉悟,但这恰恰是谁也无法左右的现实。

6.2.2 利率理论

6.2.2.1 利息的含义

利率理论研究的是资本价格,即资本市场上利率的决定。利息是资本要素的价格,使用资本的报酬。资本的所有者在生产中提供了资本,其得到的报酬就是利息。单位资本得到的利息就是利率，利率也可以看成是资本供求的价格，一般说来，利率由资本需求和供给的相互作用来决定。此处，我们不对利率与利息做严格的区分，而是同时把利率与利息看成是资本的价格，虽然严格意义上这两个概念不能混用。

6.2.2.2 利息的形成原因

经济学家在解释利息时说明了为什么要给资本支付利息，以及为什么资本可以带来利息。

第一，时间偏好。人们具有一种时间偏好，即在未来消费与现期消费比较中，人们是偏好现期消费的，换句话说，现在多增加一单位货币消费所带来的边际效用大于将来增加这一货币单位消费所带来的边际效用，之所以有这种情况是因为未来是不可预见的。人们对物品未来效用的评价总要小于现在的效用，人们总是喜欢现期消费，因此，放弃现期消费把货币作为资本就应该得到利息作为报酬。

第二，迂回生产。迂回生产就是先生产生产资料(或称资本品)，然后用这些生产资料去生产消费品，简单地说就是使产业链延长。迂回生产提高了生产效率，而且迂回生产的过程越长，生产效率越高。现代生产的特点就在于迂回生产，但迂回生产如何能实现呢？这就必须要有资本，资本使迂回生产成为可能，从而就提高了生产效率。这种由于使用资本而提高的生产效率就是资本的净生产力。资本具有净生产力是资本能带来利息的根源。

6.2.2.3 利率的决定

利率取决于对资本的需求与供给。资本的需求主要是厂商投资的需求，因此，可以用投资来代表资本的需求。资本的供给主要是储蓄，因此，可以用储蓄来代表资本的供给。这样就可以用投资与储蓄来说明利率的决定。

厂商借入资本进行投资，是为了实现利润最大化，这样投资就取决于利润率与利率之间的差额。利润率与利率的差额越大，即利润率越是高于利率，纯利润就越大，厂商也就越愿意投资。反之，利润率与利率的差额越小，即利润率越接近于利率，纯利润就越小，厂商也就不愿意投资。这样，在利润率既定时，利率就与投资呈反方向变动，从而资本的需求曲线是一条向右下方倾斜的曲线。

人们进行储蓄，放弃现期消费，就必须获得利息得到补偿。因此，利率越高，人们越愿意增加储蓄；利率越低，人们就越要减少储蓄。这样，利率与储蓄呈同方向变动，从而资本的供给曲线是一条向右上方倾斜的曲线。利率是由资本的需求和供给双方共同决定的。

6.2.2.4 利息在经济中的作用

在经济中，通过利率的调节作用，资本市场实现了均衡。这也是价格调节经济的作用之一。因为利率是资本的价格，它所调节的是资本市场。这种调节作用就在于当资本的需求大于供给时，利率会上升，从而减少资本的需求，增加资本的供给。当资本的需求小于供给时，利率就会下降，从而增加资本的需求，减少资本的供给。所以，利率的调节会使资本市场处于均衡状态。

从利率的这种调节中可以看出，利息在经济中具有十分重要的作用。

首先，可以鼓励减少现期消费而多增加储蓄。储蓄增加可以增加资本供给，从而有利于资本的形成和经济的增长，而鼓励人们增加储蓄的最有力手段就是提高利率。

其次，可以使投资更加合理化，促使资本得到最有效的利用。因为利息是投资成本，所以用利息来控制投资的规模和速度,可以使投资趋于更加合理。

再次,可以抑制通货膨胀。当一个社会出现通货膨胀时,提高利率可以抑制人们对资金的需求,同时提高人们的储蓄率,就可以有效降低现期的有效需求,从而抑制通货膨胀。

最后,在一些国家所运用的经济政策中,利率是连接财政政策、货币政策、汇率政策等的杠杆。政府可以利用利率的调整来推行其经济政策,实现宏观经济的稳定。

6.2.3 地租理论

地租是土地生产要素的价格,是使用土地所支付的报酬,土地所有者通过提供土地获得地租。我们这里所说的土地泛指在生产过程中所使用的自然资源(如矿山、油田、水域等),所以地租也可以理解为自然资源使用者付给其所有者的报酬。地租的产生首先在于土地本身具有生产力,也就是说地租是利用"土壤原始的不可摧毁的力量"的报酬。其次土地作为一种自然资源具有数量有限、位置不变以及不能再生的特点。这些特点与资本和劳动不同,因此,地租的决定也有自己的特点。地租产生于以上两个原因,无论在什么社会形态里,实际上都存在地租。在经济学家看来,正因为使用土地有地租,所以土地不能无偿使用,有偿使用土地就是地租存在的表现。

6.2.3.1 地租的决定

地租由土地的需求与供给决定。土地的需求取决于土地的边际生产力,土地的边际生产力也是递减的。所以,土地的需求曲线是一条向右下方倾斜的曲线。但土地的供给是固定的,因为在每个地区,可以利用的土地总有一定的限度。这样,土地的供给曲线就是一条与横轴垂直的线。地租的决定可以用图 6.8 和图 6.9 来说明。

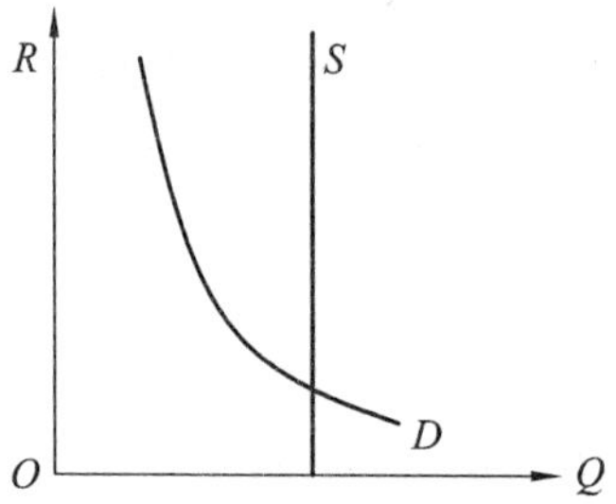

图 6.8 土地的供需曲线

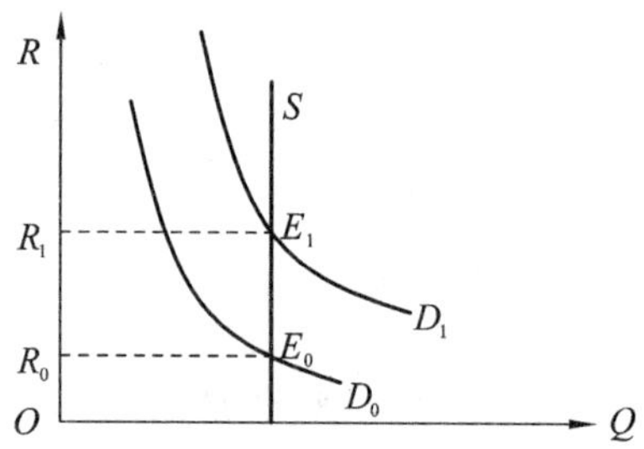

图 6.9 土地供给与地租的关系

在图 6.8 中,横轴代表土地量,纵轴代表地租,垂直线 S 为土地的供给曲线,表示土地的供给量固定,D 为土地的需求曲线。D 与 S 相交,决定了地租。

随着经济的发展,对土地的需求不断增加,而土地的供给不能增加,这样,地租就有不断上升的趋势。

图 6.9 中土地的需求曲线由 D_0 移动到 D_1 就表明土地的需求增加了,但土地的供给仍为 S,S 与 D_1 相交于 E_1,决定了地租为 R_1,R_1 高于原来的地租 R_0,说明由于土地的需求增加,地租上升了。

上面对地租的分析是以土地的好坏相同为前提的,而实际上土地的肥沃程度和地理位置是不相同的。一般来说,条件优越的土地,其边际生产力大于条件较差的土地的边际生产力,二者之差就是级差地租。在很多大城市的中心地段,地租极其昂贵,形成了级差地租现象。

6.2.3.2 准地租与经济租金

由于土地并非人类劳动的产物，一般来说，也不能通过人类劳动来增加其供应的数量，因而从实质上看，地租还具有农产品价格超过其生产成本的那部分生产者剩余的性质。一些经济学家借用地租形态的特殊性提出了准地租和经济租金的概念。

1.准地租

准地租又称准租金，指固定资产在短期所得到的收入。在短期内，固定资产是不变的，与土地的供给相似。不论这种固定资产是否取得收入，都不影响它的供给。只要产品的销售价格能够补偿其平均可变成本，就可以利用这些固定资产进行生产。在这种情况下，产品价格超过其平均可变成本的余额，代表固定资产的收入。这种收入是由于需求大，产品价格超过弥补可变平均成本而有盈余产生的，其性质类似地租，因此，称为准地租。准地租仅是在短期内存在的。在长期内固定资产不是不变的，就不存在准地租了。

2.经济租金

经济学家认为经济租金是准地租的一种特殊形式。经济租金是指生产要素的所有者所得到的实际收入高于他们所希望得到的收入，因为这一部分多得到的收入也是凭借所有权得到的，与地租的形式类似，所以将超过的这部分收入就称为经济租金。这种经济租金类似消费者剩余，所以也被称为生产者剩余。准地租与经济租金是不一样的，准地租仅在短期内存在，而经济租金在长期内存在。

6.2.4 利润理论

利润是企业家才能这种生产要素的报酬。企业家不仅从事企业生产经营中的管理工作，而且要进行创新和承担风险。一般把利润分为正常利润与超额利润。

6.2.4.1 正常利润

正常利润是企业家才能的价格，也是企业家才能这种生产要素所得到的收入。它包括在成本之中，其性质与报酬相类似，也是由企业家才能的需求与供给所决定的。

实际利润高出正常利润就会有更多的企业进入该行业，如果低于正常利润，就会有企业退出该行业。企业家才能的需求很大，因为企业家才能意义重大。企业家才能使劳动、资本与土地结合在一起，生产出更多产品，而企业家才能的供给又是很少的。也就是说具有使企业获得盈利能力的人才是相当稀缺的，这必然导致企业家才能这种生产要素的价格很高。正常利润可以理解为一种特殊的报酬，特殊性就在于其数额远远高于一般劳动所得到的报酬。

6.2.4.2 超额利润

超额利润是指超过正常利润的那部分利润，又称为纯粹利润或经济利润。在完全竞争的条件下的静态社会里不会有超额利润产生，只有在动态社会中和不完全竞争条件下才会产生超额利润。动态社会涉及创新和风险，不完全竞争市场会产生垄断，因此，超额利润有其不同的来源，从而也就具有不同的性质。

1.承担风险的超额利润

风险是从事某项事业时失败的可能性。由于未来具有不确定性，人们对未来的预测有可能发生错误,因而风险的存在就是普遍的。在生产中,由于供求关系难以预料的变动,自然灾害、政治动乱,以及其他偶然事件的影响,会存在着风险,而且并不是所有的风险都可以用保险的方法加以弥补。这样,从事具有风险的生产就应该以超额利润的形式得到补偿。

2.创新的超额利润

创新是指提供新产品和新劳务,引进新的生产方法,采用新原料,开辟新市场和建立新企业组织等的行为,是企业家实行对生产要素新的组合。创新使企业家可以提高产品质量,降低产品成本,或生产出一种新产品。增加利润是企业家创新的动力,超额利润是企业家进行创新的结果。

创新是指企业家对生产要素实行新的组合。它包括五种情况:一是引入一种新产品,可以使产品的价格高于其成本,从而产生超额利润;二是采用一种新的生产方法,可以提高生产效率,降低成本,从而产生超额利润;三是开辟一个新市场,可以提高价格而获得超额利润;四是获得一种原料的新来源,可以降低成本而获得超额利润;五是采用一种新的企业组织形式,同样可以提高生产效率,降低成本,从而产生超额利润。

创新是社会进步的动力,因此由创新获得超额利润是合理的,是社会进步必须付出的代价,也是社会对创新者的奖励。

3.垄断的超额利润

垄断的超额利润是指由垄断而产生的超额利润,又称为垄断利润。垄断的形式可以分为两种,即卖方垄断与买方垄断。卖方垄断也称垄断或专卖,指对某种产品出售权的垄断。垄断者可以抬高销售价格以损害消费者的利益而获得超额利润。在厂商理论中分析的垄断竞争的短期均衡、完全垄断的短期与长期均衡,以及寡头垄断下的超额利润,就是这种情况。买方垄断也称专买,指对某种产品或生产要素购买权的垄断。在这种情况下,垄断者可以压低收购价格,以损害生产者或生产要素的供给者而获得超额利润。垄断所引起的超额利润是垄断者对消费者、生产者或生产要素供给者的剥削,是不合理的。这种超额利润也是市场竞争不完全的结果。

6.2.4.3 利润的作用

正常利润是作为企业家才能的报酬,鼓励企业家更好地管理企业,提高经济效益。由创新而产生的超额利润鼓励企业家大胆创新,这种创新有利于社会的进步。由风险而产生的超额利润鼓励企业家勇于承担风险,从事有利于社会经济发展的风险事业。追求利润的目的使企业按社会的需要进行生产,努力降低成本,有效利用资源,从而在整体上符合社会的利益。整个社会以利润来引导投资,使投资与资源的配置符合社会的需要。

6.3 社会收入分配

前面已经分析了经济学中分配理论中生产要素价格的决定理论。除了生产要素价格的决定理论外,分配理论还包括收入分配的不平等程度等内容。

6.3.1 收入分配的衡量:洛伦茨曲线与基尼系数

6.3.1.1 洛伦茨曲线

洛伦茨曲线是用来反映社会收入分配或财产分配平均程度的曲线,因其是由美国统计学家 M.O.洛伦茨发明的而得名。洛伦茨首先把总人口按收入由低到高进行排队,然后对人口的任意百分比的收入进行累积,这样就得到人口的累积百分比与收入百分比的一一对应关系,将这一一对应关系描绘在图形上,连接各等级的这两个百分比率的坐标点所形成的一条曲线,就得到了洛伦茨曲线。某地区的社会人口和收入比例对照表如表6.1所示。

表 6.1 某地区社会人口和收入比例对照表

序号	各级占总人口百分比	累积	各级占总收入百分比	累积
1	20	20	5.5	5.5
2	20	40	10	15.5
3	20	60	14	29.5
4	20	80	20.5	50
5	20	100	50	100

将表 6.1 的数据描绘成图 6.10,图中横轴 *OH* 表示各社会等级的人口累积百分比,纵轴 *OM* 表示各社会等级收入的累积百分比,曲线 *OBL* 就是洛伦茨曲线。从洛伦茨曲线可以看到,它反映了收入分配的不平等程度。洛伦茨曲线的弯曲程度越大,收入分配就越不平等;反之,洛伦茨曲线的弯曲程度越小,收入分配就越平等。如果所有收入都集中在一个人手里,其余人的收入为零,收入分配达到完全不平等,这时洛伦茨曲线为图中对角线下三角形的两个直角边 *OHL*;如果任意人口百分比均等于其收入的百分比,即人口累计百分比等于收入累计百分比,那么此时的收入分配就是完全平均的,这时洛伦茨曲线为正方形对角线 *OL*,这是完全平等的收入分配。一般来说,一个国家的收入分配不可能完全平等,也不可能完全不平等,洛伦茨曲线就是图中的 *OBL* 曲线。洛伦茨曲线 *OBL* 与 *OL* 线越接近,收入分配越平均;与 *OHL* 线越接近,收入分配越不平均。

实际收入分配曲线介于绝对公平线与绝对不公平曲线之间,在这条线上,除了起点与终点以外,线上任何一点到两坐标轴的距离都是不相等的。实际收入分配曲线与绝对公平线越接近,表示社会收入分配越接近公平;反之,实际收入分配曲线越接近绝对不公平曲线,则表明社会收入分配越不公平。

6.3.1.2 基尼系数

意大利统计学家基尼提出根据洛伦茨曲线可以计算出反映收入分配平等程度的指标,这一指标称为基尼系数。在图 6.10 中,如果用 X 表示绝对公平线(*OL*)与洛伦茨曲线之间的面积,用 Y 表示洛伦茨曲线与绝对不公平曲线(*OHL*)之间的面积,则基尼系数的计算公式:

$$\text{基尼系数}=\frac{X}{X+Y}$$

当 $X=0$ 时,基尼系数等于 0,实际收入分配线与绝对公平线重合,表明社会收入分配

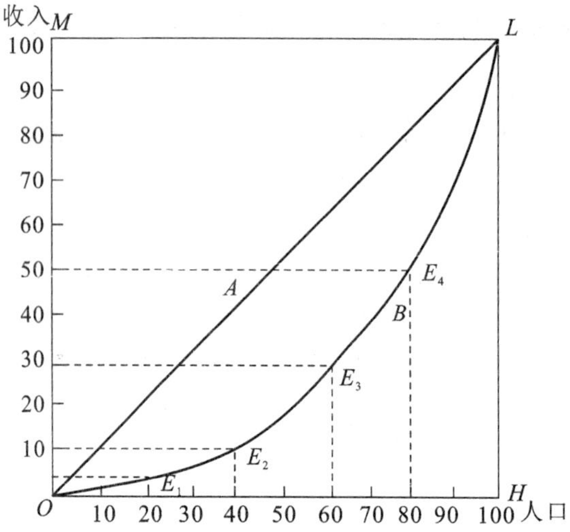

图 6.10　土地的供需曲线

绝对平均;当 Y=0 时,实际收入分配线和绝对不公平线重合,基尼系数等于 1,表明社会收入分配绝对不平均。

而实际上,基尼系数总是在 0～1 之间。基尼系数越接近于 0,表明社会收入分配越平均;基尼系数越接近于 1,表明社会收入分配越不平均。按国际上通用的标准,基尼系数小于 0.2 表示收入分配基本平均,为 0.2～0.3 时表示收入分配比较平均,为 0.3～0.4 时表示收入分配基本合理,为 0.4～0.5 时表示收入分配差距较大,在 0.5 以上表示收入悬殊。运用洛伦茨曲线与基尼系数可以对各国收入分配的平均程度进行对比,也可以对各种政策的收入效应进行比较。作为一种分析工具,洛伦茨曲线与基尼系数是很有用的。

知识小链接

2015 年中国基尼系数为 0.462　创 12 年来最低

国家统计局今天发布数据显示,2015 年全国居民收入基尼系数为 0.462,创下自 2003 年以来的最低值。国家统计局发布数据显示,自 2003 年以来,我国基尼系数一直处在全球平均水平 0.44 之上,2008 年达到最高点 0.491,之后基尼系数呈回落态势。2003 年是 0.479,2004 年是 0.473,2005 年是 0.485,2006 年是 0.487,2007 年是 0.484,2008 年是 0.491。2008 年之后逐步回落,2009 年是 0.490,2010 年是 0.481,2011 年是 0.477,2012 年是 0.474,2013 年是 0.473,2014 年是 0.469。

国家信息中心经济预测部主任祝宝良表示,近年来随着劳动力的短缺,低端劳动力工资收入不断上涨,收入差距在不断缩小,未来基尼系数还会保持下降趋势。据中国经济网记者了解,基尼系数是测量收入分配差异程度的统计指标,其值在 0～1 之间,越接近 0 就表明收入分配越趋向平等。国际上通常把 0.4 作为收入分配差距的"警戒线",基尼系数在 0.4 以上的表示收入差距较大;当基尼系数达到 0.6 时,则表示收入悬殊。

资料来源:中国经济网(北京),2016-01-19

中国的基尼系数

基尼系数是国际上公认的衡量社会成员总体收入分配差异状况的一个重要分析指标。随着改革的深入，我国的分配制度发生了深刻变革；随着生产力的不断解放和发展，人民的生活水平不断提高。与此同时，人们的收入差距也在不断扩大，我国的基尼系数不断提高，乃至已接近国际上公认的警戒线（基尼系数0.45）。这已经引起了社会的普遍关注。

一般认为，我国目前基尼系数偏大是各种因素综合作用的结果。其中，既有客观因素又有主观因素，既有合理因素又有不合理因素，既有历史因素又有现实因素，既有合法因素又有非法因素。归纳起来主要有六个方面：

第一，我国经济的发展在城乡之间存在着二元结构。农村主要从事第一产业，城镇从事第二、第三产业，由于基础不同、改革力度不同，城乡收入差距的扩大是必然的。

第二，多种分配方式并存，按劳分配与按生产要素分配相结合的分配制度改革，在竞争机制的作用下必然导致收入差距的扩大。

第三，东部地区凭借优越的地理位置和优惠的经济政策吸引了国内外大量的资金、先进技术和人才，率先实现了经济的快速发展，从而拉大了与中、西部地区的收入差距。金融保险、航空运输、邮电通信等高度垄断性行业则凭借垄断地位获得了高额垄断利润，从而拉大了与非垄断行业的收入差距。

第四，随着外资经济、私营经济、个体经济的迅速发展，一些外资企业的高级雇员、私营企业主、个体工商户率先富裕起来；那些著名的歌星、影星、运动员、房地产开发商，成绩突出的科技人员等，收入也相当丰厚，形成了一个高收入群体。与此同时，分散在老、少、边、困地区的农村贫困人口和分散在城镇的下岗待业职工成为低收入群体。

第五，非法非正常收入导致我国居民收入差距的非正常扩大。

第六，宏观调控的手段和功能严重不足也导致居民收入差距扩大。

6.3.2 引起收入分配不平等的原因

收入分配不平等在每个社会都是存在的。人们一般认为收入分配不平等主要基于以下原因：

第一，个人拥有财产的差别。在大多数国家中，一般是少数人掌握着大部分财产，多数人没有或只有少量财产。财产是可以获得收益的，这种财产拥有的不均等是造成收入分配差别的主要原因。

第二，人们能力的差别。人有着不同的智力、体力。人的能力差别也是造成收入差别的原因。

第三，人们受教育程度的差别。不同的人受教育和训练的程度不同，这种差别导致职业和技术的差别，从而带来了收入的差别。

第四，工作偏好和冒险精神。这也是形成收入差别的原因。

解决收入差别过大的问题可以采取以下措施：

(1)税收政策。在经济政策中，税收政策的目的在于通过税收手段来缩小人们的收入分配的差距,政策工具主要是个人所得税。个人所得税是税收的一项重要内容,它通过累进所得税制度来调节社会成员收入分配的不平等状况。这样有利于矫正社会成员之间收入分配不平等的状况,从而有助于实现收入的平等化。但是,这种累进所得税不利于有能力的人充分发挥自己的才干,对社会来说也是一种损失。除了个人所得税之外,还可以通过遗产和赠予税、财产税和消费税等实现收入分配平等化。

(2)实施社会福利政策。主要是要通过给低收入者补助的方法来缩小收入分配差距。因此,我们把社会福利政策作为收入分配平等化的一项重要内容。社会福利政策的历史不长,从当前西方各国的情况看,社会福利政策主要有社会保障与社会保险、向贫困者提供就业机会与培训、政府应对教育事业进行支持和帮助、各种保护劳动者的立法、提供医疗保险与医疗援助和改善低收入者的住房条件等。

当然,各种收入平等化的政策对于缩小贫富之间的差距,改善低收入者的地位和生活条件,提高他们的实际收入水平,确实起到了相当大的作用,对于社会的安定和经济发展也是有利的。但是,这些政策会降低社会生产率,并增加政府的负担。收入平等化政策的必要性与所引起的后果,又一次提出了平等与效率的矛盾问题。

6.3.3 公平与效率

6.3.3.1 公平与效率的关系

在市场经济中,公平与效率问题是社会收入分配中的重要论题之一,两者同属于在社会收入分配中各级政府应致力于实现的经济政策目标。公平与效率是一个永恒的矛盾。

公平是指社会成员收入的均等化,也就是社会收入的平均分配。效率是指资源的有效配置,就是按照市场竞争原则,依照各种生产资源的所有者或使用者对经济发展作出的贡献来分配社会收入。

公平与效率之间存在着不可避免的替代关系,即两者之间存在着此消彼长的关系,是一对永恒的矛盾。这些矛盾主要表现在:从政治和社会制度上看,市场经济条件下社会根据经济效率向生产要素供给者提供报酬,这些报酬构成人们的收入。市场经济的自由竞争原则要求优胜劣汰,要促使经济效率增长就必须使得人们在收入上有差别,也就是社会收入不能平均分配。这种收入分配上的不公平,实质是市场经济制度下,人们通过竞争追求效率的结果。公平与效率之间的替代关系可以概述为:要完全实现收入分配均等化,就不能使社会发展保持比较高的效率,难以实现社会生产资源的优化配置;反之,要使社会经济发展保持高效率,实现资源的优化配置,就难以实现收入分配的均等化。公平与效率的关系,类似鱼肉和熊掌的关系。实现公平要以降低效率为代价;反之,提高效率要以牺牲公平为代价,二者不可兼得。

6.3.3.2 公平与效率兼顾的分配标准

经济学家认为,收入分配有三种标准:第一个是贡献标准,即按社会成员的贡献来分配国民收入,这也是我们在分配理论中介绍过的按生产要素的价格进行分配。这种分配标准能保证效率,但由于各成员能力、机遇的差别,又会引起收入分配的不平等。第二个是需要标准,即按社会成员对生活必需品的需要分配国民收入。第三个是平等标准,即按公平的准则来分配国民收入。后两个标准有利于收入分配的平等化,但不利于社会经济效率的提高。通常,有利于经济效率则会不利于平等,有利于平等则会有损于经济效率,这就是经济学中所讲的公平与效率的矛盾。

收入分配要有利于经济效率的提高,则要按贡献来分配,这样有利于鼓励每个社会成员充分发挥自己的能力,在竞争中取胜。经济效率的高低则体现在经济增长的速度上。在市场经济中,分配的原则是效率优先的。市场经济本身没有自发实现平等的机制,因此,收入不平等的问题需要通过政府的政策来解决。

对于收入分配中的公平,可以从初次分配和再分配过程中的平等两个方面来加以理解。在市场经济中,这种公平还与劳动者个人竞争机会和自由选择的平等相联系。市场竞争的结果必然会扩大收入差距,导致两极分化。因此,政府对于收入再分配过程的干预是必要的,这已经是现代经济国家的政府的一个基本职能。

本章小结

(1)经济学中厂商的生产要素使用原则、厂商的生产要素需求曲线和市场的需求曲线、生产要素的供给、工资理论、利息理论、地租理论、利润理论,生产要素的需求与生产要素的供给结合状态下生产要素的均衡,也就是生产要素价格和使用量的决定问题以及收入分配问题,构成了经济学的分配理论。

(2)厂商使用生产要素的原则是,使用生产要素的边际收益产品等于使用生产要素的边际要素成本。在完全竞争市场中,完全竞争厂商使用生产要素的原则变为使用生产要素的边际产品价值等于生产要素的价格。在不考虑其他厂商的调整行为时,将所有厂商的要素需求曲线相加就得到完全竞争市场的要素需求曲线。对于买方垄断,厂商和市场的要素需求曲线是不存在的。

(3)生产要素的价格取决于其需求曲线与供给曲线的交点,其价格就等于生产要素在生产中的贡献。比如,工资是劳动者在生产中的贡献,利息是资本在生产中的贡献,地租是土地在生产中的贡献,正常利润是企业家才能在生产中的贡献等。

(4)不同的社会制度存在着不同的生产资料所有制,也就决定着不同的分配方式。地租、利息、利润只不过是工人所生产的剩余价值的转化形式。在这样的社会中,分配绝不可能是合理的。

补充读物

名校与级差地租

不少家长对周边学校无兴趣,愿意多花钱,外加高额赞助费,托人、批条子或在其他区买房,以图让孩子上所谓的名校。愿意多花钱上名校唯一重要的原因,是高考独木桥的竞争,实际已前置到高中、初中、小学甚至幼儿园。其余学校按标准收费也难招到成绩好的学生。名校以往多是省市县重点,计划体制下财政优先多拨款,分配好师资。日积月累,重点学校多成了名校。现在,找工作的竞争越来越激烈,一流院校的教育或一张坚挺的文凭,是一个人跻身白领或管理阶层的重要途径。而能否得到良好的高等教育,义务教育阶段能否进入名校是一个关键因素。

因此只要有办法,众多学生家长都对名校趋之若鹜。一亩在青海西部几乎无人的荒漠地带的地,比如说在格尔木以西的地方,大概几块钱的租金就可以租一年,而在上海静安区的愚园路一带,租一亩地大概要几十万元到几百万元。级差地租达百万倍。这就是因基础设施条件、文化娱乐商业配套等和需求的不同所致的级差地租。城市土地归政府所有,荒地也归政府所有,级差地租进公共财政大家没意见。

但是在高收费的名校方面,政府和财政的差别性高投入并没获得级差地租。高等教育因连年扩招,已从精英教育逐渐转向普及教育。而高等教育以下的中等教育和初等教育,依然沿袭着以往惯性而以精英培养为方向,以给高等院校选拔人才为目标。这个方向应该调整。从财政上看,名校在资源分配上与非名校进行零和博弈,抢占了本就有限的教育资源。名校中的学生大都能够享受高等教育,但代价是非名校的许多学生上不了大学,有的连9年义务教育都无法完全享受。

名校能够弥补公共教育资源的某些不足,是有其存在价值的。比如在美国麻省安多弗镇的学费昂贵的菲利普斯学校,布什家族两代人都在那里读过书,但那是纯商业学校,不分享公共财政资源。中国名校不能在大量享有财政政策优惠的同时,还独享商业化的好处。要么商业化,要么上缴级差地租。

资料来源:深圳商报

漂亮与收益

美国经济学家丹尼尔·哈莫米斯与杰文·比德尔在1994年第4期《美国经济评论》上发表了一份调查报告。根据这份调查报告,漂亮的人的收入比长相一般的人的收入高5%左右,长相一般的人的收入又比丑陋一点的人的收入高5%～10%。

为什么漂亮的人收入高?经济学家认为,人的收入差别取决于人的个体差异,即能力、勤奋程度和机遇的不同。漂亮程度正是这种差别的表现。

个人能力包括先天的禀赋和后天培养的能力,长相与人在体育、文艺、科学方面的天才一样是一种先天的禀赋。漂亮属于天生能力的一个方面,漂亮的人可以从事其他人难以从事的职业(如当演员或模特)。漂亮的人少,供给有限,自然市场价格高,收入高。

漂亮不仅仅是脸蛋和身材,还包括一个人的气质。在调查中,漂亮由调查者打分,实际是包括外形与内在气质的一种综合。这种气质是人内在修养与文化的表现。因此,在漂亮程度上得分高的人实际往往是文化高、受教育程度高的人。两个长相接近的人,也会由于受教育不同表现出来的漂亮程度不同。所以,漂亮是反映人受教育水平的标志之一,而受教育是个人能力的来源,受教育多、文化水平高,收入水平高就是正常的。

漂亮也可以反映人的勤奋和努力程度。一个工作勤奋、努力上进的人,自然会打扮得体,举止文雅,有一种朝气。这些都会提高一个人的漂亮得分。漂亮在某种程度上反映了人的勤奋,与收入相关也就不奇怪了。

最后,漂亮的人机遇更多。有些工作,只有漂亮的人才能从事,漂亮往往是许多高收入工作的条件之一。就是在所有的人都能从事的工作中,漂亮的人也更有利。漂亮的人从事推销更易于被客户接受,当老师会更受到学生热爱,当医生会使病人觉得可亲,所以,在劳动市场上,漂亮的人机遇更多,雇主总爱优先雇用漂亮的人。有些人把漂亮的人机遇更多、更易于受雇称为一种歧视,这也不无道理。但有哪一条法律能禁止这种歧视?这是一种无法克服的社会习俗。

漂亮的人的收入高于一般人的收入。两个各方面条件大致相同的人，由于漂亮程度不同而得到的收入不同。这种由漂亮引起的收入差别，即漂亮的人比长相一般的人多得到的收入称为“漂亮贴水”。

收入分配不平等是合理的，但有一定限度，如果收入分配差距过大，甚至出现贫富两极分化，既有损于社会公正的目的，又会成为社会动乱的隐患。因此，各国政府都在一定程度上采用收入再分配政策以纠正收入分配中较为严重的不平等问题。

资料来源：微观经济学纵横谈

为何说效率与公平是难以实现的状态

效率和公平一直是经济学研究领域津津乐道的话题。效率就是使资源最有效配置所达到的帕累托最佳状态。只有整个社会中不存在任何浪费现象，每个人都在自己最擅长的岗位上，每个物品都能够发挥自己最大的效用，才能使帕累托达到最佳状态，对社会和单个劳动者来说就是效率最高的时候。公平一般是指所有参与者的各项投入和收获平均，不偏不倚。

效率和公平的关系是这样的：效率是公平的物资前提，资源最有效利用所收获的社会财富会在一定程度上促进公平，若没有效率作为前提，只会导致平均主义和普遍的贫穷。公平又是效率提高的保证，只有给生产者足够的心理上的平衡，才能激发生产者的生产积极性，使其全身心投入到生产中来，从而进一步提高生产效率。

若我们把社会财富比作一块蛋糕，那么提高效率的目的就是把蛋糕做大，而公平考虑的是如何把蛋糕分好。想要分好蛋糕，首先要有这块蛋糕，从这个角度来看，效率似乎比公平更重要。

同时，绝对的公平又会无形中使一些惰性的人显露本性，反正劳动或不劳动都能分到同样大的蛋糕，为什么还要劳动？对于积极的劳动者来说，自己付出了比别人更多的努力得到的蛋糕却和别人的一样大，劳动积极性就会大打折扣。长久下去，必然影响效率的提高，对社会财富的积累也是不利的。所以说效率和公平难以实现。

资料来源：《每天读一点经济学常识》

复习思考题

6.1 单项选择题

(1)资本这种生产要素的价格是(　　)。

A. 工资　　B. 利润　　C. 地租　　D. 利息

(2)工资率上升引起的替代效应是指(　　)。

A. 工作同样长的时间可以得到更多的收入

B. 工作较短的时间也可以得到相同的收入

C. 工人宁愿工作更长的时间，用收入带来的效用代替闲暇的效用

D. 以上都对

(3)假定某球星的年薪为30万元，若他从事其他职业，最多只能得到2万元，那么该球星所获得的经济租金为(　　)。

A. 28 万元　　B. 30 万元　　C. 2 万元　　D. 难以确定

(4)基尼系数可以从洛伦茨曲线中计算,基尼系数变大表示(　　)。

A. 洛伦茨曲线向 45°线移动　　B. 收入分配不平等程度增加

C. 收入分配不平等程度减少　　D. 以上都不对

6.2 多项选择题

(1)劳动、土地、资本和企业家才能等生产要素的价格分别是(　　)。

A. 工资　　B. 利润　　C. 利息　　D. 税率　　E. 地租

(2)超额利润按其来源不同,可由(　　)方式形成。

A. 承担风险　　B. 创新　　C. 垄断　　D. 竞争　　E. 企业家才能

(3)下列关于洛伦茨曲线的说法正确的有:(　　)。

A. 洛伦茨曲线的弯曲程度反映分配的不平等程度

B. 洛伦茨曲线的弯曲程度越大,收入分配越平等

C. 洛伦茨曲线为正方形对角线,这是完全平等的收入分配

D. 洛伦茨曲线的弯曲程度越小,收入分配越平等

E. 一个国家的收入分配不可能完全平等,也不可能完全不平等

(4)一般认为收入分配不平等主要基于以下原因:(　　)。

A. 个人拥有财产的差别　　B. 个人能力的差别

C. 个人受教育程度的差别　　D. 工作偏好　　E. 工作冒险精神

6.3 问答题

(1)要素的需求与产品的需求有何区别?

(2)如何区分正常利润与超额利润?

(3)利息在经济中有什么作用?

(4)什么是洛伦茨曲线与基尼系数?

(5)土地的供给曲线为什么是垂直的?

(6)如何区别地租、租金、准租金、经济租金的概念?

(7)引起收入分配不平等的原因有哪些?

7 市场失灵与政府干预

学习目标

(1)掌握公共物品、外部性、垄断和信息不对称所引起的市场失灵。

(2)理解政府干预的理由及方式。

(3)了解导致政府干预失效的因素。

经济学家箴言

现实世界中,还没有一种经济能够完全依照"看不见的手"的原则而顺利进行。相反,每个市场经济都会遭受其不完备之苦,它导致了过度的污染、失业、贫富两极分化。

——美国经济学家保罗·萨缪尔森

问题导入

灯塔的故事

在一个靠海的渔港村落里住了两三百个人,大部分的人都是靠出海捕鱼维生。港口附近礁石险恶,船只一不小心就可能触礁沉没而人财两失。现在这些村民都觉得该盖一座灯塔,好在雾里、夜里指引迷津。如果大家对于灯塔的位置、高度、材料、维护也都毫无异议,那么,剩下的问题就是怎么样出钱来分摊盖灯塔的费用。

村民们怎么样分摊这些费用比较好呢?

既然灯塔是让渔船趋福避祸,就依船只数平均分摊好了!可是船只有大有小,船只大的船员往往比较多,享受到的好处比较多。所以,依船员人数分摊可能比较好!

可是船员多少不一定是好的指标,该看渔获量。捞得的鱼多,收入较多,自然能负担比较多的费用。所以,依渔获量来分摊比较好!

可是以哪一段时间的渔获量为准呢?要算出渔获量还得有人称重和记录,谁来做呢?而且不打渔的村民也间接地享受到美味的海鲜,也应该负担一部分成本。所以,依全村人口数平均分摊最公平!

可是如果有人是素食主义者,不吃鱼,难道也应该出钱吗?即使素食主义者自己不吃鱼,他的妻子、儿女还是会吃鱼啊。所以还是该按全村人口平均分摊。

可是如果这个素食主义者同时也是个独身主义者,没有妻子、儿女,怎么办?还是以船只数为准比较好。船只数明确可循,不会有争议!

可是马上又有人反对:虽然家里有两艘船,却只在白天出海捕鱼,傍晚之前就回到港里,所以根本用不上灯塔。为什么要分摊?或者有人表示:即使是按正常时段出海,入夜之后才回港,但是,因为是讨海老手,所以港里、港外哪里有礁石,早就一清二楚,闭上眼睛就能把船开回港里,当然也就用不上灯塔!

好了,不管用哪一种方式,只要大家都(勉强)同意,都觉得好(也许决定是自由乐捐)!可是,由谁来收钱呢?在这个没有乡公所和村长的村落里,谁来负责挨家挨户地收钱保管呢?好吧,如果有人自告奋勇,或有人众望所归、勉为其难地出面为大家服务,总算可以把问题解决了!可是,即使当初大家说好各自负担多少,如果有人事后不守信用,或有意无意地拖延时日,就是不付钱,怎么办?

7.1 市场失灵

对于什么是市场的失灵,有各种不同的看法。比较流行的观点认为,当市场不能导致资源的有效配置时,它就是失灵的。经济学的核心问题是社会资源的有效配置。现实生活中,市场价格机制在某些领域不能或不能有效地发挥作用,从而导致市场失灵。市场失灵问题的存在,使政府干预成为提高资源配置效率的一种必要。

我们认为,市场失灵(Market Failure)是指由于市场价格机制在某些领域、场合不能或不能完全有效发挥作用而导致社会资源无法得到最有效配置的情况。导致市场失灵的因素主要有四个,即公共物品、外部性、垄断和信息不对称。以下对其一一进行分析。

7.1.1 公共物品

7.1.1.1 公共物品的含义

公共物品(Public Goods)是指私人不愿意或无能力生产而由政府提供的具有非排他性和非竞争性的物品。一国的国防、警务、公共卫生、道路、广播电视等都属于公共物品。一种物品要成为公共物品,必须具备以下特性:①非排他性。公共物品的非排他性是指无论是否付费,任何人都无法排除他人对该产品的消费。之所以会出现免费消费,是因为要么技术上不允许,要么由于收费的成本太大而放弃收费。②非竞争性。公共物品的非竞争性是指任何人对某一物品的消费,都不会给他人对该物品的消费造成影响。即人们无法排斥别人对同一物品的共同享用,也不会由于自己的加入而减少他人对该公共物品享用的质量与数量。③不可分割性。公共物品的不可分割性是指公共物品的供给与消费不是面向哪一部分人或利益集团,而是面向所有人的;公共物品也不能分成细小的部分,只能作为一个整体被大家享用。

7.1.1.2 公共物品的分类

根据公共物品所具有的非排他性和非竞争性的不同程度，公共物品可以分成纯公共物品(Pure Public Goods)和准公共物品两类(Quasi Public Goods)。

(1)纯公共物品是指同时具有非排他性和非竞争性的产品，如国防、外交、天气预报等。纯公共物品必须以不拥挤为前提，否则随着消费者数量的增加会影响他人的消费，从而影响公共物品的性质。如节日期间，免费的露天广场就会由于拥挤而具有竞争性。

(2)准公共物品是指具有不完全排他性和竞争性的产品。准公共物品又分为两类：一类是具有非竞争性和排他性的物品，称为俱乐部物品，如有线电视、社区绿化等；另一类是具有非排他性和竞争性的物品，称为公共资源，如公海中的鱼类资源、拥挤的免费道路等。

与公共物品相对的物品是私人物品(Private Goods)，它是指既具有排他性又具有竞争性的产品，如家具、自行车等。由此，我们可将物品的分类用表 7.1 来表示。

表 7.1 物品的分类

	非排他性	排他性
竞争性	公共资源	私人物品
非竞争性	纯公共物品	俱乐部物品

7.1.1.3 公共物品导致市场失灵

公共物品本身所具有的特性，使得任何私人部门都不愿意或不能充分提供。因此，其产量会低于合理的水平，即达不到帕累托最优状态下的产量水平，由此会造成社会福利的减少和资源的浪费。此时，市场机制在公共物品的提供上不能较好地发挥作用，导致市场失灵。

1. 公共物品的非排他性导致市场失灵

非排他性使得任何购买公共物品的人都不能独自占有该产品所能提供的全部效用或收益，都不能阻止别人去无偿地享用该产品。因此，尽管公共物品的社会潜在收益大于它给单个购买者带来的收益，但潜在的购买者在做出支付决策时并不会将他人的潜在收益考虑在内，公共物品的提供者就要独自承担提供该物品的全部成本。这样一来，任何人都想无偿地去享用别人提供的公共物品，继而出现搭便车行为。搭便车者的增多，就会使得公共物品的提供者减少或几乎没有，最终导致资源配置效率的低下，造成市场失灵。

资料链接

“搭便车者”一词的由来

“搭便车者”一词的英文是“Free Rider”，它来源于美国西部城市——道奇城的一个故事。当时，美国西部到处是牧场，大多数人以放牧为生。在牧场露天圈养的大量马匹对一部分人产生了诱惑，于是出现了以偷盗马匹为业的盗马贼。在道奇城这个地方，盗马贼十分猖獗。为避免自己的马匹被盗，牧场主就联合组织了一支护马队伍，每个牧场主都必须派人参加护马队伍并支付一定的费用。但是，不久就有一部分牧场主退出了护马队，因为他们发现，即使自己不参加，只要护马队存在，他就可以免费享受别的牧场主给他带来的好处。这种个别退出的人就成了“Free Rider”(自由骑手)。后来，几乎所有人都想通过自己退出护马队伍来占集体的便宜。于是,护马队解散了,盗马贼又猖獗起来。后来,人们把这种为得到一种收益但避开为此支付成本的行为称为“搭便车”,这样的人称为“搭便车者”。

资料来源:樊纲. 市场机制与经济效率. 上海三联书店,1995 年版。

2. 公共物品的非竞争性导致市场失灵

前面介绍的俱乐部物品虽具有非竞争性,但可以实现排他性使用。如高速公路的修建者实行收费管理,不付费就不能消费。这种排他性使用,虽然可以收回提供公共物品的成本,提高其生产者的积极性,增加供给,但不能使所有人免费使用,致使公路的社会效用得不到有效、充分的发挥,从而降低了资源的配置效率,也会造成市场失灵。

7.1.2 外部性

7.1.2.1 外部性的含义

外部性(Externality)是指某项经济活动给与这项活动无关的主体带来的外部影响,亦称外部效应或溢出效应。这就是说,这些活动会产生一些不由生产者或消费者承担的成本(称为负外部性)或不由生产者或消费者获得的利益(称为正外部性)。如果一个人的行为影响了他人的福利而相应的成本收益没有反映到市场价格中,就出现了外部性。

7.1.2.2 外部性的种类

根据外部性对他人造成的影响,可以将其分为正外部性和负外部性;根据外部性发生的领域,可以将其分为生产外部性和消费外部性。

1. 生产正外部性

当某个厂商的生产经营活动给其他厂商或别人产生有利的影响,即带来收益时,生产正外部性就产生了。例如,在你公司接受过业务培训的职工跳槽到其他单位,此时,你公司的行为就给其他单位提供了技术更高的劳动力,有利于该单位的生产,但不能从该单位索要培训费用。

2. 消费正外部性

当某个消费者的行为给他人产生有利的影响,即带来收益时,产生消费正外部性。例如,某人进行了肝炎疫苗接种,不但可使自己不患肝炎,并且由于减少了肝炎传染源而使他人感染此病的概率大大降低,有利于他人身体健康。

3. 生产负外部性

当某个厂商的生产经营活动给其他厂商或别人产生不利的影响,即带来损失时,会产生生产负外部性。例如,上游化工厂排放的污水导致下游鱼苗死亡,渔民却无法追偿损失。

4. 消费负外部性

当某个消费者的行为对他人产生不利的影响,即给他人造成损失或不利影响时,会产生消费负外部性。例如,私人轿车方便了个人的出行,但汽车尾气的排放会污染环境,损害他人的身体健康。

外部性的分类可以用表 7.2 来表示。

表 7.2 外部性的分类

分类标准		发生领域	
		生产	消费
对他人影响	收益	生产正外部性	消费正外部性
	损失	生产负外部性	消费负外部性

7.1.2.3 外部性导致市场失灵

外部性的存在使私人的边际成本或边际收益与社会的边际成本或边际收益发生背离,所以,当个人做出决策时,为了实现个人利益最大化,会忽略其行为带给他人或企业的效益或成本,从而使竞争的结果变得没有效率,资源的配置达不到最优水平,最终导致整个社会福利的下降。市场机制在配置资源上的这一缺陷表明,需要由政府对市场机制加以干预,以弥补市场调节的缺陷。

7.1.2.4 纠正外部性的方法

外部性是一个内涵极其丰富,也是争议最多的问题之一。如何解决经济中的外部性问题呢?各个经济学流派对此提出了不同的办法,代表性的观点有两种:一种是自由放任派;另一种是国家干预派。尽管方法各异,但也有其共同点,这就是解决外部性的基本思路都是让外部性内部化,即将经济主体的经济活动所形成的社会收益或社会成本转为私人收益或私人成本。

1.外部性的私人解决方法

(1)企业间合并。私人市场往往可以依靠有关各方的私利来解决外部性问题。有时这种解决方法采取了把不同类型经营结合在一起的形式。如一个化工厂对附近的人工养殖场造成污染,则由政府出面以适当的价格把人工养殖场卖给化工厂或两家企业自愿合并,使外部成本内部化。

(2)产权明晰。完整、系统地论述产权问题的最著名的学者是美国当代经济学家,1991 年诺贝尔经济学奖获得者罗纳德·科斯。产权是指厂商或个人对某种资源或财产所享有的权利,一般包括资源或财产的使用权、收益权和自由转让的权利。产权在解决外部性问题时提供了一条途径。从产权界定角度观察外部性问题,只要不存在协商谈判的交易成本,通过市场交易总可以导向最有效率的资源配置安排,并且有效状态的实现与产权归属无关。

2.政府对外部效应的纠正

当外部性引起市场达到无效率的资源配置时,政府可以采用管制、税收和补贴等手段解决问题。

(1)税收和补贴。政府通过征税或者补贴来矫正经济当事人的私人成本。如对研制排污系统的企业补贴或提供无息贷款,而对烟草企业课以重税。

(2)管制。为限制企业排污这类带来外部成本的行为,政府也可以采用公共管制的办法。

(3)可交易的污染许可证。如果政府允许排污权可以交易,实际上它就创造了一种新的稀缺资源——污染许可证。交易这种许可证的市场将最终形成,而且,这种市场将由供求因素支配。"看不见的手"将保证这种新市场有效地配置排污权。只有以高成本才能减少污染的企业将愿意为污染许可证出最高的价格。那些以低成本就可以减少污染的企业也愿意出卖它们所拥有的许可证。

7.1.3 垄断

垄断是市场不完善的表现,垄断市场是一个产量较低而价格较高的市场。它的存在,不仅造成资源浪费和市场效率低下,而且使社会福利减少。

7.1.3.1 垄断与低效率

在垄断市场条件下,垄断厂商为实现自身利益最大化,也会像竞争厂商一样努力将生产定在边际收益等于边际成本的点上。但与竞争企业不同的是,垄断市场的价格不是等于而是大于边际收益,因此,它最终会选择在价格大于边际成本的点上组织生产。垄断厂商无须被动地接受市场价格、降低成本,而是在既定的成本水平之上加入垄断利润形成垄断价格。所以,垄断市场的价格比竞争市场高,产量比竞争市场低。

这样,一方面导致厂商丧失了降低成本、提高效率的动力;另一方面,抬高的垄断定价成为市场价格,扭曲了正常的成本价格关系,对市场资源配置产生误导,造成一种供不应求的假象,导致更多的资源流向该行业。

7.1.3.2 垄断造成社会福利损失

垄断对社会福利造成损失主要表现为使消费者剩余大大减少。消费者剩余是指消费者愿意为某种商品或服务支付的最高价格与他实际支付的价格之差,如图 7.1 所示。

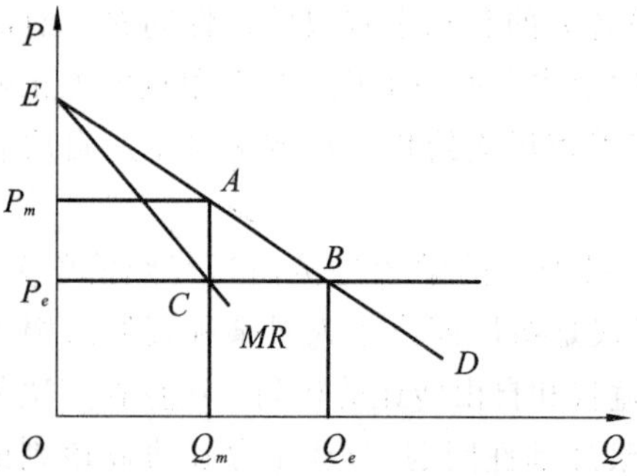

图 7.1 垄断造成社会福利损失

在图 7.1 中,Q 代表产量,P 代表价格,D 是需求曲线,MR 是边际收益曲线。在完全竞争条件下,高于均衡价格 P_e的价格反映的效用水平就是消费者剩余,即图中$\triangle EBP_e$部分。在垄断条件下,高于垄断价格 P_m的价格反映的效用水平就是消费者剩余,即图中$\triangle EAP_m$部分。显然,前者大于后者,二者之差即 AP_mP_eB 部分,其中$\square ACP_eP_m$部分为垄断利润,$\triangle ABC$ 部分就是社会福利损失,即垄断产量限制对社会造成的损失。

7.1.3.3 垄断造成寻租

寻租(Rent-seeking)通常指那些通过公共权力参与市场经济从而谋取非法收益的非生产性活动。在垄断市场条件下,垄断厂商为获取垄断利润,就必须保持其垄断地位,为此而付出的花费和开支就是寻租成本。如向政府游说或贿赂立法者、采取合法手段规避政府的管制以及进行反垄断调查等发生的费用都属于寻租成本。由于寻租成本未用于生产性经营活动,因此会造成社会资源的浪费和社会福利水平的降低。

政府对垄断的消除一般用以下三种方法:

(1)价格管制,就是政府控制垄断者产品的价格。

(2)实施反垄断法,对违法的垄断企业进行行政惩罚或法律制裁。

(3)实施国有化政策,对垄断性企业实行国有,由政府经营。

7.1.4 信息不对称

7.1.4.1 信息不对称的含义及原因

完全竞争市场上能够实现帕累托最优状态的一个重要假定就是完全信息，即市场交易双方对交易产品具有充分的信息。然而，在现实生活中，人们对信息的掌握是不完全的，而这种不完全又往往表现为信息的不对称。信息不对称（Asymmetric Information）是指参与经济活动的当事人拥有不同信息的状况，即有些人拥有比其他人更多的相关信息。例如，商品的卖方要比买方掌握更多的关于产品质量和数量等方面的信息。

信息不对称的产生是多种因素造成的。首先，获取信息需要成本。其次，由于人们认识能力的局限性和差异性使其不可能掌握全部的信息。此外，充分占有信息的一方会为了自身利益而向对方隐藏信息。

资料链接

邻人献玉——信息不对称

魏国的一个农夫有一次在犁田时突然听到一声震响。他喝住耕牛，刨开土层一看，原来是犁铧撞上了一块直径一尺、光泽碧透的异石。农夫不知是玉，所以跑到附近田里请邻人过来观看。那邻人一看是块罕见的玉石，于是起了歹心。他编了一套谎话对农夫说："这是个不祥之物，留着它迟早会生祸患。你不如把它扔掉。"农夫一时还拿不定主意。他心想："这么漂亮的一块石头，假如不是怪石，扔掉了多么可惜。"农夫犹豫了一会儿，最后还是决定把它拿回家去，先摆在屋外的走廊上观察一下，看看到底是怎么一回事。

那天夜里，宝玉忽然光芒四射，把整个屋子照得白昼一般。农夫全家人被这种神奇的景象惊呆了。农夫又跑去找那邻人。邻人趁机吓唬他说："这就是石头里的妖魔在作怪。你只有马上把这块怪石扔掉才能消灾除祸！"听了这话以后，农夫急忙把玉石扔到了野地里。时隔不久，那邻人跑到野外把玉石搬回了自己的家。

第二天，那邻人拿这块玉石去献给魏王。魏王把玉工召来品评其价值。那玉工一见这块玉石，不觉大吃一惊。他急忙朝魏王跪下，连连叩头，然后起身对魏王说："恭喜圣上洪福，您得到了一块稀世珍宝。我虽然当了这么多年的玉工，还从来没有见过这样大、这样好的玉石。"魏王问："这块玉石值多少钱？"玉工说："这是一件无价之宝，难以用金钱计算它的价值。世上的繁华都市里有各种各样的玉石，但没有哪一块能与它媲美。"魏王听了这话以后大喜，当即赏给献玉者一千斤黄金，同时还赐予他终生享用大夫俸禄的待遇。

7.1.4.2 逆向选择

逆向选择（Adverse Section）是指市场的一方不能察知市场另一方的商品的类型或质量时，市场中大量的劣货会排挤好货并最终占领市场的过程。最经典的逆向选择的例子是二手车市场。在该市场上既有质量较好的二手车也有质量很差的二手车，但只有卖者掌握车的质量信息，买者对其缺乏了解。因此，在该市场上，双方的信息是不对称的。购买者此时的出价会介于质量较好的二手车价格与质量很差的二手车价格之间。这样一来,质量较好的二手车,质量高于价格,车主会不愿进入或退出此市场;而质量很差的二手车,价格高于质量,车主愿意进入或留在此市场,最终导致该市场上的车都是质量较差的二手车。但是,当购买者知道他要买到的车是质量较差的二手车时,他会降低自己的出价,这又会使得比质量最差的二手车稍好一些的二手车退出市场,最后质量最差的二手车占据了整个市场。

7.1.4.3 道德风险

道德风险(Moral Hazard)指的是人们享有自己行为的收益,而将成本转嫁给别人,从而造成他人损失的可能性。即从事经济活动的人在最大限度地增加自身效用的同时做出不利于他人的行动。举个在保险市场发生道德风险的例子。对于有车族来说,在他们购买汽车保险之前都会十分在意自己汽车的安全问题,他们会采取非常严密的防盗措施,如雇用保安巡逻或将车放在上锁的车库里。但如果保险公司表示愿意为他们的汽车投保,赔偿额较低时,他们依然会比较注意做好防盗措施,因为一旦汽车丢失,他们要承担大部分损失;而当赔偿额较高时,他们可能会较少关注汽车安全问题,因为此时大部分损失要由保险公司承担;当保险公司全额赔偿时,他们可能会根本不再关心汽车的安全问题,也不再采取任何防范措施,因为此时汽车失盗他们将得到全额赔付,自己几乎没有损失,而采取安全措施除了给他带来费用之外几乎没有任何收益。

经济生活中的信息不对称使逆向选择和道德风险问题普遍存在,这一方面造成了交易市场的严重萎缩,另一方面导致社会资源的极大浪费,影响了资源的配置效率。

7.2 政府干预

市场失灵使政府的积极干预成为必要。当市场失灵产生以后,私人部门已无法很好地解决资源的配置问题,此时往往需要政府部门的介入,即采取政府干预的手段来提高资源配置效率。通过上节分析,可以看到市场调节机制的缺陷和失灵为政府干预经济活动让出了空间。

7.2.1 政府干预的理由

7.2.1.1 社会收入分配不公问题的存在

在现实生活中,由于人们在家庭出身、劳动观念、生活习惯、教育机会以及拥有生产资源数量等方面的差异,往往会出现收入不均、贫富悬殊等问题。这些问题的出现,一方面不利于社会的安定和经济的发展;另一方面,市场自身无法解决,必须政府出面才能实现社会公平。

7.2.1.2 恶性竞争和垄断的存在

适度的竞争有利于市场的发展,但竞争一旦发展成恶性竞争或形成垄断,则会降低经济效率,导致整个社会资源的浪费和社会福利的减少。政府可以通过制定反不正当竞争法和反垄断法等法律规章来规范经济主体的行为,鼓励竞争的发展。

7.2.1.3 信息不对称现象的存在

市场机制不能解决所有的信息不对称和信息不完全问题,而政府可以通过增加市场透明度等方法对信息进行管理和调控，使交易参与者得到较为充分和正确的信息。

7.2.1.4 负外部性导致的环境污染等问题的存在

环境污染问题越来越成为阻碍经济发展的一大社会问题。国家可以通过制定环境保护法规等政策来维持一个良好的生态环境，以最大限度地降低社会成本，增加社会收益。

7.2.1.5 公共产品的供给问题的存在

公共产品的性质使私人部门不能或无法全部提供，而政府可以在这方面发挥较大的作用。

7.2.2 政府干预的方式

市场失灵是公共物品、外部性、垄断、信息不对称等不同因素共同作用的结果。因此，政府在实施干预时，必须根据市场失灵的原因有针对性地采取政策和措施，最大限度地解决资源配置效率问题。

7.2.2.1 针对公共物品原因导致的市场失灵

(1)政府在如何确定某一公共物品是否值得提供以及提供多少时，往往采用成本—利益分析的方法。首先估算提供某一公共物品的成本及获得的收益，然后将两者加以比较，最后根据结果确定该公共物品是否值得提供。如果有几个可供选择的公共物品，则分别比较各自的成本与收益，最后选择提供社会净收益较大的公共物品。

(2)具体来说，政府往往通过以下方式提供公共物品：一是由政府直接经营企业并生产公共物品。二是政府与私人部门签订合同，共同提供公共物品。三是政府以授权、许可的形式委托私人部门提供公共物品。四是政府对私人部门提供补贴，鼓励其提供公共物品。

7.2.2.2 针对外部性原因导致的市场失灵

1.税收与补贴

政府通过对产生负外部性的企业征税，使其私人成本等于社会成本；通过对产生正外部性的企业进行补贴，使其私人收益等于社会收益。

2.实行"内部化"政策

一个企业对另一企业可能产生正外部性或负外部性，但当政府将两个企业进行合并，在合并后的一个企业内部核算成本与收益时，就消除了外部性影响，即使其"内部化"了。

3.界定产权

科斯认为只要解决了财产权的界定和交易费用过高的问题，则完全可以通过市场交易解决外部性问题，这就是著名的"科斯定理"。

4.运用行政措施

政府可以采取直接的行政干预、强制性管制措施或推行强制性标准以及采取限制措施对资源配置进行安排或处置。

资料链接

为什么黄牛没有绝种

历史上,许多动物都遭到了灭绝的威胁。即使现在,像大象这种动物也面临着这样的境况,偷猎者为了得到象牙而进行疯狂捕杀。但并不是所有有价值的动物都面临这种威胁。例如,黄牛作为人们的一种有价值的食物来源,却没有人担心它会由于人们对牛肉的大量需求而绝种。

为什么象牙的商业价值威胁到大象,而牛肉的商业价值却成了黄牛的护身符呢?这就涉及产权的界定问题。因为野生大象没有确定的产权,而黄牛属于私人所有。任何人都可以捕杀大象而获取经济利益,而且谁捕杀得越多,谁获取的经济利益越大。而黄牛生活在私人所有的牧场上,每个农场主都会尽最大努力来维持自己牧场上的牛群,因为他能从这种努力中得到收益。

政府试图用两种方法解决大象的问题。如肯尼亚、坦桑尼亚、乌干达等非洲国家把捕杀大象并出售象牙作为一种违法行为,但由于法律实施难度较大,收效甚微,大象种群仍在继续减少。而同在非洲,纳米比亚以及津巴布韦等国家则允许捕杀大象,但只能捕杀自己土地上作为自己财产的大象,结果大象开始增加了。由于私有产权和利润动机在起作用,非洲大象或许会像黄牛一样摆脱灭顶之灾。

资料来源:郭万超、辛向阳.轻松学经济.对外经贸大学出版社,2005年版。

7.2.2.3 针对垄断原因导致的市场失灵

1.制定反垄断法

例如,美国在1890—1950年曾先后制定并颁布实施了谢尔曼法(1890年)、克莱顿法(1914年)、联邦贸易委员会法(1914年)、罗宾逊-帕特曼法(1936年)、惠特-李法(1938年)、塞勒-凯弗维尔法(1950年)等反托拉斯法。这些法律可以起到削弱或分解垄断企业,防止垄断产生的作用。

2.公共管制

政府对垄断的管制主要是政府对垄断价格进行管制并进而影响到价格。价格管制就是使管制之下的垄断厂商制定的价格等于边际成本。这样可以将垄断造成的社会福利损失减少到最低限度,以实现资源的优化配置。

7.2.2.4 针对信息不对称原因导致的市场失灵

1.解决逆向选择问题的措施

一是由政府规定企业对自己出售的产品提供质量保证。二是由政府引导企业对自己出售的产品提供不同的产品保修年限。三是政府鼓励企业对自己的产品树立品牌,通过“声誉”来分辨优质产品与劣质产品。四是政府鼓励企业通过广告等宣传方式来区分优质产品与劣质产品。五是政府鼓励企业实现产品标准化。

2.解决道德风险问题的措施

解决道德风险问题的措施主要是一些制度安排,包括预付保证金、订立合同、树立品牌声誉、效率工资。

7.2.3 导致政府干预失效的因素

当市场失灵时，政府在公共部门中所起的作用十分明显。但是不是政府对经济的干预总能发挥有效作用呢？答案是否定的。政府干预也有失效的时候，我们称为“政府失灵”。总的来说，导致政府干预失效的因素主要有以下几个：

(1)政府的偏好。政府同个体一样也有自己的偏好和利益目标。当下级政府的目标与上级政府的政策出现矛盾时，会做出与政策相悖的选择，从而导致政府失灵。同时，政府在制定政策时，其偏好也起着重要作用，稍有不慎，出现失误也会导致“政府失灵”。

(2)官员的素质。通常官员的素质较经济学家、科学家要低。因此，他们在制定和执行政策时往往存在不当之处；同时，有些官员把公共权力当作私人权力来满足个人偏好，权钱交易、权权交易现象普遍，人们对政府不信任，致使政府干预失效。

(3)利益集团的寻租行为。当政府制定政策时，利益集团的游说活动、个体的寻租活动都会使得政府的决策偏离社会最优选择，推出的政策往往只代表利益集团的利益而不是全社会的利益。当政府执行政策时，寻租活动会使得政策的执行效率或执行过程偏离政策本身。

(4)信息不对称。当信息不对称现象普遍存在时，政府不可能全面把握遇到的问题，这会使其政策自制定时就存在偏差，出现政府失灵。同时，信息不对称还会影响政府对其各部门和代理人的监督，并会引起政策在传递过程中的耗散，从而导致政策在执行阶段出现“政府失灵”。

(5)政府干预的成本与收益。由于意识形态等方面的影响，很难对政府干预的作用进行实证的评价。

(6)政府实行干预的法令、规章等都具有刚性，不能及时适应经济的具体情况变化，从而导致政府对经济干预的盲目性。

本章小结

(1)市场失灵是指由于市场价格机制在某些领域、场合不能或不能完全有效发挥作用而导致社会资源无法得到最有效配置的情况。

(2)导致市场失灵的因素主要有四个，即公共物品、外部性、垄断和信息不对称。

(3)公共物品是指私人不愿意或无能力生产而由政府提供的具有非排他性和非竞争性的物品。公共物品的非排他性和非竞争性使得任何私人部门都不愿意或不能充分提供，由此导致市场失灵。

(4)外部性是指经济活动的当事人对其他人所造成的无法通过价格体系反映的影响。外部性有正外部性和负外部性、生产外部性和消费外部性之分。

(5)政府对经济的干预并不总能发挥有效作用，即会出现“政府失灵”。导致政府干预失效的因素主要有政府的偏好、官员的素质、利益集团的寻租行为以及信息不对称等。

补充读物

漏水的水管

据《京华时报》报道,2003年7月14日,家住北京市东城区四八条37号院的朱大爷因发现院内水管漏水,便在没有征得邻居同意的情况下,自行请人对自来水管线进行了检测,并交纳了检测费100元。为了收回每户该分摊的7.14元检测费,朱大爷费尽口舌却没有结果,于是便告到了法院。东城区法院审理后,从法理上认定朱大爷在未得到他人授权的情况下"擅自主张"检测水管,邻居完全有理由拒绝朱大爷分摊检测费的要求。

朱大爷在没有得到他人授权的情况下"擅自主张",从而导致追索检测费时败诉,在法理上是毫无疑问的。但这仅仅触及了事件的本层。从更深的层面上讲,朱大爷的败诉是由公共物品自身性质决定的。

资料来源:郭万超、辛向阳.轻松学经济.对外经贸大学出版社,2005年版。

咸鸭蛋、多宝鱼与"看得见的手"

最近,关于"红心"咸鸭蛋、药物残留严重超标的多宝鱼的报道借助现代高科技的信息传播手段迅速传遍大江南北、长城内外。一波未平,一波又起,中国香港又从桂花鱼中检验出致癌物质,已停售三十多种淡水鱼。真不知还有多少未被发现的夺命之物潜藏于我们的日常饮食之中。

多宝鱼像人一样,也容易生病,且传染速度极快,一条鱼有恙,全池遭殃。怎么办?只能吃药,如果有了抗药性,还要加大剂量或者使用药效更强的药,人也就跟着鱼吃药了。这里就有一个个人成本社会化的问题。如果不给鱼吃药,损失只能由养殖者承担。按理说,绝不应该给鱼吃药,那么,养殖者又想挣钱,同时也能满足社会上众食客口腹之需,怎么办?其实有两条路子可走。

其一,完全由市场来解决。政府制定极为严格的法律,如若发现给鱼喂药者,罚他个倾家荡产,或者以故意谋杀罪课以重刑。那还会不会有人养殖呢?答案是会的。为什么?利润的驱使。君不见毒品、军火走私之盛乎?更何况养鱼乃光明正大之事。如果碰上好年景,多收了三五斗,多宝鱼很多,价格自会降下来,更多的数量乘以较低的价格,养殖者的总收益不会有太大的变化,而消费者则得了更多的实惠;如果碰上差年景,多宝鱼因病损失严重,则物以稀为贵,较少的数量乘以较高的价格,养殖者的收益不会有大的减少,受损失的可能是消费者。尽管以更高的价格只能买较少的商品所带来的心理效用可能与以同样的花费买较多的商品所带来的心理效用总值相等(因商品边际效用下降),但仅从人的营养补充角度来看,其损失也是不言而喻的。当然,对不同的养殖者来说,每年的收益、损失的程度并不均等,但在同等条件下,多年的平均收益损失是遵循正态分布的。总而言之,在完全由市场决定多宝鱼的供给与需求的情况下,社会承担了较大部分的成本。当然,这是自觉自愿的个人成本社会化,是在价格引导下自然实现的。与普通意义上的个人成本社会化有所不同,普通意义上的个人成本社会化是带有欺瞒和强迫性的。

其二,政府介入。政府介入的依据是能使社会总效用增加。当然,不食鱼者并不能从政府介入鱼品的供需中得到益处，这是另外一个问题，暂且不谈，现在只是假定人人皆喜食多宝鱼。因为大家都喜欢吃多宝鱼，所以政府拿着纳税人的钱去做一些增加多宝鱼供给的事情是不会遭到纳税人的反对的。政府如何介入呢？一种办法是像对计划经济条件下的国有企业一样，政府包干，盈亏不关养殖者之事，他们只拿固定的收益。这里面的道德风险之巨大已为历史所证明，显然此路不通。第二种办法是政府分别补贴养殖者与保险公司，让养殖者为鱼类养殖投保，如若产生损失，由养殖者、保险公司和政府（社会消费者的代表）共同承担，此乃皆大欢喜之道。这一办法也是发达国家之通行做法。

比较上述两种办法，显然第二种更为可取。因政府的介入而提高了多宝鱼供给市场的稳定性。但不能据此认为政府应积极介入咸鸭蛋、桂花鱼等各类商品的供应。政府介入经济活动是有前提的，那就是这种介入要能够调动市场主体参与交易的主动性，能为市场交易主体创造一个良好的交易环境，使交易者能对未来的收益损失保持稳定的预期，并能按自由签订的契约各自承担相应的责任。哈耶克认为，经济政策的主要任务是建立一种架构，在此架构中，个人不但能够自由决定他想做什么，并且能够使这种以他的特殊知识为基础的决定为总产出作尽可能多的特殊贡献。我们认为，这应当是政府介入经济活动的主要目的。

资料来源：http://www.sina.com.cn.2006年12月04日00:00，中国证券网-上海证券报，杨英杰。

复习思考题

7.1 单项选择题

(1)前人栽树，后人乘凉属于(　　)。

A. 正外部性　　B. 负外部性　　C. 非外部性　　D. 免费性

(2)具有非排他性和竞争性的物品是(　　)。

A. 公共资源　　B. 私人物品　　C. 纯公共物品　　D. 俱乐部物品

(3)周围人吸烟会给你带来危害属于(　　)。

A. 生产正外部性　　B. 消费正外部性　　C. 消费负外部性　　D. 生产负外部性

(4)有的游客在旅游景点乱扔垃圾属于(　　)。

A. 道德风险　　B. 逆向选择　　C. 干预失灵　　D. 社会问题

7.2 多项选择题

(1)纯公共物品同时具备(　　)。

A. 非排他性　　B. 竞争性　　C. 排他性　　D. 非竞争性

(2)针对垄断原因导致的市场失灵，政府干预的方式主要有：(　　)。

A. 制定反垄断法　　B. 实行"内部化"政策

C. 公共管制　　D. 界定产权

(3)以下选项中属于导致政府干预失效的因素有：(　　)。

A. 政府的偏好　　B. 官员的素质

C. 信息不对称　　D. 政府干预的成本与收益

(4)解决道德风险问题的措施主要是一些制度安排，包括(　　)。

A. 界定产权　　B. 预付保证金

C. 订立合同　　D. 树立品牌声誉

7.3 问答题

(1)导致市场失灵的因素主要有哪些?

(2)信息不对称何以导致市场失灵?

(3)导致政府失灵的原因是什么?

(4)当出现外部性导致市场失灵时,政府干预的手段有哪些?

(5)试分析搭便车行为产生的原因及后果。

(6)举例说明什么是逆向选择和道德风险。

8 国民收入决定理论

学习目标

(1)理解宏观经济学的基本概念。

(2)掌握国内生产总值的含义及衡量方法。

(3)了解国民收入核算中的五个总量。

(4)注意区分国民生产总值与国内生产总值。

(5)理解并掌握国民收入决定模型。

(6)了解经济福利的内容。

经济学家箴言

政府的当务之急,不是要去做那些人们已经在做的事,无论结果是好一点还是坏一点;而是要去做那些迄今为止还根本不曾为人们付诸行动的事情。

——约翰·梅纳德·凯恩斯

问题导入

找份工作是困难还是容易?实际工资和生活水平是否正在迅速提高,或者经济已经停滞不前?中央银行是提高利率抑制物价还是放松银根拉动经济走出衰退,或者只是保持中立观望的态度?全球化和对外贸易如何影响国内的就业和产出?

以上都是宏观经济学的核心问题,也是随后各章节所讨论的主题。

8.1 宏观经济学的基本概念

问题导入

什么是宏观经济学?

2013 年 3 月李克强总理在第十二届全国人民代表大会第二次会议上作的

《政府工作报告》中指出："2013年经济运行稳中向好。国内生产总值达到56.9万亿元，比上年增长7.7%。居民消费价格涨幅控制在2.6%。城镇登记失业率4.1%。城镇新增就业1310万人，创历史新高。进出口总额突破4万亿元，再上新台阶。"

改革开放35年中，中国经济总量连上台阶，综合国力大幅提升。国内生产总值由1978年的3 645亿元迅速跃升至2013年56.9万亿元，年均增长9%以上。中国的经济总量居世界位次稳步提升，1978年，我国经济总量仅位居世界第十位；2008年超过德国，居世界第三位；2010年超过日本，居世界第二位，成为仅次于美国的世界第二大经济体。人均GDP从1978年的381元上升到2012年的38 420元。

2013年我国广义货币(M_2)余额110.65万亿元，增速超预定目标，央行称该数据由银行、企业、个人共同创造。

8.1.1 宏观经济学概述

宏观经济学以国民经济总过程的活动为研究对象，主要考察就业总水平、国民总收入等经济总量，因此，宏观经济学也被称作就业理论或收入理论。

宏观经济学和微观经济学并不分开，"宏观"就是在"微观"的基本思维基础上发展的。但"宏观"又区别于"微观"。"微观"研究的是某个组织、部门或个人在经济社会上怎么样作出决策，以及这些决策会对经济社会有什么影响。而"宏观"则是研究整个经济社会如何运作，并找出办法，让经济社会运行得更加稳定，发展得更快。

宏观经济学存在着许多流派、分支，甚至分歧(意见、观点不同)。比较出名的有凯恩斯主义、货币主义等。有学者认为，宏观经济学各流派没有存在比较大的"共同观点"，极可能由于宏观经济学中的观点难以用事实证明。尽管"宏观"也可以建立像物理、化学和气象等的模型，但"宏观"模型很难用现实去说明是否正确。不可能只是为了证明"宏观"的某个观点是否正确，而去有意识地"调节"、"操作"和"干涉"经济社会的运行。比如说不可能为了说明"失业率有多大才会对经济社会产生不稳定的影响"而去真的让一些人民失业。这些事情，不单是不可能去做，而且也做不到。因此，宏观经济学的研究是很复杂、很困难的。

8.1.2 宏观经济学的内容

宏观经济学包括宏观经济理论、宏观经济政策和宏观经济计量模型。

1. 宏观经济理论

宏观经济理论包括国民收入决定理论、消费函数理论、投资理论、货币理论、失业与通货膨胀理论、经济周期理论、经济增长理论、开发经济理论。

2. 宏观经济政策

宏观经济政策包括经济政策目标、经济政策工具、经济政策机制(即经济政策工具如何达到既定的目标)、经济政策效应与运用。

3. 宏观经济计量模型

宏观经济计量模型包括根据各派理论所建立的不同模型。这些模型可用于理论验证、经济预测、政策制定以及政策效应检验。

以上三个部分共同构成了现代宏观经济学。现代宏观经济学是为国家干预经济的政策服务的。战后凯恩斯主义宏观经济政策在西方各国得到广泛的运用，相当大程度上促进了经济的发展，但是，国家对经济的干预也引起了各种问题。其具体内容主要包括经济增长、经济周期波动、失业、通货膨胀、国家财政、国际贸易等方面，涉及国民收入、全社会消费、储蓄、投资及国民收入的比率，货币流通量和流通速度，物价水平，利率，人口数量及增长率，就业人数和失业率，国家预算和赤字，出入口贸易和国际收入差额等。

8.1.3 宏观经济学的产生与发展

现代意义上的宏观经济学是从约翰·梅纳德·凯恩斯开始的。英国是产生大经济学家的地方。我们知道亚当·斯密的《国富论》奠定了经济学的基础，他在这本书的扉页上写道："献给女王陛下的一本书。"其含义在于，请女王陛下不要干预国家经济。政府做什么呢？就做一个守夜人，当夜晚来临的时候就去敲钟，入夜了看看有没有偷盗行为，这就是政府的职责。他主张国家不要干预经济，要让经济自由发展，让价格机制自发地起作用。每个人都自动按照价格机制、根据自己的利益去做事，这样经济就会发展了。

斯密的思想统治了西方世界上百年之久，至今依然在发挥着影响，是自由市场经济的理论基础。但是，1929 年开始的世界性的经济危机以及此后的大萧条，使"看不见的手"面对危机有些乏力。这时英国又出现了一个伟大的经济学家——凯恩斯，他的《就业、利息和货币通论》（即著名的《通论》）开创了经济学的里程碑，引进了政府干预经济的理论，由此经济学的理论从微观走向宏观，从个体的分析走向了总量的分析，开辟了宏观经济学的历史。美国从富兰克林·罗斯福总统开始，采用凯恩斯主义，通过基础设施的建设，开始了经济的复苏。第二次世界大战后，凯恩斯主义的影响不断扩大，美国国会正式授权联邦政府担负起稳定宏观经济增长的责任。1946 年通过的《就业法》包含这样的内容："国会在此申明，联邦政府持续的政策和责任，是使用与其需要和义务相一致的一切可行的方法来实现就业、生产和消费的最大化。"

从此，所有市场经济国家都围绕下列问题开始了宏观调控：

(1)为什么产出和就业会不时地下降？怎样减少失业？

(2)通货膨胀的原因是什么？如何控制它？

(3)如何提高经济增长率？

后来又增加了如何促进一国国际收支的平衡。20 世纪 60 年代以后，凯恩斯主义统治了西方世界，经历了石油危机所带来的滞胀，20 世纪 90 年代后的长期高增长、低通胀的繁荣，亚洲国家的迅速崛起，以及当前的金融危机，凯恩斯主义既要经受考验，又要不断发展完善，面对滞胀也是力不从心，其一统天下的局面已经动摇，各种流派群雄而起，针对不同的形势和问题提出不同的理论主张，但凯恩斯理论的光芒依然闪耀，与斯密的理论相映成辉，引领着市场经济的航程。

宏观经济学的产生与发展，迄今为止大体上经历了四个阶段：第一阶段，17 世纪中期到19世纪中期,是早期宏观经济学阶段,或称古典宏观经济学阶段。第二阶段,19世纪后期到20世纪30年代,是现代宏观经济学的奠基阶段。第三阶段,20世纪30年代到60年代,是现代宏观经济学的建立阶段。第四阶段,20世纪60年代以后,是宏观经济学进一步发展和演变的阶段。

8.2 国民收入核算体系

宏观经济学以整个国民经济活动作为考察对象,其核心理论是国民收入决定理论。要想从总体上把握整个国民经济活动,就必须有一套定义和计量总产出或总收入的方法,这套方法即通常所说的国民收入核算体系。经济学已经建立了一整套相对科学、系统和合理的国民收入核算体系,目前世界上绝大多数国家均采用1993年经联合国修订的《国民经济核算体系》。

8.2.1 国内生产总值的含义

在整个国民收入核算体系中,核心指标是国内生产总值(Gross Domestic Product,GDP)。国内生产总值是指一国或一个地区在一定时期内运用生产要素所生产的全部最终产品(产品和劳务)的市场价值。理解这个定义应该注意以下几个方面的内容:

(1)GDP是一个市场价值的概念。市场价值就是产品或劳务的数量与价格的乘积,所以GDP的数值不仅受到计算期产量变动的影响,也会受到计算期价格水平变动的影响。

(2)GDP只测定最终产品的价值,中间产品不计入GDP。最终产品是指在一定时期内生产出来直接供人们消费的产品,中间产品是指生产出来后作为下一道生产程序投入的产品。在实际经济中,某些产品既可以作为最终产品,又可以作为中间产品。例如,煤炭在用作燃料发电时是中间产品,而用作人们生活中的燃料时是最终产品。这样,把哪一部分煤炭计入最终产品,哪一部分煤炭计入中间产品就不容易了。为了解决这个问题,在实际计算当中采用增值法,即只计算在各生产阶段上所增加的价值,如表8.1所示。

表8.1 最终产品价值的核算

生产阶段	产品价值	中间产品成本	增值
木材	5	—	5
纸浆	10	5	5
纸张	20	10	10
笔记本	35	20	15
合计	70	35	35

在此例中,笔记本是最终产品,其价值为35,用增值法计算也是35,如果不区分最终产品和中间产品,则会得到70个单位的总价值,其中含重复计算的35个单位产品价值。可见,用增值法可以避免重复计算的问题。

(3)GDP一般以一年为统计核算期限。也就是说某年的GDP不能包括以前年度生产出来的产品和劳务，只能是当年生产出来的产品和劳务。按此规则，出售以前年度生产的存货所得收入就不能计入当年的GDP。

(4)GDP是一个地域概念，是指一个国家国境内在一年内所创造的全部最终产品的市场价值，而不管国境内的生产要素是不是本国的，它主要侧重衡量一国本土所具备的生产能力。

(5)GDP只衡量市场活动所产生的价值。人们生产的产品和劳务可以分两种：一是为市场交换而生产的产品和劳务；二是用于自己消费的自给性产品和劳务。自给性产品和劳务因为不用于市场交换，因而没有价格，所以不能计入GDP。如家政公司的家政工作人员替别人打扫房屋时获得的收入要计入GDP，而家庭主妇清扫自家房屋时没有收入，也无法反映到GDP中去。

8.2.2 国内生产总值的衡量

国内生产总值的核算方法有三种，即支出法、收入法和生产法，常用的是支出法和收入法，下面分别予以介绍。

8.2.2.1 支出法

用支出法(Expenditure Approach)核算GDP，就是通过核算在一定时期内整个社会购买最终产品的总支出，即最终产品的总卖价来计量GDP。那么谁是最终产品的使用者呢？在现实生活中，产品和劳务的最后使用包括四个部分，即私人消费支出、私人国内投资、政府购买支出和净出口。

私人消费支出(C)包括购买耐用品、非耐用品、劳务等支出。耐用消费品包括家庭轿车、家用电器等商品，而居民用于住宅的支出则没有被包括在内。非耐用消费品包括食物、衣服等商品。劳务包括医疗、教育培训、旅游、理发等。

私人国内投资(I)包括固定资产投资和存货投资。固定资产投资是指非居民购买的新生产的建筑和耐用生产设备的市场价值总额加上居民购买的新建住房的市场价值。存货投资是指厂商持有的存货价值的变动。

政府购买支出(G)是指各级政府部门对商品和劳务的购买支出，主要包括政府在军事设施和物资方面的支出及政府雇员的薪金支出等。需要强调的是，所有的政府购买支出都要记入GDP。政府有一类支出属于无偿转移支付的性质，如社会保障支出、社会救济和社会抚恤支出等。这种支出是政府单方面的支出，并没有相应的产品或劳务的交换发生，因而不能记入GDP。

净出口($X-M$)是一国产品和劳务的出口价值减去产品和劳务的进口价值的差额，反映的是国外对本国产品和劳务的净购买情况。对于不同的国家来说，净出口数值可正可负。

把上述四个项目加总求和，可得到用支出法计算国内生产总值的公式，即

$$GDP=C+I+G+X-M \tag{8.1}$$

下面以美国2002年按支出法核算GDP的构成情况为例来加以说明，如表8.2所示。

表 8.2 美国 2002 年 GDP 的构成及其比重(支出法)①

国内生产总值的构成	金额(10 亿美元)	百分比(%)
1.个人消费支出	7 303.7	69.92
2.私人国内总投资	1 593.2	15.25
3.政府对产品和劳务的购买	1 972.2	18.88
4.产品和劳务的净出口	−423.6	−4.05
国内生产总值	10 445.5	100.00

8.2.2.2 收入法

收入法(Income Approach)指通过计算一定时期内整个社会所有的生产要素获得的收入来核算国内生产总值。严格说来,最终产品市场价值除了生产要素收入构成的成本外,还有间接税、折旧、公司未分配利润等内容。因此,用收入法核算的国内生产总值应包括以下一些项目:

(1)工资、利息和租金等生产要素的报酬。工资包括所有工作的酬金、津贴和福利费,也包括工资收入者必须缴纳的所得税及社会保险税。利息在这里指人们给企业所提供的货币资金获得的利息收入,如银行存款利息、企业债券利息等,但政府公债利息及消费信贷利息不包括在内。租金包括出租土地、房屋等所获得的收入及专利、版权等收入。

(2)非公司企业主收入,如医生、律师、农民和小店铺主的收入。他们使用自有资金并且自我雇用,其工资、利息、利润、租金经常混在一起作为非公司企业主收入。

(3)公司税前利润,包括公司所得税、社会保险税、股东红利及公司未分配利润等。

(4)企业转移支付及企业间接税。这些虽然不是生产要素创造的收入,但要通过产品价格转嫁给购买者,故也应该视为成本。企业转移支付包括对非营利组织的社会慈善捐款和消费者呆账,企业间接税包括货物税或销售税、周转税等。

(5)资本折旧。资本折旧虽不是要素收入,但包括在总投资中,也应该计入国内生产总值。

把上述五个部分加起来,就得到收入法计算国内生产总值的公式:

$$GDP=工资+利息+利润+租金+间接税和企业转移支付+折旧 \qquad (8.2)$$

从理论上说,收入法核算出来的国内生产总值和支出法核算出来的国内生产总值应该是相等的,但是实际核算中常有误差,因而还要加上一个统计误差。下面以美国 1996 年按收入法核算 GDP 为例来说明情况,如表 8.3 所示。

8.2.3 国内生产总值的缺陷

GDP 是宏观经济理论的中心指标,在该指标的引导下许多国家制定了增加 GDP 的产业政策。现实中伴随着 GDP 的增长出现了许多社会问题,如环境问题、收入分配不公等,这些问题已经影响到国家宏观经济的持续发展,所以对于 GDP 的反思有迫切的需要。

① 资料来源于美国商务部经济分析局。

表 8.3 美国 2002 年 GDP 的构成及其比重(收入法)[①]

国内生产总值的构成	金额(10 亿美元)	百分比(%)
1. 工资、薪水和津贴	4 427	57.98
2. 净利息	425	5.57
3. 个人租金收入	146	1.91
4. 企业间接税、调整与统计误差	553	7.24
5. 折旧	830	10.87
6. 非公司业主收入	520	6.81
7. 公司税前利润	736	9.64
国内生产总值	7 636	100.00

GDP 是指一个国家或地区所有常驻单位在一定时期内生产的最终产品的市场价值的总和。从生产角度看,*GDP*=总产出-中间产品消耗。中间产品消耗是指生产过程中所消耗的原材料、燃料以及外雇劳务等,不包括环境资产的消耗。事实上,任何经济活动不仅要消耗活劳动和中间产品,而且要消耗人造资产和环境资产。从成本角度看,只核算了中间产品的成本,没有扣除固定资产折旧,更没有考虑环境成本。

GDP 的缺陷反映在许多方面,大致可以归纳为环境和福利两方面内容。关于福利的缺陷表现为以下方面:GDP 指标并未反映或包括所有能够给人们带来福利的因素,而仅限于经济活动中"货币化"的部分,即以货币为交换手段的经济部分。现实中许多经济活动的后果难以用货币精确量化。GDP 是衡量生产的尺度,生产水平之所以重要是因为它在很大程度上决定了一个国家有多少产出可用于消费。由于 GDP 主要用市场价格衡量经济活动,因此许多影响社会福利的非市场活动被忽略了。同时,GDP 指标并未反映收入分配结构这一重要因素,收入分配结构从某一侧面反映了社会福利状况,不同的收入分配结构一般对应着不同的社会福利状况。

关于环境的缺陷表现在以下方面:很多经济活动具有外部效应,即经济活动对外部环境的影响。这种影响表现为两种结果:正面影响和负面影响,又分别被称为正外部性和负外部性。这种经济活动的外部效应直接影响到社会福利水平或状况,而这种外部效应并未计入 GDP 指标中。而且环境因素在现实中很难用经济价值尺度加以计量,如自然资源融入经济活动的程度以及经济活动对环境质量造成的损害。前者的难度在于确定自然资源的价格,后者的难度在于量化对环境造成的影响。此外,GDP 未能区别不同经济部门的活动。比如用于抵消环境负面影响的措施所需的费用被计入 GDP,导致 GDP 总量的增加并带来社会福利的减少。为此,学者们提出绿色 GDP 的概念及计算方法。杨缅昆指出,绿色 GDP 应等于现行 GDP 加上外部经济因素再减去外部不经济因素。外部经济因素主要包括提高福利的经济活动,如家务劳动、闲暇活动以及有利于人们生活的地下经济活动。外部不经济因素主要包括减少人们福利的经济活动,如资源滥用以及环境污染等活动。

针对现行 GDP 核算存在的缺陷,经济学家提出了绿色 GDP 的核算。

① 保罗·萨缪尔森,威廉·诺德豪斯. 经济学(第 16 版). 北京:机械工业出版社,1998.

资料链接

什么是绿色 GDP

绿色 GDP(可持续收入)的基本思想是由希克斯在其 1946 年的著作中提出的。这个概念的基础是:只有当全部的资本存量随时间保持不变或增长时,这种发展途径才是可持续的。可持续收入定义为不会减少总资本水平所必须保证的收入水平。对可持续收入的衡量要求对环境资本所提供的各种服务的流动进行价值评估。可持续收入在数量上等于传统意义的 GDP 减去人造资本、自然资本、人力资本和社会资本等各种资本的折旧。衡量可持续收入意味着要调整国民经济核算体系。

绿色 GDP 是指一个国家或地区在考虑了自然资源(主要包括土地、森林、矿产、水和海洋)与环境因素(包括生态环境、自然环境、人文环境等)影响之后经济活动的最终成果,即将经济活动中所付出的资源耗减成本和环境降级成本从 GDP 中予以扣除。改革现行的国民经济核算体系,对环境资源进行核算,从现行 GDP 中扣除环境资源成本和对环境资源的保护服务费用,其计算结果可称之为"绿色 GDP"。绿色 GDP 这个指标,实质上代表了国民经济增长的净正效应。绿色 GDP 占 GDP 的比重越高,则国民经济增长的正面效应越高,负面效应越低;反之亦然。

8.3 国民收入核算中的其他总量

8.3.1 国民收入核算中的五个基本总量及其相互关系

在国民收入核算体系中,除了国内生产总值以外,还有国民生产总值、国内生产净值、国民生产净值、国民收入(狭义)、个人收入以及个人可支配收入等相关概念,这些概念和国内生产总值、国民生产总值一起统称为国民收入。

国民生产总值(GNP)是指一个国家或地区在一定时期内本国生产要素所生产的全部最终产品(产品和劳务)的市场价值。

国内生产净值(NDP)是指一国国境以内在一年内创造出来的净增加值。GDP 是一个国家一年内全部最终产品的市场价值,最终产品的价值既包括了当年新增加的产值,也包括生产过程的资本消耗即折旧的价值。

国民生产净值(NNP)同国内生产净值一样,是指一国国民在一年内创造出来的净增加值,是国民生产总值扣除折旧后的价值。

国民收入(NI)(这里指狭义的国民收入)是一国生产要素在一定时期内提供服务所获得的报酬的总和,即工资、利息、租金和利润的总和。从国民生产净值中扣除企业间接税和企业转移支付,加上政府补助金就得到这一狭义的国民收入。企业间接税和企业转移支付是列入产品价格的,但并不代表生产要素创造的价值或者说收入,因此计算狭义的国民收入时必须扣除。相反,政府给企业的补助金不列入产品的价格,但成为生产要素收入,因此应当加上。

个人收入(PI)是指个人实际得到的收入。国民收入还不是个人收入,一方面国民收入中有三个主要项目不会成为个人收入,这就是公司未分配利润、公司所得税和社会保险税;另一方面政府转移支付(包括公债利息)虽然不属于国民收入(生产要素报酬),却会成为个人收入。因此从国民收入中减去公司未分配利润、公司所得税和社会保险税,加上政府转移支付,就得到个人收入。

个人可支配收入(DPI)是指缴纳了个人所得税以后留下的可以为个人所支配的收入。

表 8.4 用美国 2002 年国民收入核算指标来说明从 GDP 到 DPI 的计算过程。

表 8.4 美国 2002 年 GDP 到 DPI①

国内生产总值		10 446.2
+本国居民来自国外的要素收入	278.1	
—本国支付给外国居民的要素收入	287.6	
=国民生产总值(GNP)		10 436.7
—固定资本消耗	1 393.5	
=国民生产净值(NNP)		9 043.2
—企业间接税及非税收支付	800.4	
—企业转移支付	44.1	
—统计误差	—116.7	
+政府补助金	32.5	
=国民收入(NI)		8 347.9
—包含存货价值和资本消耗调整的公司利润	787.4	
—净利息	684.2	
—社会保险税	384.5	
—工资净增加额	363.0	
+个人利息收入	1 078.5	
+个人红利收入	433.8	
+政府和企业对个人的转移支付	1 288.0	
=个人收入(PI)		8 929.1
—个人所得税及非税收支付	1 113.6	
=个人可支配收入(DPI)		7 815.5

① 资料来源于美国商务部经济分析局。

8.3.2 实际国内生产总值与名义国内生产总值

由于 GDP 是用货币价值来衡量的，因此，一国 GDP 的变动有两个影响因素：一个是所生产的产品和劳务的数量的变动；另一个是产品和劳务价格的变动。对于一国来讲，由于价格上升而导致的 GDP 的上升是没有任何意义的，因为产品和劳务的数量没有增加，人们的消费水平没有得到提高，所以，有必要将国内生产总值变动中的价格因素抽象出来，只研究产品和劳务的数量变化。这就需要区别名义国内生产总值和实际国内生产总值两个概念。

名义国内生产总值是用生产产品和劳务的那个时期的价格计算出来的国内生产总值，而实际国内生产总值(Real GDP)是用基年的价格计算出来的价值。例如，2000 年美国的 GDP 有两种核算方法：一种是用 2000 年的价格乘以 2000 年生产的全部最终产品的数量，这样得到的是当年的名义国内生产总值；另一种是用 1990 年的价格(假设基年为 1990 年)乘以 2000 年生产的全部最终产品的数量，这样得到的是当年的实际国内生产总值。

假设某国只生产两种产品，即面包和外套，以 1993 年为基年，现在需要核算 2003 年的名义 GDP 和实际 GDP。1993 年和 2003 年最终产品的数量和价格见表 8.5。

表 8.5 名义 GDP 与实际 GDP

	1993 年名义 GDP	2003 年名义 GDP	2003 年实际 GDP
面包	15 万单位×1 美元 =15 万美元	20 万单位×1.5 美元 =30 万美元	20 万单位×1 美元 =20 万美元
外套	5 万单位×40 美元 =200 万美元	6 万单位×50 美元 =300 万美元	6 万单位×40 美元 =240 万美元
合计	215 万美元	330 万美元	260 万美元

从表中可以看出，从 1993 年到 2003 年，GDP 名义上从 215 万美元增加到了 330 万美元，但实际只增长到了 260 万美元，即扣除物价上涨因素，GDP 只增长了 20.9%[(260－215)÷215＝20.9%]，而名义上却增长了 53.5%[(330－215)÷215＝53.5%]。

通过 2003 年名义 GDP 和实际 GDP 的值，可以得到当年与基期年份相比价格变动的程度。330÷260＝126.9%，说明从 1993 年到 2003 年该国平均价格水平上升了 26.9%，在这里，126.9%称为 GDP 折算指数。可见，GDP 折算指数是名义的 GDP 和实际的 GDP 的比率。名义国内生产总值、实际国内生产总值和折算指数这三者的关系是：

$$\text{实际 GDP}=\text{名义 GDP}\div\text{GDP 折算指数} \quad (8.3)$$

8.3.3 国内生产总值与国民生产总值

国内生产总值是指一国国境内在一年中所创造的全部最终产品的市场价值，是一个地域概念，强调的是一国本土的生产能力。而国民生产总值指一国国民在一年内所创造的全部最终产品的市场价值，是一个国民概念，强调的是一国国民的生产能力。

例如，某英国公民在日本工作获得了10万日元的收入，从日本角度来看，该笔收入是在日本本土产生的，因而应计入日本的GDP，但这笔收入是一位在日本的英国人创造的，因而不应计入日本的GNP；从英国的角度来看，这笔收入是本国国民创造的，因而应计入英国的GNP，但这笔收入是本国国民在日本创造的，因而不能计入英国的GDP。

对于任何一个对外开放的国家来说，都可以核算出GDP和GNP，而且大多数情况下这两个数值并不相等，二者的关系是：

$GNP = GDP +$ 本国居民来自国外的要素收入 $-$ 本国支付给外国居民的要素收入

在20世纪90年代以前，包括美国在内的多数国家采用GNP作为对经济总产出的基本测量指标，1991年美国开始改用GDP指标，其他国家也逐渐开始采用GDP指标，我国也不例外。

8.3.4 国内生产总值与经济福利

国内生产总值作为国民收入核算体系中最重要、最核心的指标，代表了一国国民在一定时期内可以消费的产品和劳务的数量，因而能从总体上代表一国国民的经济福利水平，但GDP本身还存在着诸多缺陷与不足。

(1)国内生产总值不能完全反映一国的真实产出。国内生产总值的统计数据是依据市场交换获得的，因此至少有两个方面的产出得不到反映：一是前文所说的自给性产品和劳务的价值；二是地下经济活动产生的价值。自给性产品和劳务由于不到市场上交换，因而无法在国内生产总值中得到反映；地下经济活动由于各种原因无法公开化和合法化，因而也不能在国内生产总值中得到反映。可见，一国国民的总经济福利水平有可能比国内生产总值要高。

(2)国内生产总值不能完全反映一国居民的真实生活水平。GDP所衡量的实质上是一个国家的产出水平，但一方面，产出并不等于消费，有些产品生产出来后却销售不出去进而积压，这样的产品尽管生产出来却不能提高人们的生活水平；另一方面，闲暇、良好的工作条件是人们生活水平的一个重要组成部分，而GDP却不能反映这方面的状况。

(3)国内生产总值不能反映经济增长的代价及经济增长的效率和效益。如有些国家的经济增长带来了巨大的环境污染和生态破坏，在这种情况下，尽管国内生产总值增长了，人们的实际生活水平却并不一定会提高。有的国家的经济增长是低消耗、高效率的，而有的国家的经济增长是高消耗、低效率的，对于后一类国家，其往往为了发展经济而拼命消耗资源，对资源采用低效的、掠夺式的利用，这样极有可能伤及一国的持续发展能力。

(4)GDP指标无法反映一国的产品和劳务的分配情况。如果A国与B国GDP总量相同，但A国的收入分配比较均等，而B国的收入悬殊，显然这两国国民的生活水平是不尽相同的。

可见，国内生产总值并不能与一国国民的经济福利水平完全画等号。正是由于GDP存在着上述不足，因此有一些比较偏激的看法，如有的人认为国内生产总值就是国内总污染。经济学家正在力图对现行国民收入核算体系进行改进和完善，但至今尚未发现比国内生产总值更能说明问题的总量指标和核算方法。所以，尽管还存在着诸多不足，国内生产总值还是被用作衡量一国经济总体发展水平和经济福利水平的总量指标。

8.4 国民收入决定理论

问题导入

“节俭的美德”是放之四海而皆准的吗?

18世纪,荷兰德曼德维尔博士在《蜜蜂的寓言》一书中讲过这样一个有趣的故事:一群蜜蜂为了追求豪华的生活大肆挥霍,结果这个蜂群很快兴旺发达起来。而后来,由于这群蜜蜂改变了习惯,放弃了奢侈的生活,崇尚节俭,结果却导致了整个蜜蜂社会的衰败。

蜜蜂的故事说的是“节俭的逻辑”,在经济学上叫“节俭悖论”。众所周知,节俭是一种美德,既然是美德,为什么还会产生这个悖论呢?让我们从国民收入决定的理论中寻找答案吧。

20世纪30年代,资本主义世界爆发了一场空前的大危机。经济的大萧条使3000多万人失业,1/3的工厂停产,金融秩序一片混乱,整个经济倒退到第一次世界大战前的水平。在经济大危机中,产品积压、工人失业、生活困难,绝大多数人感到前途渺茫。持续的经济衰退和普遍失业,使传统的经济学遇到了严峻的挑战。一直关注美国罗斯福新政的英国经济学家凯恩斯从一则古老的寓言中得到了启示:从前有一群蜜蜂过着挥霍、奢华的生活,整个蜂群兴旺发达,百业昌盛。后来它们改变了原有的生活习惯,崇尚节俭朴素,结果社会凋敝、经济衰落,最终被敌人打败。凯恩斯从这则寓言中悟出了需求的重要性,建立了以需求为中心的国民收入决定理论,并在此基础上引发了经济学上著名的“凯恩斯革命”。这场革命的结果就是建立了现代宏观经济学。

8.4.1 总需求分析一:简单的国民收入决定模型

8.4.1.1 几点假设

在进行总需求分析时有三点重要假设:

第一,潜在国民收入水平不变;

第二,资源没有得到充分利用;

第三,价格水平是既定的。

分析简单国民收入模型有以下两点假设:

第一,利率水平既定;

第二,投资水平既定。

潜在国民收入是指经济中实现了充分就业时所能达到的国民收入水平,又称充分就业的国民收入。

均衡国民收入是指总需求与总供给达到平衡时的国民收入。

8.4.1.2 总需求的构成

总需求(AD)是整个社会对产品和劳务的需求总和,表示在一定的收入水平、价格水平等条件下,消费者、企业、政府和外国想要购买的本国生产的最终产品和劳务的总和。所以,它由消费、投资、政府支出和净出口四个部分构成,即

$$AD=C+I+G+(X-M) \tag{8.4}$$

8.4.1.3 消费和储蓄

在简单的国民收入决定理论中,研究的只有居民户和厂商两个部门。社会总需求就是对消费品的需求和对投资品的需求总和,即消费加投资。为了分析简化,假定投资是一个与收入无关的常数,仅考虑消费的变动对总需求的影响,这样就需要学习消费函数以及相应的储蓄函数。

1.消费函数与储蓄函数

消费函数是消费与收入之间的依存关系。

消费随收入的变动而同方向变动,其函数表达式为:

$$C=f(Y) \tag{8.5}$$

储蓄函数是储蓄与收入之间的关系。

储蓄随收入的变动而同方向变动,其函数表达式为:

$$S=f(Y) \tag{8.6}$$

2.平均消费倾向与边际消费倾向

消费与收入的关系可以用消费倾向来表示。消费倾向包括平均消费倾向和边际消费倾向。

平均消费倾向(Average Propensity to Consume,APC)是指消费在收入中所占的比例,即

$$APC=C/Y \tag{8.7}$$

边际消费倾向(Marginal Propensity to Consume,MPC)是指增加的消费在增加的收入中所占的比例,即

$$MPC=\Delta C/\Delta Y \tag{8.8}$$

3.平均储蓄倾向与边际储蓄倾向

储蓄与收入的关系可用储蓄倾向来表示,包括平均储蓄倾向和边际储蓄倾向。

平均储蓄倾向(Average Propensity to Save,APS)是指储蓄在收入中所占的比例,即

$$APS=S/Y$$

边际储蓄倾向(Marginal Propensity to Save,MPS)是指增加的储蓄在增加的收入中所占的比例,即

$$MPS=\Delta S/\Delta Y$$

4.消费倾向与储蓄倾向的关系

因为全部的收入只分为消费和储蓄两个部分,所以

$$APC+APS=1 \tag{8.9}$$

同样,全部增加的收入也只用于增加消费和增加储蓄,所以

$$MPC+MPS=1 \tag{8.10}$$

5. 自发消费与引致消费

全部消费可分为两部分，即自发消费和引致消费。

自发消费是指由人的基本需求决定的最必需的消费。

引致消费是指由收入所引起的消费。它的大小取决于收入和边际消费倾向，即

$$引致消费=MPC \cdot Y$$

8.4.1.4 总需求与均衡国民收入

1. 总需求决定均衡国民收入

在了解边际消费倾向后，可以建立一个具体的消费函数式。若以 b 代表边际消费倾向，a 代表自发消费，则消费函数为：

$$C=a+b \cdot Y \tag{8.11}$$

式中，$b \cdot Y$ 为引致消费，是指收入所引起的消费，这部分消费的大小取决于收入和边际消费倾向。

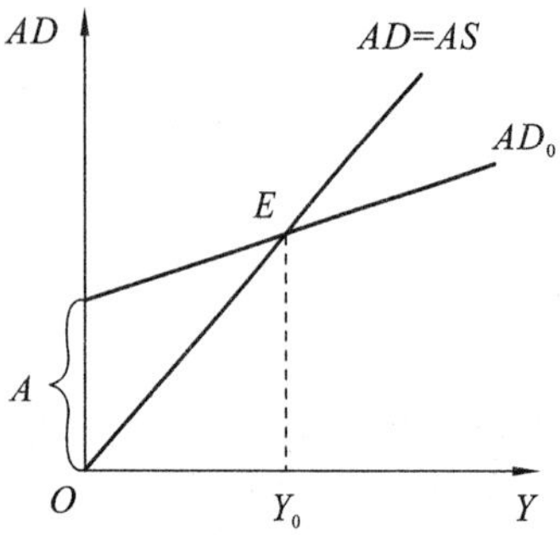

图 8.1 均衡国民收入的决定

由于假设简单国民收入模型中的总需求包括消费和投资两部分，并假设投资固定为 I_0，因此总需求可以写为：

$$\begin{aligned} AD &= C+I_0=a+b \cdot Y+I_0 \\ &=(a+I_0)+b \cdot Y=A+b \cdot Y \end{aligned} \tag{8.12}$$

式中，自发消费和固定的投资被称为自发总需求，它是一个常数，即 $a+I_0=A$ 为常数。

所以，简单的国民收入决定模型可表示为图 8.1 的形式，总需求曲线 AD_0 在纵轴上的截距为 A，即自发总需求。总需求曲线向右上方倾斜，表示总需求中由于包括了引致消费，随国民收入的增加而增加。AD_0 与 45°线相交于点 E，决定了此时均衡的国民收入为 Y_0。

2. 总需求变动对国民收入的影响

(1)总需求与国民收入呈同方向变动。

(2)消费与国民收入呈同方向变动。

(3)储蓄的变动会引起国民收入反方向变动。

8.4.1.5 乘数理论

自发总需求的增加会引起国民收入增加，但是，一定量自发总需求的增加会使国民收入增加多少，这就是乘数理论所要回答的问题。

乘数(Multiplier)是指自发总需求的增加所引起的国民收入增加的倍数，即

$$k=\Delta Y/\Delta A=1/(1-b) \tag{8.13}$$

乘数的公式反映了国民经济各部门之间存在着密切的联系。某一部门自发总需求的增加，不仅会使本部门收入增加，而且会在其他部门中引起连锁反应，从而使这些部门的需求与收入也增加，最终使国民收入的增加数倍于最初自发总需求的增加。

乘数作用的发挥在现实生活中的限制因素有：①社会中过剩生产能力的大小。若

生产能力已被充分利用,没有闲置资源,则投资增加及由此造成的消费支出增加并不会引起生产增加,只会刺激物价水平上升。②投资和储蓄的决定是否相互独立。若不独立,乘数作用就小得多,因为投资引起的对货币资金需求的增加会使利率上升,而利率上升会鼓励储蓄,排挤消费,部分抵消因投资增加引起收入增加进而使消费增加的趋势。③货币供应量的增加能否适应支出的需要。若货币供应量受到限制,投资和消费支出增加时,货币需求的增加得不到满足,利率就会上升,抑制消费和投资,使总需求降低。

乘数的作用是双重的,即当自发总需求增加时,所引起的国民收入的增加要大于最初自发总需求的增加;当自发总需求减少时,所引起的国民收入的减少也要大于最初自发总需求的减少。

8.4.2 总需求分析二:*IS-LM* 模型 *

IS-LM 模型是英国经济学家希克斯提出的,后经美国经济学家汉森阐发,又被许多经济学家修正、扩展而形成的分析工具。

IS-LM 模型在分析国民经济时,将国民经济的均衡看成是实物方面的均衡和货币方面的均衡,即物品市场的均衡和货币市场的均衡的合成物。

这一模型在理论上是对总需求分析的全面高度概括,在政策上可以解释财政政策和货币政策,因此,被称为整个宏观经济学的基础。

8.4.2.1 *IS* 曲线

IS 曲线是描述物品市场达到均衡,即 $I=S$ 时,国民收入与利率之间存在着反方向变动关系的曲线。

图 8.2 中横轴表示国民收入 Y,纵轴表示利率 i。*IS* 曲线上任何一点都是 $I=S$,即物品市场上实现了均衡。*IS* 曲线向右下方倾斜,表明在物品市场上实现了均衡时,利率与国民收入呈反方向变动,即利率高则国民收入低,利率低则国民收入高。

IS 曲线的移动如图 8.3 所示。

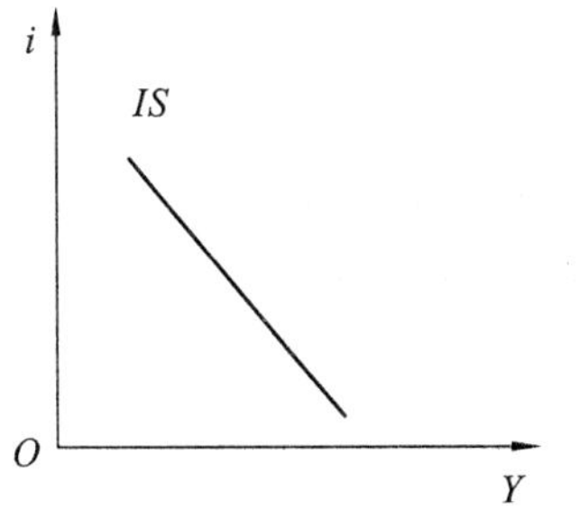

图 8.2 *IS* 曲线

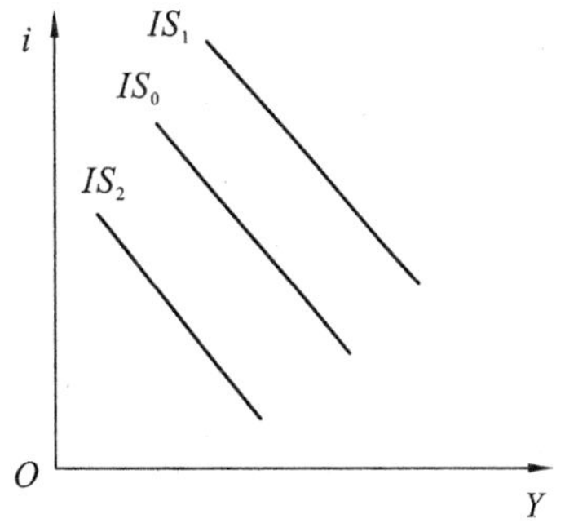

图 8.3 *IS* 曲线的移动

IS 曲线会随自发总需求的变动而变动,即位移。自发总需求增加,*IS* 曲线向右上方移动;自发总需求减少,*IS* 曲线向左下方移动。

8.4.2.2 *LM* 曲线

LM 曲线是描述货币市场达到均衡,即 $L=M$ 时,国民收入与利率之间存在同方向变动关系的曲线。

图 8.4 中横轴表示国民收入 Y,纵轴表示利率 i。*LM* 曲线上任何一点都是 $L=M$,即货币市场上实现了均衡。*LM* 曲线向右上方倾斜,表明在货币市场上实现了均衡时,利率与国民收入呈同方向变动,即利率高则国民收入高,利率低则国民收入低。

LM 曲线的移动如图 8.5 所示。

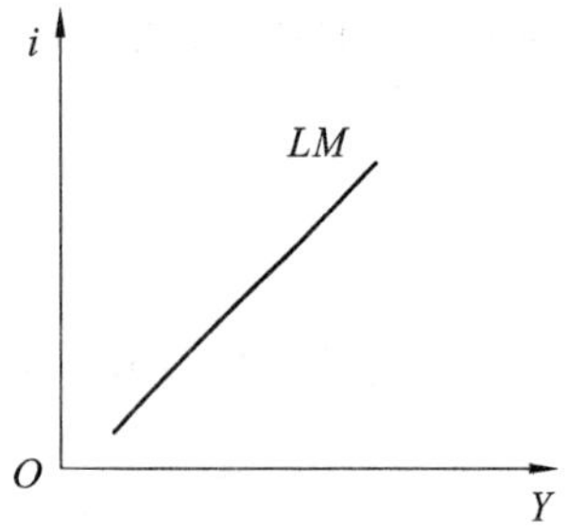

图 8.4　*LM* 曲线

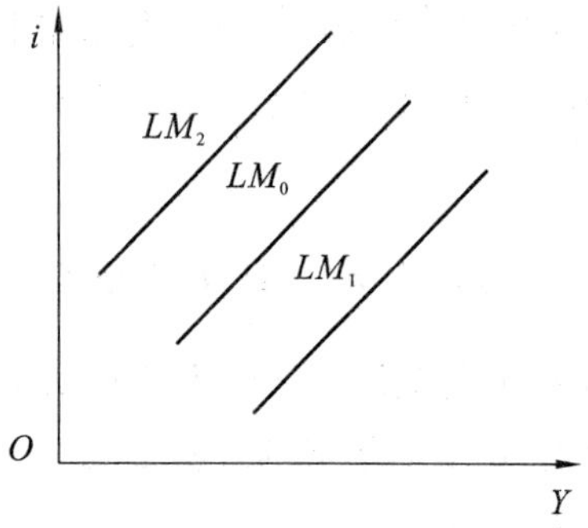

图 8.5　*LM* 曲线的移动

LM 曲线会随货币供给量的变动而发生位置平行移动。货币供给量增加,*LM* 曲线向右下方移动;货币供给量减少,*LM* 曲线向左上方移动。

8.4.2.3 *IS-LM* 模型

1. *IS* 曲线移动对均衡利率和国民收入的影响

IS 曲线的变动主要取决于政府的财政政策。政府支出增加,扩大总需求规模,就会使 *IS* 曲线向右上方移动。

如图 8.6 所示,在 *LM* 曲线不变的条件下,总需求增加,*IS* 曲线向右上方移动,从 IS_0 移至 IS_1,这样一方面会使国民收入水平提高,另一方面又会导致利率上升,最终结果是在国民收入和利率水平都提高的条件下,宏观经济达到新的均衡。

相反,若政府采取紧缩性财政政策,则会使 *IS* 曲线向左下方移动。

2. *LM* 曲线移动对利率和均衡国民收入的影响

LM 曲线的变动主要取决于政府的货币政策。政府采取扩大性的货币政策,增加货币供给量,就会使 *LM* 曲线向右下方移动。

如图 8.7 所示,在 *IS* 曲线不变的条件下,货币供给量增加,*LM* 曲线向右下方移动,从 LM_0 移至 LM_1,这样一方面会使国民收入水平提高,另一方面又会导致利率下降,最终结果是在国民收入水平提高和利率水平下降的条件下,宏观经济达到新的均衡。

相反,政府若采取紧缩性货币政策,*LM* 曲线就会向左上方移动。

8.4.3 总需求-总供给模型

以上对总需求的分析,是假设总供给可以适应总需求的增加而增加,价格水平不变,没有分析总供给对国民收入的影响以及价格水平的决定。但在现实中,总供给和价格水

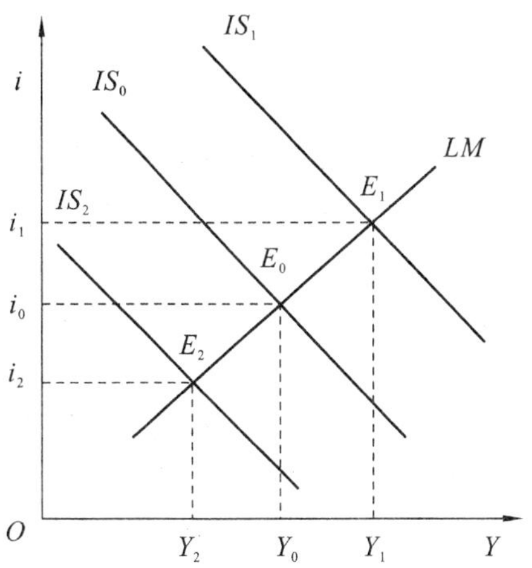

图 8.6　*IS* 曲线变动对均衡国民收入和利率的影响

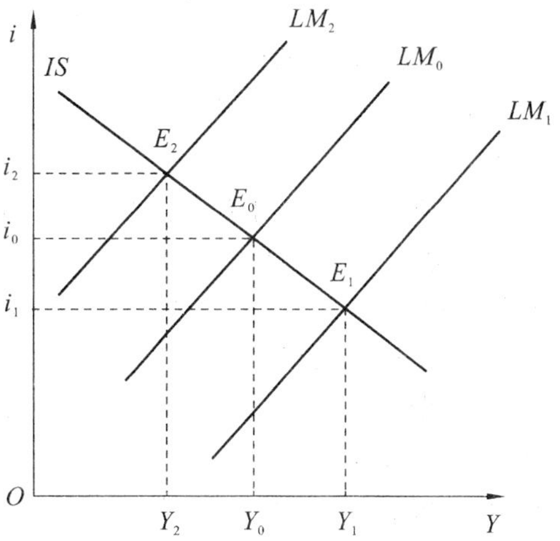

图 8.7　*LM* 曲线变动对均衡国民收入和利率的影响

平是变化的。总需求-总供给模型就是要把总需求分析与总供给分析结合起来，说明总需求与总供给如何决定国民收入与价格水平。

8.4.3.1　总需求曲线的含义

总需求(*AD*)是指一国经济中对物品与劳务的需求总量，包括消费需求、投资需求、政府需求与国外需求，如图 8.8 所示。

在微观经济学中我们知道，需求与价格是呈反向变动关系的。总需求曲线表示物价水平与总需求量之间的关系，总需求曲线向右下方倾斜，即物价水平与总需求量之间是反方向变动的关系。

从形状上看，总需求曲线 *AD* 与微观经济分析中的需求曲线相似，但实际上两者的内涵不同。需求曲线表示的是特定商品的需求量与其价格的关系，总需求曲线则表示全社会总需求量与总物价水平的关系。需求曲线简单反映需求法则，总需求曲线则反映物价和总需求变动对国民收入水平的影响。

总需求变动会引起总需求曲线移动，如图 8.9 所示。

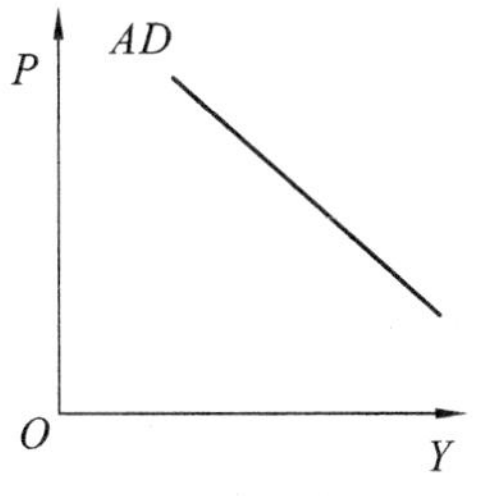

图 8.8　总需求曲线

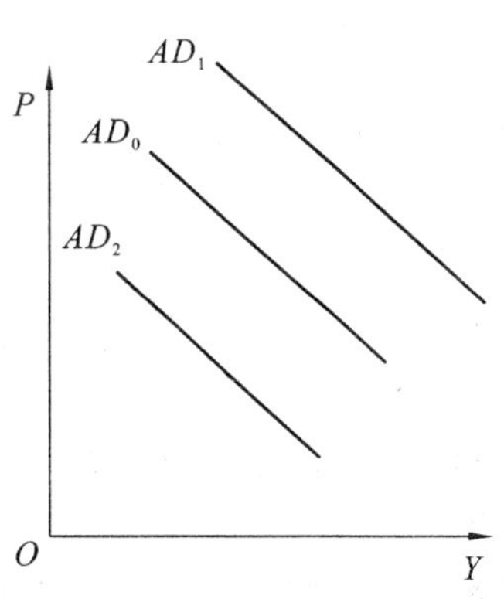

图 8.9　总需求曲线的移动

当总需求增加时，总需求曲线平行向右上方移动，AD_0 右移到 AD_1，表示在相同的价格水平下，社会的总需求增加了。当总需求减少时，总需求曲线向左下方移动，从 AD_0 左移到 AD_2，表示在相同的价格水平下，社会的总需求减少了。

8.4.3.2　总供给曲线的含义

总需求-总供给模型中的总供给曲线是表示物品市场和货币市场同时达到均衡时，总供给(AS)与价格水平之间关系的曲线。它反映了在每一既定的价格水平时，所有厂商愿意提供的产品与劳务的总和。

总供给取决于资源的利用情况，在不同的资源利用情况下，总供给曲线与价格水平之间的关系是不同的，可以用图 8.10 表示。

ab 段总供给曲线是一条水平线，表示短期内社会上还存在着一部分闲置资源，在资源未达到充分利用之前，即使价格总水平保持相对稳定，总供给数量也会随总需求的增加而增加，也就是说可以在不提高价格水平的情况下增加总供给。这就是凯恩斯的总供给曲线。

bc 段为向右上方倾斜的总供给曲线，它表示随着资源被不断使用，资源已经接近充分利用状态，总需求增加，如果没有价格水平提高的刺激，供给者是不愿继续增加总供给数量的，所以此时价格总水平与总供给曲线呈同方向变动，称之为“短期总供给曲线”。

cd 段总供给曲线基本是一条垂直线，表示总供给已达到充分利用水平，也就是资源被全部利用，这时无论社会总需求如何增加，价格如何上涨，都不能使总供给继续增加，这种情况是经济社会达到长期均衡时的状态，所以称为“长期总供给曲线”。

在总供给曲线的三种情况下，一般认为在社会资源既定的条件下，凯恩斯总供给曲线和长期总供给曲线是不变的，但短期总供给曲线是可以变化的，如图 8.11 所示。

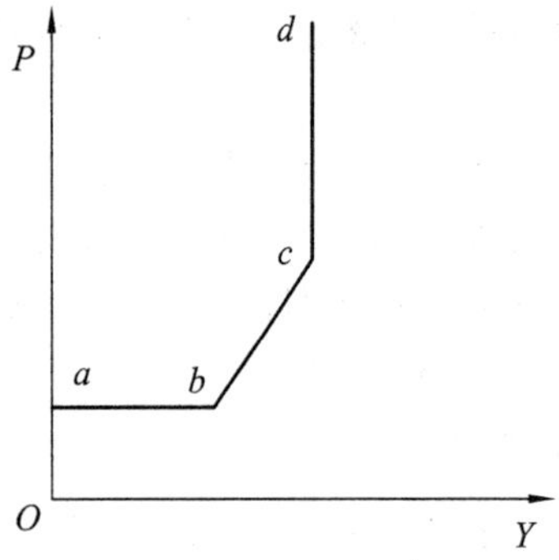

图 8.10　总供给曲线

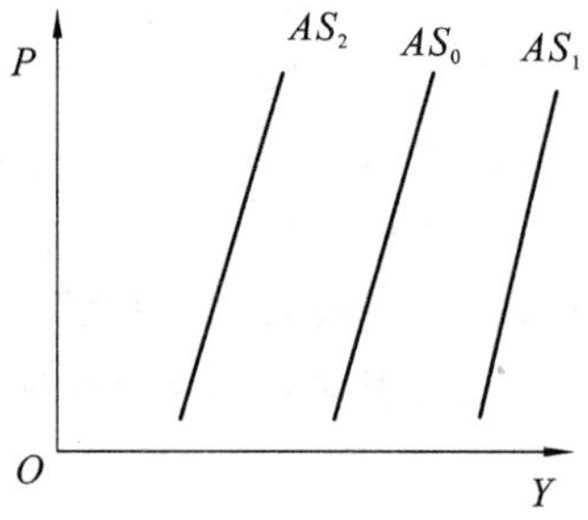

图 8.11　短期总供给曲线的移动

8.4.3.3　总需求-总供给模型

把总需求曲线和总供给曲线放在同一个坐标中，就可以得到总需求-总供给模型，如图 8.12 所示。

总需求曲线和总供给曲线的交点 E 决定的国民收入水平和价格水平就是均衡的国民收入和价格水平。

两曲线移动都会改变均衡点，因而也将改变经济中实际的国民收入和价格水平。

1. 总需求变动对国民收入与价格水平的影响

第一，在凯恩斯总供给曲线上，如图 8.13 所示。

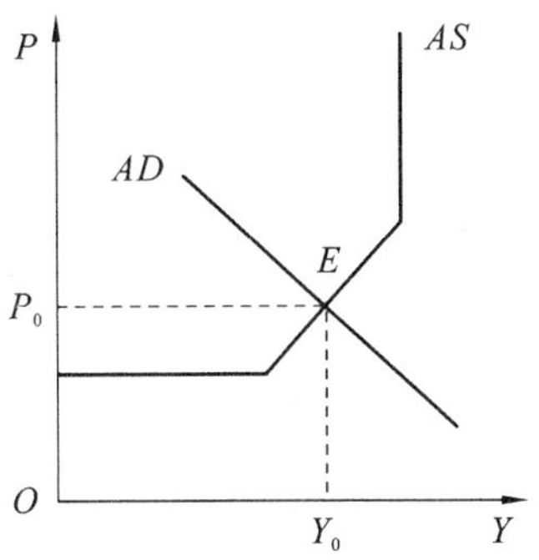

图 8.12　总需求-总供给模型

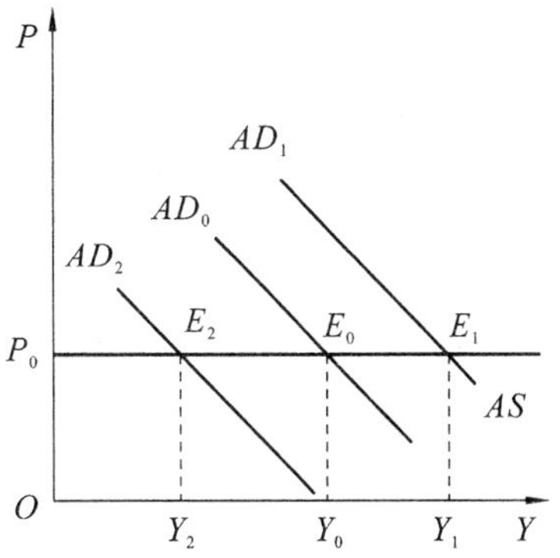

图 8.13　总需求曲线变动与凯恩斯总供给曲线

总需求增加，总需求曲线从 AD_0 右移到 AD_1，会使国民收入增加，从 Y_0 增加到 Y_1，而价格水平不变；总需求减少，总需求曲线从 AD_0 左移到 AD_2，会使国民收入减少，从 Y_0 减少到 Y_2，价格水平仍不变。也就是总需求的变动不会引起价格水平的变动，只会引起国民收入水平的同方向变动。

第二，在短期总供给曲线上，如图 8.14 所示。

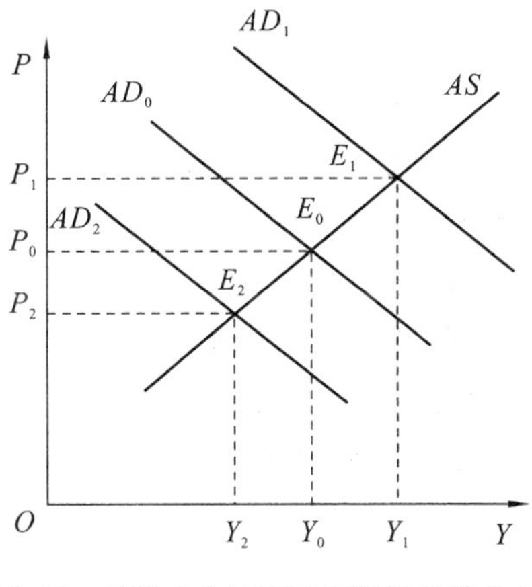

图 8.14　总需求曲线变动与短期总供给曲线

总需求增加，总需求曲线从 AD_0 右移到 AD_1，会使国民收入增加，从 Y_0 增加到 Y_1，价格水平也上升，从 P_0 上升到 P_1；总需求减少，总需求曲线从 AD_0 左移到 AD_2，会使国民收入减少，从 Y_0 减少到 Y_2，价格水平也下降，从 P_0 下降到 P_2。也就是总需求的变化引起国民收入与价格水平的同方向变动。

第三，在长期总供给曲线上，如图 8.15 所示。

在长期总供给曲线上，由于资源已经被充分利用，因此总需求增加时，总需求曲线从 AD_0 右移到 AD_1，只会使价格水平上升，从 P_0 上升到 P_1，而国民收入不会变动，为 Y_f（表示充分就业的国民收入）；总需求减少，总需求曲线从 AD_0 左移到 AD_2，只会使价格下降，从 P_0 下降到 P_2，国民收入水平仍不变动，仍为 Y_f。也就是总需求的变动只会引起价格水平同方向的变动，而不会引起国民收入的变动。

2. 短期总供给变动对国民收入和价格水平的影响

短期总供给的变动会影响国民收入和价格水平,如图8.16所示。

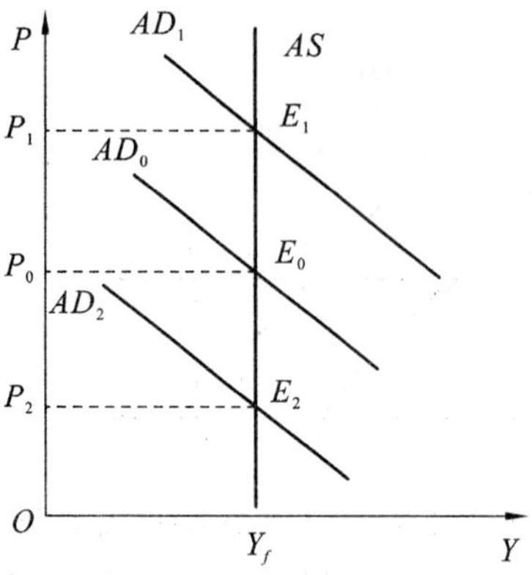

图8.15 总需求曲线变动与长期总供给曲线

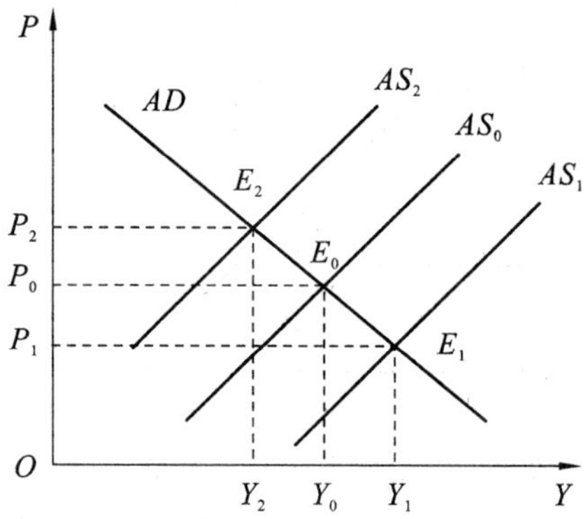

图8.16 短期总供给的变动对国民收入与价格水平的影响

在总需求不变时,总供给增加,总供给曲线从AS_0向右下方移到AS_1,会使国民收入增加,从Y_0增加到Y_1,价格水平下降,从P_0下降到P_1;总供给减少,总供给曲线从AS_0向左上方移到AS_2,会使国民收入减少,从Y_0减少到Y_2,价格水平上升,从P_0上升到P_2。也就是短期总供给的变化引起国民收入同方向变动,而价格水平反方向变动。

本章小结

(1)宏观经济学以国民经济总过程的活动为研究对象,主要考察就业总水平、国民总收入等经济总量,因此,宏观经济学也被称作就业理论或收入理论。

(2)宏观经济学包括宏观经济理论、宏观经济政策和宏观经济计量模型。

(3)国民收入核算体系是一套用来定义和计量总产出或总收入的方法,在这套方法中,最主要、最核心的指标是国内生产总值。国内生产总值是指一国或一地区在一定时期内运用生产要素所生产的全部最终产品(产品和劳务)的市场价值。

(4)国内生产总值的核算方法有三种,即支出法、收入法和生产法,常用的是支出法和收入法。

(5)支出法通过核算在一定时期内整个社会购买最终产品的总支出,即最终产品的总卖价来计量GDP;收入法通过计算一定时期内整个社会所有的生产要素获得的收入来核算国内生产总值。

(6)在整个国民收入核算体系中,还有国民生产总值、国内生产净值、国民收入(狭义)、个人收入和个人可支配收入等国民经济总量。

(7)国民收入决定理论是宏观经济学的中心理论,本章主要学习了三种国民收入决定模型,即简单的国民收入决定模型、*IS-LM*模型、总需求-总供给模型。

补充读物

徐洪才:中国在全球经济治理中的地位更加突出

近日,中国国际经济交流中心副总经济师徐洪才在接受由经济日报社、中国经济网和经济日报新闻客户端联合出品的融媒体产品“经济圆桌”采访时表示，去年9月份，随着G20杭州峰会的召开，中国在全球经济治理中的地位更加突出。中国已经不仅是全球治理规则的追随者，也是全球治理规则的参与者、引领者。

徐洪才表示，2016年中国经济增速位居世界第一。从增量看，中国对当年全球经济增长的贡献率已经达到34%，超过了美国、欧洲和日本这三大经济体对全球经济增长贡献的总和。

徐洪才说到，杭州G20峰会所产生的一系列成果都深刻地打上了中国方案、中国元素的烙印。“一带一路”建设也得到了国际社会的广泛认可。这一切都是中国发展对世界经济的贡献。

在谈到对于2017年的宏观经济形势怎么看时徐洪才表示，总体来看，2017年中国经济仍将延续缓中趋稳、稳中向好态势。从三大需求看，消费需求去年增长10.4%，今年住房消费、汽车消费可能有所放缓，但新兴消费在上升，全年消费增长预计不低于10%；去年固定资产投资增长8.1%，基于大量基础设施需求、民间投资信心恢复，今年的投资增速可能会比去年有所加快；外贸方面，全球经济增长在复苏，国际货币基金组织预测全年增长3.4%，比2016年增加0.3个百分点，今年的外贸可能要延续去年三四季度平稳缓慢回升的复苏态势，增速应该快于去年的1.7%。因此，“三驾马车”总体稳定，整个经济增速应该不会低于6.5%。

资料来源：2017年02月22日07:26，中国经济网

中国在世界经济中的地位不可替代

——访捷克著名国际问题学者克莱伊齐

奥斯卡·克莱伊齐教授是捷克考门斯基大学全球问题研究所主任、捷克著名国际问题学者，也是捷克前任总理的顾问。他一直关注当代中国的发展，对“一带一路”倡议有着较为深入的研究。克莱伊齐经常在捷克媒体发表有关中国问题的文章，其观察和思考客观、独立，受到捷克读者的广泛关注。在中国两会召开之际，本报记者对克莱伊齐进行了采访。

克莱伊齐告诉记者，他注意到李克强总理在第十二届全国人民代表大会第五次会议作的政府工作报告中，将2017年的国内生产总值增长预期率调至6.5%，并对钢铁、煤炭等产业明确提出了减产能的措施。这体现出中国经济正在向优化产业结构、改善生态环境的方向发展，并不盲目追求增长数字，而是把真正提高人民的生活品质放在首位。其实，即便是6.5%也已经是非常了不起的国内生产总值增速了，比欧洲、美国高出很多。

克莱伊齐说，中国现已成为世界经济中最具活力并且无法替代的部分。去年，中国超越美国，首次成为德国最大的经济伙伴。当前，人民币作为国际货币的地位正在稳步上升，这可以减少世界金融对美元的依赖。克莱伊齐断言，随着中国等亚洲国家取得巨大发展成就，传统上的“欧洲中心主义”已被“亚洲中心主义”取代。

克莱伊齐表示，今年一月，习近平主席在瑞士达沃斯世界经济论坛上发表演讲，提倡包容性的全球化。中国的这一主张与正在趋向保护主义的美国政策有很大不同。应该

说，在过去的后殖民主义时代，西方凭借资本原始积累、技术革命以及文化沙文主义，在国际交往中获得了单方面优势，西方从非对称的国际交易中捞取了巨大的单方面利益。中国主张的包容性的全球化将改变这一不公正国际现象。

在克莱伊齐看来，中国提出的“一带一路”倡议将带动中国与沿线国家在经济社会等方面共同发展，这就是包容性的全球化的具体实现。“一带一路”建设将为沿线国家带去许多合作项目，将加强各方经济发展的相互依存，带动沿线国家发展，有利于减少地区冲突的风险。“一带一路”建设不仅给沿线国家带去了经济互利，还将成为21世纪上半叶全球基础设施建设领域的核心。

谈到中国的经济社会发展，克莱伊齐印象最深刻的是中国在减少贫困人口方面取得了巨大进展，在发展经济的同时对保护生态环境作出巨大努力，这意味着中国国内经济社会也在走包容性发展的道路。让克莱伊齐记忆犹新的是，在中国农历鸡年春节前夕，习近平主席到河北省贫困农村看望当地群众。他认为，这表明中国政府没有忘记贫困人口，中国仅去年就使大约4 500万人脱贫，而且要在2020年，即中国共产党建党100周年之际全面建成小康社会。

克莱伊齐认为，中国不仅在全球经济的海洋中学会了游泳，在文化领域的进步和影响也是显而易见的。对比十年前和今天西方如何庆祝中国春节，就可以很容易看出，中国文化在世界上的影响力日益扩大。从今年开始，中国开设“中国环球电视网”，统一整合向海外发送的电视节目，以英语、法语、俄语、西班牙语和阿拉伯语等多种语言将中国声音、中国视野传播到世界各地。

克莱伊齐注意到，近几年中国加大了反腐力度，贪腐的各级官员和国有企业负责人受到惩治，反腐倡廉取得了显著成效。现在，政府官员提高了纪律性，改善了工作作风，整个社会更加尊重法治。他认为，腐败是病毒，不可能完全杜绝，但中国对腐败时刻保持警惕，并进行着不懈斗争。

资料来源：光明网—《光明日报》，任鹏，2017-03-06

复习思考题

8.1　单项选择题

(1)“面粉是中间产品”这一命题(　　)。

A. 一定是对的　　B. 一定是不对的

C. 可能是对的也可能是不对的　　D. 以上三种说法都对

(2)下列选项中应计入GDP的是(　　)。

A. 购买一辆用过的旧自行车　　B. 购买普通股票

C. 汽车制造厂买进10吨钢板　　D. 银行向某企业收取一笔贷款利息

(3)根据消费函数，决定消费的因素是(　　)。

A. 收入　　B. 价格　　C. 边际消费倾向　　D. 偏好

(4)消费者储蓄增多而消费支出减少，则(　　)。

A. GDP将下降，但储蓄S将不变　　B. GDP将下降，但储蓄S减少

C. GDP和储蓄S都将下降　　D. GDP不变，但储蓄S下降

8.2 多项选择题

(1)在理解国内生产总值时要注意(　　)。

A. 国内生产总值是一年内生产出来的产品的总值

B. 国内生产总值是指最终产品的总值

C. 国内生产总值中最终产品只包括有形的产品

D. 国内生产总值指最终产品市场价值总和

(2)在国民收入核算中,除了国内生产总值之外还有另外四个重要的总量,它们是(　　)。

A. 国内生产净值　　B. 国民收入

C. 个人收入　　D. 个人可支配收入

(3)在考察国民收入核算中的恒等关系时,通常把经济由简单到复杂地分成(　　)。

A. 一部门经济　　B. 两部门经济

C. 三部门经济　　D. 四部门经济

(4)用支出法核算 GDP 时,包括(　　)几个部分内容。

A. 私人消费　　B. 私人国内投资

C. 政府购买　　D. 政府税收

8.3 问答题

(1)什么是节俭悖论?

(2)什么是乘数?乘数原理发生作用应具备什么条件?

(3)分析为什么住宅建筑支出不被看做是耐用品消费支出而看做是投资支出的一部分。

(4)一个中国老太太说,我积累了一辈子的钱,昨天总算买了一套房,住了一夜就来到天堂。一位美国老太太说,我也很辛苦,住了一辈子的房,直到昨天才还清买房的贷款,今天就来到天堂。如果真有这样两位老太太,你认为哪位老太太聪明些?为什么?

9 失业与通货膨胀理论

学习目标

(1)掌握失业的含义、种类及原因,通货膨胀的定义、种类、形成原因及效应。

(2)理解充分就业与自然失业率,以及菲利普斯曲线的含义和作用。

(3)了解失业的影响,短期菲利普斯曲线与长期菲利普斯曲线。

经济学家箴言

如果现代经济学能够很好地完成任务,使得自由社会大体上能够消除失业和通货膨胀,那么它的重要性将会减退,而传统经济学(它关心的是有效率地配置充分就业的资源)则将第一次真正获得成功。

——萨缪尔森

问题导入

中国今年将告别“下岗职工”

1998 年,国务院提出了国企改革的目标,并决心花三年时间,也就是到 2001 年基本解决国企裁员的问题。国企裁员的解决办法是“准市场化”的,并不是裁员后就不管了,而是建立再就业中心,被裁的员工档案还保留在原企业,这部分人被称为“下岗职工”。下岗职工可得到基本的生活费,企业有义务为其购买各种社会保险,如果再就业或自谋出路还可以享受一些优惠政策,如税收减免政策、工商登记优惠政策、信贷优惠政策等。

国企改革推向纵深后,下岗职工人数每年都在累加,尤其是 1998—2000 年,每年都维持在 700 万~900 万人之间。2001 年为 600 万人,2002 年为 410 万人,2003 年为 260 万人,而 2004 年已经降低为 153 万人了。由于各种复杂的原因,当初的三年目标未能如期实现。

虽然在再就业中心享有各项保险,但下岗职工还是要努力找新工作,否则 3 年后会转为失业,基本生活保障由失业保险来解决。失业保险也有时间限制,最长的是 24 个月,在此期间还找不到工作,便只能进入城镇低保了。下岗、失业到低保，搭建了三条针对国企裁减人员的保障线。在各方的努力下，国企下岗工人的数量一减再减，一部分人再就业，还有一部分人从下岗职工基本生活保障向失业保险并轨。到去年底，全国参加失业保险的人数(并不完全指并轨的下岗职工)达 10 584 万人，比上年底增加 211 万人，有 419 万人领取了失业保险金。

在此背景下，劳动和社会保障部长郑斯林日前在接受媒体采访时说，“下岗职工”的说法将消失。据他介绍，目前已有北京、上海、天津、辽宁等 12 个省市实现了国企下岗职工从基本生活保障向失业保险制度的并轨，并轨后，就不存在“下岗职工”了，企业的再就业服务中心也都将被取消。

温家宝总理在 2004 年政府工作报告中还提到，2005 年中央财政安排 109 亿元资金支持再就业，比上年增加 26 亿元。中国社会科学院人口与劳动经济研究所研究员张车伟认为，国企裁员目前已在收尾，国家再加大投入，今年年底一定会达到基本解决下岗职工问题的目标。国企职工原有 5 000 万人，根据政府的统计，从 1998 年至今，裁员累加已近 3 000 万人，7 年时间裁掉十分之六的人员，“这个速度在世界上都是少有的，这么大的裁员能够平稳过渡到现在是个了不起的成果”，张车伟感慨道。

资料来源：刘英丽. 中国新闻周刊. 2005 年 3 月 25 日。

☞**问题**

(1)下岗与本章所说的失业是一回事吗?

(2)为什么我国的国有企业要“裁员”?

9.1 失业理论

劳动就业是每个人的权利，也是绝大多数人获得收入、维持生存的主要手段，但是在现实生活中，总是有一部分人无法就业。2008 年我国城镇登记失业率为 4.2%，城镇登记失业人口达到 886 万，较 2007 年上升 0.2 个百分点，如果不能在短时间内找到合适的工作，那么这部分人口的生活就会陷入困境。当然，失业现象并非仅存在于我国，目前世界上所有的国家，无论是发达国家，还是发展中国家，都不同程度地存在着失业问题。

9.1.1 失业及失业率

宏观经济学有四大目标，即充分就业、经济增长、物价稳定和国际收支平衡。其中充分就业是宏观经济学的第一目标，可见宏观经济学对于就业问题的重视程度。宏观经济学中所讲的充分就业有两种理解：一是广义的理解，是指所有的生产要素都参与生产的状态，即所有的生产要素都就业才是充分就业；二是狭义的理解，专指劳动这种生产要素，即经济中消灭周期性失业的就业状态。由于衡量资本和自然资源的就业比较困难，因此通常所说的充分就业是指劳动这种生产要素。

失业(Unemployment)是指有劳动能力、愿意接受现行工资水平但仍然找不到工作的现象。所有那些未曾受雇以及正在调往新工作岗位或未能按当时通行的实际工资率找到工作的人都是失业者。失业人数与就业人数之和就是劳动力总数，失业人数占劳动力总数的比重即为失业率。用公式表示为：

$$失业率=\frac{失业人数}{劳动力总数}\times 100\%$$

9.1.2 失业的种类及原因

9.1.2.1 自愿失业与非自愿失业

失业有很多种类，根据主观愿意就业与否分为自愿失业与非自愿失业。自愿失业是指工人所要求的实际工资率超过其边际生产率，或者说不愿意接受现行的工作条件和收入水平而未被雇用而造成的失业。这种失业是由于劳动人口主观不愿意就业而造成的，所以被称为自愿失业，由于无法通过经济手段和政策来消除，因此不是经济学所研究的范围。另一种是非自愿失业，是指有劳动能力、愿意接受现行工资水平但仍然找不到工作的现象。这种失业是由于客观原因所造成的，因而可以通过经济手段和政策来消除。经济学中所讲的失业是指非自愿失业。

9.1.2.2 摩擦性失业、结构性失业和周期性失业

非自愿失业又可以分为摩擦性失业、结构性失业和周期性失业。

摩擦性失业是指生产过程中难以避免的(例如建筑业中因恶劣气候不得不暂时停工)、由于转换职业或因年轻人首次求业等原因而造成的暂时性失业。这种失业的性质是过渡性或短期性的。它通常起源于劳动的供给一方，因此被看做是一种求职性失业，即一方面存在职位空缺，另一方面存在着与此数量对应的寻找工作的失业者，这是因为劳动力市场信息的不完备，厂商找到所需雇员和失业者找到合适工作都需要花费一定的时间。摩擦性失业在任何时期都存在，并将随着经济结构变化而有增大的趋势，但从经济和社会发展的角度来看，这种失业的存在是正常的。

结构性失业是指劳动力的供给和需求不匹配所造成的失业，其特点是既有失业，也有职位空缺，失业者或者没有合适的技能，或者居住地点不当，因此无法填补现有的职位空缺。结构性失业在性质上是长期的，而且通常起源于劳动力的需求方。结构性失业是由经济变化导致的，这些经济变化引起特定市场和区域中的特定类型劳动力的需求相对低于其供给。特定市场中劳动力的需求相对低可能由以下原因导致：第一是技术变化。原有劳动者不能适应新技术的要求，或者是技术进步使得劳动力需求下降。第二是消费者偏好的变化。消费者对产品和劳务的偏好的改变，使得某些行业扩大而另一些行业缩小，处于规模缩小行业的劳动力因此而失去工作岗位。第三是劳动力的不流动性。流动成本的存在制约着失业者从一个地方或一个行业流动到另一个地方或另一个行业，从而使得结构性失业长期存在。

周期性失业是指经济周期中的衰退或萧条时，因社会总需求下降而造成的失业。当经济发展处于一个周期中的衰退期时，社会总需求不足，因而厂商的生产规模也缩小，从而导致较为普遍的失业现象。周期性失业对于不同行业的影响是不同的，一般来说，需求收入弹性越大的行业，周期性失业的影响越严重。也就是说，人们收入下降，产品需求大幅度下降的行业，周期性失业情况比较严重。通常用紧缩性缺口来说明这种失业产生的

原因。紧缩性缺口是指实际总需求小于充分就业的总需求时，实际总需求与充分就业总需求之间的差额。图 9.1 说明了紧缩性缺口与周期性失业之间的关系。

在图 9.1 中，横轴 OY 代表国民收入，纵轴 AD 代表总需求，当国民收入为 Y_f 时，经济中实现了充分就业，实现这一国民收入水平所要求的总需求水平为 AD_f，即充分就业的总需求。但实际的总需求为 AD_0，这一总需求水平决定的国民收入为 Y_0，Y_0 小于 Y_f，这就必然引起失业。Y_0 小于 Y_f 是由于 AD_0 小于 AD_f 造成的。因此，实际总需求 AD_0 与充分就业总需求 AD_f 之间的差额（即图中的 E_fK）就是造成这种失业的根源。这种失业是由于总需求不足引起的，故而也称为“需求不足的失业”。

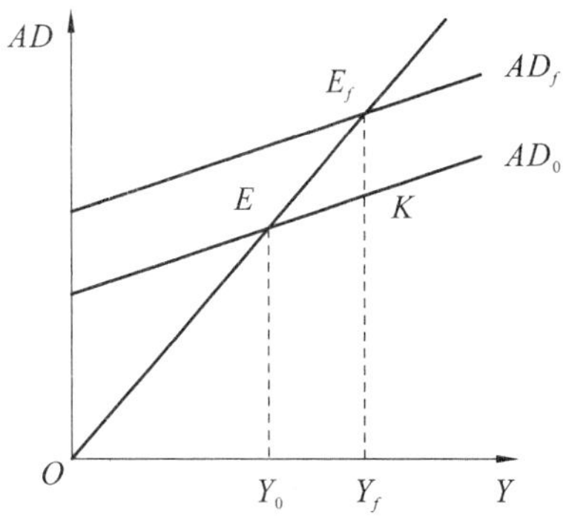

图 9.1　紧缩性缺口与周期性失业之间的关系

除了这几种主要失业类型外，经济学中常说的失业类型还包括隐蔽性失业、技术性失业和季节性失业等。隐蔽性失业是指表面上有工作，但实际上对产出并没有作出贡献的人，即有“职”无“工”的人，也就是说，这些工作人员的边际生产力为零。当经济中减少就业人员而产出水平没有下降时，即存在着隐蔽性失业。美国著名经济学家阿瑟·刘易斯曾指出，发展中国家的农业部门存在着严重的隐蔽性失业。这种失业的存在给经济带来巨大的损失。因此，消灭这种隐蔽性失业对提高经济效率是十分重要的。技术性失业是由于技术进步引起的，技术进步的必然趋势是生产中越来越先进的设备代替了工人的劳动，对劳动力需求的缩小就会使失业增加。属于这种失业的工人大都是文化水平低，不能适应现代化技术要求的工人。季节性失业是由于某些行业生产的季节性变动所引起的失业。这些行业生产的季节性是自然条件决定的，很难改变，因此也是正常的。这种失业在农业、建筑业、旅游业中最常见。

9.1.3 失业的影响

失业会产生诸多影响，一般可以将其分成社会影响和经济影响两种。失业的社会影响虽然难以估计和衡量，但它最易为人们所感受到。失业威胁着作为社会单位和经济单位的家庭的稳定。没有收入或收入遭受损失，户主就不能起到应有的作用。家庭的要求和需要得不到满足，家庭关系将因此而受到损害。西方有关的心理学研究表明，解雇造成的创伤不亚于亲友的去世或学业上的失败。此外，家庭之外的人际关系也受到失业的严重影响。一个失业者在就业的人员当中失去了自尊和影响力，面临着被同事拒绝的可能性，并且可能要失去自尊和自信。最终，失业者在情感上受到严重打击。

失业的经济影响可以用机会成本的概念来理解。当失业率上升时，经济中本可由失业工人生产出来的产品和劳务就损失了。衰退期间的损失，就好像是将众多的汽车、房屋、衣物和其他物品都销毁掉了。从产出核算的角度看，失业者的收入总损失等于生产的损失，因此，丧失的产量是计量周期性失业损失的主要指标，因为它表明经济处于非充分就业状态。20 世纪 60 年代，美国经济学家阿瑟·奥肯根据美国的数据提出了经济周期中失业变动与产出变动的经验关系,被称为奥肯定律。

奥肯定律的内容是:失业率每高于自然失业率一个百分点,实际 GDP 将低于潜在 GDP 两个百分点。换一种方式说,相对于潜在 GDP,实际 GDP 每下降两个百分点,实际失业率就会比自然失业率上升一个百分点。潜在 GDP 这个概念是奥肯首先提出的,它是指在保持价格相对稳定的情况下,一国经济所生产的最大产值。潜在 GDP 也称充分就业 GDP。

西方学者认为,奥肯定律揭示了产品市场与劳动市场之间极为重要的关系,它描述了实际 GDP 的短期变动与失业率变动的联系。根据这个定律,可以通过失业率的变动推测或估计 GDP 的变动,也可以通过 GDP 的变动预测失业率的变动。例如,实际失业率为 8%,高于 6%的自然失业率 2 个百分点,则实际 GDP 就将比潜在 GDP 低 4%左右。

未来的一二十年是我国改革开放的关键时期,大量的农村富余劳动力要转移到城镇就业,城镇新增的适龄就业人员也有较大的就业需要,这就使得我国在未来这一二十年内面临着较大的就业压力,就业问题是我国政府宏观经济政策要解决的最主要问题之一。奥肯定律给我们提供了一个可能的解决方案,即一定要保持 GDP 的高速增长,这样一方面能迅速提高我国人民的生活水平,同时也能较好地解决未来的就业压力问题。

9.1.4 自然失业率

充分就业是宏观经济学的首要目标,那么如何才算得上是充分就业呢?经济当中能不能实现充分就业呢?前文的分析让我们认识到现实生活中永远达不到百分之一百就业,因为即使有足够的职业空缺,失业率也不会等于零,也仍然会存在摩擦性失业和结构性失业。在一个变化快速的现代社会中,永远存在着职业流动和行业的结构性兴衰,所以,总有少部分人会处于失业的状态。

因此,现代经济学认为,当一个社会中的周期性失业被消灭,只剩下摩擦性失业和结构性失业等失业类型时,这个社会就实现了充分就业。与充分就业相对应的一个概念是自然失业。自然失业率(Natural Rate of Unemployment)是指在没有货币因素干扰的情况下,让劳动市场和商品市场的自发供求力量起作用时,总需求和总供给处于均衡状态下的失业率。换句话说,自然失业率就是指经济中消灭了周期性失业以后的失业率,即摩擦性失业人口和结构性失业人口占劳动人口的比重。自然失业率并不是一个固定不变的值,它随着经济社会的发展而变化,一般由政府根据有关调研数据来确定。例如,美国在一个较长的时期内确认其自然失业率为 5%,也就是说当美国的失业率在 5%或以下时,政府就不会采取有关措施来干预劳动市场的运行。因此,如何确定一个符合本国国情的自然失业率,是各国政府面临的一个较大的课题。

知识链接

充分就业是百分之一百就业吗?

答:充分就业不是百分之一百就业。现代经济学认为,当一个社会中的周期性失业被消灭,只剩下摩擦性失业和结构性失业等失业类型时,这个社会就实现了充分就业。

2013 年度人力资源和社会保障事业发展统计公报

2013 年末全国就业人员 76 977 万人，比上年末增加 273 万人；其中城镇就业人员 38 240万人，比上年末增加 1 138 万人。全国就业人员中，第一产业就业人员占 31.4%；第二产业就业人员占 30.1%；第三产业就业人员占 38.5%。2013 年全国农民工总量达到 26 894 万人，比上年增加 633 万人，其中外出农民工 16 610 万人。

全年城镇新增就业人数 1 310 万人，城镇失业人员再就业人数 566 万人，就业困难人员就业人数 180 万人。年末城镇登记失业人数为 926 万人，城镇登记失业率为 4.05%。全年全国共帮助 5.3 万户零就业家庭实现每户至少一人就业，组织 2.8 万名高校毕业生到农村基层从事“三支一扶”的工作。

年末持外国人就业证在中国工作的外国人共 24.4 万人，持台港澳人员就业证在内地工作的台港澳人员共 8.5 万人。

人力资源市场管理进一步规范。下发了《关于在人力资源服务机构中开展诚信服务主题创建活动的通知》，在全国人力资源服务机构中启动了以“诚信服务树品牌，规范管理促发展”为主题的诚信体系建设活动，推动服务机构依法经营、诚信服务，进一步形成统一开放、公平诚信、竞争有序的市场环境。在全国范围内开展了清理整顿人力资源市场秩序专项行动，共检查职介机构和用人单位 15.5 万户次，查处违法案件 8 915 件，其中取缔非法职业中介活动 2 813 起，吊销许可证 51 件、吊销营业执照 35 件。人力资源服务体系进一步完善。截止到 2013 年底，全国县以上政府部门设立公共就业和人才服务机构等各类服务机构达 2.8 万家。各类人力资源服务机构以市场需求为导向，全年共为 2 402 万家次用人单位提供各类人力资源服务，不断拓展人力资源服务领域，丰富了服务内容，提升了服务水平。

资料来源：中国新闻网，2015-02-27

9.2 通货膨胀理论

通货膨胀(Inflation)是一种世界性现象，不同的国家在不同的时期都出现过不同程度的通货膨胀。通货膨胀也是一种货币现象，经济学家认为货币是人们普遍接受的、充当交换媒介的东西。在目前的西方国家，流行的货币主要有纸币、铸币、存款货币、近似货币和货币替代物几类，其中纸币和铸币这两种货币称为通货或现金。

9.2.1 通货膨胀的含义与类型

9.2.1.1 通货膨胀的含义

通货膨胀是指物价水平在一定时期内持续的、普遍的上升过程，或者说货币实际购买力在一定时期内持续的下降过程。理解通货膨胀要注意两点：一是少数几种商品的价格上涨不能称为通货膨胀，必须是大部分商品的价格同时上涨；二是偶尔的价格上涨也不能称为通货膨胀，必须是物价在一段时间内持续上涨。

9.2.1.2　通货膨胀的衡量

衡量通货膨胀的指标是物价指数。物价指数是表明商品价格从一个时期到下一个时期变动程度的指数。物价指数一般采用加权平均的方式,即根据某种商品在总支出中所占的比重来确定其价格的加权数的大小。物价指数的计算公式如下：

$$物价指数=\frac{\sum P_tQ_t}{\sum P_0Q_t}\times 100\%$$

式中,P_0、P_t是基期和本期的价格水平,Q_t是本期的商品量(注:上式中采用的是报告期加权平均法。计算物价指数还有一种方式,即采用基期加权法,即用基期的商品量作为权数来计算物价指数)。

根据计算物价指数时包括的产品和劳务种类的不同,可以计算出以下三种主要的物价指数：

(1)消费者价格指数(简称 CPI),也称零售物价指数或生活费用指数,是衡量各个时期居民个人的日常生活用品和劳务的价格水平变化的指标。这是与居民个人生活最为密切的物价指数,因为这个指标最能衡量居民货币的实际购买力水平。

(2)生产者价格指数(简称 PPI),又称批发价格指数,是衡量各个时期生产者在生产过程中用到的产品的价格水平的变动而得到的指数。通常这些产品包括产成品和原材料。

(3)GDP 折算指数,是衡量各个时期所有产品和劳务的价格变化的指标。

可以根据物价指数计算出一定时期内物价上升或下降的精确幅度,也就是通常所说的通货膨胀率。通货膨胀率是指从一个时期到另一个时期内价格水平变动的百分比,其计算公式为：

$$通货膨胀率=\frac{P_t-P_{t-1}}{P_{t-1}}\times 100\%$$

式中,P_t和P_{t-1}分别为t时期和$t-1$时期的价格水平。假定某国去年的物价水平为102,今年的物价水平上升到108,那么这一时期的通货膨胀率就为$(108-102)\div 102=5.882\%$。

9.2.1.3　通货膨胀的类型

对于通货膨胀,可以从三个不同的角度来进行划分。

按照通货膨胀的严重程度可以将通货膨胀分成四类:第一,温和的通货膨胀,指每年物价上升的比例在10%以内。一般认为这种温和的通货膨胀不会对经济造成巨大的恶性影响,甚至还有经济学家认为这种缓慢而持续的价格上升能对经济和收入的增长有积极的刺激作用。第二,奔腾的通货膨胀,指年通货膨胀率在10%以上、100%以下。这时,货币流通速度提高而货币的实际购买力下降,这种通货膨胀对于经济具有较大的破坏作用,因为当这种通货膨胀发生以后,由于价格上涨速度快、上涨幅度大,公众预期价格还会进一步上涨,因而会采取各种手段来保护自己,如将货币换成房产、汽车、黄金和珠宝等保值商品,或者大量囤积商品,从而使得产品市场和劳动市场的均衡遭到破坏,正常的经济运行秩序被破坏,经济体系受损。第三,恶性通货膨胀,指通货膨胀率在100%以上。发生这种通货膨胀时,价格持续猛涨,人们都尽快地使货币脱手,从而大大加快货币流通速度。其结果是货币完全失去了人们的信任，货币的购买力大幅下降，各种正常的经济体系遭到破坏，致使货币体系的价格体系最后完全崩溃，在严重的情况下，还会出现社会动乱。第四，隐蔽的通货膨胀，指经济中存在着通货膨胀的压力，但由于政府实施了严格的价格管制和配给制，通货膨胀并没有发生。一旦解除价格管制和配给制，就会发生较严重的通货膨胀。原计划经济国家在经济改革过程中出现的通货膨胀就属于这种情况。

按照对不同商品的价格影响大小加以区分，存在着两种通货膨胀的类型：第一种是平衡的通货膨胀，即每种商品的价格都按相同的比例上升。这里所指的商品价格包括生产要素以及各种劳动的价格，如工资率、租金、利率等。第二种是非平衡的通货膨胀，即各种商品价格上升的比例并不完全相同。如近年来，我国房地产价格上升迅速，而一般日用消费品如家电、电脑、汽车等商品的价格反而有下降趋势。

按照人们的预期程度加以区分，可以把通货膨胀分成两种：一种是未预期的通货膨胀，即人们没有预料到价格会上涨，或者是价格上涨的速度超过了人们的预计。另一种是预期到的通货膨胀，即人们预料到价格会上涨。这两种通货膨胀对人们正常生活的影响是不同的，未预期的通货膨胀可能会导致货币工资率的上升滞后于物价的上涨，从而使利润上升，至少暂时会有一种扩大就业、扩大总产出水平的效应。如果通货膨胀事先已经被完全预料到，那么各经济主体将按其预期来调整其经济行为，如工会在物价上涨前就要求增加工资，从而使通货膨胀的短期扩张效应不会产生。

9.2.2 通货膨胀的原因

9.2.2.1 需求拉动型通货膨胀

需求拉动型通货膨胀又称超额需求型通货膨胀，是指总需求超过总供给所引起一般物价水平普遍而持续的上涨。通俗地说，这种通货膨胀是“过多的货币追逐过少的商品”，因而物价上涨。下面用图 9.2 来说明总需求是如何拉动物价上涨的。

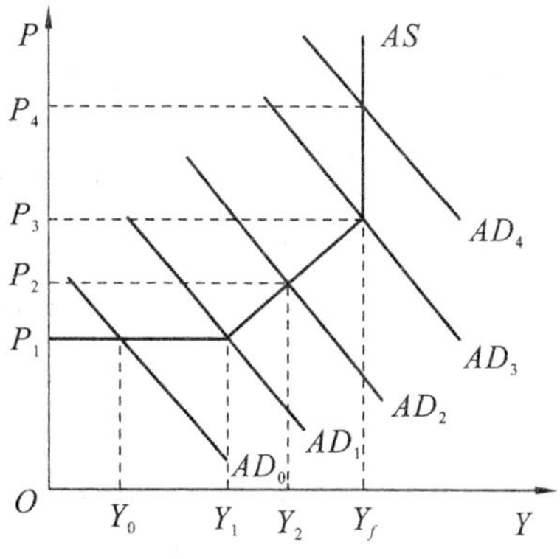

图 9.2 需求拉动的通货膨胀

在图 9.2 中，横轴 OY 表示国民收入，纵轴 OP 表示一般物价水平，AD 为总需求曲线，AS 为总供给曲线。总供给曲线 AS 起初为水平状态，这表示在国民收入水平较低时，总需求的增加不会引起价格水平的上涨，图中总需求从 AD_0 增加到 AD_1，国民收入也从 Y_0 的水平上升到 Y_1，但价格水平仍保持在 P_1 水平；当国民收入增加到 Y_1 时，总需求继续增加，此时将导致国民收入和一般价格水平同时上升，图中总需求从 AD_1 增加到 AD_2 时，国民收入从 Y_1 增加到 Y_2 的水平，价格也从 P_1 上升到 P_2 的水平，也就是说，在这个阶段，总需求的增加，在提高国民收入的同时也拉升了一般价格水平；当国民收入增加到潜在的国民收入水平即 Y_f 时，国民经济已经处于充分就业的状态，在这种情况下，总需求的增加只会拉动价格上升，而不会使国民收入增加，图中总需求从 AD_3 上升到 AD_4，国民收入仍然保持在 Y_f，但物价水平从

P_3上升到P_4水平。

也就是说,当经济体系中有大量资源闲置时,总需求的增加不会引起物价上涨,只会导致国民收入增加;当经济体系中的资源接近充分利用时,总需求的增加会同时拉升国民收入和一般价格水平;当经济体系中的资源利用达到充分就业状态时,总需求的增加不会使国民收入增加,而只会导致一般价格水平上升。

9.2.2.2 成本推动型通货膨胀

成本推动型通货膨胀又称成本通货膨胀或供给通货膨胀,是指在没有超额需求的情况下由于供给方面成本的提高所引起的通货膨胀。成本的增加意味着只有在高于以前的价格水平时,才能达到与以前同样的产量水平,即总供给曲线向左上方移动。在总需求不变的情况下,总供给曲线向左上方移动使国民收入减少,价格水平上升,这种价格上升就是成本推动的通货膨胀,可以用图 9.3 来说明这种情况。

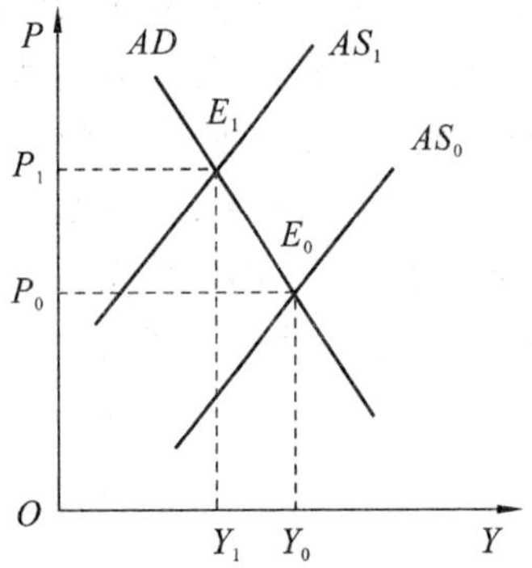

图 9.3 成本推动的通货膨胀

在图 9.3 中,原来的总供给曲线AS_0与总需求曲线AD决定了国民收入水平为Y_0,价格水平为P_0;成本增加后,总供给曲线向左上方移动到AS_1,总需求保持不变,从而决定了新的国民收入为Y_1,价格水平为P_1,价格水平由P_0上升到P_1是由于成本的增加所引起的,这就是通常所说的成本推动型通货膨胀。

引起成本增加的原因并不完全相同,因此,成本推动型通货膨胀又可以根据其原因的不同而分为以下几种:

(1)工资成本推动型通货膨胀。工资是厂商成本中的主要构成部分之一,工资水平的上升会导致厂商成本增加,厂商因此而提高产品和劳务的价格,从而导致通货膨胀。在劳动市场存在着工会的卖方垄断情况下,工会利用其垄断地位要求提高工资,雇主迫于压力提高了工资后,就会将提高的工资加入成本,提高产品和劳务的价格,从而引起通货膨胀。工资的增加往往是从个别部门开始的,但由于各部门之间工资的攀比行为,个别部门工资的增加往往会导致整个社会的工资水平上升,从而引起普遍的通货膨胀。而且这种通货膨胀一旦形成,还会形成"工资-物价螺旋式上升",即工资上升引起物价上升,物价上升又引起工资上升。这样,工资与物价不断互相推动,形成严重的通货膨胀。

(2)利润推动型通货膨胀。也称价格推动型通货膨胀,指市场上具有垄断地位的厂商为了增加利润而提高价格所引起的通货膨胀。在不完全竞争的市场中,具有垄断地位的厂商控制了产品的销售价格,从而可以提高价格以提高利润。这种通货膨胀是由于利润的推动而产生的,尤其是在工资增加时,垄断厂商以工资的增加为借口,更大幅度地提高物价,使物价的上升幅度大于工资的上升幅度,其差额就是利润的增加,这种利润的增加使物价上升,形成通货膨胀。

西方经济学者认为,工资推动和利润推动实际上都操纵价格的上升,其根源在于经济中的垄断,即工会的垄断形成工资推动,厂商的垄断引起利润推动。

(3)原材料成本推动型通货膨胀。这是指厂商生产中所需要的原材料价格上升推动产品和劳务的价格上升而形成的通货膨胀。在现代经济中,某些能源或关键的原材料供给不足，会导致其价格上升，进而引起厂商成本上升，如石油价格的上升或者是某种进口原材料价格上升等，最典型的事例是20世纪70年代覆盖整个西方发达国家的滞胀(即经济停滞和通货膨胀并存)，其主要根源之一就在于当时石油价格的大幅上升。

9.2.2.3 结构性通货膨胀

结构性通货膨胀是指在没有需求拉动和成本推动的情况下，只是由于经济结构因素的变动，也会引起一般价格水平的持续上涨，这种原因导致的一般价格水平的持续上涨被称为结构性通货膨胀。

从生产率提高的角度来看，社会经济结构存在着这样的特点，即一些部门生产率提高的速度快，另一些部门生产率提高的速度慢；从经济发展的过程看，社会经济结构存在着这样的特点，即一些部门正在迅速发展，另一些部门则日趋衰落；从同世界市场的关系看，社会经济结构存在着这样的特点，即一些部门(开放部门)同世界市场的联系十分密切，另一些部门(非开放部门)同世界市场没有密切联系。一般来说，生产率提高速度快的部门工资水平提高快，而生产率提高速度慢的部门工资水平提高慢，但是处于生产率提高速度慢的部门的工人要求“公平”，由于工会的存在，他们要求提高工资水平往往会实现，从而使得整个社会的工资增长率超过劳动生产率，从而引起通货膨胀，这种通货膨胀便是结构性通货膨胀。同样，在迅速发展的部门和日趋衰落的部门、开放部门和非开放部门之间也会产生这种情况。

当然，通货膨胀是现代经济社会中常见的，也是复杂的一个社会经济现象，其产生的根源往往不仅仅是上述三种原因中的某一种，而是由其中的两种或三种原因共同交织在一起，这就需要根据不同的情况进行具体分析。

9.2.3 通货膨胀对经济的影响

通货膨胀既会对个人的经济生活产生各种影响，又会对整个社会的经济生活产生重大影响。一般可以将通货膨胀对经济的影响分成两种，即通货膨胀的收入再分配效应和通货膨胀的产出效应。

9.2.3.1 通货膨胀的收入再分配效应

通货膨胀意味着人们手中持有货币的购买力下降，从某种程度上来讲，是人们过去劳动成果的缩水，也就是说通货膨胀会导致人们的实际收入水平发生变化，这就是通货膨胀的再分配效应。但是通货膨胀对不同经济主体的再分配效应是不同的。

(1)通货膨胀不利于靠固定货币收入维持生活的人。对于固定收入阶层来说，其收入是固定的货币数额，落后于上升的物价水平，也就是说他们获得货币收入的实际购买力下降，其实际收入因通货膨胀而减少，如果他们的收入不能随通货膨胀率变动的话，他们的生活水平必然降低。在现实生活中，靠政府救济金维持生活的人比较容易受到通货膨胀的冲击，因为政府的救济金发放水平的调整相对较慢。此外，工薪阶层、公务员以及其他靠福利和转移支付维持生活的人，都比较容易受到这种冲击。而那些收入能随着通货膨胀变动的人，则会从通货膨胀中得益。例如，在扩张中的行业工作并有强大的工会支持的工人就是这样，他们的工资合同中订有工资随生活费用的上涨而提高的条款，或有强有力的工会代表他们进行谈判，在每个新合同中都有可能得到大幅度的工资增长。

(2)通货膨胀对储蓄者不利。随着价格上涨，存款的购买力就会降低，那些持有闲置货币和存款在银行的人会受到严重打击，同样，像保险金、养老金以及其他固定价值的证券财产等，它们本来作为防患未然和养老的，在通货膨胀中，其实际价值也会下降。

(3)通货膨胀还会在债务人和债权人之间产生收入再分配的作用。具体地说，通货膨胀牺牲了债权人的利益而使债务人得益。例如，A 向 B 借款 1 万元，约定一年以后归还，假定这一年中发生了通货膨胀，物价上升了一倍，那么一年后 A 归还给 B 的 1 万元只能购买到原来一半的产品和劳务，也就是说通货膨胀使得 B 损失了一半的实际收入。

为了反映通货膨胀对于借款人、贷款人实际收入的影响，一般用实际利率来代替名义利率。实际利率等于名义利率减去通货膨胀率。假设银行存款利率为 5%，而通货膨胀率为 10%，则此时存款的实际利率为－5%(5%－10%＝－5%)。

实际研究表明，第二次世界大战以来，西方国家政府从通货膨胀中获得了大量的再分配的财富，其来源有两点：第一，政府获得了通货膨胀税收入。因为政府税收中有部分税收是累进的，如个人收入所得税，在通货膨胀期间，一些个人的名义收入增加了，原来不用交税的，现在需要交税了，另一些本来交税的人则进入更高的纳税级别，政府因而获得了更多的税收。因此，有些西方的经济学家认为，希望政府去努力制止通货膨胀是比较难的。第二，现代经济中，政府都把发行公债作为筹集资金的手段和政府调控经济的手段，从而使得政府负有较大数额的国债，通货膨胀使得政府作为债务人而获益。

9.2.3.2 通货膨胀的产出效应

一般认为，温和的通货膨胀对经济发展比较有利。因为人们消费时有“买涨不买跌”的倾向，即当人们认为物价会涨时，会采取及时消费的策略，消费增加会刺激厂商扩大生产规模，从而使就业增加、国民收入上升；而当人们认为物价将下跌时，会采取持币等待的策略，消费减少会导致厂商缩小生产规模，从而使失业增加、国民收入下降。当然，这只是一般的分析，通货膨胀的产出效应有三种情况。

(1)随着通货膨胀的出现，产出增加。这就是需求拉动型通货膨胀的刺激促进了产出水平的提高，这种情况产生的前提条件是有一定的资源闲置。当一个经济体系有一定的资源闲置时，物价温和的上涨会刺激人们的购买欲望，从而使消费增加，拉动了就业和产出水平的提高。

(2)成本推动型通货膨胀引致失业，也就是说通货膨胀引起就业和产出水平的下降。这种情况产生的前提条件是经济体系已经实现了充分就业。在这种情况下，如果发生成本推动型通货膨胀，则原来总需求所能购买的实际产品的数量将会减少，也就是说，当成本推动的压力抬高物价水平时，既定的总需求只能在市场上支持一个较小的实际产出。所以，实际产出会下降，失业会上升。如 1973 年，石油输出国组织的石油价格翻了两番，从而引发了成本推动型通货膨胀，1973—1975 年美国等主要发达国家的物价水平迅速上升，与此同时，美国的失业率从 1973 年的不到 5%上升到了 1975 年的 8.5%。

(3)恶性通货膨胀导致经济崩溃。首先，当物价持续上升时，居民户和企业都会产生通货膨胀的预期，即估计物价会再度升高。在这种情况下，人们就不会让自己的储蓄和现行的收入贬值，而宁愿在价格上升前将货币花掉，从而产生过度的消费购买，导致储蓄和投资都会减少，产出水平下降。其次，随着通货膨胀而来的是生活费用的上升，劳动者会要求提高工资，企业成本上升，导致企业生产规模缩小，产出水平下降。再次，企业在通货膨胀率上升时会力求增加存货，以便在稍后按高价出售以增加利润，从而使得市场可供销售的货物可能减少，物价将进一步上升。最后，当出现恶性通货膨胀时，情况会变得更坏，经济体系极有可能崩溃。

知识链接

我国目前是世界上第二大石油进口国，年进口石油超过1亿吨，请问国际石油价格的上涨有可能形成成本推动型通货膨胀吗？如果形成了，应该采取哪些对策？

答：有可能，因为石油是最主要的能源之一，石油价格的上升会导致厂商生产成本的上升，极有可能演变成成本推动型通货膨胀。历史上曾出现过这样的现象，即20世纪70年代的发达国家的"大滞胀"，其根本原因在于当时油价的大幅上升。对策有三条：一是增加石油供应，可以扩大进口或是增加国内石油勘探、生产的规模；二是节约石油使用，提高其使用效率；三是尽可能寻找到替代品。

央行：我国2016年年通货膨胀率为8.5%

据国家经济部统计委员会公布的数据显示，2016年年通货膨胀率为8.5%，2015年为12.8%，2014年为7.5%。2016年11月，国内通货膨胀率为7.5%，年通货膨胀率降至8.7%。

2016年，全国食品价格上涨幅度为9.7%，非食品商品价格上涨幅度为9.5%，而有偿服务业的价格上涨幅度为6.1%。统计数据显示，2016年1—12月间我国咖啡、茶叶制品价格上涨38.9%、谷物价格上涨31.3%、糖价格上涨17%、面包价格上涨17.2%、鸡蛋价格上涨20.3%、糖果产品价格上涨16.6%、葵花油价格上涨11.8%、清凉饮料价格上涨10.7%。

此外，医药产品价格上涨17.7%、办公用品价格上涨14.2%、个人用品价格上涨13%、家用电器价格上涨11.1%、服装和鞋类价格上涨9%。油价方面，柴油价格上涨38.2%、桶装液化天然气价格上涨16.1%。医疗服务业价格上涨10.1%，学前教育机构的服务费上涨7.2%，文化、娱乐等机构的相关服务费用上涨7%。

资料来源：http://www.inform.kz/cn/2016-8-5_a2985920

9.3 菲利普斯曲线

失业与通货膨胀是宏观经济运行中存在的两个主要问题，经济决策者在解决这两个问题的时候往往会碰到这样一个矛盾，即降低通货膨胀与降低失业率这两个目标是互相冲突的。当政府希望通过财政政策或货币政策来扩大总需求从而增加就业的时候，得到的结果是产出增加、就业增加、一般价格水平上升，也就是说就业的增加是以物价的上升为代价的。相反，如果政府紧缩总需求的话，则会使通货膨胀下降，而失业却又增加了，因此，有必要从理论上探讨失业和通货膨胀之间的关系。在宏观经济学中，失业和通货膨胀的关系主要是用菲利普斯曲线来说明的。

9.3.1 菲利普斯曲线的含义

1958年,在英国任教的新西兰经济学家菲利普斯在研究了1861—1957年的英国失业率和货币工资增长率的统计资料后,提出了一条用以研究失业率和货币工资增长率之间替代关系的曲线,在以横轴表示失业率,纵轴表示货币工资增长率的坐标系中,画出一条向右下方倾斜的曲线,这就是最初的菲利普斯曲线(Phillips Curve)。该曲线表明:当失业率较低时,货币工资增长率较高;反之,当失业率较高时,货币工资增长率较低,甚至为负数。

菲利普斯曲线本来只是用来描述失业率与货币工资增长率之间的关系,但后来有的经济学者认为,工资是成本的主要构成部分,从而也是产品价格的主要构成部分,因此,可以用通货膨胀率来代替货币工资增长率。这样一来,菲利普斯曲线就变成了一条用来描述失业率与通货膨胀率之间替代关系的曲线了:当失业率高时,通货膨胀率就低;当失业率低时,通货膨胀率就高。菲利普斯曲线如图9.4所示。图中,横轴代表失业率 u,纵轴代表通货膨胀率 π,向右下方倾斜的曲线 PC 即为菲利普斯曲线。菲利普斯曲线说明了失业率与通货膨胀率之间存在着替代关系。

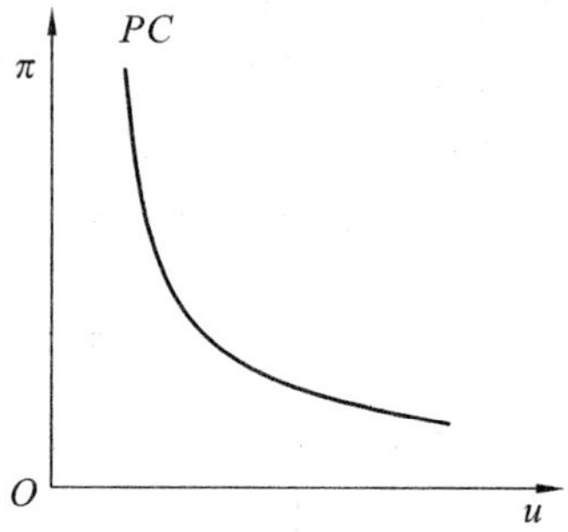

图9.4 菲利普斯曲线

9.3.2 菲利普斯曲线的应用

菲利普斯曲线为政府实施经济干预、进行总需求管理提供了一份可供选择的菜单。它意味着可以用较高的通货膨胀率为代价来降低失业率或实现充分就业;而要降低通货膨胀率和稳定物价,就要以较高的失业率为代价。也就是说,失业率与通货膨胀率之间存在着一种"替换关系",想要降低或增加其中的一个,就要以增加或降低另一个为代价。

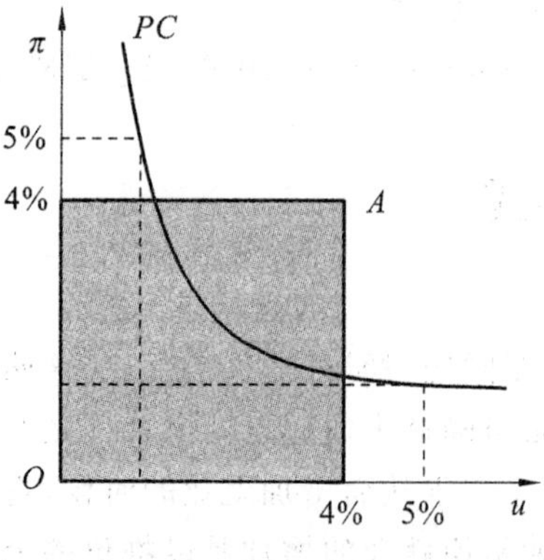

图9.5 菲利普斯曲线的应用

具体来讲,一个经济社会首先要确定一个临界点,由此确定一个失业与通货膨胀的组合区域。如果实际的失业率与通货膨胀率的组合在组合区域内,则政策的制定者不采用调节措施;如果在区域之外,则可根据菲利普斯曲线所表示的关系进行调节。图9.5说明了这种调节的过程。

在图9.5中,假定当时失业率和通货膨胀率在4%以内时,经济社会被认为是安全的或可以容忍的,这时在图中就得到了一个临界点,即 A 点,由此形成的一个四边形的区域,称其为安全区域,如图中的阴影部分所示。如果该经济社会的实际失业率与通货膨胀率组合落在安全区域内,则政策制定者无须采取任何措施(政策)调节。

如果实际的通货膨胀率高于4%，例如达到了5%，该经济社会的失业率仍在可接受的范围内，经济政策制定者可以采取紧缩性政策，以提高失业率为代价降低通货膨胀率。从图中可以看到，当通货膨胀率降到4%以下时，经济社会的失业率仍然在可以接受的范围内。

如果实际的失业率高于4%，例如为5%，这时根据菲利普斯曲线，政策制定者可采取扩张性政策，以提高通货膨胀率为代价降低失业率。从图中可以看出，当失业率降到4%以下时，经济社会的通货膨胀率仍然在可以接受的范围内。

9.3.3 长期菲利普斯曲线

菲利普斯曲线所揭示的失业与通货膨胀的替换关系与美国等西方发达国家20世纪五六十年代的通货膨胀率和失业率的数据较为吻合，但到20世纪70年代末期，由于滞胀的出现，失业与通货膨胀之间的这种替换关系不存在了，于是对失业与通货膨胀之间的关系又有了新的解释。

1968年，美国货币学派代表人物弗里德曼指出了菲利普斯曲线分析的一个严重缺陷，即它忽略了影响工资变动的一个重要因素：工人对通货膨胀的预期。他认为，企业和工人关注的不是名义工资，而是实际工资，当劳资双方谈判新工资协议时，他们都会对新协议期的通货膨胀进行预期，并根据预期的通货膨胀相应调整名义工资水平。根据这种观点，人们预期通货膨胀率越高，名义工资增加就越快，由此，弗里德曼提出了短期菲利普斯曲线的概念。

这里所说的"短期"是指从预期到需要根据通货膨胀做出调整的时间间隔。短期菲利普斯曲线就是预期通货膨胀保持不变，表示通货膨胀率与失业率之间关系的曲线。在短期中，工人来不及调整通货膨胀预期，预期的通货膨胀率可能低于以后实际发生的通货膨胀率。这样，工人所得到的实际工资可能小于先前预期的实际工资，从而实际利润增加，刺激了投资，就业增加，失业率下降。在这个前提下，通货膨胀率与失业率之间存在交替关系。也就是说向右下方倾斜的菲利普斯曲线在短期内是可以成立的，因此，在短期中引起通货膨胀率上升的扩张性财政政策与扩张性货币政策是可以起到减少失业的作用的。这就是通常所说的宏观经济政策的短期有效性。

在长期中，工人将根据实际发生的情况不断调整自己的预期，工人预期的通货膨胀率与实际发生的通货膨胀率迟早会一致。这时工人会要求增加名义工资，使实际工资不变，从而通货膨胀就不会起到减少失业的作用。也就是说，在长期中，失业率与通货膨胀率之间并不存在替换关系，因此，长期菲利普斯曲线是一条垂直于横轴的线。并且，在长期中，经济总能实现充分就业，经济社会的失业率将处于自然失业率的水平，因此，通货膨胀率的变化不会影响长期中的失业率水平。

由于人们会根据实际发生的情况不断调整自己的预期，因此短期菲利普斯曲线将不断移动，从而形成长期菲利普斯曲线，如图9.6所示。

在图9.6中，假定某一经济体系处于自然失业率为u^*，通货膨胀率为3%的A点，此时若政府采取扩张性政策，以使失业率降低至u_1，由于扩张性政策的实施，总需求增加，导致价格水平上升，通货膨胀率也上升至5%。由于在A点处，工人预期的通货膨胀率为3%，而现在实际的通货膨胀率为5%，高于其预期的通货膨胀率，从而工人的实际工资下降,导致厂商生产积极性提高,产出水平和就业率增加,于是失业率下降到 u_1,就会发生图中短期菲利普斯曲线 $PC_1(P^e=3\%)$所示的情况,失业率由 u^* 下降到 u_1,而通货膨胀率则从 3%上升到 5%。

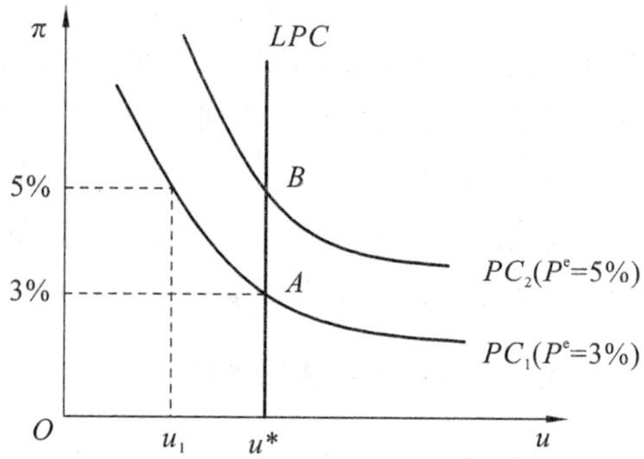

图 9.6 从短期 PC 到长期 PC

当然,这种情况只是短期的,经过一段时间,工人们会发现价格水平的上升和实际工资的下降,这时他们便要求提高货币工资,与此同时,工人们会相应地调整其预期,即从原来的 3%调整到现在的 5%,伴随着这种调整,实际工资回落于原有的水平,相应的,企业生产和就业也都回到了原有的水平,失业率又回到了原来的 u^*,但此时,经济已经处于具有较高通货膨胀率预期(即 5%)的 B 点。

以上过程重复下去,在短期内,由于工人不能及时改变预期,存在着失业和通货膨胀之间的替换关系,表现在图形上,便有诸如 PC_1、PC_2…的各条短期菲利普斯曲线。随着工人预期通货膨胀率的上升,短期菲利普斯曲线不断地上升。

从长期来看,工人预期的通货膨胀与实际的通货膨胀是一致的,因此,企业不会增加生产和就业,失业率也就不会下降,从而便形成了一条与自然失业率重合的长期菲利普斯曲线 LPC。图 9.6 中,垂直于自然失业率水平的长期菲利普斯曲线表明,在长期中不存在失业与通货膨胀的替换关系。

知识链接

长期菲利普斯曲线是一条垂直于横轴的直线,这意味着什么?

答:意味着在长期中不存在失业与通货膨胀的替换关系。换句话说,长期菲利普斯曲线告诉我们,从长期来看,政府运用扩张性政策不但不能降低失业率,还会使通货膨胀率不断上升,这也就是通常所说的宏观经济政策的长期无效性。

本章小结

失业与通货膨胀是现代经济发展的两大顽症,任何国家或地区都无法避免这两大问题,因此,这两种经济现象是宏观经济学的两大中心问题。

(1)失业是指有劳动能力、愿意接受现行工资水平但仍然找不到工作的现象。经济学中所说的失业是指非自愿失业。失业可以分为摩擦性失业、结构性失业和周期性失业等不同的种类。失业会对国民经济造成巨大损失,奥肯定律即揭示了这一规律,其内容是:失业率每高于自然失业率一个百分点,实际 GDP 将低于潜在 GDP 两个百分点。宏观经济学的一大目标是实现充分就业。充分就业并不等于百分之一百就业,而是一个社会中消灭了周期性失业时的状态,此时只剩下摩擦性失业和结构性失业,这时的失业率即为自然失业率。

(2)通货膨胀一般指物价水平在一定时期内持续的、普遍的上升过程,或者说货币实际购买力在一定时期内持续的下降过程。衡量通货膨胀有三种主要价格指数,即消费者价格指数(简称 CPI)、生产者价格指数(简称 PPI)、GDP 折算指数。其中消费者价格指数与居民日常生活最为相关,因而通常被作为衡量通货膨胀的指标。造成通货膨胀的原因主要有总需求拉动、成本推动和经济结构变化等。

(3)菲利普斯曲线是一条用来描述失业与通货膨胀之间关系的曲线,现代经济学认为,在短期中,失业与通货膨胀之间存在着替代关系,即政府可以通过一定的政策来牺牲失业率来降低通货膨胀率,反之也成立;在长期中,失业与通货膨胀之间并不存在替代关系,因而在长期中政府的宏观经济政策是无效的。

补充读物

失业造成的经济损失

奥肯定律告诉我们,失业会造成产出损失,从而导致整个社会财富缩水和居民生活水平下降,那么,失业究竟会造成多大的产出损失呢?经济学家们给出了其分析结论。表 9.1 给出了 20 世纪中的高(低)失业率期间,美国实际产出相对潜在 GDP 的减少量。

表 9.1 失业的经济损失

时期	产出损失		
	平均失业率(%)	GDP 损失(1990 年价格,10 亿美元)	占该时期 GDP 百分比(%)
大危机时期(1930—1939 年)	18.2	2 420	27.6
大滞胀时期(1975—1984 年)	7.7	1 480	3.0
新经济时期(1985—1999 年)	5.7	240	0.3

资料来源:萨缪尔森.经济学(第 17 版).北京:人民邮电出版社,2004。

从表中可知,美国最大的经济损失发生在大萧条时期。而 20 世纪 70 年代和 80 年代的石油危机与通货膨胀也使产出损失高达 1 万多亿美元。相比之下,1985—1999 年的稳定增长时期,GDP 的损失非常小。

中国 1993—1994 年的通货膨胀

我国自改革开放以来特别是 20 世纪 90 年代初期,经济一直保持良好的增长势头:1991 年的经济增长率为 8%,1992 年为 13.2%,1993 年为 13.4%,1994 为 11%,工业总产值达到 42 572.7 亿元。但是,1994 年的通货膨胀率也是历史上最高的:全国商品零售物价指数涨幅高达 27.1%,居民消费价格指数涨幅高达 24.1%。

从货币投放量来看,我国 1994 年的货币投放并未超过经济增长所需要的数量。全年国家银行贷款余额为 31 602.9 亿元,比上年增长 19.5%,1994 年末市场货币流通量约为 7 270 亿元,较上年增长 24%,与年工业总产值增长率 21.35%的增幅相差不太大。但是,

1992年流通中的货币量比上年增加了36.4%,1993年则增加了35.3%,两年的增长率均高于经济增长与物价上涨幅度之和。它们累积起来的影响滞后到1994年,最终导致零售物价和居民生活费用的上涨。

另外,当时正值我国价格改革迈出一大步之际,主要农产品收购价格和石油、煤炭等生产资料价格有明显提高。这本是对计划经济中不合理定价方式的调整,但在客观上提高了企业的生产成本。随后,中央又出台了税制改革和汇率并轨,以及国家机关、事业单位的工资改革,企业也进行了工资套改,这些都加重了各种企业的成本负担,最终造成物价上涨。

从投资需求看,20世纪90年代以来也开始呈现明显的膨胀。1985年,全社会的固定资产投资为2 543亿元,1990年增至4 451亿元,1993年猛增至11 829亿元,1994年竟达16 000亿元。就固定资产投资率来说,1993年已高达39.7%,1994年增速虽略有回落,但也仍然高达36.5%。投资结构本身也不够合理,主要表现是:农业投入连年下降,工业的投入则猛增;高速增长的工业投入有与消费需求脱节之处,一些产品超过了市场需求(市场容量),造成生产能力过剩,其中尤以耐用品为突出。其中,汽车的生产能力过剩量达3/4,冰箱达2/3,彩色电视达1/2,空调达1/2,洗衣机达1/3,棉衣纺达1/3。生产过剩的结果必然是商业库存迅速增加。1984年,我国的商业库存仅为2 000亿元,1990年突破了6 000亿元。与此同时,国有企业亏损严重,到1994年末亏损面已超过40%。由于企业亏损过多,财政收入减少,支出大增,导致赤字。全国财政赤字硬预算1988年为78.55亿元,1994年为700亿元;软预算赤字1988年为349亿元,1993年突破了1 000亿元。由于财政赤字越来越严重,政府不是向银行大量透支,就是大量发行国债,无论怎样做,都会促成大量的货币发行,引发通货膨胀。

复习思考题

9.1　单项选择题

(1)由于总需求不足而引起的失业是(　　)。

A. 周期性失业　　B. 结构性失业　　C. 隐蔽性失业　　D. 摩擦性失业

(2)通货膨胀是(　　)。

A. 货币发行量过多引起物价水平的普遍的持续上涨

B. 货币发行量超过了流通中的货币量

C. 货币发行量超过了流通中商品的价值量

D. 以上都不是

(3)面对通货膨胀,消费者合理的行为应该是(　　)。

A. 保持原有的消费、储蓄比例

B. 用掉全部储蓄以扩大消费支出

C. 减少消费,扩大储蓄比例

D. 以上说法都不对

(4)根据短期菲利普斯曲线,短期内降低通货膨胀率的办法是(　　)。

A. 减少货币供应量　　B. 降低失业率

C. 提高失业率　　D增加财政赤字

9.2　多项选择题

(1)假如经济发生了严重的通货膨胀,受害者将是(　　)。

A. 债权人　　B. 债务人　　C. 雇主
D. 领取固定工资者　　E. 持现款的人

(2)下列因素中可造成需求拉动型通货膨胀的有(　　)。

A. 过度扩张性的财政政策　　B. 过度扩张性的货币政策　　C. 消费习惯突然的改变
D. 农业的歉收　　E. 劳动生产率的突然降低

(3)成本推动型通货膨胀的起因有(　　)。

A. 天灾导致农业歉收　　B. 行业工会加薪要求　　C. 石油冲击
D. 货币供给过多　　E. 垄断定价

(4)菲利普斯曲线提出的几个重要观点有(　　)。

A. 通货膨胀是由于工资成本推动所引起的
B. 承认通货膨胀与失业的交替关系
C. 为政策选择提供了理论依据
D. 通货膨胀是由失业引起的

9.3 问答题

(1)什么是失业？失业有哪些种类？

(2)充分就业与自然失业互相矛盾吗？为什么？

(3)简述造成通货膨胀的原因。

(4)什么是需求拉动型通货膨胀？作图说明需求拉动型通货膨胀是如何产生的。

(5)菲利普斯曲线在短期内和长期内的形状是不同的,这说明了什么问题？

10 宏观经济政策

学习目标

(1)掌握财政政策与货币政策的运用。

(2)掌握宏观经济政策目标及工具。

(3)理解内在稳定器的内容。

(4)掌握赤字财政政策与公债的应用。

(5)了解货币主义的货币政策、各派别在宏观经济政策问题上的争论。

经济学家箴言

宏观经济学的重要任务之一就是要表明如何能够运用中央政府的财政工具和货币工具来稳定经济。

——美国经济学家、诺贝尔经济学奖获得者J.托宾

问题导入

1998年以来,我国经济出现了严重的需求不足。针对这种现象,我国政府开始调整以紧缩为主的宏观经济政策,实施积极的财政政策和稳健的货币政策。一方面,财政政策实行增发国债,扩大政府投资规模,定向用于公共设施和基础产业建设;大幅度提高职工的工资,开征储蓄存款利息所得税;加快“费改税”进度,对某些产品提高出口退税率并加快出口退税进度。另一方面,在货币政策上采取取消贷款额度限制,降低法定存款准备金率,下调存款利率,扩大对中小企业贷款利率的浮动幅度等一系列措施扩大货币供应量,刺激民间投资和居民消费。这种“双松”的宏观经济政策,对于扩大内需、促进经济较快增长和创造新的就业岗位起到了积极作用。1998—2004年7年间,我国共计发行长期建设国债9 000亿元,通过国债资金安排了一批基础设施建设项目,如建了大批城市污水治理工程、新增公路8万多千米、新建铁路6 000多千米、新建改建机场30多个、加固长江堤坝、淮河污染治理等,改善了吸引外资的整体经营环境,为我国经济持续稳定发展打下了良好的基础。统计资料表明,1998—2003年期间,我国GDP增长速度保持在7.8%～9.3%之间,全社会就业人口由70 637万人增长

到 74 432 万人，净增 3 795 万人。这与我国这一期间实施的以扩大内需为主的宏观经济政策取向密切相关，其中，在 1998 年以来的 GDP 增长中，积极财政政策的贡献率在 1.5～2 个百分点。

资料来源：中国财政部财政科学研究所《财政政策由积极向稳健转变的综述》(2005 年)以及《中国统计年鉴》(2005 年)

从以上事实看到，我国政府通过实施积极的财政政策和稳健的货币政策，不仅有效地拉动了经济增长，还有效地提高了就业水平。通过本章的学习，你将明白国家为什么干预经济以及应该如何干预经济。

10.1 宏观经济政策概述

问题导入

中国房价与宏观调控

中国房价何时会崩盘？这是很多中国人，也包括外国经济学家所深切关注的命题。让我们来回顾一下中国的房产发展史与政府的宏观政策是怎样的吧。

第 1 阶段：理论的突破与试点的起步阶段

1978 年在理论界提出了住房商品化、土地产权等观点。1980 年 9 月北京市住房统建办公室率先挂牌，成立了北京市城市开发总公司，拉开了房地产的综合开发序幕。1982 年国务院在四个城市进行售房试点。1984 年广东、重庆开始征收土地使用费。

第 2 阶段：非理性炒作与调整推进阶段(1992—1995 年)

1992 年房改全面启动，住房公积金制度全面推行。1993 年“安居工程”开始启动。房地产市场在经历一段时间的低迷之后开始复苏。

第 3 阶段：相对稳定协调发展阶段(1996—2002 年)

随着住房制度改革不断深化和居民收入水平的提高，住房成为新的消费热点。1998 以后，随着住房实物分配制度的取消和按揭政策的实施，房地产投资进入平稳快速发展时期，房地产业成为经济的支柱产业之一。

第 4 阶段：价格持续上扬，多项调控措施出台的新阶段(2003—2008 年)

2003 年以来，房屋价格持续上扬，大部分城市房屋销售价格上涨明显。随之而来出台了多项针对房地产行业的调控政策。

小结：中国房地产价格走势，1998 年开始起到 2003 年，这一轮的上扬达到高峰。2003—2007 年都在头部横盘整理，2004 年调控供给，2005 年调控需求，2006 年调控结构，2007 年继续调控，2007 年底基本调控完毕，2008 年奥运会东风作用，中国新一轮的房地产把头部转化为底部以后，又一波上扬。

第 5 阶段：应急与投机催生房地产大泡沫(2009—2011 年)

2009年从年初的黯淡，到3月转入大阳春，5月之后有越来越多的投资客进入房地产市场，象征着房地产市场步入炎夏。而到年末，12月16日《福布斯》评选7大金融泡沫，中国房地产成为位列第二位的近在眼前的金融泡沫。2010年中国房地产价格持续走高，尤其是二三线城市增幅创历年新高。2010年以来，中国出台了一系列房地产调控措施，将政策由此前的支持转向抑制投机，遏制房价过快上涨，其中包括土地、金融、税收等多种调控手段。2011年，为稳定房地产市场发展，国务院、银监会等相继出台多项政策对稳定房地产市场发挥了重要作用。毫无疑问，稳健调控成为2011年房地产调控的一个主旋律，不论是限购还是房贷利率等措施都让房价得到了控制。但是主题还是继续涨。

第6阶段：临界点，中国的2012年

2012年是史上中国房地产最疯狂的一年，开盘就卖完，一天一个价，地产商、购房者、地方政府都疯了，同期的海南也是处在2011年房地产最疯狂的回落期，货币持续大量增发。2012年，中国的M_2余额是美国的2.58倍，是日本的8.34倍，是欧元区总共的3.68倍。

第7阶段：2013—2016年上半年宏观调控下行时期

紧接着，在2013年我们就迎来了狂欢之后的钱荒，一切又都变了。这一年，房地产高涨、李嘉诚们开始离开、外资开如撤离、工厂大批迁至东南亚……中国经济进入典型分明的红(房地产、金融)与黑(实体经济)时代。2013年，金融调控，房地产增速下降；2014年，房地产增速继续下降；2015年，顶不住了，解除限购、限贷，降息，降准，界定首套房，二手房免税。2016年上半年，怎么房地产还不火？去库存，再降息降准，降首付，降二套房首付，二手房交易大面积户型也免税，央行开年就放水。怎么深圳、上海这么疯涨？深圳、上海继续加强限购政策，社保由2年改为5年、贷款政策变化等。

第8阶段：2016年下半年，房地产突然开始疯涨。

中国房地产未来趋势如何？我们的宏观政策该如何软着陆？

资料来源：http://3y.uu456.com/bp_24q4l8efxe6o2vt5ky7z_2.html

宏观经济政策是指国家或政府为了增进社会经济福利而制定的解决经济问题的指导原则和措施。它是政府为了达到一定的经济目的而对经济活动有意识的干预。因此，任何一项经济政策的制定都是根据一定的经济目标而进行的。

充分就业、物价稳定、经济增长和国际收支平衡是宏观经济政策要实现的最终目标，但这四个目标之间具有一定的冲突，大多数情况下很难同时实现。因此，政府要根据实际情况选择干预的目标。

在20世纪30年代大萧条之前，西方国家总的宏观经济政策是自由放任的。凯恩斯主义出现后，随着政府对经济生活干预的加强，宏观经济政策的研究显得越来越重要。为了更好地理解各种宏观经济政策工具如何影响经济运行，我们有必要先了解一下有关宏观经济政策的目标和手段等问题。

10.1.1 宏观经济政策的目标

宏观经济政策的目标主要有四个方面的内容，即充分就业、价格稳定、经济持续均衡增长和国际收支平衡。

10.1.1.1 充分就业

充分就业是指一切生产要素(包含劳动)都有机会以自己愿意的报酬参加生产的状态。但是，充分就业并不是100%就业，并不排除像摩擦性失业这样的失业情况的存在。摩擦性失业是指在劳动力正常流动过程中产生的失业，是由于各行业、各部门与各地区之间的劳动需求经常发生变动，以及劳动者根据本人的偏好与能力发生转换职业的行为等原因引起的。它在任何动态市场中都是必然存在的。

10.1.1.2 价格稳定

价格稳定是宏观经济政策的第二个目标。稳定价格水平是指一个经济社会总体物价水平的稳定。价格水平是指一个经济社会中商品和服务的价格经过加权后的平均价格，在实践中，通常借助于价格指数即商品和服务价格的加权平均值来衡量。需要注意的是，价格指数不是各种商品和服务价格的算术平均数，而是每种商品和服务价格的加权平均数。每种商品和服务价格的权数反映了该种商品在经济中的重要程度。价格指数包括消费价格指数(CPI)、批发物价指数(PPI)和国内生产总值缩减指数(GDP Deflator index)三种。

稳定价格水平作为一个政策目标，不是指每种商品的价格固定不变，也不是指价格水平绝对不变，而是指价格水平的相对稳定。稳定价格水平是为了控制通货膨胀和通货紧缩对经济运行形成的冲击。

10.1.1.3 经济持续均衡增长

经济持续均衡增长目标简称经济增长目标。它包括两层含义：一是保持经济持续稳定增长，二是保持经济均衡增长。经济持续增长并不意味着一国经济要永远保持一个不变的或越来越高的增长速度，实际上，经济增长具有阶段性。处在不同经济发展阶段的国家，由于经济、技术、制度等方面的差别，增长速度可能存在较大差异，例如经济发达国家和发展中国家之间就是如此。经济增长不仅具有阶段性，而且具有周期波动的特点。因此，保持经济持续增长，实际上是指保持一个与不同发展阶段相适应的、含常规波动的可持续的稳定的经济增长速度。保持经济均衡增长的含义是指，在保持经济持续稳定增长的同时，实现经济总量的平衡和结构平衡。实现经济总量的平衡和结构平衡，是实现经济持续稳定增长的前提。

10.1.1.4 国际收支平衡

国际收支通常是指一个国家在一定时期内与其他国家经济往来的全部货币收支状况。

国际收支的不平衡有两种情况：收大于支为国际收支盈余；支大于收为国际收支赤字。

国际收支平衡主要是指既不出现赤字，又不出现较大幅度的盈余。随着世界经济一体化程度的不断提高，国际收支状况对现代开放型经济的国家至关重要。一般来说，国际收支状况不仅反映了一国的对外经济交往情况,还反映出该国经济的稳定程度。当一国国际收支处于失衡状态时,必然对其国内经济形成冲击,影响国内经济的增长、就业状况和价格水平,同时也会给其他国家的经济造成一定程度的冲击。

可见,宏观经济政策的四大目标是相互联系与相互制约的完整统一。充分就业保证了社会的稳定,人力资源的最大投入,它需要建立在经济持续稳定增长的基础上。通货膨胀带来的负面效应引起实际收入的下降,严重破坏了经济的稳定,因此,在追求经济增长的同时,务必加强宏观调控,防止经济过热引起恶劣的通货膨胀。同时,伴随国际化进程,进出口贸易状况与国际结算对一国财政政策与货币政策的实施将不断加深影响,由此引起的货币价格浮动、结构性调整失业、进口成本推动通货膨胀等现象都将对国内经济形成冲击。

10.1.2 宏观经济政策工具

宏观经济政策的工具是用来达到上述政策目标的手段和措施。如何根据所要达到的经济目标以及各种宏观经济政策工具的性质、作用方式和作用特点来选择与运用各种政策工具,是实施宏观经济政策的关键。常用的宏观经济政策工具有需求管理、供给管理和对外经济管理等。

10.1.2.1 需求管理

需求管理是指通过调节总需求来达到一定政策目标的政策工具。这是凯恩斯主义特别重视的政策工具。凯恩斯主义认为,在短期内生产技术条件、资本设备的质量与数量、劳动力的质量与数量都是不变的,因此,国家调节就是在总供给为既定的前提下来调节总需求,即进行需求管理。需求管理的目的是要通过对总需求的调节实现总需求与总供给的均衡,达到既无失业又无通货膨胀的目标。当总需求小于总供给时,会产生失业,此时应通过刺激总需求来消除失业;当总需求大于总供给时,过度需求会引发通货膨胀,此时应通过抑制总需求来消除通货膨胀。需求管理的内容包括财政政策和货币政策两个方面。

10.1.2.2 供给管理

供给管理是指通过对总供给的调节来达到一定的宏观经济目标的政策工具。20世纪70年代初期石油价格的大幅度上升和需求管理政策的运用使经济中通货膨胀严重,因为通过需求管理调节总需求,不仅会影响产量水平,而且会影响价格水平和工资水平。实施扩张性财政政策和货币政策,虽有助于失业问题的解决,但会引发成本推动型通货膨胀,即来自供给方面成本提高引发的通货膨胀,因此必须从供给方面进行管理。供给管理的内容包括收入政策、人力政策、指数化政策和经济增长政策等方面。

10.1.2.3 对外经济管理

任何一个国家的经济都是开放的,即一国经济不仅影响其他各国经济,而且要受其他各国经济的影响。开放经济中各国是通过物品、资本与劳动力的流动来相互影响的,因此,对外经济管理的内容也就包括这些方面的管理。这些政策主要包括对外贸易政策、汇率政策、对外投资政策以及国际经济关系的协调等。

10.1.3 宏观经济政策的理论基础

从20世纪30年代的“凯恩斯革命”开始，到现在博弈论在宏观经济政策中的运用，西方宏观经济政策和理论经历了一系列的演变和发展。从这种演变中可以看出，西方学者并未把西方经济理论和政策当作精确不变的科学原则，而是针对西方世界不断出现的新问题提出新的解释与新的对策。以下介绍当今主要宏观经济学流派的主要理论、观点及其代表人物。

10.1.3.1 凯恩斯及后凯恩斯主流经济学

凯恩斯是现代宏观经济学的奠基人和创立者。在凯恩斯的经济理论诞生后，20世纪50年代末和60年代初又出现了继承凯恩斯基本经济思想和分析方法的后凯恩斯主义。后凯恩斯主义又主要由两大学术流派构成：一是以美国经济学家为主的后凯恩斯主流经济学，二是以英国经济学家为主的新剑桥学派。

1.凯恩斯经济理论概要

传统经济理论认为“供给总能创造对自己的需求”，凯恩斯则认为市场机制的自动调节作用是有限的，会存在失业。

失业产生的根本原因是有效需求不足。有效需求主要由消费需求和投资需求构成，消费需求和投资需求的不足又源于三大基本心理规律，即边际消费倾向递减规律、资本边际效率递减规律及流动偏好规律。

这三大基本心理规律是不易改变的，要增加有效需求就只能依靠政府的作用，通过扩大有效需求以实现充分就业。

2.后凯恩斯主流经济学

后凯恩斯主流经济学也被称为“美国凯恩斯主义”“新古典综合派”，其主要人物有萨缪尔森、汉森、托宾、索洛等人。

新古典综合派在经济理论上的最显著特征是，在宏观层面接受凯恩斯的理论，在微观层面采用传统的新古典经济学理论，力图为凯恩斯的宏观经济理论寻找合适的微观基础，因而其理论呈现出明显的综合性特征。

新古典综合派的主要理论贡献有：

(1)希克斯和汉森提出了“*IS-LM* 模型”。

(2)提出了经济增长理论中的两个著名模型：哈罗德-多马模型和索洛-斯旺模型(新古典增长模型)。

(3)提出了乘数-加速模型。

(4)推进通货膨胀和失业问题的研究。

20世纪70年代，西方国家发生了滞胀。新古典综合派对此的理论解释为：

(1)海勒等人认为，滞胀源于总供给的异常变动。

(2)萨缪尔森等人认为，滞胀源于政府的财政支出结构。

(3)托宾和杜生贝利等人用劳动市场的微观结构来解释滞胀。

10.1.3.2 现代货币主义

现代货币主义是20世纪50年代中期在美国出现的一个重要的经济学流派，芝加哥大学经济学教授弗里德曼是该学派最著名的代表人物。

该学派的最重要特征是将货币看做最重要的宏观经济变量，基于货币的角度来展开宏观经济理论分析，反对凯恩斯主义的政府干预，主张经济自由。

现代货币主义提出的经济政策主要有以下几项：

(1)“单一规则”的货币政策。

(2)“收入指数化”方案。

(3)负所得税政策。

(4)实行浮动汇率制。

10.1.3.3　理性预期学派

理性预期学派也被称为新古典宏观经济学派，是20世纪70年代从现代货币主义学派中分离出来的一个经济学流派。该学派的主要代表人物有卢卡斯、萨金特、巴罗和普雷斯科特等人。

该学派的特点是基于人们的理性预期来进行理论分析，反对政府干预，比现代货币主义更为激进地强调经济自由。

10.1.3.4　新凯恩斯主义

新凯恩斯主义是20世纪80年代出现的一个主张政府干预经济的新的学术流派，其代表人物有斯蒂格利茨、阿克洛夫、费尔普斯、曼昆、罗默等人。

新凯恩斯主义继承了凯恩斯政府干预的基本思想理念，以对工资黏性和价格黏性的分析，论证了市场常处于非出清状态，因此，尽管存在理性预期，政策干预仍是有效、必要的。

新凯恩斯主义认为需求和供给方面的因素都会对经济总水平产生冲击。由于工资黏性和价格黏性，经济在受到冲击后，从非均衡状态恢复到均衡状态要经历一个缓慢、痛苦的过程，因此，政府干预是必要的。

经济学流派基本上可分为经济干预派和经济自由派。新古典综合派和新凯恩斯主义可归于前者，现代货币主义和理性预期学派可归于后者。

10.2 财政政策

财政政策是指政府变动支出和税收以影响总需求进而影响就业和国民收入。在短期内，财政政策主要影响产品和劳务的总需求，这是刺激或减慢经济发展的最直接的方式。

10.2.1 财政政策的内容与运用

10.2.1.1　财政政策的产生与发展

财政政策是随着社会生产方式的变革而不断发展的。奴隶社会和封建社会，由于受自给自足的自然经济制约，国家不可能大规模组织社会经济生活，奴隶主和地主阶级的财政政策主要为巩固其统治地位的政治职能服务。在资本积累阶段和资本主义形成时期，统治者一般都推行掠夺性财政政策，以加速资本积累的过程。

早期的资本主义国家一般都实行简政轻税、预算平衡的财政政策，以利于自由资本主义的发展。国家垄断资本主义时期，生产社会化与资本主义私有制的矛盾日益激化，政府的经济职能逐渐增强，财政政策不仅为实现国家政治职能服务，而且成为政府干预和调节社会经济生活的重要工具。

特别是 20 世纪 30 年代凯恩斯主义产生，财政政策成为调节经济、挽救经济危机的重要手段。常常在经济萧条时期实行扩张性财政政策，以刺激社会总需求，加快经济复苏；在经济高涨时期则实行紧缩性财政政策，以减少社会总需求，延缓经济危机的来临。

社会主义国家由于建立了以生产资料公有制为主体的经济制度，国家集中了全体人民的意志，代表着人民的根本利益，能自觉地根据客观经济规律的要求制定财政政策，一方面促进人民民主政权的巩固，另一方面组织和协调社会经济生活，为巩固社会主义生产方式，满足人民日益提高的物质文化生活需要服务。

10.2.1.2　财政政策的内容

1. 自动稳定的财政政策和相机抉择的财政政策

将财政政策分为自动稳定财政政策和相机抉择财政政策，是根据财政政策调节经济周期的作用来划分的。

(1)自动稳定的财政政策是指财政制度本身存在一种内在的、不需要政府采取其他干预行为就可以随着经济社会的发展自动调节经济的运行机制。

这种机制也被称为财政自动稳定器，主要表现在两方面：一方面，是包括个人所得税和个人所得税的累进所得税自动稳定作用。在经济萧条时，个人和企业利润降低，符合纳税条件的个人和企业数量减少，因而税基相对缩小，使用的累进税率相对下降，税收自动减少。因税收的减少幅度大于个人收入和企业利润的下降幅度，税收便会产生一种推力，防止个人消费和企业投资的过度下降，从而起到反经济衰退的作用。在经济过热时期，其作用机理正好相反。另一方面，是政府福利支出的自动稳定作用。如果经济出现衰退，符合领取失业救济和各种福利标准的人数增加，失业救济和各种福利的发放趋于增加，从而有利于抑制消费支出的持续下降，防止经济的进一步衰退。在经济繁荣时期，其作用机理正好相反。

(2)相机决策的财政政策是指政府根据一定时期的经济社会状况，主动灵活选择不同类型的反经济周期的财政政策工具，干预经济运行行为，达到财政政策目标。

在 20 世纪 30 年代的世界经济危机中，美国实施的罗斯福-霍普金斯计划(1929—1933 年)、日本实施的时局匡救政策(1932 年)等都是相机抉择财政政策选择的范例。

相机抉择财政政策具体包括汲水政策和补偿政策。汲水政策是指经济萧条时期进行公共投资，以增加社会有效需求，使经济恢复活力的政策。汲水政策有四个特点：第一，它以市场经济所具有的自发机制为前提，是一种诱导经济恢复的政策；第二，它以扩大公共投资规模为手段，启动和活跃社会投资；第三，财政投资规模具有有限性，即只要社会投资恢复活力，经济实现自主增长，政府就不再投资或缩小投资规模；第四，如果经济萧条的状况不存在，这种政策不再实行，因而它是一种短期财政政策。补偿政策是指政府有意识地从当时经济状况反方向上调节经济景气变动的财政政策，以达到稳定经济波动的目的。在经济萧条时期，为缓解通货紧缩影响，政府通过增加支出、减少收入政策来增加投资和消费需求，增加社会有效需求，刺激经济增长；反之，经济繁荣时期，为抑制通货膨胀，政府通过增加财政收入、减少支出等政策来抑制和减少社会过剩需求，稳定经济波动。

2. 扩张性财政政策、紧缩性财政政策和中性财政政策

将财政政策划分为扩张性财政政策、紧缩性财政政策和中性财政政策，是根据财政政策调节国民经济总量和结构中的不同功能来划分的。

(1)扩张性财政政策(又称积极的财政政策)是指通过财政分配活动来增加和刺激社会的总需求；增加国债、支出大于收入，出现财政赤字。

(2)紧缩性财政政策(又称稳健的财政政策)是指通过财政分配活动来减少和抑制总需求。

(3)中性财政政策是指财政的分配活动对社会总需求的影响保持中性。

10.2.1.3 财政政策的效果和挤出效应

1. 挤出效应

由于政府支出增加，私人投资减少，社会总需求不变，这种由政府支出“挤出”私人投资的现象称为“挤出效应”。

挤出效应仅仅适用于结构性赤字。如果经济衰退导致周期性财政赤字上升，政府支出的增加就不一定提高利率，减少国内私人投资，产生挤出效应。这是因为经济衰退引起货币需求减少(收入减少与货币流通速度下降)，导致利率降低；另外，衰退时，货币当局往往会增加货币供给量。

2. 挤出效应对财政政策效果的影响

在 *IS-LM* 模型中，若 *LM* 曲线不变，*IS* 曲线向右移动，两个市场同时均衡时会引起利率的上升和国民收入的增加。但是，这一增加的国民收入小于不考虑货币市场的均衡(即 *LM* 曲线)或利率不变条件下的国民收入的增量，这两种情况下的国民收入增量之差，就是由利率上升而引起的挤出效应。下面用图形来分析“挤出效应”对财政政策的影响。

(1)*LM* 曲线的斜率既定，财政政策效果的大小与 *IS* 曲线的斜率正相关。

如图 10.1 所示，当政府支出增加，IS_1 移至 IS_2，若没有货币市场的作用，产出变动 $\Delta Y=Y_1Y_4$。但由于货币市场的作用，产生了挤出效应，实际产出只有 Y_1Y_2。对应于 IS_3 移至 IS_4 时，产出为 Y_1Y_3，$Y_1Y_2<Y_1Y_3$。*IS* 的斜率越小，投资对利率越敏感，扩张的财政政策产生的“挤出效应”越大，财政政策的效果越小。

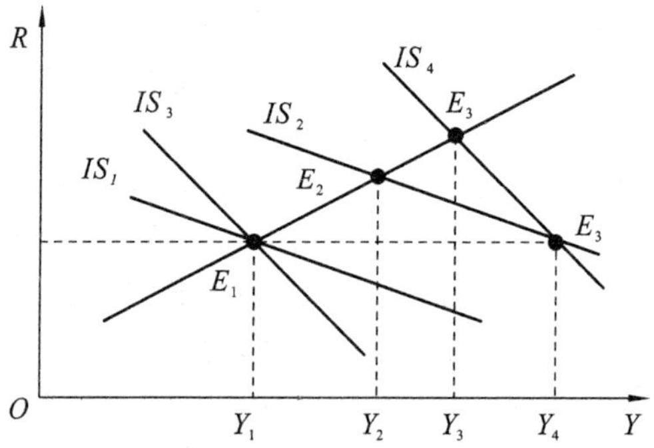

图 10.1 挤出效应(*LM* 曲线斜率既定)

(2)*IS* 曲线的斜率既定，财政政策效果的大小与 *LM* 曲线的斜率负相关。

如图 10.2 所示，当 *LM* 曲线的斜率较大时，货币需求对利率反应不灵敏，这意味着一定的货币需求增加将使利率上升很多，从而对私人部门的投资产生的挤出效应较大，所

以，财政政策的效果较小。

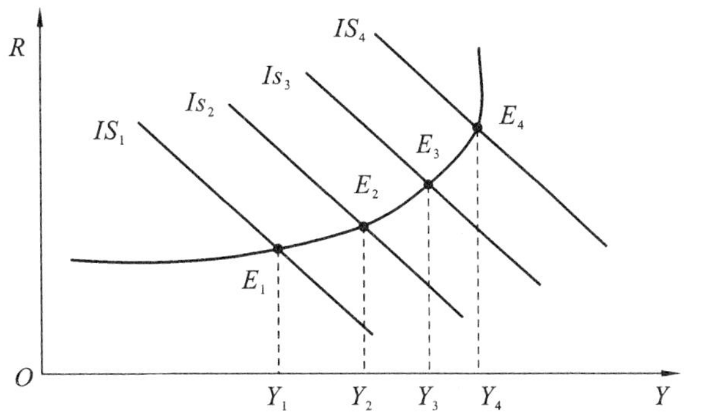

图 10.2　挤出效应（*IS* 曲线斜率既定）

10.2.1.4　财政政策的手段和运用

财政政策的手段包括预算收支政策、税收政策、财政投资政策、财政补贴政策、国债政策等，它们之间是相辅相成的关系。

1. 预算收支政策

预算收支政策主要通过预算收支规模及平衡状态的确定、收支结构的安排和调整来达到财政政策目标。

2. 税收政策

税收政策主要通过税种、税率来确定和保证国家财政收入，调节社会经济的分配关系，以满足国家履行政治经济职能的财力需要，促进经济稳定协调发展和社会的公平分配。

3. 财政投资政策

财政投资政策通过国家预算拨款和引导预算外资金的流向、流量，以达到巩固和壮大社会主义经济基础、调节产业结构的目的。

4. 财政补贴政策

财政补贴政策是国家根据经济发展规律的客观要求和一定时期的政策需要，通过财政转移的形式直接或间接地对农民、企业、职工和城镇居民实行财政补助，以达到经济稳定协调发展和社会安定的目的。

5. 国债政策

国债政策是国家按照有偿原则，筹集和使用财政资金的一种再分配手段，包括在国内发行公债和专项债券，在国外发行政府债券，向外国政府或国际金融组织借款，以及对预算内资金实行周转有偿使用等形式。

财政政策内容和手段的选择是由财政政策的性质及其目标所决定的。财政政策的性质和具体目标不同，所采取的方式也不同。

资料链接

2003 年中央经济工作会议指出，税收增长率成为一个未预料到的亮点。2003 年全国共入库税款（不包括关税和农业税收）20 462 亿元，同比增长 20.3%，增收 3 458 亿元。在财政收入方面,政府税收充分发挥了杠杆作用,保证了经济的协调发展以及宏观调控的顺利实施。国家税务总局在解释财政收入的快速增长问题时说,主要有几个方面的因素使税收收入较大幅度超过GDP增长:一是各类税收对应的经济税源(税基)增幅高于GDP增幅,由此产生的税收也必然高于GDP增幅。这是税收作为自动稳定器发挥出自动调节功能。二是加强了税收征管,令纳税人自觉纳税的遵从度提高,这是税收收入超税基增长的主观动因。

税收的进一步增长和国债发行的减少对经济都有抑制作用。2003年以来的财政政策中,税收增加对经济过热的抑制作用远远大于减发国债带来的效果。同时,财政收入的快速增长增加了政府宏观调控的能力,也为政府支付改革成本以及抵御经济社会转轨中出现的各种风险提供了后盾。目前,国有企业的破产、下岗职工的安置、公共卫生领域的改革、流行病的控制、基础教育的加强、"三农"问题的缓解等深层改革,都需要强大的财政作后盾。

资料来源:积极财政政策功成身退,税收增长成亮点.中国经济时报,2004-12-24

10.2.2 内在稳定器

10.2.2.1 内在稳定器的含义

"内在稳定器"是指这样一种宏观经济的内在调节机制,即它能在宏观经济的不稳定情况下自动发挥作用,使宏观经济趋向稳定。财政政策的这种"内在稳定器"效应无须借助外力就可直接产生调控效果,财政政策工具的这种内在的、自动产生的稳定效果,可以随着社会经济的发展自行发挥调节作用,不需要政府专门采取干预行动。财政政策的"内在稳定器"效应主要表现在两方面:累进的所得税制和公共支出尤其是社会福利支出的作用。

10.2.2.2 内在稳定器的内容

1.累进的所得税制

累进的所得税制,特别是公司所得税和累进的个人所得税,对经济活动水平的变化反应相当敏感。如果当初政府预算收支平衡,税率没有变动,而经济活动出现不景气,国民生产就要减少,致使税收收入自动降低;如果政府预算支出保持不变,则由税收收入的减少导致预算赤字发生,从而"自动"产生刺激需求的力量,以抑制国民生产的继续下降。

2.公共支出尤其是社会福利支出

在健全的社会福利、社会保障制度下,各种社会福利支出一般会随着经济的繁荣而自动减少,这有助于抑制需求的过度膨胀,也会随着经济的萧条而自动增加,这有助于阻止需求的萎缩,从而促使经济趋于稳定。如果国民经济出现衰退,就会有很多人具备申请失业救济金的资格,政府必须对失业者支付津贴或救济金,以使他们能够维持必要的开支,从而使国民经济中的总需求不致下降过多;同样,如果经济繁荣来临,失业者可重新获得工作机会,在总需求接近充分就业水平时,政府就可以停止这种救济性的支出,使总需求不致过旺。

3.私人储蓄和公司储蓄

一般家庭在短期内收入下降时不减少消费，而是动用过去的储蓄；在收入增加时也不立即增加消费，而是增加储蓄，使消费保持相对的稳定。公司也是如此，在收入减少时不轻易减少股息，而是减少保留利润；在收入增加时也不轻易增加股息，而是增加保留利润。

10.2.2.3　内在稳定器的作用

内在稳定器自动地发生作用，调节经济，无须政府作出任何决策。但是，这种内在稳定器调节经济的作用是十分有限的，它只能减轻萧条或通货膨胀的程度，并不能改变萧条或通货膨胀的总趋势；只能对财政政策起到自动配合的作用，并不能代替财政政策。因此，尽管某些财政政策具有内在稳定器的作用，但仍需要政府有意识地运用财政政策来调节经济。

10.2.3　赤字财政政策与公债

10.2.3.1　赤字财政政策的产生

在经济萧条时期，财政政策是增加政府的支出，减少政府的税收，这就必然带来财政赤字。凯恩斯认为，财政政策应该为实现充分就业服务，因此必须放弃财政收支平衡的旧信条，实行赤字财政政策。20 世纪 60 年代，美国的凯恩斯主义经济学家强调了要把财政政策从害怕赤字的框框下解放出来，以充分就业为目标来制定财政预算，而不管是否有赤字。这样，赤字财政就成了财政政策的一项重要内容。

10.2.3.2　赤字财政政策的依据

凯恩斯主义经济学家认为，财政政策不仅必要，而且可能。因为：第一，债务人是国家，债权人是公众，国家与公众的根本利益是一致的。政府的财政赤字是国家欠公众的债务，也就是自己欠自己的债务。第二，政府的政权是稳定的，这就决定了债务的偿还是有保证的，不会引起信用危机。第三，债务用于发展经济，使政府有能力偿还债务，弥补赤字。这就是所谓的“公债哲学”。

10.2.3.3　赤字财政政策的实施

政府实施赤字财政政策是通过发行公债来进行的。债券卖给不同的人就有了不同的筹资方法。如果把债券卖给中央银行，称为货币筹资。因为中央银行可以把政府债务作为准备金发行货币。这种方法的好处是政府不必还本付息，从而减轻了政府的债务负担，但缺点是会增加货币供给量而引起通货膨胀。如果把债券卖给中央银行以外的其他人，如个人、企业、商业银行等，称为债务筹资。这时，政府的债权相当于向公众借钱的借据。这种筹资方法相当于向公众借钱，不会增加货币量，也不会直接引发通货膨胀，但政府必须还本付息，这就背上了沉重的债务负担。

政府不能仅用一种方法筹资，因为货币筹资过多，增加通货膨胀压力；债务筹资过多，不仅财政负担加剧，而且公众会拒绝购买，现实中往往是交替地用这两种方法。

10.3 货币政策

货币政策是政府货币当局即中央银行通过银行体系变动货币供给量来调节总需求的政策。

宏观货币政策的一般应用方式：萧条时期，扩大货币供给量，以降低利率，刺激总需求(扩大的货币政策)；膨胀时，缩小货币供给量，以提高利率，抑制总需求(缩小的货币政策)。

货币政策的主要工具包括：

(1)公开市场业务，即中央银行在金融市场上买进或卖出有价证券。买进有价证券实际上就是发行货币，从而增加货币供应量；卖出有价证券实际上就是回笼货币，从而减少货币供应量。

(2)贴现政策。贴现是指商业银行向中央银行贷款的方式。商业银行向中央银行进行贴现所付的利率称为贴现率。贴现政策包括变动贴现率与贴现条件，其中最重要的是变动贴现率。中央银行降低贴现率或放松贴现条件，使商业银行得到更多的资金，这样就可以增加对客户的放款，放款的增加又可以通过银行创造货币的机制增加流通中的货币供应量，降低利率；反之亦然。

(3)准备金规定。商业银行吸收的存款中用作准备金的比率称为准备率。中央银行变动准备率可以通过对准备金的影响来调节货币供应量。

对于宏观经济学中的许多问题，经济学家之间的分歧都很大，对于货币政策中涉及的方方面面也不例外。下面分别介绍凯恩斯主义的货币政策和货币主义的货币政策。

10.3.1 凯恩斯主义的货币政策

10.3.1.1 凯恩斯主义关于货币政策的传导机制

货币政策的传导机制所要说明的是有关货币政策工具通过怎样的途径和作用机理发挥作用，最终达到货币政策目标的问题。它是中央银行确定了政策目标后，从选用一定的政策工具并付诸实施开始，到达到其最终目标为止，其间所经过的各种中间环节相互之间的有机联系及其因果关系的总和。

货币政策通过对货币供给量的调节来调节利率，再通过利率的变动来影响总需求。所以，凯恩斯主义货币政策的直接目标是利率，最终目标是总需求变动，因而凯恩斯主义强调货币政策传导机制是间接的。

其基本思路是：假定货币供给(M_s)相对于货币需求(M_d)突然增加，首先发生变化的是利率(r)下降，利率下降后，资本边际效率提高，投资(I)就会增加，投资的增加必然影响总支出(E)和总收入(Y)。

在这一传导过程中，利率变动起着关键性的作用。由于利率的下降，才导致了投资的增加和收入的增加。如果做相反的假设，则是在货币供给减少后，由于利率的上升导致投资下降和收入的下降。这一传导机制的分析思路局限在货币市场对产品市场的影响上，因此,凯恩斯主义并不十分看好货币政策。

货币政策的实际传导过程比这个分析复杂很多,凯恩斯主义的传导机制理论也在不断增加新的内容,主要集中在对货币供给变化和利率变化之间、利率变化与投资变化之间的各种条件做更具体的分析。

10.3.1.2 凯恩斯主义关于货币政策的实施原则

凯恩斯主义者所信奉的财政政策的原则是相机抉择,对货币政策的原则也不例外。凯恩斯主义认为应该运用相机抉择的货币政策,即在经济萧条期采取扩张性货币政策,在经济膨胀期采取紧缩性货币政策。

10.3.2 货币主义的货币政策

10.3.2.1 货币主义关于货币政策的传导机制

货币主义者认为,在货币政策的传导中起主要作用的是货币供给量,而不是利率。货币供给量能够不通过利率而直接影响收入的变动。其基本思路是:增加货币供给量,在开始时会降低利率,但不久就会因货币收入增加和物价上涨而使利率上升,至于实际利率,则有可能回到并稳定在原先的水平。货币供给量增加没有导致利率下降的原因还在于:在名义货币供给量增加的过程中,人们可能将增加的货币转向价格尚未上涨的金融资产和实务资产,资产需求的增加引起资产价格的上升,必然使生产者增加生产,从而增加名义收入。资产价格的上升、生产增加以及收入增加的结果是,增加的货币供给量被由此引起的货币需求所吸收,而利率不发生变化。因此,货币供给的变动,不是通过利率间接影响支出和收入,而是通过货币实际余额直接作用于实际资产,引起支出和收入的变化。

因此,货币主义者认为货币政策的传导机制是直接的,其中起关键性作用的是货币的供给量。

10.3.2.2 货币主义关于货币政策的实施原则

货币主义者认为,貌似稳定的政策反而会给社会带来不稳定,因为市场经济在动态上是稳定的,它本身具有内在稳定的作用,而扩张性和紧缩性政策会破坏这种内在的稳定性,反而会导致经济的波动。因此,货币主义者认为,如果所有的国家都遵守相同规则,那么世界经济就能稳定发展。

所以,弗里德曼就提出了“单一规则”。“单一规则”是具有货币主义重要标志的政策,是指国家在若干年内保持一个固定的货币增长率。弗里德曼认为,固定的货币增长率虽然不会消除温和的周期性波动,但肯定能消除急剧的经济波动,并为人们的长期计划提供一个稳定的基础。

10.3.3 财政-货币政策的相互配合

10.3.3.1 财政政策和货币政策对经济的影响

根据前述内容的分析,经济处于萧条和繁荣时期时,政府既可以采取财政政策,又可以采取货币政策,但是实施财政政策和货币政策对经济的影响是不同的,如表 10.1 所示。

表 10.1 财政政策和货币政策对经济的影响

政策种类	对利率的影响	对消费的影响	对投资的影响	对 GNP 的影响
财政政策(减少所得税)	上升	增加	减少	增加
财政政策(增加政府开支)	上升	增加	减少	增加
财政政策(投资津贴)	上升	增加	增加	增加
货币政策(扩大货币供给)	下降	增加	增加	增加

10.3.3.2 财政-货币政策的配合使用效果

从表 10.1 可以看出,财政政策工具和货币政策工具各有特点。财政政策与货币政策的差异表明,只有将两者有效地结合起来,才能更好地发挥其对宏观经济的调控作用。

常见的配合方式主要有以下几种:

1. 双“紧”的财政政策与货币政策

此种结合方式的积极效应是可以快速地抑制总需求,控制通货膨胀;其消极效应是容易造成经济萎缩。

2. 双“松”的财政政策与货币政策

其积极效应是可以强烈地刺激投资,促进经济增长;消极效应是往往产生财政赤字、信用膨胀并诱发通货膨胀。

3. “松”“紧”搭配的财政政策与货币政策

“松”“紧”搭配的财政政策与货币政策是在经济调控中最常用的调节方式。如何搭配二者的“松”“紧”则取决于客观经济状况。例如,当经济中出现货币发行过多但还未演变为通货膨胀时,为了经济的稳定发展,不应急于收紧银根,回笼货币,而应采取增加财政收入、紧缩财政支出的对策,即选择“松”货币政策与“紧”财政政策的搭配;而当通货膨胀成为经济发展中的主要矛盾时,就应采取紧缩银根、回笼货币的“紧”货币政策与扩大支出、减少收入的“松”财政政策,以压缩需求,增加供给,使经济增长能保持一定的稳定性。又如,当经济发展中出现财政赤字但经济增长速度尚可观时,不应急于紧缩财政,而应减少货币供应、控制贷款,选择“松”财政政策与“紧”货币政策的搭配;而当经济发展中的主要矛盾为财政赤字并伴随经济增长停滞时,财政应努力增加收入、压缩支出,而银行则应放松银根、发行货币,即选择“紧”财政政策与“松”货币政策的搭配,借以启动经济,促进经济增长,同时防止通货膨胀的出现。财政政策和货币政策搭配使用的政策效应如表 10.2 所示。

表 10.2 财政政策和货币政策搭配使用的政策效应

政策组合	产出变动	利率变动
扩张性财政政策与紧缩性货币政策	不确定	上升
紧缩性财政政策与紧缩性货币政策	减少	不确定
紧缩性财政政策与扩张性货币政策	不确定	下降
扩张性财政政策与扩张性货币政策	增加	不确定

资料链接

在经历了将近8年的积极财政政策后，2004年5月27日，财政部部长金人庆在上海出席“全球扶贫大会”时首次提出，中国财政政策将由“积极”转向“中性”。

财政部财政科学研究所副所长刘尚希在中外专家参加的第五届“中国宏观经济运行与政策论坛”上指出，积极财政政策的退出表明其拉动经济增长的任务已经完成，稳健财政政策的提出表明优化宏观结构的任务已经来临。刘尚希认为，财政政策的类型主要有两种：一是总量取向的财政政策；二是结构取向的财政政策。“前者主要根据宏观经济的冷热变化，通过财政政策的扩张或紧缩调控社会总需求的社会总供给，使二者趋于平衡。后者的目标是优化宏观结构，基本不影响总量。”

本章小结

(1)宏观经济政策是指国家或政府为了增进社会经济福利而制定的解决经济问题的指导原则和措施。它是政府为了达到一定的经济目的而对经济活动有意识的干预。

(2)宏观经济政策的目标主要有四个方面的内容，即充分就业、价格稳定、经济持续均衡增长、国际收支平衡。

(3)宏观经济政策的工具是用来实现上述政策目标的手段和措施。常用的宏观经济政策工具有需求管理、供给管理和对外经济管理等。

(4)财政政策是指政府变动支出和税收以影响总需求进而影响就业和国民收入。

(5)财政政策的手段包括预算收支政策、税收政策、财政投资政策、财政补贴政策、国债政策等，它们之间是相辅相成的关系。

(6)货币政策是政府货币当局即中央银行通过银行体系变动货币供给量来调节总需求的政策。

(7)宏观货币政策的一般应用方式：萧条时期，扩大货币供给量，以降低利率，刺激总需求(扩大的货币政策)；膨胀时，缩小货币供给量，以提高利率，抑制总需求(缩小的货币政策)。

(8)货币政策的主要工具包括公开市场业务、贴现政策以及准备金规定等。

补充读物

凯恩斯与凯恩斯主义

约翰·梅纳德·凯恩斯(1883—1946年)生于英国剑桥。他于1936年发表的《就业、利息和货币通论》一书，创立了现代宏观经济学的理论体系，实现了西方经济学演进中的第三次革命，这在西方经济学史上是具有划时代意义的事件。

凯恩斯生活在自由放任的私人企业制度到私人垄断过渡的英国。当历史进入20世纪以后，作为自由放任的私人企业制度典范的英国开始染上今天人们所说的“英国病”。第一次世界大战是英国国运的转折点。由于大战中政府开支剧增，英国被迫中止实行多年的金本位制。在摆脱“金锁链”之后，通货出现迅速的膨胀。大战之后，英国开始从殖民帝国、世界工厂的峰顶一步步衰退下来。

一个国家在世界文明中的领先地位往往成为阻碍它进一步发展的历史重负。英国在维多利亚时代(1837—1901 年)取得的巨大成就拖拽了它在新世纪中的前进步伐。世界工厂、大殖民帝国的特殊历史地位,通过种种机制使英国在产业结构的调整、工业组织的完善和经营管理方式的改进等方面,逐渐落到后起资本主义国家后面。这一缓慢的过程最终削弱了英国在国际贸易中的优越地位。

对于英国这样一个国内市场不广阔的岛国来说,一旦在国际贸易的竞争中丧失了在产品构成和劳动生产率方面的优势,必然给国内经济造成不良影响。所以从 1920 年开始,英国经济就陷入了停滞状态,煤炭、棉纺织品、造船工业等重要部门因国内市场狭窄和出口不顺利而无法恢复元气。

英国经济在 20 世纪 20 年代初期的不景气由于统治者的错误决策而更加加深。当时的英国政府并没有意识到英国经济已经开始走下坡路,依然按照维多利亚时代行之有效的原则来制定经济政策。为了提高英国在国际金融界的信誉,巩固伦敦作为世界金融市场的地位,英国政府于 1925 年恢复了金本位制,使英镑价值固定在黄金上,结果是提高了英镑的汇率,造成进口增加,出口减少,在这种情况下,为了维持国际收支的平衡,只能是通过提高利率以减少资本净输出来平衡外贸方面的净输出的减少。但提高利率却造成国内投资需求不振,失业人数增加。

庞大的失业大军造成一系列社会问题,如何降低失业率便成为英国朝野共同关心的问题。由于金本位制的恢复,很难用扩张性的货币政策来刺激就业,因此从 20 世纪 20 年代起,就不断有人提倡以公共工程来减少失业,也就是靠扩张性的财政政策来刺激就业。但是以新古典学派的理论为基调的"财政部观点"反对用公共工程缓和失业。结果英国经济在 20 世纪 20 年代的萧条状态一直持续到大危机爆发。

20 世纪 20 年代的英国病虽然不是凯恩斯《通论》出版的直接社会原因,但它对《通论》的出版起了如下的作用:①使凯恩斯较早便开始考虑失业问题;②20 世纪 20 年代英国恢复金本位制的后果使凯恩斯更清楚地看到了通货紧缩与失业增加之间的关系;③公共工程问题的讨论使凯恩斯考虑了财政政策与失业之间的关系,使卡恩提出乘数概念,为凯恩斯日后的乘数理论奠定了基础。

1929—1933 年资本主义世界大危机是资本主义有史以来最严重的一次危机,与以往的历次危机相比,它有以下新特点:首先是持续时间长达 5 年,实际上造成了长期萧条的局面;而以往的危机,生产下降的持续时间不过几个月、十几个月,如何解释长期萧条的形成,便成为经济学面临的一大课题。其次,这次危机所造成的生产下降、失业增加,都是以往的危机所难以相比的。1932 年,整个资本主义世界的工业生产比 1920 年下降 1/3 以上。在五年时间里,整个资本主义世界的总失业人数由 1 000 万人增加到 3 000 万人,加上半失业共达 4 000 万至 5 000 万人。其中美国失业人数由 150 万人增加到 1 300 多万人,失业率接近 25%。这次危机使整个资本主义世界的工业生产倒退到 1900—1908 年的水平,英国甚至倒退到 1897 年。而以往的经济危机,生产水平通常只倒退一两年。最后,这场危机不仅仅是一场生产危机,同时也是一场金融危机。它的开端便是纽约股票市场于 1929 年 10 月爆发行情暴跌,事后不少国家的股票交易宣告破产。美国的股票价格平均下跌了 79%。整个资本主义世界有许多银行由于猛烈而持续地爆发挤提存款、抢购黄金的风潮而破产倒闭。更为严重的是，在以往的危机中时常采用的旨在摆脱危机的金融货币政策完全失灵。

当物理学开始质疑绝对时间的必要性，作家们开始质疑叙事结构，作曲家开始质疑调性的和谐是否必需的时候，凯恩斯开始质疑当时经济学上的两大支柱：第一是货币是否必须要有一个牢固的基础，一般用的是金本位；第二就是萨伊法则所认定的，如果需求减少，则供给或者价格也会相应减少，从而重新达到平衡。

凯恩斯自己与伦敦的布卢姆茨伯里区有着紧密的联系，而且陶醉于改变人们思想的幻想中。正是这一经历和凡尔赛条约的签订使他最终决定与传统理论决裂。1920 年他写出了《和平的经济后果》这篇文章，文中他不仅阐述了他认为的凡尔赛条约的整体经济后果，而且确立了他作为一个可以影响国家决策且有实际从政经验的经济学家的地位。

20 世纪 30 年代，凯恩斯发表了一系列关于国家权力和整体经济趋势的效果的文章，发展了货币政策不仅仅是一个固定的参照物的理论，他越来越相信经济系统不会自动地沿着一个曲线即经济学所谓的最优生产水平前进。可是他既没有找到证据，又没有找到一个形式来表达这些思想。

20 世纪 30 年代晚期，全球化的经济系统开始冲击英国——当时居于中心地位的国家。为了利用竞争优势，英国按照自由贸易政策，从其他地方进口食品和其他低价值商品，并用节约出来的劳动制造高价值的商品用于出口。这一李嘉图的比较优势理论的应用使英国达到了帝国的巅峰，并控制了包括印度、埃及和其他广阔的殖民地，以及其经济和军事上不同于英国的盟国，如加拿大和澳大利亚。

随着德国经济的崩溃和超通货膨胀的来临以及后来被称为大萧条的全球生产衰退的到来，对金本位、经济自动调整的特性以及以生产带动经济的模式的批评开始浮出水面。凯恩斯就是在这种情况下传播着一个简单的观点：大萧条之所以产生是因为 20 世纪 30 年代在生产和投资领域有一股投机的风潮——当时的工厂和运输网络远远超出了当时个人的支付能力。对“需求不足”的重视和他创造的允许政府调控经济中的关键组成部分的形式使当时的众多年轻经济学家接受了他的理论和方法。

也有众多的经济学家反对他的理论，认为导致萧条的根源不是需求的缺乏，而是对商业的信心；所以正确的方法应该是削减政府开支，从而恢复对重返金本位的信心。

凯恩斯认为生产和就业的水平取决于总需求的水平。总需求是整个经济系统里对商品和服务的需求的总量。在微观经济理论中，价格、工资和利率的自动调整会自动地使总需求趋向于充分就业的水平。凯恩斯指出当时生产和就业情况迅速恶化的现实，指出理论说得再好，事实上这个自动调节机制没有起作用。问题的关键在于“需求不足”是否存在。根据古典主义经济理论——《通论》以前实践中常用的说法，需求不足只是衰退和经济混乱的症状而不是原因，因而在一个正常运行的市场中是不会出现的。

古典经济学理论认为在一个经济体系中达到充分就业的关键有两点：一是供给和需求的相互作用决定商品的价格，价格的不断变动反过来导致供给和需求的平衡；二是这个系统创造的新的财富可能会被保存起来用于将来消费或者用于投资将来的生产，同样有一个供求机制决定着这个选择。存款的利率遵循同价格一样的机制，即它是货币的价格。

即使是在“大萧条”最严重的年份，这一理论仍然把经济的崩溃解释为缺乏有力的刺激生产的机制。所以合适的办法是将劳动的价格降低到维持生存的水平,导致价格下降,从而购买力(就业)就会回升。没有作为工资付出的资金将会转化为投资,也许是投资在其他的产业。关闭工厂和解雇工人也是必须采取的办法。其他关键的政策措施就是平衡国家预算,或者通过增加税率,或者通过削减财政支出。

“治大国如烹小鲜”

如果有人问这个世界上权力最大的人是谁?答案可能会出人意料:不是美国总统,而是美联储主席格林斯潘。格林斯潘(Greenspan,1926—)具有传奇的经历,由于他在任职美联储期间成功地实施了货币政策,使得美国经济多次化解金融危机和通货膨胀。

1987 年,格林斯潘担任美国联邦储备委员会主席。在此之前他一直在他创办的企业工作,对宏观调控没有经验。因此当时他的任命一宣布,道·琼斯指数竟下降了 22 个点;债券价格下滑得更厉害,在一天之内降到了五年内的最低点;在东京,美元对日元的汇率由 1∶145 跌到了 1∶142.5;在巴黎,美元对法国法郎的汇价下降了 2%。

格林斯潘上任伊始就不得不马上对付通货膨胀。在 1987 年 7 月,原油价格跌到了每桶 11 美元;而到了 8 月,又猛涨到每桶 22 美元。价格的暴涨连同其他通货膨胀压力,促使美联储于 1987 年 9 月 4 日将贴现率提高了 0.5 个百分点。

这是一年多来首次利率调整,又是从 1984 年春季后第一次上调利率。实际上,从 1984 年以来,美联储共七次降低利率,由原来的 9.0%下调到后来的 5.5%。大多数经济权威人士认为:9月上调利率明显地意味着格林斯潘主持的美联储要认真对付通货膨胀。

然而,危机四伏,接连不断。在经过一周的惨重损失后,到 1987 年 10 月 19 日这一天——不久就成为臭名昭著的“黑色星期一”,股票市场大幅度地下降了 508 点(降至 1 738.74点),造成账面损失高达 5 000 亿美元。这一天下降的百分比为 22.6%,是 1929 年大萧条时著名的“黑色星期二”那一天的两倍。对大多数观察家来看,这个时候真是可怕至极。这就需要具有果断决策能力的领导人担此重任,力挽狂澜;而此时坐在美联储主席高位上的格林斯潘却是人们记忆中最没有经验的那一位。

但是,面对挑战,格林斯潘挺身而出。当天下午刚过 4 点钟,格林斯潘在达拉斯走下飞机,收盘铃声已响。这时一个惊慌失措的美联储官员告诉格林斯潘,市场在收盘时已下降了 508 个点,格林斯潘当时一愣,但马上作出反应,他听到的应是 508 个点,而不是 5.08 个点。他立即取消了预定的讲演安排,飞回华盛顿,当夜召开紧急会议,同顾问们研究处理危机的对策,并做出了至关重要的决策。在星期二开市铃声响前不到一个小时,他发表了下面的简要声明:“联邦储备委员会根据其国家中央银行的责任,今天重申它时刻准备着发挥其清偿来源的作用,支撑经济和金融系统。”

也就是说美联储会根据需要向金融体系注入资金,以防止金融崩溃。换句话说,对付危机的紧迫性远远超过了紧缩银根的政策。虽然这与格林斯潘过去的主张不合,但正如爱默生所说:“愚蠢的政策一致性是目光短浅之辈的做法。”格林斯潘并不愚蠢。

在过去的黄金年代里,一旦出现了这种情况,只要像摩根这样的金融巨头走进股票交易所,在大庭广众之下签下了大额订单,就可以制止恐慌。其含义很明确:没什么值得害怕的。而现在的美联储是在摩根去世的那一年创建的,在众多方面成了他的继承者,也正以类似的象征性手段干预经济来稳住投资者。学了一辈子经济史的格林斯潘，对摩根和其干预手段了如指掌，更确切地说，他也了解美国1929—1933年金融史上的悲剧，当时正是由于中央银行愚蠢地紧缩银根，把已经受到打击的股票市场推进了大萧条的深渊。所以，当他的一些顾问正苦于无计可施时，格林斯潘却毫不犹豫地说道："懂得经济史的人都会明白，如果股票市场下跌了500个百分点，跌幅达20%时，经济肯定会出现大问题。这时我们所要考虑的不是应不应该向市场注入资金的问题，而是如何注入的问题。"

市场很快就平静下来。在短短的几个月内，人们挽回了"黑色星期一"中所遭受的全部损失。正如《福布斯》日报所描绘的那样，"这是格林斯潘最辉煌的一刻，他高高举起喇叭，告诉银行把钱借给华尔街，然后降低短期利率，而长期利率也随之下降。"

这种有效的干预，对格林斯潘来说还只是开头。股票大跌几个月后，美联储又调高了利率，这是一个惊人的举动，而且传递了两个有关信息：首先，格林斯潘已下定决定抑制通货膨胀；其次，他相信1987年的股票大跌与其说是危机，倒不如说是对经济的调整。他高瞻远瞩，不让短期波动影响经济的长期持续增长。值得庆幸的是，1987年的股票大跌没有重演1929年的悲剧。

复习思考题

10.1　单项选择题

(1)(　　)即由于国债的发行，使民间部门的投资或消费资金减少，从而对民间部门的投资或消费起到调节作用。

A. 拉动效应　　B. 货币效应　　C. 收入效应　　D. 挤出效应

(2)(　　)是宏观调控的两大手段，它们各自的特点决定了在调节经济的过程中，彼此是互补的关系，缺一不可，不能互相替代。

A. 投资政策和产业政策　　B. 货币政策和财政政策

C. 投资政策和财政政策　　D. 货币政策和产业政策

(3)当一国采用扩张型财政政策，而不采用紧缩型货币政策时，一定会使(　　)。

A. 产出上升、利率上升　　B. 产出上升、利率不确定

C. 产出不确定、利率上升　　D. 产出不确定、利率下降

E. 产出下降、利率不确定

(4)宏观货币政策和宏观经济政策的区别在于(　　)。

A. 前者主要用来对付经济萧条，后者主要用来对付通货膨胀

B. 前者主要通过改变投资支出发生作用，后者主要通过影响消费支出发生作用

C. 前者主要通过利率来影响总需求，后者主要通过政府支出和税收的变化来影响总需求

D. 以上三项都正确

10.2　多项选择题

(1)财政政策工具是财政政策主体所选择的用以达到政策目标的各种政策手段。通常把财政政策工具分为三类，即(　　)。

A. 国家预算　　B. 财政收入　　C. 财政支出

D. 发放贷款　　E. 外汇业务

(2)货币政策的工具包括(　　)。

A. 公开市场业务　　B. 再贴现率

C. 法定存款准备金率　　D. 道义劝告

(3)根据财政政策调节国民经济总量和结构中的不同功能进行划分,财政政策主要有(　　)几种类型。

A. 紧缩性财政政策　　B. 扩张性财政政策

C. 中性财政政策　　D. 相机抉择的财政政策

(4)财政政策的手段包括(　　)。

A. 预算收支政策　　B. 税收政策　　C. 财政投资政策

D. 财政补贴政策　　E. 国债政策

10.3　问答题

(1)宏观经济政策的目标是什么?

(2)在现实经济生活中,财政政策如何与货币政策协同使用?

(3)简要分析凯恩斯主义和货币主义对货币传导机制论述的异同点。

(4)比较赤字财政的两种筹资方式。

(5)为什么仅仅有自动稳定器是不好的,还要用积极的财政政策?

11 经济增长和经济周期

学习目标

(1)掌握经济增长的含义及源泉。

(2)掌握影响经济增长的因素。

(3)掌握哈罗德-多马模型。

(4)掌握经济周期的含义与特征。

(5)了解经济周期的成因、经济增长模型。

经济学家箴言

在繁荣之后,可能会出现恐慌和暴跌,经济扩张因此让位于衰退,国民收入、就业和生产下降,价格和利润下降,工人失业。当经济最终到达最低点以后,复苏阶段开始出现,复苏既可以是缓慢的,也可以是快速的,新的繁荣阶段表现为长期持续旺盛的需求,充足的就业机会以及增长的国民收入……简单来说,这就是所谓的经济周期。

——美国著名经济学家萨缪尔森

问题导入

国家行政学院副院长、著名经济学家韩康教授认为:如果中国经济增长长期保持在7%,而后工业国家长期保持2.5%的经济增长,则中国经济总量将在2046年超过或者接近美国。

韩康教授认为,20世纪90年代中期,中国经济曾经出现过热的问题,但从2000年特别是2003年以后,中国经济的快速增长完全不同于20世纪90年代中期出现的经济全面过热,最重要的区别是经济增长的机制发生了根本性的改变。20世纪90年代中期出现的加速增长,主要的带动力、刺激力是以政府投资项目为主导刺激起来的加速增长,或者说是大量非市场性投资项目带动起来的项目增长,所以不具有市场持续性;而这一轮经济的增长,就其主流说是由市场发展带动起来的,有深厚的市场持续基础。新一轮经济增长的重要原因是1.5亿到2亿左右的中等收入阶层把我们国家的房地产、汽车等新兴消费领域刺激了起来,中国经济增长就有了持续性的动力。

国务院发展研究中心巴曙松研究员则指出,对中国经济总量何时成为世界第一的预测有不同的版本,有 2046 年、有 2041 年、有 2050 年之说,这些模型很精巧,但基本上是假定。他认为,中国经济总量即使成为世界第一,但人均 GDP 还不会很高。中国经济在每次繁荣过后,发展的步伐又逐步缩小,一个很重要的原因是商人创造财富,但赚钱之后把钱藏起来,这使得整个财富的扩张速度在缩小。新增的居民财富运用效率怎么样?是拿去赌博,还是藏起来?还是投入到更有用的领域?这种途径的选择涉及中国经济下一步的命运。他认为,未来 20 年或 40 年为个人创造财富提供了足够的机会,但机会的把握取决于我们对财富的管理能力。

赶超发达国家、重新取得世界经济领导地位,是新中国成立以来几代国人的共同心愿。在经历了改革开放 30 多年来的经济高速增长后,国人终于看到了赶美超英的希望,我们有理由为此感到高兴。但是正如上文中所述,对于中国经济何时成为世界第一的预测都是假定,何时才能实现这一梦想,需要全体中国人共同努力,努力保持经济持续增长和人民生活水平持续上升是实现这一梦想的唯一途径。

资料来源:毕式明.经济学家乐观估计:2046 年中国经济总量赶上美国.南方日报,2005 年 3 月 7 日。

经济增长是最古老的经济学主题之一。人类要生存和发展,其前提就是产品和劳务的增加,可以说,自有人类以来,经济增长就是学者们所关心的问题了。经济学创始人亚当·斯密的代表作是《国民财富的原因与性质的研究》,其主题即是如何增加国民财富。因此,说经济增长是宏观经济学最古老的主题之一并不过分。本章将介绍经济增长及经济周期的有关内容。

11.1 经济增长理论

11.1.1 经济增长的含义与效应

11.1.1.1 经济增长的含义与基本特征

经济增长是研究经济长期发展的趋势。用西蒙·库兹涅茨的话来说:“一个国家的增长可以定义为给居民提供种类繁多的经济产品的能力在长期中的上升,这种不断增长的能力是建立在技术进步以及所需要的制度和思想意识的相应的调整的基础上的。”经济增长的这一定义包含三层含义:

第一,经济增长集中表现在经济实力的增长上,而这种经济实力的增长就是商品和劳务总量的增加。如果考虑到人口的增加和价格的变动,也可以说是人均实际国民收入的增加。

第二,技术进步是实现经济增长的必要条件。

第三，经济增长的充分条件是制度与意识形态的相应调整。

11.1.1.2 经济增长的源泉

经济增长是产量的增加，因此可以根据总生产函数来研究增长的源泉。总生产函数是总产量与生产中使用的全部生产要素之间的关系。用公式表示就是：

$$Y=AF(K,N) \tag{11.1}$$

式中，Y 代表总产量，K 代表资本，N 代表劳动，A 代表技术，F 表示产量与生产要素投入量之间的函数关系。由上式可看出，经济增长的源泉是资本、劳动与技术进步。

11.1.2 几种主要的经济增长理论

经济增长理论研究在制度为既定的条件下，决定经济增长的资本和技术与增长相互之间的关系。经济增长模型是这三种因素之间量的关系的分析，经济增长因素分析是运用定量方法分析这些因素在增长中的具体作用，增长极限论是分析这些因素对增长的制约。20 世纪 80 年代之后出现的新增长理论重点研究技术进步在经济增长中的作用。

经济增长模型旨在通过对决定经济增长的因素之间量的关系的分析来解释这样三个问题：第一，在长期中是否存在一种稳定状态的增长；第二，实现稳定均衡增长的条件是什么；第三，这种均衡增长是否有稳定性。总之，经济增长模型是要寻求经济长期稳定增长的途径。

11.1.2.1 哈罗德-多马经济增长模型

1.哈罗德-多马经济增长模型的基本假设

(1)全社会只生产一种产品；

(2)储蓄 S 是国民收入 Y 的函数，即 $S=sY$，这里的 s 代表这个社会不变的储蓄比例，即储蓄在国民收入中所占有的份额；

(3)生产过程中只使用两种生产要素，即劳动和资本；

(4)劳动力按照一个固定不变的比率 n 增长；

(5)不存在技术进步，也不存在资本折旧问题；

(6)生产规模报酬不变，也就是说，生产任何一单位产品所需要的资本和劳动的数量都是固定不变的。

2.哈罗德-多马模型的基本公式

哈罗德认为，一个社会的资本量 K 和该社会的总产量或实际国民收入 Y 之间存在着一定的比例，这一比例被称为资本-产量比，以 v 来表示，则有：

$$v=K/Y$$

随着社会资本的增长，该社会的产量也会增长，二者的增长量依次为 ΔK 和 ΔY。它们的比被称为边际资本-产量比。如果原有的资本-产量比 v 等于边际资本-产量比，那么有：

$$\Delta K=v\Delta Y$$

假设不存在折旧，资本增量 ΔK 全部来自于投资，即 $\Delta K=I$，因此上式又可以表述为：

$$I=v\Delta Y$$

另外，从假设(2)可以得到：

$$S=sY$$

按照凯恩斯的理论，只有当储蓄等于投资时，经济活动才能达到均衡状态。以凯恩斯的这个均衡条件为基础，哈罗德进一步提出，在经济增长过程中，当储蓄等于投资时，经济就会实现均衡增长。根据前面两式，可以得到：

$$v\Delta Y = sY \quad 或 \quad \Delta Y/Y = s/v \tag{11.2}$$

上式就是哈罗德-多马模型的基本公式，其含义是：要实现均衡的经济增长，经济增长率就必须等于社会的边际储蓄倾向 s 与资本-产量比 v 之比。

3. 经济稳定增长的条件

哈罗德用实际增长率、有保证的增长率和自然增长率这三个概念说明了经济长期稳定增长的条件和经济波动的原因。

实际增长率(G_A)是指实际发生的经济增长率，也就是事后的增长率，由实际储蓄率(s)和实际资本-产量比(v)所决定，即

$$G_A = s/v$$

有保证的增长率(G_w)又称为合意增长率，是指使企业感到满意并愿意继续维持下去的增长率，由储蓄率(s)和合意的资本-产量比(v_r)决定，即

$$G_w = s/v_r$$

自然增长率(G_n)是指社会最适宜的增长率，是长期人口增长和技术条件所允许达到的最大增长率，也就是潜在的或最大可能的增长率。从整个社会来看，是既能适应劳动力增长，又能实现充分就业的增长率。简而言之，哈罗德认为，在长期中经济要实现均衡增长的条件是实际的增长率、有保证的增长率与自然增长率相一致，并且要等于人口增长率(n)。即

$$G_A = G_w = G_n = n$$

但是，该模型的以上论述遇到了两个不容易解决的问题，即存在性问题和稳定性问题。存在性问题是经济均衡增长的可能性是否存在。要实现均衡增长，G_A、G_w、G_n、n 须完全相等，但是，它们是由不同的、毫无联系的因素决定的。首先，决定投资的因素是厂商对未来利润的预期，预期利润的大小决定了投资的多少，储蓄率取决于公众的边际储蓄倾向或边际消费倾向，人口增长对于经济制度而言是外生性的，由出生率和死亡率决定。因而，它们之间没有本质的、必然的内在机制使 G_A、G_w、G_n、n 完全相等，除非是“偶然的巧合”，以致一些西方经济学家称之为“刀锋”上的增长。哈罗德本人同样认识到稳定增长条件是难以实现的，并以此说明自由资本主义经济不可能自动达到和保持均衡，必须借助国家干预的力量。

在上述的论证中，我们可以得出如果 $G_A = G_w = G_n(n)$，即如果实际增长率和有保证的增长率以及自然增长率同人口的增长率相同，则经济可以沿着这条道路实现均衡的增长。但是如果经济受到外部因素的冲击或其他因素的影响而偏离这条道路，经济是否能通过本身自动的调节而趋向上述所谓的“均衡路径”呢？这一问题就是哈罗德-多马模型中的“稳定性”问题。

实际上如果实际增长率低于有保证的增长率($G_A < G_w$)，这就意味着 $v > v_r$，企业的固定资产和存货就会大于企业家所需要的数量，企业就会减少投资，从而使 $I < S$，生产将萎缩，形成积累性的投资收缩和经济收缩，实际增长率会更加低于有保证的增长率，使经济处于萧条状态。如果实际增长率高于有保证的增长率($G_A > G_w$)，则 $v < v_r$，企业采取相反

的行动以增加存货和投资，使 $I>S$，形成积累性的经济扩张，实际增长率越来越高于有保证的增长率，使经济处于繁荣状态。如果有保证的增长率大于自然增长率($G_w>G_n$)，经济就会趋于长期的停滞。因为自然增长率是经济增长的上限，当 $G_w>G_n$ 时，会出现劳动力资源等供小于求，使工资上升引起经济停滞，投资与产量减少，经济陷入萧条状态。如果有保证的增长率小于自然增长率，经济会趋于长期的繁荣。因为这时劳动力供大于求，各种自然资源的供给比较充分，使得工资降低，企业利润增加，刺激了投资和生产，从而使经济进入长期繁荣状态。

这就是说在哈罗德-多马经济增长模型中，如果经济增长偏离了 $G_A=G_w=G_n=n$ 这一均衡，经济本身不但不能恢复到这一均衡，而且会发生更大的偏离。这个结论被称为哈罗德"不稳定"原理。因此哈罗德认为资本主义经济很难(几乎是不可能)实现均衡稳定增长，不是连续的上升就是连续的下降，呈现出剧烈的波动状态。

11.1.2.2 新古典增长模型

1.新古典增长模型的基本方程式

新古典经济增长模型最初是美国经济学家索洛在1956年发表的《经济增长理论》一文中提出来的，这个模型是建立在哈罗德-多马经济增长模型基础上的，主要包括以下几个假设条件：①全社会只有一种产品；②资本-产量比率是可以变动的，从而资本-劳动比率也是可以变动的；③规模收益不变，但资本和劳动的边际生产力递减；④储蓄函数 $S=sY$，s 为边际储蓄倾向，是一个常数，且 $0<s<1$；⑤不存在技术进步，也不存在资本折旧；⑥劳动力按一定比率 n 增长。

设总生产函数 $Y=F(K,N)$，其中 Y 为总产出，K、N 分别为生产中所使用的总资本和总劳动量。由规模报酬不变的假设可推导得：

$$\lambda Y=F(\lambda K,\lambda N)$$

式中，λ 为一常数。可推导出古典增长模型的基本方程式为：

$$sf(k)=\dot{k}+nk \qquad (11.3)$$

从中可以看出，一个社会的人均储蓄可以被分成两个部分：一部分为人均增加的资本，即为每个人配备更多的资本，称之为"资本深化"；另一部分是为增加的每个人提供每个人平均应得的资本量，称之为"资本广化"。也可以这样来理解：一个社会中总产品在扣除用于消费部分(C)以后，剩下的便全部是储蓄，在储蓄等于投资的前提下，这剩余的部分(总储蓄)便可以被分成两部分，一部分用于给每个人增加更多的资本，另一部分则为新增加的每一个人提供平均数量的资本。

在新古典增长模型中，总储蓄 $S=sY$ 是自动地转化为投资的，而在给定的不存在折旧的假定下，投资等于资本存量的变化量。这就是说，在长期中，资本主义能够处于稳定发展之中。这便是新古典增长模型对经济均衡增长"存在性"的说明。而对于任何大于或小于经济均衡增长所要求的资本-劳动比的水平来说，经济中均存在着一种能把资本-劳动比降低或提高到均衡增长所要求的那一特定水平的机制。因此 k 总是趋向均衡数值 k^*，相应地 y 也趋向于均衡数值 y^*。因此索洛认为，资本主义经济中存在着一条稳定的均衡增长的路径，在长期中国民收入的增长率等于劳动力的增长率。无论最初的资本-劳动比率为多少，经济活动总是趋向一条均衡的经济增长途径的。这样，新古典经济增长理论便顺利地解决了所谓的“稳定性”问题。总之，新古典经济增长模型得出了与哈罗德-多马经济增长模型截然不同的结论：资本主义经济可以在充分就业的情况下保持长期的稳定增长。产生这种相反的结论的原因是两种模型中的假设条件不同，前者假设资本与劳动在生产中是可以相互替代的，而后者则假设资本与劳动不能相互替代。在哈罗德-多马经济增长模型中，假定资本-产量为一常数，这就意味着 K、N 之间不能相互替代。而在新古典增长模型中，$sf(k)$ 和 nk 可以相交于任一均衡点。由于参数 s 和 n 都是外生因素，因此为使经济处于稳定增长状态，即使 $sf(k)=nk$，可以通过改变资本-劳动比率实现，这就是说 K、N 之间是可以相互替代的，如图 11.1 所示。

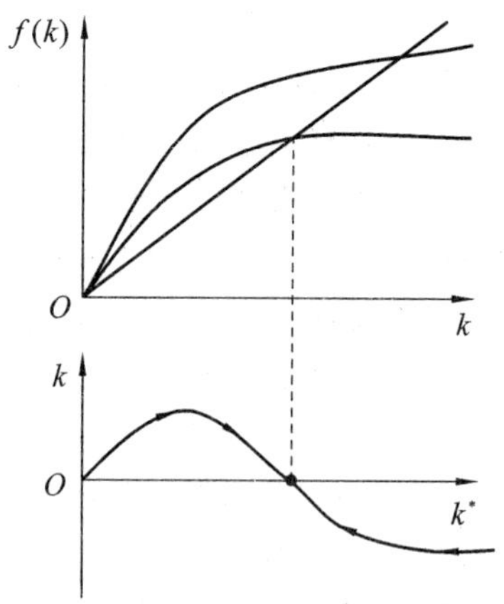

图 11.1　新古典经济增长模型的存在性与稳定性

2. 经济增长的黄金律

如何确定一个资本-劳动比，使得每个人的消费都达到最大化呢？在技术、劳动增长率固定时，如何选择一个人均资本量(资本-劳动比)使每个人的消费达到最大的定律，我们称之为经济增长的黄金律。它是由普尔斯提出的，其基本内容是：如果对每个人的资本量的选择使得资本的边际产品等于劳动增长率，那么每个人的消费就会达到最大。这个结论可以从图 11.2 中得到论证。所谓每个人的消费最大，就是在图中如何选择 k 使曲线 $f(k)$ 和射线 n_k 之间的正向距离最大。从图上可知应选择 k_0，这时每个人的消费即为距离 BB_1。在 k_0 处，曲线的切线斜率刚好与射线 n_k 的斜率相等，n_k 的斜率为 n，所以曲线在 k_0 处的斜率 $f'(k_0)$ 等于 n，即：

$$f'(k_0)=n \tag{11.4}$$

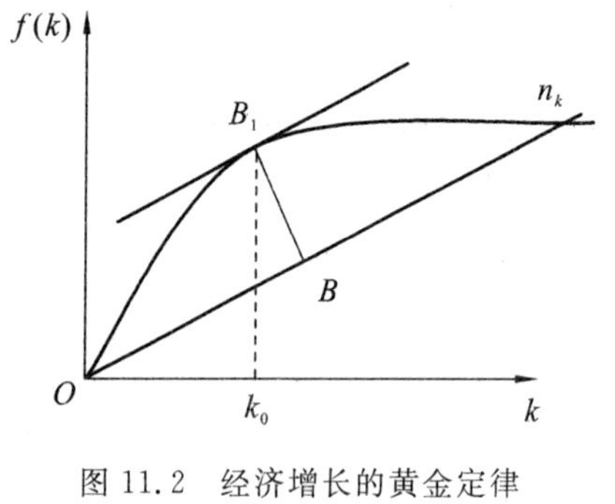

图 11.2　经济增长的黄金定律

该式便是黄金定律的解析式，即为了使人均消费达到最大，经济中资本-劳动比这一数值应能使资本的边际产品等于劳动增长率。如果一个经济社会中人均拥有的资本量小于黄金律所要求的资本量，那么可以通过削减目前消费，增加储蓄(投资)，使得人均资本量达到黄金律所要求的资本量，从而使消费最大化。反之，则可通过消费掉一部分资本，使人均资本量下降以达到黄金律所要求的资本量，实现消费最大化，如图 11.2 所示。

3. 增长率的分解

索洛利用其首创的“余值”法，把技术进步对经济增长的贡献由抽象的文字上的论述转入到能用具体的数字来表示其大小。这种方法也首次向人们展示了把看似复杂、脱离实际的经济增长理论应用于实际的可能性。

索洛利用 1909 年到 1949 年美国的有关统计数据进行了估算，得出以下主要结论：在这40年间,美国的人均总产出增长了近一倍,其中87.5%的增长应归功于技术进步,而只有12.5%的增长应归功于劳动、资本投入的增长。

美国经济学家丹尼森根据1929年到1973年这一时期的统计资料进行测算,得出在这一时期内,实际国民收入的年平均增长率一直为3%左右,资本增长率为2%,劳动增长率为2%,劳动和资本的产出弹性(分别为α、β)分别为0.75、0.25,所以根据"余值"法可计算出这一时期技术进步对增长率的贡献为每年1%左右。

另外,可以看出在G_A、G_N、G_K之前的系数分别为1、α、β。这样,如果α、β都小于1,则提高技术进步率就成为促进经济增长的重要的也是最有效的途径。

11.1.2.3 经济增长因素的分析

1.肯德里克的全要素生产率分析

经济增长是一个复杂的经济和社会现象,影响因素很多,正确地认识和计算这些因素对经济增长的贡献,对于理解和认识现实的经济增长和制定促进经济增长的政策都是至关重要的。经济增长因素分析就是要通过定量分析来说明各种影响经济增长因素如劳动、资本等的作用,以便寻求促进经济增长的最优途径。

美国经济学家肯德里克在《美国生产率发展趋势》、《美国战后1948—1969年生产率发展趋势》、《理解生产率:生产率变动的动态学导论》等著作中对美国不同时期生产率的发展趋势进行了研究,以确定生产率提高对经济增长的重要作用。

肯德里克所使用的是全要素生产率的概念。他认为,产量和某一种特定的生产要素投入量的比例是部分生产率,例如,资本生产率或劳动生产率,产量和全部生产要素投入量的比例是全要素生产率。全要素生产率不会受要素投入量结构的变化等因素的影响,能反映出生产率提高在经济增长中的作用。

肯德里克计算出,1889—1957年间美国国内私营经济全要素生产率每年增长1.7%,同期的年均经济增长率为3.5%。这就是说,经济增长中来自要素投入量增加的比例和来自生产效率提高的比例大致为1:1。他还计算出在1958—1966年间,实际产值年平均增长率为5.3%,要素投入增长率为2.3%,全要素增长率为2.99%,全要素生产率提高对经济增长的贡献已超过要素投入量的增加。

肯德里克还分析了影响全要素生产率的因素。他认为这些因素是相当复杂的,主要有无形投资(研究、教育等的投资)、资源配置的合理化、技术革新的扩散、生产规模的变动等。但肯德里克并没有对这些因素的具体作用的大小作出分析,这一工作是由美国另一名经济学家丹尼森进行的。

2.丹尼森对经济增长因素的分析

在经济增长因素分析中首先遇到的问题是经济增长因素的分类,丹尼森把经济增长因素分为生产要素投入量和生产要素生产率两大类。关于生产要素投入量,丹尼森把经济增长看成是劳动、资本和土地投入的结果,其中土地是不变的,其他两个则是可变的。单位投入量的产出量(即产量与投入量之比)也就是要素生产率,主要取决于资源配置状况、规模的节约情况和知识进展。具体而言,丹尼森把影响经济增长的因素归结为7个:①就业者人数和他们的年龄、性别构成;②工作时数;③就业人员的受教育程度;④资本存量的规模;⑤资源配置状况;⑥规模的节约(以市场扩大来衡量);⑦知识进展。其中前4个是投入量方面的因素,而后3个为要素生产率方面的因素。

丹尼森进行经济增长因素分析的目的,就是通过量的测定,把生产量增长率按照各个增长因素所作的贡献,分配到各个增长因素上去,用分配的结果来比较长期经济增长中各个因素的相对重要性。在1974年出版的《1929—1969年美国经济增长的核算》一书中,丹尼森根据美国国民收入的历史统计数字,对上述各个经济增长因素进行了考察和分析。根据丹尼森的计算,从1929年到1969年的40年中,美国总的国民收入年平均增长率为3.33%。其中,1.81个百分点是由要素投入量提供的,1.52个百分点是由单位投入量的产出量提供的。也就是说,总投入量的贡献占总的平均增长率的54.4%,要素生产率的贡献是45.6%。就总投入量来看,劳动投入量所占比重最大,高达72%以上。从单位投入量来看,知识进展所占的比重最大,达到60%以上。另一方面,按照丹尼森的计算,通过比较1929年至1969年知识进展和劳动力完成的工作量在总的平均增长率中所占的比重可发现,知识进展所占的27.6%的比重高于包括就业和工时在内的劳动力完成的工作量所占25.8%的比重。这种情况在1948—1969年期间表现得更为明显,前者占30.9%,后者占24.9%。据此,结论是:知识进展是发达资本主义国家最重要的增长因素。丹尼森所说的知识进展包括的范围很广,既包括技术知识、管理知识的进步和由于采用新的知识而产生的结构和设备的更有效的设计,又包括从国内的和国外的有关组织的研究,个别研究人员和发明家,或者简单的观察和经验中得来的知识。丹尼森所谓的技术知识是关于物品的具体性质和如何具体地制造、组合以及使用它们的知识。他认为,技术进步对经济增长的贡献是明显的,但是只把生产率的增长看成大部分是采用新的技术知识的结果则是错误的。他强调管理知识的重要性。管理知识就是广义的管理技术和企业组织方面的知识。在丹尼森看来,管理和组织知识的进步更可能降低生产成本,增加国民收入,因此它对国民收入的贡献比对改善产品物理特性的影响更大。总之,丹尼森认为,技术知识和管理知识进步的重要性是相同的,不能只重视前者而忽视后者。

3.库兹涅茨对经济增长因素的分析

库兹涅茨对经济增长因素的分析是运用统计分析方法,通过对国民产值及其组成部分的长期估量、分析与研究,并对各国的经济增长进行比较,从各国经济增长的差异中探索影响经济增长的因素。库兹涅茨在一系列关于经济增长的著作中提出的经济增长因素主要是知识存量的增长、劳动生产率的提高和结构方面的变化。

第一,知识存量的增长。库兹涅茨认为,随着社会的发展和进步,人类社会迅速增加了技术知识和社会知识的存量,当这种存量被利用的时候,它就成为现代经济高比率的总量增长和结构迅速变化的源泉。但知识本身不是直接生产力,由知识转化为现实的生产力要经过科学发现、发明、革新、改良等一系列中间环节。在知识的转化过程中需要有一系列中介因素,这些中介因素是对物质资本和劳动力的训练所进行的大量投资;企业家要有能力克服一系列从未遇到过的障碍;知识的使用者要对技术是否适宜运用作出准确的判断等。在这些中介因素的作用下,经过一系列知识的转化过程,知识最终会变为现实的生产力。

第二,劳动生产率的提高。库兹涅茨认为,现代经济增长的特征是人均产值的高增长率。为了弄清什么是导致人均产值的高增长率的主要因素,库兹涅茨对劳动投入和资本投入对经济增长的贡献进行了长期分析。他得出的结论是,以人均产值高增长率为特征的现代经济增长的主要原因是劳动生产率的提高。

第三，结构变化。库兹涅茨认为，发达的资本主义国家在它们增长的历史过程中经济结构转变迅速。从部门来看，先是从农业活动转向非农业活动，后又从工业活动转移到服务性行业。从生产单位的平均规模来看，是从家庭企业或独资企业发展到全国性，甚至跨国性的大公司。从劳动力在农业和非农业生产部门的分配来看，在美国，1870 年的全部劳动力的 53.5%在农业部门，到了 1960 年则降低到 7%以下。在比利时，农业劳动力从 1846 年占全部劳动力的 51%减少到 1961 年的 7.5%。以前要把农业劳动力降低 50 个百分点，需要经过许多世纪的时间，现在在一个世纪中，农业劳动力占全部劳动力的百分比减少了 30 个到 40 个百分点则是由于迅速的结构变化。库兹涅茨强调，发达国家经济增长时期的总体增长率和生产结构的转变速度都比它们在现代化以前高得多。库兹涅茨把知识力量因素和生产率因素与结构因素联系起来，以强调结构因素对经济增长的影响。不难看出，库兹涅茨对经济增长因素的分析与丹尼森分析的一个不同之处是他重视结构因素对经济增长的贡献。库兹涅茨认为，不发达国家经济结构变动缓慢，结构因素对经济增长影响比较小，主要表现在不发达国家传统结构束缚着被聚集在传统的农业部门中的 60%以上的劳动力，而传统的生产技术和生产组织方式阻碍着经济增长。

关于经济增长与收入分配的关系，库兹涅茨提出了所谓的倒 U 字形假说。他首次论述了如下一种观点，即随着经济发展而来的“创造”与“破坏”改变着社会、经济结构，并影响着收入分配。库兹涅茨利用各国的资料进行比较研究，得出结论：在经济未充分发展的阶段，收入分配将随同经济发展而趋于不平等。其后，经历收入分配暂时无大变化的时期，到达经济充分发展的阶段，收入分配将趋于平等。

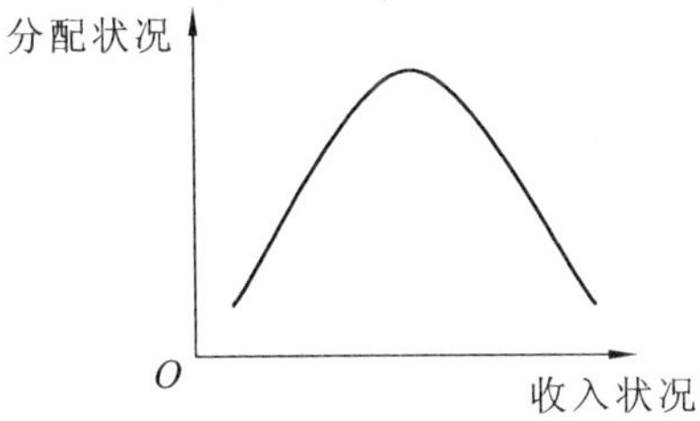

图 11.3　库兹涅茨曲线

如图 11.3 所示，如果用横轴表示经济发展的某些指标（通常为人均产值），纵轴表示收入分配不平等程度的指标，则这一假说所揭示的关系呈倒 U 字形，因而被命名为库兹涅茨倒 U 字假说，又称库兹涅茨曲线。库兹涅茨在说明这一倒 U 字形时，设想了一个将收入分配部门划分为农业、非农业两个部门的模型。在此情况下，各部门收入分配不平等程度的变化可以由如下三个因素的变化来说明：按部门划分的个体数的比率；部门之间收入的差别；部门内部各方收入分配不平等的程度。库兹涅茨推断这三个要素将随同经济发展而起下述作用：在经济发展的初期，由于不平等程度较高的非农业部门的比率加大，整个分配趋于不平等；一旦经济发展达到较高水平，由于非农业部门的比率居于支配地位，比率变化所起的作用将缩小，部门之间的收入差别将缩小，使不平等程度提高的重要因素——财产收入所占的比率将降低，以及以收入再分配为主旨的各项政策将被采用等，各部门内部的分配将趋于平等，总的来说分配将趋于平等。

库兹涅茨假说提出后，一些西方学者曾就有关倒 U 字形形成的过程、导致倒 U 字形的原因以及平等化过程进行过较多的讨论。但经济发展的资料表明：库兹涅茨曲线不符合第三世界国家的实际情况。换言之,随着经济发展的进程,第三世界国家的收入不平等越来越悬殊,并没有向平等方向转变。

11.2 经济周期理论

问题导入

西方国家为什么会爆发周期性的金融危机?

2007年前后美国经济经历了冰火两重天。2007年前,房地产市场虚假繁荣带动了美国经济表面上一片歌舞升平的繁荣景象,然而,就在2007年,起源于美国的次级贷款危机,以多米诺骨牌效应将金融风险传递到全世界,形成一场世界范围的极其庞大的危机,无论发达国家还是新兴市场国家的经济和金融体系都遭受了重创。2008年9月15日,仅继美国第五大投行贝尔斯登被兼并之后不足数月,拥有158年悠久历史的华尔街第四大投行——雷曼兄弟控股公司申请破产保护,成为美国有史以来倒闭的最大金融公司。美国前五大投资银行中仅高盛公司幸免。以此为标志,国际金融危机全面爆发。这场经济危机对美国经济造成了严重的影响,股市震荡,投机横行,破产、失业席卷全美。布什政府尝试一系列措施来挽救美国经济,但收效甚微。2009年1月20日,奥巴马正式就任美国第44任总统。然而,热闹非凡的就职庆典活动尚未落幕,这位新任总统就不得不面对棘手的国内难题。踏入白宫后,奥巴马即刻宣布用一个总金额达8 000亿美元的刺激经济计划来重新振兴美国经济,并以此创造出300万个就业岗位。一揽子计划的实施,在一定程度上缓解了美国经济的颓势,但经济复苏仍任重而道远。

事实上,受经济危机的影响,美国经济进入经济周期的衰退期。在这一阶段,经济增长持续下滑甚至出现负增长,生产发展缓慢甚至停止或下降,市场需求疲软,就业机会减少,失业率提高,亏损和破产的企业增多。此刻,政府必须采取一定的措施来刺激经济,促使经济尽早复苏。

各国经济为什么会周期性地出现经济危机?如何面对经济危机?如何应对经济危机?本节将回答这些令人迷惑的问题。

11.2.1 经济周期的含义和类型

11.2.1.1 经济周期的含义

经济周期(Business Cycle)又称商业周期或商业循环,它是指国民总产出、总收入和总就业的波动。这种波动以主要的宏观经济变量,如就业率、物价水平、总产量等普遍的扩张或收缩为基本特征,持续时间通常为2～10年不等。现代宏观经济学认为,经济周期发生在实际GDP相对于潜在GDP上升(扩张)或下降(收缩或衰退)的时候。图11.4是对经济周期的一般性描述。

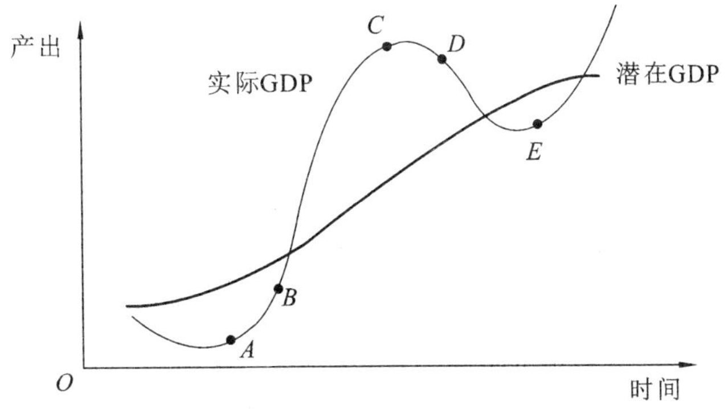

图 11.4 经济周期

经济周期或经济的周期性波动，最突出的表现是经济中的实际 GDP 对潜在 GDP 呈现出来的阶段性的偏离。我们以图中的粗线表示潜在 GDP 的稳定增长趋势，细线代表实际 GDP 的变化轨迹。*A* 点对应着经济萧条，处于经济周期的谷底。*B* 点表明经济进入了复苏阶段，随着经济复苏进程的发展，实际产出水平到达潜在产出路径的上方，即图中的 *C* 点，表示此时的经济已进入经济繁荣的阶段。然后经济进入衰退阶段，此时产出增长速度慢于产出增长趋势，甚至产出可能为负增长。*E* 点代表经济萧条，表示新一轮的经济周期又重新开始了。

11.2.1.2 经济周期的阶段

经济周期可分为两个大的阶段，即扩张阶段与收缩阶段，收缩阶段常常短于扩张阶段。如果更细一点，则把经济周期划分为繁荣、衰退、萧条、复苏四个阶段。其中繁荣和萧条是经济周期的两个主要阶段，衰退和复苏是两个过渡阶段。

经济周期的四个阶段各有自己的特点。

繁荣阶段：国民收入与经济活动高于正常水平的一个阶段。特征是生产迅速增加、投资增加、信用扩张、物价水平上升、就业增加，公众对未来持乐观态度。繁荣的最高点称为顶峰，这时就业与产量达到最高。随之股票与商品的价格开始下降，存货水平提高，公众的情绪由乐观转为悲观，繁荣开始转向衰退。

衰退阶段：是从繁荣到萧条的过渡时期，这时经济开始从顶峰下降，但仍未低于正常水平。

萧条阶段：国民收入与经济活动低于正常水平的一个阶段。其特征为投资减少、产品滞销、价格下跌、企业利润减少、信用紧缩、生产减少、失业增加，公众对未来持悲观态度。萧条的最低点称为谷底，这时就业与产量跌至最低。随之股票与商品价格开始回升，存货开始减少，公众的情绪由悲观转为乐观，萧条开始转向复苏。

复苏阶段：是从萧条到繁荣的过渡时期，经济开始从谷底回升，但仍未达到正常水平。

知识小链接

确定经济周期顶峰与谷底的时间

经济学家用来研究的数据几乎全部都是政府编制的。在美国,劳工统计局和商务部收集经济学家使用的很多数据,例如失业和GDP统计数据。然而,被广泛接受的经济周期的顶峰和谷底的时间,是由私人非营业研究机构全国研究局(National Bureau of Economic Research,NBER)的经济周期确定委员会(Business Cycle Dating Committee)决定的。NBER公布了1854年以来的经济周期的日期。你可以在NBER的网址(http://www.nber.org/cycle.html)找到完整的日期表。NBER把衰退定义为:重复出现的总产出、收入、就业和贸易下降的时期,通常持续6个月到1年,并以经济中的许多部门普遍的收缩为标志。一般而言,如果实际GDP连续两个季度下降,经济通常被认定处于衰退中。

资料来源:《经济学》(下册),约瑟夫·E.斯蒂格利茨、卡尔·E.沃尔什著,北京:中国人民大学出版社,1993。

11.2.1.3 经济周期的类型

按照经济周期的时间长短可将经济周期划分为长周期、中周期、短周期三种类型。

长周期又称康德拉耶夫周期,平均长约50年的长期波动。

中周期又称朱格拉周期。朱格拉周期一般为9～10年,以国民收入、失业率和大多数经济部门的生产、价格、利润的波动为标志。

短周期又称基钦周期,认为经济周期实际上有大、小两种周期,其中小周期平均为40个月左右,而一个大周期通常包括2～3个小周期(相当于朱格拉周期)。这种小周期被称为短周期。

11.2.1.4 经济周期形成的原因

经济周期形成的原因不外乎有内生和外生以及内生、外生相结合这三种。内生和外生的主要区别在于用来解释经济周期形成的原因是经济之外的还是经济之内的。后者是用外生性的、非经济的、偶然的因素来解释经济周期,而这些因素本身是不受经济影响的,如太阳黑子理论、创新理论、政治周期理论等。而前者则用经济之内的因素来解释经济周期,这些因素本身受经济因素的影响,并且反过来影响经济,从而使经济周期成为一种在各种经济因素作用之下自发的运动过程,如消费不足论、投资过度论、货币信用过度论、乘数与加速数模型等。但是,实际上纯粹的内生和外生原因是不存在的,经济周期的形成基本上都是由外生与内生原因共同作用而形成的。

11.2.2 凯恩斯及其之前的经济周期理论

在凯恩斯之前,用于解释经济周期的理论彼此之间缺乏统一的逻辑框架,主要是贸易周期理论,如以凯恩斯为基础的乘数-加速数模型、以弗里德曼为代表的货币周期理论、以卢卡斯为代表的真实经济周期理论。

认识到经济周期的这种特殊性后，经济学家对经济周期的研究开始转到对随机扰动的分析上来，提出了各种各样的经济周期理论或理论假说，可以说是众说纷纭。这些理论假说对扰动因素的解释可归纳为三个方面。

一是供给冲击，即直接影响经济的生产方面的冲击，如技术进步、自然气候的变化、新的资源的开发等。这方面比较著名的有太阳黑子理论和熊彼特的技术创新理论。太阳黑子假说把产出波动的原因主要归结为农业的波动，认为太阳黑子的活动对农业生产影响很大，而农业生产的状况又会影响工业及整个经济。太阳黑子的周期性决定了经济的周期性。而熊彼特的周期理论是一种用技术创新来解释经济周期的理论，他用技术创新的周期性来解释经济的繁荣和衰退的交替现象。熊彼特提出，技术创新和组织创新提高了生产效率，为创新者带来了盈利，引起其他企业效仿，形成创新浪潮。创新浪潮会增加对资本品的需求，使银行信用扩大，从而引起经济繁荣。但随着新技术的普及，厂商的盈利机会减少，银行信用紧缩，对资本品的需求减少，这就引起经济衰退，直至另一次创新出现，经济才再次繁荣。

二是来自需求方面的冲击，主要是消费和投资行为变化对产出所形成的冲击。这方面的研究主要有投资冲击理论和消费不足理论。投资冲击理论的主要代表是凯恩斯，他认为投资决策取决于厂商对未来盈利能力的预期，但企业的这种预期是极不稳定的。这种预期的波动性来源于企业家的“动物精神”，即他们对于未来的经济前景是持乐观或是悲观的态度。因此，凯恩斯把投资需求的这种不稳定性作为解释经济周期的主要原因。正是由于预期的不稳定引起的投资的波动，引起总需求的变化，从而引起总产出的波动。消费不足理论的早期代表人物是英国经济学家马尔萨斯和法国经济学家西斯蒙第。这种理论认为，经济中的萧条与危机是因为社会对消费品的需求赶不上消费品的增长，而消费品需求不足又引起对资本品需求不足，进而使整个经济出现生产过剩性危机。他们认为，消费不足的根源则主要是由于收入分配不平等所造成的穷人购买力不足和富人储蓄过度。

三是政策冲击，主要是政府的货币政策、财政政策和外汇政策所形成的冲击。这方面比较有影响的是货币周期理论，它把经济周期看成是一种纯货币现象，认为经济的周期性波动完全是银行体系交替地扩大和紧缩信用所造成的。

由以上论述可知，西方经济学家对经济周期的研究从来就是众说纷纭，不存在一个统一的周期理论。而不同理论流派之间的差异主要体现在对经济波动传导机制的不同解释上。

11.2.3 乘数-加速数模型

现代西方学者认为，一个较为完整的经济周期理论应当能够说明经济体系产生周期性波动的机制和经济波动的原动力。这里介绍的乘数-加速数模型就是能同时满足这两个条件的现代经济周期理论。在众多影响经济活动的各种经济变量中，投资是最主要的。因为从长期看，消费或储蓄与收入之间的关系是大致稳定的，而投资与收入的关系是不稳定的,投资的少量变动通过乘数效应会引起收入的较大变动,而收入的变动也会通过加速数作用引起投资的更大变动。用投资-收入之间的这种不稳定的关系来解释经济体系产生的周期性波动的理论称之为乘数-加速数模型。乘数-加速数模型最初是由哈罗德提出来的,后经美国经济学家萨缪尔森和英国经济学家希克斯对其加以发展而得以完善。

这里我们主要介绍萨缪尔森的分析。

11.2.3.1 乘数和加速数

乘数的概念在前面的章节已有介绍,这里只作简单的回顾。我们知道投资的变动将会引起收入的变动,收入的变化量与引起投资变化量的比值即为投资乘数。如果以 ΔY 表示收入的变化量,用 ΔK 表示投资的变化量,则投资乘数 $K_I=\Delta Y/\Delta K$。投资乘数(K_I)越大,一定的投资变动引起的收入变动就越大。

加速数则是表示收入的变化引起投资变化到什么程度的系数,即

加速数=总投资的变化量/收入的变化量

如果用 I_t表示 t 时期的投资,Y_t表示 t 时期的收入,Y_{t-1}表示上期的收入,加速数 v 可表示为:

$$v=I_t/(Y_t-Y_{t-1})$$

乘数和加速数相结合,引起经济发生周期性波动的模型,可以通过以下的公式来进行说明。

$$Y_t=C_t+I_t+G_t$$

式中,Y_t为现期收入,C_t为现期消费,I_t为现期投资,G_t为现期政府支出。这个公式说明,根据凯恩斯主义的国民收入决定理论,现期收入等于现期消费、现期投资与现期政府支出之和(不考虑开放经济中的净出口)。现期消费取决于边际消费倾向(c)和前期收入 Y_{t-1},得出:

$$I_t=vc(Y_{t-1}-Y_{t-2})$$

说明在考虑消费时,投资最终仍取决于收入的变动,这就是加速原理所说明的关系。可以得出:

$$Y_t=cY_{t-1}+vc(Y_{t-1}-Y_{t-2})+G_t$$

若边际消费倾向 c、加速数 v 都为已知,根据上述公式,可得出以后各期的收入,并可说明经济的周期性波动。

11.2.3.2 乘数-加速数模型的含义

从以上的分析中可以提出关于这个模型所表达的几点重要含义。

第一,乘数与加速数相互作用引起经济周期。

第二,政府可以通过干预经济的政策来缓解经济周期的波动。

第三,在经济运行过程中,乘数和加速数即使保持不变,即边际消费倾向和技术水平不变,也会由乘数和加速数之间相互的作用而引起经济周期性波动。

第四,经济周期是由经济中的内生变量(内部因素)引起的,外生变量(外部因素)只能通过对内生变量的影响才能影响到经济波动。

11.2.3.3 经济周期波动的上下限

上述分析使我们了解到乘数-加速数的相互结合作用会引起经济的周期性波动,但是这种波动是不是无限的呢?英国的经济学家希克斯提出了经济周期的上下限。经济周期波动的上

限是指充分就业收入界限，它取决于社会的技术水平和资源。在既定的技术条件下，如果社会上一切可利用的资源都被充分有效地利用了，那么经济的进一步扩张就会遇到一条不可逾越的界限，经济活动达到上限，产量就会停止增加，投资也就停止增加甚至减少。经济活动的下限是指加速数停止作用时的收入界限。如果经济处于收缩过程，经济活动不会无止境地萧条下去，到了一定程度之后便会稳定下来。这是因为收入不能下降到不能维持最低消费的地步，资本量也不会减少到总投资为负数的地步，这就构成了衰退的下限，如图 11.5 所示。

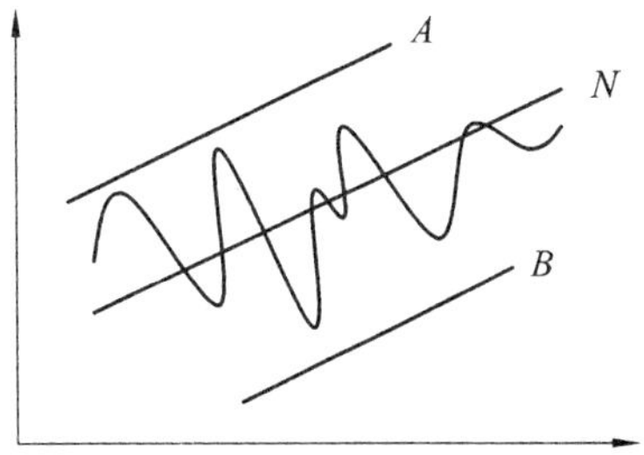

图 11.5 经济周期波动的上限与下限
A—经济增长的上限；B—经济衰退的下限；
N—经济发展的平均趋势

从加速原理来看，它必须是在企业没有闲置生产能力的前提下才能起作用。如果企业因经济衰退而存在剩余生产能力，加速数便不起作用，而此时的边际消费倾向不可能为零，所以经济下降到一定程度之后便会停止，一旦收入不再下降，投资的乘数作用就会使收入逐步上升，经济开始复苏。

本章小结

（1）经济增长是研究经济长期发展的趋势。经济增长的这一定义包含三层含义：第一，经济增长集中表现在经济实力的增长上，而这种经济实力的增长就是商品和劳务总量的增加。第二，技术进步是实现经济增长的必要条件。第三，经济增长的充分条件是制度与意识形态的相应调整。

（2）了解几种主要的经济增长理论，主要介绍了哈罗德-多马经济增长模型和新古典增长模型。

（3）经济周期又称商业周期或商业循环，它是指国民总产出、总收入和总就业的波动。

（4）经济周期可分为两个大的阶段，即扩张阶段与收缩阶段，收缩阶段常常短于扩张阶段。如果更细一点，则把经济周期划分为繁荣、衰退、萧条、复苏四个阶段。其中繁荣和萧条是经济周期的两个主要阶段，衰退和复苏是两个过渡阶段。经济周期的四个阶段各有自己的特点。

补充读物

历届经济危机回顾

经济危机是从资本主义基本矛盾中产生的，只要资本主义制度存在，危机就是不可避免的。从资本主义发展的历史看，自 1825 年英国开始出现第一次周期性普遍的生产过剩危机以来，每隔一定期间就要发生一次。除了上面谈到的 19 世纪发生的几次危机以外，进入 20 世纪，在 1900 年危机之后，又发生了 1907 年、1914 年、1921 年、1929—1933 年和 1937—1938 年的经济危机。

第二次世界大战后，各主要资本主义国家又发生了次数不等的经济危机。到目前为止，就几个主要资本主义国家看，发生经济危机的次数是：

美国：7 次（1948—1949 年、1953—1954 年、1957—1958 年、1960—1961 年、1969—

1970 年、1973—1975 年、1980—1982 年)。

日本:7 次(1954 年、1957—1958 年、1962 年、1965 年、1970—1971 年、1973—1975 年、1981 年)。

联邦德国:7 次(1952 年、1958 年、1961 年、1966—1967 年、1971 年、1974—1975 年、1980—1982 年)。

法国:5 次(1952—1953 年、1958—1959 年、1964—1965 年、1974—1975 年、1980—1982 年)。

英国:7 次(1951—1952 年、1957—1958 年、1961—1962 年、1966 年、1971—1972 年、1973—1975 年、1979—1982 年)。

2008 年爆发的经济危机到目前仍处于金融危机阶段。

在战后各国的历次危机中,有的是属于部分国家同期发生的,有的是普遍性的资本主义世界经济危机。严格说来,第二次世界大战后属于世界性经济危机的只有三次,即 1957—1958 年、1973—1975 年和 1980—1982 年的经济危机,因为只有这三次危机表现了明显的国际同期性。

在上述各次危机中,最严重的一次是战前 1929—1933 年的大危机,这次危机震撼了整个资本主义世界,波及所有的殖民地、半殖民地国家,被称为“三十年代的大危机”。它是在第一次世界大战和俄国十月革命后帝国主义时期资本主义世界体系各种矛盾激化的条件下发生的。危机长达 4 年之久,生产下降和失业增长都达到了空前的程度。整个资本主义世界的工业生产几乎下降了 44%,比 1913 年的水平还低 16%,倒退到 1908—1909 年的水平,失业人数达到 5 000 万人左右,一些国家的失业率竟高达 30%~50%。资本主义世界的对外贸易总额下降了 66%,倒退到 1913 年的水平以下。就美国来说,工业生产下降了 56.6%,其中生铁产量减少了 79.4%,钢产量减少了 75.8%,汽车产量减少了 74.4%,整个加工工业的工人人数减少 42.7%,支付工资总额降低 57.7%,全国失业人数达 1 200 多万人。危机使资本主义世界的各种矛盾进一步激化,德、意、日三国法西斯乘机上台,它们相继发动了侵略战争,直至 1939 年爆发第二次世界大战。1929—1933 年的危机过去以后,转入了一个长时间的“特种萧条”阶段。以后在生产还没有发展到明显的高涨的情况下,又爆发了 1937—1938 年的经济危机,至 1939 年被第二次世界大战所打断。1929—1933 年的大危机是在国家垄断资本主义还不够发展、资本主义的所谓“自动调节”还占主导地位的情况下发生的。它证明资本主义的基本矛盾以及其他各种矛盾已经尖锐化,如果不由国家去进行调节和干预,则资本主义制度将岌岌可危。于是以这次大危机为转折点,特别是第二次世界大战以后,国家垄断资本主义获得了重大发展。由于 20 世纪 20 年代中期世界经济的发展包含着局限性和不稳固性,盲目扩大的生产同容量相对稳定的国际、国内市场发生尖锐的矛盾,导致了 1929 年经济危机的爆发。危机以美国纽约股票价格狂跌开始,很快波及全美国,并迅速席卷整个资本主义世界。危机发生后,各国统治者采取了以邻为壑的短视政策。致命危机具有长期性、普遍性和空前的破坏性。危机对全世界的影响巨大,并给世界经济发展留下深刻的教训。

复习思考题

11.1 单项选择题

(1)一般在经济衰退时期,(　　)。

A. 税收减少,政府支出减少　B. 税收增加,政府支出增加

C. 税收增加,政府支出减少　D. 税收减少,政府支出增加

(2)中周期的每一个周期为(　　)。

A. 5～6 年　B. 9～10 年　C. 25 年左右

D. 40 个月左右　E. 50 年左右

(3)经济周期的四个阶段依次是(　　)。

A. 繁荣、萧条、衰退、复苏　B. 繁荣、衰退、萧条、复苏

C. 繁荣、复苏、衰退、萧条　D. 衰退、复苏、萧条、繁荣

(4)根据哈罗德-多马经济增长模型,当有保证的增长率大于实际增长率时,经济将出现(　　)。

A. 均衡增长　B. 累积性的收缩

C. 累积性扩张　D. 不能确定

11.2 多项选择题

(1)下面内容中不属于哈罗德-多马经济增长模型中长期实现经济稳定增长条件的是(　　)。

A. 均衡增长率与自然增长率相等

B. 实际增长率与均衡增长率相等

C. 实际增长率、均衡增长率与自然增长率相一致

D. 实际增长率应大于自然增长率

(2)高速经济增长的实现无法离开的要素有(　　)。

A. 劳动　B. 土地　C. 自然资源

D. 资本　E. 技术

(3)西方经济学家把经济波动的周期分为(　　)。

A. 谷底　B. 成长　C. 扩张

D. 峰顶　E. 衰退

(4)经济周期按周期的时间长短分为(　　)。

A. 朱格拉周期　B. 基钦周期　C. 马尔萨斯周期

D. 康德拉耶夫周期　E. 库兹涅茨周期

11.3 问答题

(1)如何正确把握经济增长的含义?

(2)简述哈罗德-多马经济增长模型的主要假设条件。

(3)经济波动为什么会有上限和下限?

(4)假设储蓄率为 12%,资本-产量比率为 3,根据哈罗德-多马经济增长模型,增长率为多少?如果要使增长率达到 6%,储蓄率应该是多少?

(5)简述经济周期形成的原因。

参考文献

[1] 保罗·A.萨缪尔森，威廉·D.诺德豪斯.微观经济学.18版.萧琛，等，译.北京：人民邮电出版社，2008.

[2] 保罗·A.萨缪尔森，威廉·D.诺德豪斯.宏观经济学.18版.萧琛，等，译.北京：人民邮电出版社，2008.

[3] N.格列高里·曼昆.经济学原理.3版.梁小民，译.北京：机械工业出版社，2004.

[4] 帕金.经济学.5版.梁小民，译.北京：人民邮电出版社，2003.

[5] N.格列高里·曼昆.宏观经济学.5版.张帆，梁晓钟，等，译.北京：中国人民大学出版社，2005.

[6] 梁小民.西方经济学.北京：中央广播电视大学出版社，2002.

[7] 刘源海.经济学基础.北京：高等教育出版社，2006.

[8] 林景良，吴伟.新编经济学基础.大连：大连理工大学出版社，2008.

[9] 斯蒂格利茨，沃尔什.经济学(上、下册).3版.黄险峰，张帆，译.北京：中国人民大学出版社，2008.

[10] N.格列高里·曼昆.经济学原理微观经济学分册.4版.北京：北京大学出版社，2006.

[12] 缪代文.微观经济学与宏观经济学.北京：高等教育出版社，2004.

[13] 萨缪尔森.经济学.北京：首都经济贸易大学出版社，1996.

[14] 陈建萍.微观经济学——原理、案例与应用.北京：中国人民大学出版社，2006.

[15] 茅于轼.生活中的经济学.广州：暨南大学出版社，2003.

[16] 高鸿业.西方经济学.北京：中国经济出版社，1998.

[17] 张元鹏.微观经济学.上海：上海人民出版社，2009.

[18] 李辉作.经济学基础.北京：电子工业出版社，2009.

[19] 刘华，刘艳红.经济学基础.2版.大连：大连理工大学出版社，2008.

[20] 曼昆.经济学原理(中文本).北京：三联书店，北京大学出版社，2006.

[21] 李成.西方经济学.广州：暨南大学出版社，2008.

[22] 蒋家胜.经济学原理.成都：西南财经大学出版社，2006.

[23] 陈红霞.社会福利思想.北京：社会科学文献出版社，2002.

[24] 厉以宁.西方经济学.北京：高等教育出版社，2000.

[25] 张瑞恒.经济学原理.2版.重庆：重庆大学出版社，2006.

[26] 余少谦.西方经济学.厦门：厦门大学出版社，2007.

[27] 吉弗里·怀特黑德.通俗经济学.福州：福建人民出版社，1988.

[28] 于俊文.西方经济思想辞典.福州：福建人民出版社，1989.

[29] 袁志刚.失业经济学.上海：上海人民出版社，1997.

[30] 辛宪.西方经济学形象导读.北京：中国国际广播出版社，1999.

[31] 李素萍.西方经济学.北京：北京理工大学出版社，2006.

[32] 斯蒂格利茨.经济学.3版.北京：中国人民大学出版社，2005.

[33] 陈通.宏微观经济学.天津：天津大学出版社，2003.

[34] 尹伯成.西方经济学简明教程.上海：上海人民出版社，2003.

[35] 许纯祯.西方经济学.北京：高等教育出版社，1999.

[36] 陈玉清.经济学基础.北京：中国人民大学出版社，2009.

[37] 陶铁胜.经济学概论.上海：上海三联书店，2000.

[38] 陈良政.经济学基础.北京:科学出版社,2004.
[39] 杨继波.西方经济学教程.上海:华东理工大学出版社,2008.
[40] 李汉君.西方经济学.北京:经济管理出版社,2008.
[41] 荣朝和.简明市场经济学.北京:高等教育出版社,1998.
[42] 章昌裕.西方经济学原理.北京:清华大学出版社,2007.
[43] 罗宾孙.不完全竞争经济学.北京:商务印书馆,1961.
[44] 张士军.现代经济学基础.北京:北京大学出版社,2008.
[45] 王秋石.微观经济学原理.北京:经济管理出版社,2001.
[46] 王秋石.宏观经济学原理.北京:经济管理出版社,2001.
[47] 杨德明.西方经济学导论.北京:北京大学出版社,1986.
[48] 吴志清.经济学基础.北京:机械工业出版社,2004.
[49] 牛国良.西方经济学.北京:高等教育出版社,2002.
[50] 柴泳.西方经济学.成都:西南财经大学出版社,1996.
[51] 刘舒年.国际金融.北京:对外经济贸易出版社,1996.
[52] 王玉珍.国际金融.北京:北京工业大学出版社,2000.
[53] 魏杰.社会主义市场经济通论.北京:中国人民大学出版社,1997.
[54] 李金轩.市场运行原理.北京:中国人民大学出版社,1997.
[55] 宋涛.政治经济学教程.北京:中国人民大学出版社,1998.
[56] 张晓华.经济学基础.北京:机械工业出版社,2008.
[57] 平狄克·鲁宾费尔德.微观经济学.张军,等,译.北京:中国人民大学出版社,2004.
[58] 阿瑟·奥沙利文.经济学.杜炎,等,译.北京:北京大学出版社,2001.
[59] 伍伯麟.经济学基础教程.上海:复旦大学出版社,2003.
[60] 辛宪.经济学的第一堂课.北京:清华大学出版社,2005.
[61] 梁小民.微观经济学纵横谈.北京:三联书店,2004.
[62] 李正波.经典寓言故事中的经济学.北京:国家行政学院出版社,2004.
[63] 齐良书.发展经济学.北京:中国发展出版社,2004.
[64] 陆芳.经济学原理.北京:北京大学出版社,2005.
[65] 卢锋.经济学原理.北京:北京大学出版社,2002.
[66] 贾辉艳.微观经济学原理.北京:北京大学出版社,2005.
[67] 侯荣华.西方经济学.北京:中央广播电视大学出版社,2003.
[68] 张元鹏.西方经济学.北京:首都经济贸易出版社,2002.
[69] 李海东.经济学基础.北京:机械工业出版社,2008.
[70] 梁小民.小民经济观察系列.北京:北京大学出版社,2007.
[71] 郭万超.轻松学经济.北京:对外经济贸易出版社,2005.
[72] 吴汉洪.经济学基础.北京:中国人民大学出版社,2001.
[73] 陈继庭.生活的经济.上海:上海远东出版社,2003.
[74] 卢峰.商业世界的经济学观察.北京:北京大学出版社,2003.
[75] 王花球.西方经济学概论.北京:经济科学出版社,2007.
[76] 唐树伶.经济学基础.北京:清华大学出版社,2008.
[77] 罗余才.西方经济学原理.广州:华南理工大学出版社,2002.
[78] 王庆春.经济学原理.重庆:重庆大学出版社,2006.
[79] 孙丽萍.微观经济学.重庆:重庆大学出版社,2004.